2000

WELTRUNDSCHAU
DIE WICHTIGSTEN EREIGNISSE DES JAHRES

ERICH GYSLING

WELTRUNDSCHAU

Auslieferung

Schweiz
Weltrundschau Verlag AG
Oberneuhofstrasse 1
CH-6341 Baar

Deutschland
Weltrundschau Verlag
Böhringer Strasse 77
D-78315 Radolfzell

Österreich
Weltrundschau Austria
Vertrieb GmbH & Co. KG
Buchenweg 6
A-5300 Salzburg/Hallwang

Verlagsleitung	Franz Truniger
Gestaltung	Andreas Christen
Satz	F&S Satz u. Montage GmbH www.fssatz.de
Lithos	Eller, Repro + Druck, Villingen-Schwenningen
Druck	Druckerei Uhl, Radolfzell
Einband	Eibert AG, Eschenbach SG

© 2001 by Jeunesse Verlagsanstalt, Vaduz

Alle Rechte der Übersetzung, Bearbeitung und
Wiedergabe in irgendeiner Form im In- und Ausland
vorbehalten.

ISBN 3-906557-57-X

AUTOREN

Chefredaktion
Erich Gysling,
Fernseh-Kommentator,
Publizist, Zürich

Erika Billeter
Peter Birrer
Ulrich Eberl
Vizenz Hediger
Rolf Leeb
Irene Meichsner
Elisabeth Paillié
Carola Pfeiffer

CHRONIK

17   Januar

33   Februar

49   März

65   April

81   Mai

97   Juni

113 Juli

133 August

149 September

165 Oktober

181 November

197 Dezember

INHALT

THEMEN

210	Brennpunkt
220	Technik
226	Medizin
236	Film
248	Kunst
264	Mode
274	Trends
282	Sport
312	Sportranglisten
322	Wortlaut
326	Biografie
330	Verstorbene
338	Index
344	Register

RÜCKBLICK

Das Jahr 2000: Von Harry Potter bis zu George W. Bush

Erich Gysling

■ Wer zu Beginn des neuen Millenniums zwischen zehn und vierzehn Jahre alt wurde, wird dieses Jahr 2000 möglicherweise deshalb in der Erinnerung behalten, weil er oder sie zum ersten Mal mit den Büchern von *Joanne K. Rowling* in Kontakt kam: «Harry Potter und der Feuerkelch», «Harry Potter und der Stein der Weisen», «Harry Potter und der Gefangene von Askaban», «Harry Potter und die Kammer des Schreckens». Diese Bücher dominierten in den westlichen Ländern die Bestseller-Listen während Monaten – alles Bücher für Kinder mit Erzählungen des Lebens, der Abenteuer der von der Autorin erfundenen, mit magischen Fähigkeiten ausgestatteten Figur *Harry Potter*.

Wer in diesem Jahr so zwischen vierzehn und gut zwanzig Jahre alt wurde, wird das Jahr 2000 vielleicht wegen Popstars wie *Britney Spears* in der Erinnerung behalten. Oder weil er / sie den ersten Laptop, das erste Handy bekam und damit die grenzenlose Freiheit der Kommunikation erleben konnte.

Für Menschen in praktisch allen westlichen Ländern, deren Freizeit vom Medium Fernsehen mitbestimmt wird, bedeutete das Jahr 2000 «Big Brother» und «Reality TV». Exhibitionismus und Voyeurismus kamen durch solche neuen Programme auf den Kanälen der kommerziellen Sender auf ihre relativ billige Rechnung.

Und immer mehr Menschen weltweit nutzten jetzt das Internet als Informationsquelle, schrieben einander E-Mail-Mitteilungen anstelle der papierenen Briefe von einst und hatten den Eindruck, ihr Alltag sei durch solche Entwicklungen angenehmer und unkomplizierter geworden.

Mobilität wurde noch stärker als in den vorangehenden Jahren zum Leitmotiv – damit meinte man: Dank permanent vorhandenen Kommunikationsmöglichkeiten konnten Arbeiten mehr und mehr von irgendwo aus erledigt werden. Der traditionelle Büro-Platz verlor an Bedeutung. Und immer und fast von überall her konnten die herumreisenden Menschen jetzt miteinander in Kontakt bleiben – man telefonierte mit seinen Mobilgeräten zehnmal, zwanzigmal mehr als vor dem Siegeszug dieser immer kleiner und immer billiger werdenden Geräte und tat das umso lieber, als die Telefonkonzerne sich gegenseitig bei den Tarifen so unterboten, dass Telefonieren nur noch einen Bruchteil von früher kostete. Die Produzenten von Mobiltelefonen (Nokia, Ericsson, Siemens, Motorola etc.) erlebten ihren Boom, danach oft auch ihre Krise. Sie investierten gewaltig in neue Entwicklungen, und manche übernahmen sich dabei schwerwiegend. Ähnlich ging es vielen Telekommunikations-Konzernen: Einige Monate lang herrschte bei ihren Aktienkursen Euphorie, dann folgten die Rückschläge, dann ging's wieder, manchmal ohne ersichtlichen Grund, aufwärts.

Die grossen Probleme konnte die Menschheit nicht lösen: Gegen 800 Millionen litten Hunger oder waren zumindest von Unterernährung bedroht; eineinhalb Milliarden hatten weniger als (umgerechnet) einen Dollar pro Tag zur Verfügung; das Ozonloch über der Antarktis wurde nicht kleiner, und am Nordpol schmolz das Eis – sodass man jetzt während einiger Wochen erstmals das Phänomen hatte, dass der nördlichste Punkt der Erde von Wasser und nicht von Eis bedeckt war. Die Weltbevölkerung stieg noch immer beunruhigend stark an; die Tuberkulose trat plötzlich wieder auf, auch in westeuropäischen Ländern. Die Malaria breitete sich weiter aus und forderte mehr Todesopfer als AIDS; die tropischen Wälder wurden weiterhin übermässig abgeholzt, und die Fischbestände gingen zurück, weil man in den wohlhabenden Regionen der Welt zu viel konsumierte.

Aber im weltweiten Durchschnitt sank die Kindersterblichkeit um einen Promille-Punkt, stieg die Lebenserwartung etwa um ebenso viel. In den westlichen Staaten nahm der Wohlstand im allgemeinen wieder zu, und die Arbeitslosigkeit sank unter die Rekordzahlen der achtziger und neunziger Jahre. In den USA boomte die Wirtschaft: gute Wachstumsraten, tiefe Arbeitslosigkeit, ein starker Dollar (in Westeuropa anderseits: ein schwacher Euro). Die südostasiatischen Länder, die 1998 von schweren Finanz- und Wirtschaftskrisen erschüttert wurden, erholten sich bis zum Jahr 2000 einigermassen, und Ähnliches konnte man in Brasilien (fünftgrösstes Land der Welt, zehntgrösste Wirtschaftsmacht) feststellen. Weiter zurück allerdings fiel

Afrika – ein Kontinent ohne Hoffnung, wie jetzt allgemein wieder gesagt wurde (nachdem zu Beginn der neunziger Jahre die Demokratisierung und ein langsamer Aufschwung prognostiziert worden waren). Sierra Leone blieb ein entsetzliches Schlachthaus, dessen Herrscher sich dank Einkünften aus dem Diamanten-Handel die Waffen für die Fortsetzung des Kriegs beschaffen konnten; der Konflikt in Angola entbrannte neu; Zimbabwe erlebte einen vom Präsidenten geschürten Konflikt um die von Weissen bewirtschafteten Ländereien; Côte d'Ivoire, lange Jahre ein scheinbarer Hort von Stabilität, geriet in den Strudel von Machtkämpfen und Gewalt; die Gewalt in Kongo-Zaire nahm kein Ende; die Lage in Rwanda und Burundi blieb labil. Freilich könnte man auch andere Beispiele anführen: in Ghana fand ein demokratischer Führungswechsel statt; in Moçambique stabilisierte sich die Lage ein wenig; zwischen Äthiopien und Eritrea wurde der Krieg beendet.

Für politisch interessierte Menschen brachte das Jahr 2000 mit dem Chaos um die amerikanische Präsidentschaftswahl Irritation und sinkenden Respekt für die sich selbst als Vorbild empfindende Weltmacht.
Dass es bei der Auszählung der Stimmen für die beiden Kandidaten, den Demokraten *Al Gore* und den Republikaner *George W. Bush* sehr knapp würde, wusste man schon am Wahltag. Doch das war nicht das Problem: Knapp ausgegangen waren auch die Wahlen der Jahre 1968 (*Nixon* gegen *Humphrey*) und 1960 (*Kennedy* gegen *Nixon*). Die Lähmung des Apparates kam bei der Auszählung der Stimmen im Bundesstaat Florida: in einigen Bezirken Floridas waren die Wahlzettel auf eine Weise gedruckt worden, die leicht zu Missverständnissen Anlass geben konnte. Wer für *Gore* stimmen wollte, konnte auf dem Lochkarten-System leicht auf den Namen *Pat Buchanan* tippen, den erzkonservativen, aber chancenlosen Kandidaten von rechts. Man konnte es erst kaum glauben, aber so war es: In der technologisch führenden Weltmacht gab es, zumindest in einigen Regionen, für den Wahlvorgang technisch unglaublich plumpe Geräte und Methoden. Hinzu kam, dass in ein paar Distrikten die Öffnungszeiten für die Wahllokale nicht immer den Vorschriften entsprechend eingehalten wurden.
Resultat: Es gab Klagen, Bürger und Politiker riefen die Gerichte an. *Al Gore*, in Florida bei der Erstauszählung einige hundert Stimmen hinter *Bush*, forderte die Nachzählung der Stimmen von Hand, *George W. Bush* drohte mit dem Gang zu den Gerichten, um diese Nachzählung als illegal zu deklarieren. Sie fand dennoch statt und zog sich über Wochen hin. Doch bevor sie zu Ende geführt wurde, fällte das Oberste Bundesgericht einen umstrittenen Entscheid: Fünf konservative Mitglieder des Gerichts entschieden,

Nachprüfung von Lochkarten-Wahlzetteln in Florida: Das archaische System führte zu Fehlern und Missverständnissen. Was der Wähler wirklich wollte, blieb oft unklar.

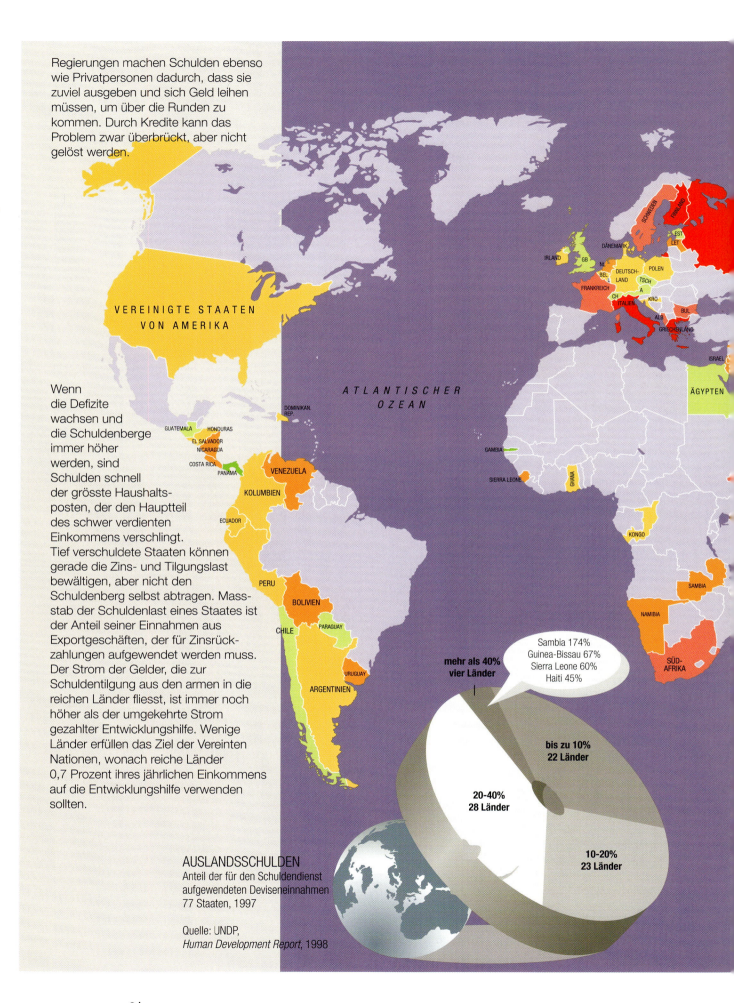

Regierungen machen Schulden ebenso wie Privatpersonen dadurch, dass sie zuviel ausgeben und sich Geld leihen müssen, um über die Runden zu kommen. Durch Kredite kann das Problem zwar überbrückt, aber nicht gelöst werden.

Wenn die Defizite wachsen und die Schuldenberge immer höher werden, sind Schulden schnell der grösste Haushaltsposten, der den Hauptteil des schwer verdienten Einkommens verschlingt. Tief verschuldete Staaten können gerade die Zins- und Tilgungslast bewältigen, aber nicht den Schuldenberg selbst abtragen. Massstab der Schuldenlast eines Staates ist der Anteil seiner Einnahmen aus Exportgeschäften, der für Zinsrückzahlungen aufgewendet werden muss. Der Strom der Gelder, die zur Schuldentilgung aus den armen in die reichen Länder fliesst, ist immer noch höher als der umgekehrte Strom gezahlter Entwicklungshilfe. Wenige Länder erfüllen das Ziel der Vereinten Nationen, wonach reiche Länder 0,7 Prozent ihres jährlichen Einkommens auf die Entwicklungshilfe verwenden sollten.

AUSLANDSSCHULDEN
Anteil der für den Schuldendienst aufgewendeten Deviseneinnahmen
77 Staaten, 1997

Quelle: UNDP, *Human Development Report*, 1998

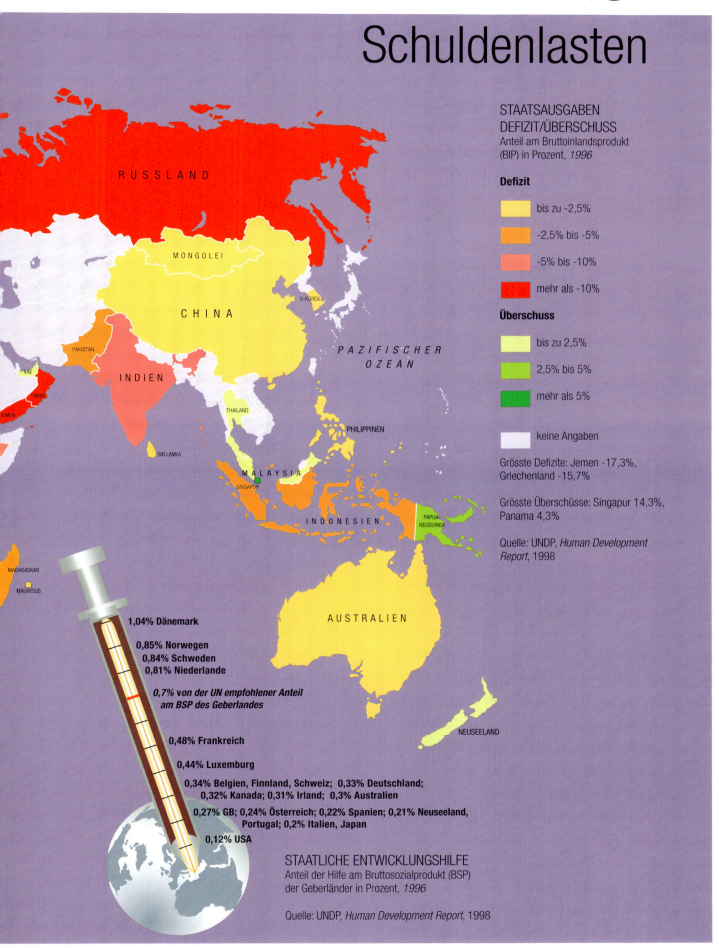

Mit der Industrialisierung des 19. Jahrhunderts setzte ein Verschiebungsprozess ein, mit dem sich das Gros der Arbeitsplätze – und der Erwerbstätigen – von der Landwirtschaft in die Industrie verlagerte. In den beiden letzten Jahrzehnten des 20. Jahrhunderts hat diese Entwicklung eine neue Stufe erreicht. Zunehmend tritt die Industrie als bedeutendster Arbeitgeber hinter dem Dienstleistungssektor zurück, zu dem auch die wachsende Informations- und Kommunikationsbranche gehört. Das Verhältnis, in dem Arbeitskräfte auf die drei grossen Wirtschaftssektoren Landwirtschaft, Industrie und Dienstleistung verteilt sind, vermittelt auf einen Blick einen Eindruck vom Stand der ökonomischen Entwicklung eines Landes.

In allen drei Wirtschaftssektoren wird die Arbeit von Menschen zunehmend durch den Einsatz von Maschinen ergänzt und häufig sogar ersetzt. Durch die Nutzung von Robotern und von Computern leisten immer weniger Arbeitskräfte immer mehr Arbeit. Täglich schrumpft das Spektrum der Tätigkeiten, die wirklich nur von Menschen erledigt werden können.

LANDWIRTSCHAFT
Anteil der Beschäftigten in der Landwirtschaft, in Prozent, 1990

- 71% und mehr
- 51%-70%
- 31%-50%
- 11%-30%
- 0%-10%
- keine Angaben

Höchste Werte: Bhutan, Nepal 94%, Burkina Faso, Burundi 92%, Niger 90%
Niedrigste Werte: Brunei, GB 2%, Hongkong, Kuwait 1%, Singapur 0%

Quelle: UNDP, 1998

G Arbeitsplätze

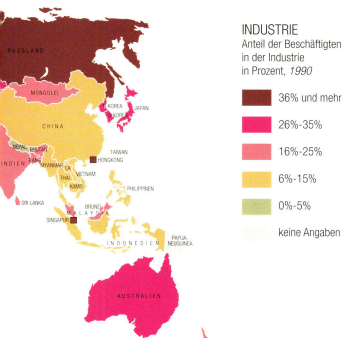

INDUSTRIE
Anteil der Beschäftigten in der Industrie in Prozent, *1990*

- 36% und mehr
- 26%-35%
- 16%-25%
- 6%-15%
- 0%-5%
- keine Angaben

Höchste Werte: Rumänien 47%, Slowenien 46%, Tschechische Republik 45%, Russland 42%
Niedrigste Werte: Nepal 0%, Bhutan 1%, Burkina Faso, Guinea, Guinea-Bissau, Mali 2%

Quelle: UNDP, 1998

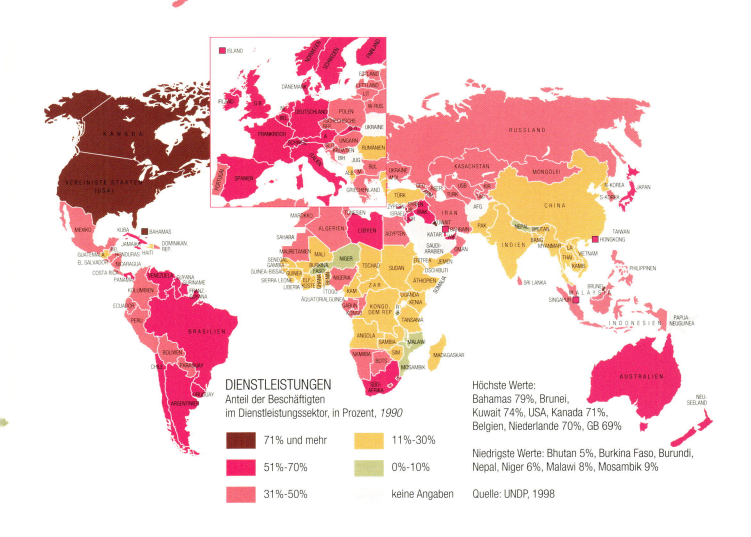

DIENSTLEISTUNGEN
Anteil der Beschäftigten im Dienstleistungssektor, in Prozent, *1990*

- 71% und mehr
- 51%-70%
- 31%-50%
- 11%-30%
- 0%-10%
- keine Angaben

Höchste Werte: Bahamas 79%, Brunei, Kuwait 74%, USA, Kanada 71%, Belgien, Niederlande 70%, GB 69%

Niedrigste Werte: Bhutan 5%, Burkina Faso, Burundi, Nepal, Niger 6%, Malawi 8%, Mosambik 9%

Quelle: UNDP, 1998

Vollbeschäftigung ist schon längst nicht mehr das eigentliche Ziel der Wirtschaftspolitik. Wenn jeder einen Arbeitsplatz hat, ist der Arbeitsmarkt weniger flexibel, als er es aus volkswirtschaftlicher Sicht zur Ankurbelung wirtschaftlichen Wachstums sein sollte. Der wirtschaftliche Erfolg eines Landes erfordert zu einem gewissen Grad die individuelle wirtschaftliche Unsicherheit. Massenarbeitslosigkeit ist in den meisten ärmeren Ländern der Welt inzwischen ein Dauerproblem. Auch in einigen reicheren Ländern ist Arbeitslosigkeit ein gravierender sozialpolitischer Missstand, doch sind Vergleiche angesichts der Ungenauigkeit statistischer Angaben nicht ohne weiteres zu ziehen.

Dauerarbeitslosigkeit ist ein besonders grosses Problem, weil sie Langzeitarbeitslose auf die Dauer "dis"qualifiziert, d.h. von der Qualifikation zu Arbeitsroutine und -disziplin entwöhnt.

Für junge Menschen wird es immer schwieriger, einen sinnvollen Arbeitsplatz zu finden. Je mehr Zeit verstreicht, bis sie nach ihrem Bildungsabschluss eine Stellung gefunden haben, desto schwerer wird die Arbeitssuche insgesamt.

Auch mit zunehmendem Alter wird die Suche nach einem angemessenen Arbeitsplatz immer schwieriger. Viele Unternehmen führen eine ganze Reihe von Gründen dafür an, dass sie keine Arbeitskräfte einstellen wollen, die nur noch zehn bis 15 Jahre erwerbstätig sein werden. Andererseits stellen sie aber Menschen ein, die das Risiko eingehen, diesen Arbeitsplatz in den Hochs und Tiefs der Marktwirtschaft ohnehin schon viel früher zu verlieren.

JUGENDARBEITSLOSIGKEIT
Anteil der Erwerbslosen unter 24 Jahren
ausgewählte Länder, in Prozent *1996*

Quelle: UNICEF,
The Progress of Nations, 1997

Frauen: Japan 7%, Deutschland 9%, USA 11%, GB 11%, Kanada 14%, Australien 16%, Schweden 22%, Frankreich 32%, Spanien 51%

Männer: Spanien 37%, Frankreich 26%, Schweden 22%, Australien 17%, Kanada 19%, GB 16%, USA 13%, Deutschland 11%, Japan 7%

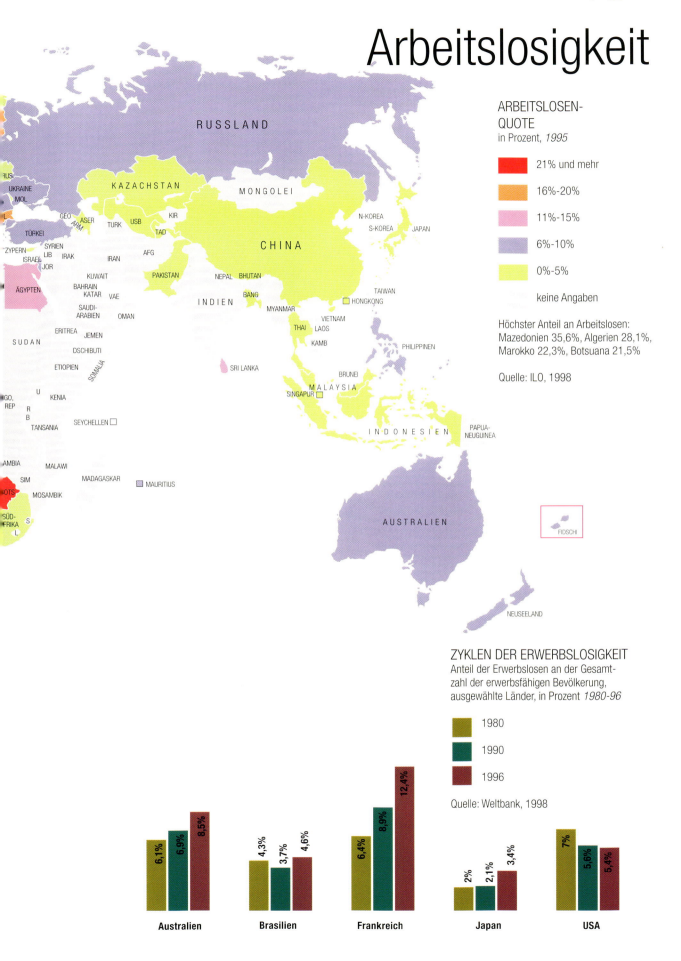

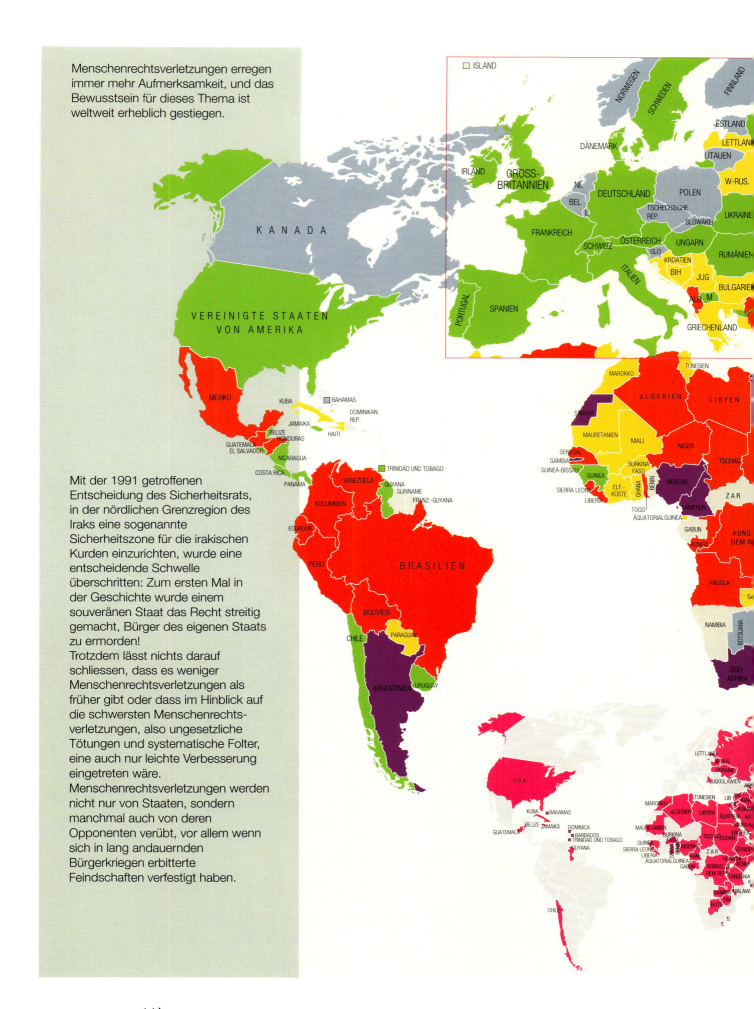

Menschenrechtsverletzungen erregen immer mehr Aufmerksamkeit, und das Bewusstsein für dieses Thema ist weltweit erheblich gestiegen.

Mit der 1991 getroffenen Entscheidung des Sicherheitsrats, in der nördlichen Grenzregion des Iraks eine sogenannte Sicherheitszone für die irakischen Kurden einzurichten, wurde eine entscheidende Schwelle überschritten: Zum ersten Mal in der Geschichte wurde einem souveränen Staat das Recht streitig gemacht, Bürger des eigenen Staats zu ermorden!

Trotzdem lässt nichts darauf schliessen, dass es weniger Menschenrechtsverletzungen als früher gibt oder dass im Hinblick auf die schwersten Menschenrechtsverletzungen, also ungesetzliche Tötungen und systematische Folter, eine auch nur leichte Verbesserung eingetreten wäre.

Menschenrechtsverletzungen werden nicht nur von Staaten, sondern manchmal auch von deren Opponenten verübt, vor allem wenn sich in lang andauernden Bürgerkriegen erbitterte Feindschaften verfestigt haben.

Menschenrechte

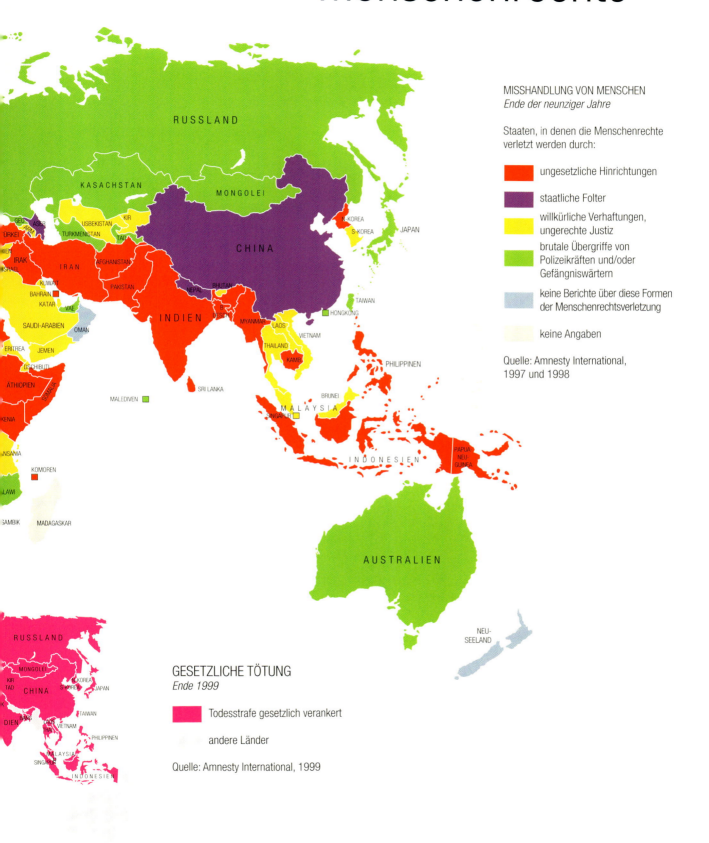

R

Trauernde Palästinenserin in Gaza, 12-jähriges Opfer Mohammed al-Durra.

gegen vier liberale, zugunsten des Konservativen *George W. Bush,* indem sie befanden: Die Auszählung von Wahlzetteln in umstrittenen Distrikten von Florida sei illegal, also müsse sie gestoppt werden. Zu diesem Zeitpunkt war der Vorsprung *Bushs* in ganz Florida auf einige hundert Stimmen zusammengeschmolzen. Und zeigte sinkende Tendenz, je mehr man nachzählte. Aber eine Möglichkeit, nochmals eine Gerichtsinstanz anzurufen, sah *Al Gore* nicht, und so gab er sich geschlagen. Ohne zureichende Legitimität übernahm *Georg W. Bush* die US-Präsidentschaft.

Die am meisten bedrückende politisch-gesellschaftliche Entwicklung des Jahrs 2000 war der Zusammenbruch des Friedensprozesses zwischen Israel und den Palästinensern. Sieben Jahre Hoffnung gingen in die Brüche. Alles, was durch den sogenannten Oslo-Prozess (Verhandlungen zwischen Israel und den Palästinensern in Oslo, die 1993 zum ersten Abkommen führten) an Zukunftsvisionen geweckt worden war, wurde durch eine Welle von Gewalt zunichte gemacht. Anfang November herrschte ein ungleicher, unerklärter Krieg. Er forderte bis zum Jahresende mehr als 350 Tote (30 Israeli, alle anderen Palästinenser) und mehr als 4000 Verletzte.

Der Weg in die Gewalt und in die Krise wurde beschritten, als Israeli und Palästinenser / Juden und Muslime über den «endgültigen Status» diskutieren mussten. Diese Diskussion konnte nicht länger hinausgeschoben werden: Der im Oslo-Prozess gesetzte Zeitrahmen war bereits längst überschritten. Jetzt, im Sommer 2000, sollten sich die beiden Seiten einigen über: Jerusalem, Rechte der Palästina-Flüchtlinge, Art des Staates für die Palästinenser (dazu u. a. Seiten 122 – 125). US-Präsident *Bill Clinton,* kurz vor dem Ende seiner Präsidentschaft, versuchte, Israels Premier *Ehud Barak* und Palästinenserpräsident *Yassir Arafat* in Camp David von Kompromissen zu überzeugen. Der Versuch misslang. Israel und auch die US-Führung warfen *Arafat* mangelnde Flexibilität vor, weil er sich nicht damit einverstanden erklären konnte, auf Ostjerusalem als Hauptstadt für seinen Staat zu verzichten. *Arafat* seinerseits warf den USA vor, sie hätten völlig einseitig die Partei Israels ergriffen. Und tatsächlich hatte sich die Politik der Vereinigten Staaten (man machte dafür den Nahost-Vermittler *Dennis Ross,* neben *Clinton* und Aussenministerin *Albright,* verantwortlich) von einer anfänglich (also 1993) gleichgewichtigen Haltung zugunsten der israelischen Interessen verschoben.

Der Nahe Osten bildete das bedrückende Negativ-Thema des Jahrs 2000 – die Entwicklung in Korea anderseits war das grosse positive Thema des Jahres. Niemand hatte damit gerechnet, dass die beiden Teilstaaten ihre tiefgreifende Feindschaft so rasch überwinden könnten. Immer wieder in den letzten fünfzig Jahren hatten Nord- und Südkorea sich militärisch bedroht, mehrmals standen sie sogar am Rande eines offenen Krieges. Der Norden war eine finstere, gegenüber der Aussenwelt hermetisch abgeschottete Diktatur; der Süden hatte sich erst vor wenigen Jahren von einem autoritären Regime zu einer Demokratie gewandelt. Im Norden herrschte kommunistische Planwirtschaft nach stalinistischem Muster, im Süden freie Marktwirtschaft. Beide Teilstaaten waren hochgerüstet und waffenstarrend. In beiden waren bei der älteren Generation die Erinnerungen an den Koreakrieg (1950 bis 1953) lebendig.

Will man die Dimension der historischen Wende in Korea verstehen, muss man kurz in die Geschichte zurückblicken:

Der Krieg war am 25. Juni 1950 durch Nordkorea entfesselt worden. Die koreanische Halbinsel war nach dem Ende der japanischen Besetzung, also nach der Kapitulation Japans im Sommer 1945, im Norden von sowjetischen, im Süden von US-Truppen besetzt. Trennlinie war der 38. Breitengrad. Im Mai 1948 sollten in ganz Korea Wahlen stattfinden. Der Süden führte sie durch, der Norden boykottierte sie. Im August 1948 wurde die Republik Korea (Südkorea) gegründet, im September die Demokratische Volksrepublik (Nordkorea). Der Süden war kapitalistisch und hatte die Unterstützung des Westens, vor allem der USA; der Norden war kommunistisch und wurde von der Sowjetunion und später auch von China unterstützt.

Das Radio Nordkoreas verkündete beim Kriegsbeginn, dass eine «Aggression» der Faschisten Südkoreas bestraft worden sei und dass die Armee der Volksrepublik erst nach einer Wiedervereinigung des Vaterlands zum Stehen komme. Nordkoreas Armee nahm die südkoreanische Hauptstadt Seoul ein und marschierte in kurzer Zeit weiter bis an die Südspitze. Chinesische Truppen unterstützten die Nordkoreaner, aber schon wenige Tage nach dem nordkoreanischen Überfall traten US-Streitkräfte, gestützt durch ein Mandat der Vereinten Nationen, zugunsten des Südens in Aktion. Drei Jahre dauerte der Krieg und forderte weit über eine Million Todesopfer (die UNO-Truppen verloren 94 000 Mann, davon die Amerikaner 24 000). Der am 27. 7. 1953 abgeschlossene Waffenstillstand legte den Grenzverlauf entlang des 38. Breitengrades fest. Weitergehende Bemühungen um eine Friedensregelung blieben an den Verhandlungen in Genf (1954) erfolglos. Jetzt, im Jahr 2000, nahm eine Wende in positiver Richtung erstmals Gestalt an. Kim Dae Jung, dem das «Tauwetter» in erster Linie zu verdanken war, warnte allerdings kurz vor Jahresende vor allzu hochgesteckten Erwartungen: Bis wirklich Frieden herrsche, würden noch Jahre vergehen. ■

Erstes Familientreffen Nordkorea – Südkorea: Hoffnung auf das Ende eines Konflikts, der 50 Jahre gedauert hat.

JANUAR

18	Chronik
20	Flucht eines buddhistischen Würdenträgers
22	Kroatien: Opposition gewinnt Wahlen
24	Crossair-Maschine bei Zürich abgestürzt
26	Russlands Interims-Präsident Putin: eisern!
28	Ölverschmutzung an der Küste der Bretagne
29	Baskische ETA kehrt zu Terror zurück
30	World Economic Forum in Davos
32	Skandal um Spendengelder an CDU in Deutschland

1.1. Jahreswechsel ohne Computerprobleme
Der Jahreswechsel in Amerika, Asien und Europa verläuft ohne die befürchteten Computer-Probleme. Der Bahn- und Flugverkehr und die Telekommunikation funktionieren weltweit ohne Störungen.

1.1. Russlands Interimspräsident Putin im Amt
Der noch am letzten Tag des Jahres 1999 ernannte interimistische Präsident Russlands, *Wladimir Putin*, nimmt seine Amtsgeschäfte auf.

2.1. Viele Tote bei Kämpfen auf den Molukken
Kämpfe zwischen Muslimen und Christen auf den zu Indonesien gehörenden Molukken-Inseln fordern mindestens 400 Tote. Seit dem Beginn der Auseinandersetzungen (1999) fielen 1500 Menschen der Gewalt zum Opfer.

Spannungszonen in Indonesien: Molukken, Ost-Timor, Aceh (Nord-Sumatra), Irian-Jaya, Teile von Kalimantan.

2.1. Fehde Christen/Muslime in Ägypten
Bei Unruhen zwischen Christen und Muslimen im Dorf El Kuscheh im Süden Ägyptens kommen 16 Personen ums Leben.

3.1. Wieder Verhandlungen Israel/Syrien
Bei Washington nehmen Israels Premier, *Ehud Barak*, und der syrische Aussenminister *Faruk asch-Schara'a* Verhandlungen über einen Frieden auf. Syrien fordert die Rückgabe des ganzen, 1967 von Israel besetzten, Golan-Gebiets.

4.1. Wahlen in Kroatien: Sieg der Opposition
Bei den Parlamentswahlen in Kroatien erringt die Opposition einen klaren Sieg. Die Partei des am 11.12.99 gestorbenen Präsidenten *Franjo Tudjman* kommt nur auf 25%.

5.1. Schauspieler Bernhard Wicki gestorben
Der aus der Schweiz stammende, auch in Deutschland und den USA tätig gewesene Darsteller *Bernhard Wicki* stirbt in München im Alter von 80 Jahren.

Bernhard Wicki: Künstler auf den Bühnen im deutschsprachigen Europa und im amerikanischen Film.

6.1. Schwerwiegende Grippe-Welle in Europa
In Frankreich, Deutschland, der Schweiz, Grossbritannien und anderen Regionen Europas bricht eine schwere Grippe-Welle aus. Mehrere Millionen Menschen erkranken.

7.1. Buddhistische Leitfigur aus Tibet geflohen
Einer der wichtigsten religiösen Würdenträger des tibetanischen Buddhismus, der 17. *Karmapa* (sein Name: *Ogyen Trinley*) flüchtet aus Tibet nach Indien.

8.1. Wieder blutige Kämpfe in Tschetschenien
Die Rebellen Tschetscheniens greifen massiv die russischen Truppen an, die sich mit schweren Waffen dem Zentrum von Grosny nähern. Russland gibt zu, 500 Mann im Krieg um Grosny verloren zu haben. Inoffizielle Schätzungen liegen bedeutend höher.

9.1. Umweltkatastrophe an Frankreichs Küste
Schweröl, ausgeflossen aus dem im Dezember auseinandergebrochenen Tanker «Erika», verpestet weite Küstenregionen der französischen Bretagne. 35 000 Seevögel mit tödlicher Verschmutzung werden eingesammelt.

10.1. Crossair-Flugzeug abgestürzt: 10 Tote
Ein Flugzeug der schweizerischen Crossair mit zehn Menschen an Bord stürzt bei Zürich ab. Alle Insassen kommen ums Leben.

10.1. Deutschland: Spendenaffäre bei der CDU
Nach Ex-Bundeskanzler *Helmut Kohl* gesteht nun auch der CDU-Vorsitzende *Wolfgang Schäuble*, illegal Gelder angenommen zu haben. Mit nicht verbuchten Millionensummen soll die CDU Wahlkampagnen finanziert haben.

11.1. London erklärt: Pinochet prozessunfähig!
Das britische Innenministerium erklärt, Chiles Ex-Diktator *Augusto Pinochet* (er befindet sich seit Herbst 1998 in London) könne wegen seiner angeschlagenen Gesundheit keinen Prozess durchstehen. Der 84jährige wird von einem spanischen Richter zur Auslieferung angefordert.

12.1. Frankreich: Lastwagenblockade
Frankreichs Lastwagen-Unternehmer blockieren zwei Tage lang die Grenzübergänge des Landes. Wegen zu hoher Treibstoffpreise und wegen der 35-Stunden-Woche seien sie gegenüber der ausländischen Konkurrenz im Nachteil. Die Blockade endet mit einem Kompromiss.

13.1. Wieder Flugzeugabsturz
Drei Tage nach dem Crossair-Absturz bei Zürich stürzt eine Maschine mit 41 Menschen vor Libyen ins Meer, die der schweizerischen Firma Avisto AG gehörte. Sie transportierte Fachleute für eine Ölplattform. 22 Insassen kommen ums Leben.

14.1. UNO-Tribunal verurteilt bosnische Kroaten
Das UNO-Tribunal in Den Haag verurteilt sechs bosnische Kroaten zu Gefängnisstrafen zwischen 6 und 25 Jahren. Sie wurden für schuldig erklärt, 1993 in einem muslimischen Dorf in Bosnien 116 Menschen ermordet zu haben.

15.1. Belgrad: Terrorist Arkan erschossen
In Belgrad wird der Kriegsverbrecher *Zeljko Raznatovic*, genannt *Arkan*, erschossen. Mit seinen Banden hatte er im Bosnien-Krieg Kroaten und Muslime ermordet. Man verdächtigte das Regime Serbiens, *Arkan* unterstützt zu haben.

16.1. Finnland: Wahl ohne Entscheidung
Die erste Runde der Präsidentenwahl in Finnland endet ohne Entscheidung. Der Zentrumspolitiker *Esko Aho* und die Sozialdemokratin *Tarja Halonen* verfehlen beide das absolute Mehr. Ein zweiter Wahlgang im Februar soll Klarheit bringen.

17.1. Chile: Ricardo Lagos neuer Präsident
Bei der zweiten Runde der chilenischen Präsidentenwahl gewinnt der 61jährige Sozialist *Ricardo Lagos* 51,3% der Stimmen und wird damit neuer Präsident. Gegenkandidat *Joaquin Lavin*, ein Konservativer, kam auf 48,7%.

18.1. Grösster Pharmakonzern der Welt entsteht
Die britischen Unternehmen Glaxo Wellcome und Smithkline Beecham geben bekannt, sie würden zum grössten Pharmakonzern der Welt fusionieren. Der Zusammenschluss soll bis zum Sommer 2000 vollzogen sein.

19.1. Bettino Craxi, Ex-Premier Italiens, gestorben
Der frühere italienische Ministerpräsident, *Bettino Craxi*, stirbt in Tunesien 65jährig an einem Herzanfall. Premier war er von 1983 bis 1987. 1994 wurde *Craxi* wegen Bestechung zu Gefängnis verurteilt. Er setzte sich nach Tunesien ab.

19.1. Österreichs Regierungsbildung gescheitert
108 Tage nach den Parlamentswahlen einigen sich die österreichischen Sozialdemokraten und die konservative Volkspartei auf die Neubildung der Koalitionsregierung. Einen Tag später löst sich die Einigung in Nichts auf.

20.1. Tauwetter Griechenland/Türkei
Der griechische Aussenminister, *Georgios Papandreou*, besucht die Türkei. Es ist der erste Besuch auf dieser Ebene seit 1962! *Papandreou* und der türkische Aussenminister *Ismail Cem* unterzeichnen Abkommen zur Föderung des Tourismus und für die Rückführung von illegalen Immigranten.

23.1. UNO: Kompromiss über Kindersoldaten
Die UNO einigt sich über eine Konvention über jugendliche Soldaten. Diese dürfen erst ab 18 Jahren in Kämpfen eingesetzt werden. Zwangsrekrutierungen sind erst ab 18 Jahren erlaubt. Für freiwillige Rekrutierungen wurde jedoch kein Mindestalter festgelegt.

23.1. ETA-Mordanschlag in Madrid
ETA-Terroristen ermorden mit einer Autobombe in Madrid einen hohen Offizier der Armee. ETA kehrt damit nach 18monatigem Waffenstillstand zur mörderischen Gewalt zurück.

23.1. USA: Geistesgestörter hingerichtet
Ungeachtet internationaler Appelle wird in Texas der an Schizophrenie leidende Mörder *Larry Robison* hingerichtet. Zur Tatzeit, so das Gericht, sei der Mann zurechnungsfähig gewesen.

23.1. Israel: Ermittlungen gegen Weizmann
Gegen Israels Präsidenten, *Ezer Weizman*, wird in Jerusalem ein Verfahren eingeleitet. *Weizman* habe von einem französischen Geschäftsmann Geld angenommen.

24.1. Ecuador: Putsch-Präsidenten
Im südamerikanischen Ecuador putscht das Militär und setzt daraufhin des bisherigen Vizepräsidenten, *Gustavo Noboa*, als neuen Präsidenten ein. *Noboa* verspricht einen entschlossenen Kampf gegen die Korruption.

25.1. Europarat: besorgt über «Extremisten-Parteien»
Der Europarat in Strassburg veröffentlicht einen Bericht, in dem Besorgnis über die Gefährdung der Demokratie durch extremistische Parteien ausgedrückt wird. Zu diesen Parteien gehöre u.a. in Österreich die FPÖ und in der Schweiz die SVP, wird erklärt.

26.1. Holocaust-Forum in Stockholm
In Stockholm eröffnet Schwedens Premier *Persson* ein Holocaust-Forum, das beitragen soll, aus Fehlern der Vergangenheit zu lernen. Schwedische Behörden hätten in der Zeit des Zweiten Weltkriegs versagt, sagte *Persson*. Er sprach u.a. von der Teilnahme schwedischer Männer an der deutschen Waffen-SS.

27.1. Europarat verurteilt Russlands Krieg
Der Europarat droht Russland mit dem Ausschluss für den Fall, dass die «unverhältnismässige und willkürliche» militärische Gewalt in Tschetschenien nicht umgehend beendet wird.

28.1. Tony Blair fordert weltweite Liberalisierung
Der britische Premier, *Tony Blair*, fordert am Weltwirtschaftsforum in Davos eine neue weltweite Verhandlungsrunde über den Freihandel. Man dürfe sich durch das Scheitern der WTO-Konferenz von Seattle (Dezember 1999) nicht entmutigen lassen, meint er.

29.1. Libanon/Israel: Hizballah-Angriffe
Hizballah-Milizen töten mit mehreren Angriffen in der von Israel besetzten südlibanesischen «Sicherheitszone» den stellvertretenden Kommandanten der mit Israel kooperierenden SLA-Miliz und drei israelische Soldaten.

30.1. EU-Länder: Drohungen gegen Österreich
Die EU-Präsidentschaft für das erste Halbjahr 2000 (wahrgenommen durch Portugal) droht Österreich mit hart formulierten Erklärungen. Wenn eine Regierung mit Beteiligung der FPÖ gebildet werde, würden die übrigen 14 Mitgliedstaaten die bilateralen Kontakte mit Wien suspendieren.

31.1. Wieder Flugzeugkatastrophen
Vor der Küste Kaliforniens stürzt eine MD-83-Maschine der Alaska Airlines mit 88 Menschen ins Meer. Niemand überlebt die Katastrophe. Einen Tag davor kamen 170 Menschen beim Absturz einer Maschine der Kenya Airways vor der Elfenbeinküste ums Leben.

Ezer Weizman, israelischer Staatspräsident seit 1993, einst bekannt als «Falke», wandelte sich gegenüber den Arabern zur «Taube».

Der Karmapa Lama (rechts): 14 Jahre alt, eine Reinkarnation Buddhas. Seine Flucht nach Indien setzte die chinesische Führung in Verlegenheit.

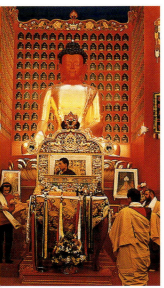

Tibetanische Richtung des Buddhismus: viele Klöster wurden durch die chinesischen Militärs zerstört.

Tibet:
Flucht eines buddhistischen Würdenträgers

Vierzig Jahre nach dem *Dalai Lama* flüchtete wieder ein hoher buddhistischer Würdenträger aus dem von China kontrollierten Tibet: der *Karmapa* (auch «Karmapa Lama» genannt), der als «lebender Buddha» verehrt wurde, ging mit einer Anzahl seiner Getreuen nach Indien. Das chinesische Militär konnte dies nicht vehindern

Der «Karmapa», der eigentlich *Ugyen Trinley Dorje* hiess, war jetzt erst 14 Jahre alt. Er war die 17. Reinkarnation des Gründers der Karma-Kagyü-Schule, einer der vier wichtigen Richtungen des tibetischen Buddhismus. Die Schule des *Karmapa* (nach ihrer rituellen Kopfbedeckung auch «Rotmützen» genannt) ist älter als jene des *Dalai Lama* (die «Gelbmützen» genannt wird). Aber der *Dalai Lama* gilt als wichtigerer religiöser Führer als der *Karmapa*.

Der 17. *Karmapa* wurde 1985 geboren. Sein Vorgänger, der 16. *Karmapa* erklärte damals, noch kurz vor seinem Tod, sein Nachfolger werde «im Osten des Schneelands» gefunden, und er sei «im Jahre dessen, den man für die Erde braucht», geboren. Das bezog sich nach Auffassung der Rotmützen-Buddhisten auf das Jahr des Ochsens, also auf 1985. Ausserdem erklärte der Sterbende, seine Reinkarnation sei ein Knabe mit «dem wunderbaren, weit reichenden Schall des Weissen.» Als das «weit reichende Weisse» erwies sich das Muschelhorn Conch, das bei der Geburt des Knaben *Ugyen Trinley* erklungen war, ohne dass man die Herkunft des Tons hätte ermitteln können. *Ugyen Trinley* also der 17. *Karmapa*, wurde in einem Kloster bei Lhasa erzogen. Er wurde daher nicht nur vom *Dalai Lama*, sondern auch von der Regierung in Peking anerkannt, die bestrebt war, Anerkennung beim tibetischen Volk zu finden. Die chinesische Regierung ging davon aus, dass sie den Karmapa in diesem Kloster kontrollieren könne.

Der *Karmapa* begründete nach seiner Flucht im indischen Dharamsala (das ist der Exilsitz des *Dalai Lama*) mit der Weigerung Chinas, ihn zwecks vertieften Studiums des Buddhismus nach Indien ausreisen zu lassen. China bestätigte die Flucht. Der *Karmapa* habe einen Brief hinterlassen, in dem er erklärte, auf der Suche nach alten Musikinstrumenten und Texten zu verreisen. Mit dieser Erklärung hoffte die Führung Chinas, die Türe für eine Rückkehr des *Karmapa* offen zu lassen. Tatsache war jedoch, dass der *Karmapa* sich auf die Seite des *Dalai Lama* geschlagen hatte.

Die Truppen der Volksrepublik China besetzten im Oktober 1950 Tibet. China versuchte, dort ein kommunistisches System einzuführen. Sie setzten mit Gewalt die Abschaffung der traditionellen Landwirtschaft durch (Kollektivierung der Landwirtschaft) und versuchten, die Klöster aufzulösen und zu zerstören. Tibet war zuvor weitgehend von den buddhistischen Lamas gesteuert worden. Die Lamas waren bis zur Machtübernahme durch China nicht nur Geistliche, sondern sie übten auch wirtschaftliche Macht aus. Der mächtigste der etwa 3000 Lamas war und ist der *Dalai Lama*, der 1959 aus Tibet nach Indien flüchtete. Der *Dalai Lama* ist die Reinkarnation des *Bodhisattva Chenrezi* (in Sanskrit bekannt als *Avalokiteshvara*), des Bodhisattva der Barmherzigkeit also. Nach dem *Dalai* kommt der *Pantschen Lama*, der als Reinkarnation des *Buddhas* des unendlichen Lichts gilt. Zu gewissen Zeiten aber galt der *Karmapa Lama* als höchste geistliche Autorität in Tibet.

Tibet hat ca. 2 Millionen Einwohner, auf einer Fläche von 1,222 Mio km². Haupterwerbsquelle der Tibeter ist die Weidewirtschaft.

Im 7. Jahrhundert wurde in Tibet ein buddhistisches Königreich gebildet. Die Mongolen beherrschten das Gebiet jahrhundertelang. 1720 konnte Tibet sich dank chinesischer Hilfe befreien. Danach beanspruchte China die Schutzherrschaft über Tibet. 1911 wurde Tibet unabhängig, 1950 besetzten chinesische Truppen das Land. Aufstand, blutig niedergeschlagen, im Jahr 1959.

Der Dalai Lama – er flüchtete 1959 aus Tibet nach Indien und ist als Autorität unumstritten.

Lhasa, geistiges und geistliches Zentrum des tibetanischen Buddhismus.

Neubeginn in Kroatien

Nach mehr als achtjähriger Alleinherrschaft der Nationalisten begann als Folge der Parlamentswahlen vom 4. Januar in Kroatien eine neue Phase. Die in zwei Koalitionsblöcken vereinigten Oppositionsparteien errangen eine deutliche Mehrheit, nämlich 95 von 150 Mandaten. Die HDZ (Kroatische Demokratische Gemeinschaft), die sich in den letzten Jahren ihrer Alleinregierung zunehmend zu einer autoritären Partei entwickelt hatte, erhielt nur noch 40 Sitze.

Der Erfolg der bisherigen Opposition kam aufgrund der zwischen *Ivan Racan*, Chef der Sozialdemokraten, und *Drazen Budisa*, Chef der Sozialliberalen, im Sommer 1999 vereinbarten Zusammenarbeit zustande. *Ivan Racan* hatte bis zu *Titos* Tod der kommunistischen Partei angehört. *Drazen Budisa* engagierte sich aber bei der Demokratiebewegung «Kroatischer Frühling», die von *Tito* unterdrückt wurde. Er wurde für vier Jahre ins Gefängnis gesteckt. Zu Beginn der neunziger Jahre kämpften *Budisa* und *Racan* zwar für die Unabhängigkeit Kroatiens, gehörten aber unterschiedlichen Lagern an.

Die bisherige Regierungspartei, HDZ, war nach dem Tod des Staatsgründers und Präsidenten *Franjo Tudjman* (10. Dezember 1999) in interne Machtkämpfe verstrickt.

Am 24. Januar fand die Wahl des neuen Staatspräsidenten statt. Bei der ersten Runde erreichte keiner der Kandidaten die absolute Mehrheit. Beim zweiten Wahlgang, am 8. Februar gewann der 65jährige *Stipe Mesic* die Präsidentschaftswahlen. Er galt als Verfechter einer auf den Westen ausgerichteten Politik und als

Drazen Budisa (links) und Ivan Racan (rechts), Sieger der Parlamentswahlen.

Stichworte zu Kroatien:

Fläche: 56 610 km²,
Bevölkerung: 4,5 Mio, davon 78% Kroaten und 12% Serben. Kroatien ist seit 1991 unabhängig, davor war es Teil Jugoslawiens.
Wirtschaft: Bruttoinlandprodukt 19,08 Milliarden $.
Arbeitslosigkeit: ca. 18%
Auslandsverschuldung: 6,84 Milliarden $.

Der Bosnien-Krieg (1992–1994) und der Kosovo-Konflikt (1999) lasteten schwer auf der jüngeren Vergangenheit und der Gegenwart Kroatiens. Der Tourismus, einst eine wichtige Einnahmequelle des Landes, lag darnieder. Hinzu kam die Sperrung der Donau als Folge der Zerstörung der Brücken in Serbien während des Kriegs um Kosovo.
Die OSZE und der Europarat kritisierten Kroatien mehrfach wegen der Weigerung der Staatsführung, verdächtigte Kriegsverbrecher ans Tribunal in Den Haag auszuliefern.

demokratischer, nicht autoritärer Politiker.
Mesic war der letzte Präsident Jugoslawiens gewesen, bevor Kroatien 1991 aus dem Vielvölkerstaat austrat und der Unabhängigkeitskrieg begann.
Er übernahm damals für wenige Monate den Vorsitz im rotierenden Präsidium des Vielvölkerstaates.
Am 18. Februar übernahm *Mesic* dann offiziell das Amt des Staatspräsidenten (als Nachfolger des im Dezember 1999 gestorbenen *Franjo Tudjman*).
Stipe Mesic kündigte nach dem Wahlsieg an, er werde so bald wie möglich nach Sarajewo und nach Brüssel reisen – in die bosnische Hauptstadt, um ein Zeichen zu setzen, dass die alten territorialen Ansprüche Kroatiens nicht mehr galten. Und nach Brüssel, um Voraussetzungen für Beitrittsverhandlungen in die EU zu klären.

Franjo Tudjman (links): führte Kroatien in die Unabhängigkeit, errichtete aber ein autoritäres Regime. Der Nachfolger (unten), Stipe Mesic.

Flugzeuge abgestürzt: Zürich, Libyen, USA

Drei kleinere Turboprop-Passagierflugzeuge stürzten im Januar im zeitlichen Abstand von nur wenigen Tagen ab: eine Maschine der schweizerischen Crossair bei Zürich; ein Flugzeug der in der Schweiz domizilierten Firma Avisto vor der Küste Libyens; und ein Flugzeug einer privaten Fluggesellschaft in Costa Rica. Der Absturz bei Zürich forderte 10, jener vor Libyen 22 und jener in Costa Rica vier Todesopfer.

Die Crossair-Maschine, eine Saab 340, verunglückte kurz nach dem Start vom Flughafen Zürich-Kloten am 10. Januar. An Bord befanden sich sieben Passagiere und drei Besatzungsmitglieder. Ziel war Dresden, eine Destination, welche Crossair (eine mehrheitlich Swissair gehörende, aber selbständig operierende Gesellschaft mit 80 Flugzeugen, somit eine der grössten Regionalfluggesellschaften Europas) drei Mal täglich anflog. Das Flugzeug startete normal und stieg in knapp zwei Minuten auf rund 150 Meter Höhe. Anstelle der vorgesehenen Drehung um ca. 45 Grad nach links flog der Pilot eine leichte Rechtskurve. Die Bodenkontrolle im Flughafen machte ihn auf diesen Irrtum aufmerksam. Die Antwort aus dem Cockpit: «Standby...». Danach verschwand das Flugzeug vom Radarschirm und bohrte sich, nach wenigen Sekunden Sturzflug, auf einem Feld nahe der kleinen Ortschaft Nassenwil in den Boden.

Der Flugschreiber und der Voice-Recorder konnten nach wenigen Tagen aufgefunden werden. Sie wurden zur Auswertung nach Kanada geschickt.

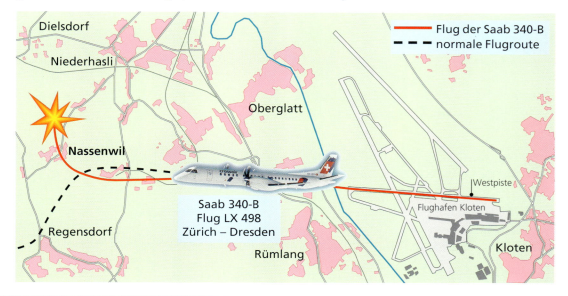

Absturzstelle der Saab-Maschine von Crossair bei Zürich: Rätselhafter Absturz. Auch der Flugschreiber brachte keine Klarheit über die Unglücksursache.

Das zweite Flugzeugunglück im Januar ereignete sich nur drei Tage später, am 13. Januar. Eine Maschine des Typs Shorts SD360-300 meldete auf dem Flug von der libyschen Hauptstadt Tripolis nach Marsa el Brega (im Osten Libyens gelegen), kurz vor der Einleitung des Landeanflugs, den Ausfall beider Triebwerke. An Bord befanden sich 38 Passagiere und drei Besatzungsmitglieder. Die Piloten versuchten eine Notwasserung im Meer, nahe bei der Küste. 22 Menschen kamen dabei ums Leben, 16 überlebten. Die Insassen waren alles Angestellte der libyschen Ölfirma Sirte Oil Company. Eigentümerin des Flugzeugs war die schweizerische Firma Avisto AG (die, ausser dem verunglückten Flugzeug, in Afrika noch eine weitere Maschine für sogenannte Arbeitsflüge einsetzte). Das Turboprop-Flugzeug Shorts SD360-300 wird vom Unternehmen Short Brothers im nordirischen Belfast hergestellt. Die Maschine wurde letztmals im September 1999 in einem Unternehmen im schweizerischen Altenrhein revidiert.

Eine Maschine des Typs Shorts SD360-300 (links) – Notwasserung vor Libyen versucht.

Und die Unglücksserie ging weiter: am 30. Januar stürzte vor der Küste von Côte d'Ivoire in Westafrika ein Airbus A310 der Kenya Airways kurz nach dem Start ins Meer. Von den 179 Menschen an Bord kamen 170 ums Leben.

Und am 31. Januar verunglückte eine MD-83 der Alaska Airlines und riss alle 88 Menschen an Bord in den Tod. Bei diesem Unfall konnte die Ursache schnell festgestellt werden: ein mechanischer Teil, an dem das Höhensteuer und die Stabilisationsvorrichtung (Trimmung) befestigt war, wies einen Riss auf. Die Maschine konnte nicht mehr gesteuert werden. Die Piloten versuchten eine Notlandung, scheiterten aber bei ihrem verzweifelten Manöver.

Trauer um ein Opfer des Alaska-Airlines-Absturzes in Kalifornien (USA).

Russland unter Putins Führung: härterer Kurs

Wladimir Putin war am 31. Dezember 1999 vom zurücktretenden Präsidenten, *Boris Jelzin*, zum interimistischen Präsidenten Russlands ernannt worden. Zu Beginn des Jahrs 2000 legte die Führung in Moskau das Datum für die Präsidentschaftswahlen fest: 26. März. *Wladimir Putin* zeigte, dass er keine Zeit verlieren, sondern dass er entschlossen in die Speichen des politischen Räderwerks Russlands eingreifen wollte.

Dies waren seine ersten Schritte im höchsten Amt:

● Er nahm Umbesetzungen im Mitarbeiterstab vor. Die Tochter von *Boris Jelzin, Tatjana Djatschenko*, setzte er als Beraterin ab. Entlassen wurde auch der mächtige Leiter der Kreml-Vermögensverwaltung, *Pavel Borodin*. Zum Chef seines Sicherheitsrates ernannte er den 46jährigen *Sergej Iwanow*, der die «Vernichtung von Banditen» im Kaukasus als vordringliche Aufgabe bezeichnete. Gemeint war damit: ein unbeugsam hartes Vorgehen gegen die Aufständischen in Tschetschenien.

● *Putin* verkündete ein neues Sicherheitskonzept, in der von einer möglichen Konfliktsituation mit dem von den USA geführten Westen die Rede war. Der Westen wolle zentrale Probleme des Weltgeschehens mit seiner Militärmacht dominieren. Russland müsse darauf, so das von *Putin* entworfene Konzept, mit einer Re-Militarisierung antworten. Das Dokument vermied den bisher gebräuchlichen Ausdruck «Partnerschaft» mit der NATO, und verwendete an dessen Stelle nur noch «Zusammenarbeit». Atomwaffen, so das Dokument, dürften inskünftig auch gegen einen mit konventionellen Mitteln geführten Angriff eingesetzt werden, «wenn alle anderen Mittel nicht wirksam sind.»

● Den Krieg gegen die tschetschenischen Aufständischen intensivierte *Putin* zu Beginn des neuen Jahrs – ohne Erfolg allerdings. Die Rebellen verschanzten sich im zerbombten Grosny und attackierten die russischen Einheiten in Guerilla-Taktik. Bei den Kämpfen kam auch ein russischer General, *Michail Malofeyew*, ums Leben.

Die Aufnahme eines Dialogs mit den Rebellen in Tschetschenien machte *Putin* von Bedingungen abhängig, welche die Gegenseite nicht erfüllen wollte: Auslieferung der Milizenchefs *Bassajew, Radujew* und *Israpilow* sowie Freilassung aller in Tschetschenien gefangenen Entführungsopfer.

● Entschlossenheit zeigte *Wladimir Putin* auch beim Kampf gegen das organisierte Verbrechen und die Wirtschafts-Mafia. Er liess einen ihm direkt unterstellten Spezial-Geheimdienst gründen, genannt «Föderaler Dienst für Ermittlungen und den Kampf gegen die Korruption.»

Jelzins Tochter, Tatjana Djatschenko: entlassen.

Boris Jelzin und Ehefrau: soll verschont bleiben vor Nachforschungen über verschwundene Millionen.

Wladimir Putin: kühl, berechnend, geschickt, skrupellos bei der Fortführung des Kriegs in Tschetschenien. Kampfansage an die Mafia in Russland.

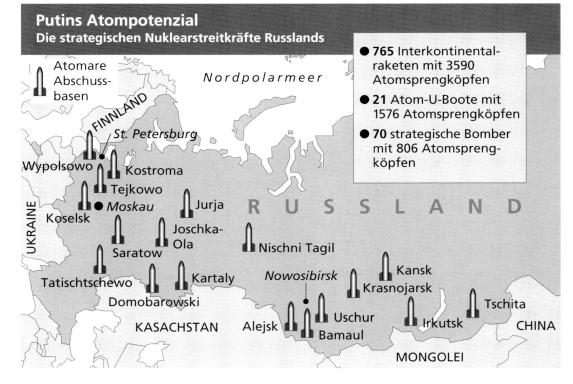

Putins Atompotenzial
Die strategischen Nuklearstreitkräfte Russlands

● 765 Interkontinentalraketen mit 3590 Atomsprengköpfen

● 21 Atom-U-Boote mit 1576 Atomsprengköpfen

● 70 strategische Bomber mit 806 Atomsprengköpfen

Entzweigebrochener Tanker «Erika» (kleines Bild), Öllache auf dem Ozean: Kampf gegen eine gewaltige Umweltkatastrophe.

Bretonische Küste: Katastrophe für die Natur

Am 12. Dezember des letzten Jahrs war in der Nähe der Küste der französischen Bretagne der Öltanker «Erika» in schwerem Unwetter entzweigebrochen. Man konnte in den ersten Tagen danach nicht ahnen, welch verheerende Folge das Unglück haben würde. Zur Katastrophe wurde der Tankerunfall erst zu Beginn des Jahres 2000, als das ausgeflossene Öl durch die Strömung und die Winde an die Küste der Bretagne gespült wurde. 10 000 Tonnen verklumpten im Wasser zu schwarzen Massen und verschmutzten die Strände und Felsen auf einer Strecke von rund 450 Kilometern. Das Öl ging mit dem Meerwasser eine gallertartige Verbindung ein, die in kleinen, schwarzbraunen Kugeln im Sand an der Küste zurückblieb. 35 000 Meeresvögel wurden von Rettungsmannschaften eingesammelt, aber es gelang, nur einen kleinen Prozentsatz der vom Öl hilflos und schwimmunfähig gemachten Tiere zu retten. Man plazierte die Vögel in einer Art Waschmaschine, dort wurde während mindestens 15 Minuten ein Lösungsmittel ins Gefieder gepresst. Zahlreiche Vögel starben durch Stress – aber dem aufopfernden Einsatz der Freiwilligen-Helfer war es zu verdanken, dass immerhin einige tausend Seeschwalben, Tölpel und Kormorane gerettet werden konnten.

Die jetzige Tankerkatastrophe ereignete sich ausgerechnet zum Zeitpunkt, da in der Region der bretonischen Küste hunderttausende Seevögel überwinterten. Frühere Unglücksfälle, z.B. jenes der «Amoco Cadiz» im Jahr 1978 (bei dem viel mehr Öl ausfloss als jetzt beim Auseinanderbrechen der «Erika»), hatten sich zu Perioden ereignet, da viel weniger Vögel auf die Küste als Lebensraum angewiesen waren. Die Mannschaft der «Erika» konnte nach dem Unglück gerettet werden. Der Untergang des Schiffs war durch den Bruch einer Trennwand zwischen einem Laderaum und einer Ausgleichskaverne ausgelöst worden. Als Folge von Gewichtsverlagerungen geriet das Schiff in Schieflage. Es bildeten sich noch mehr Risse, die Wandbleche verbogen sich und schliesslich brach der Rumpf entzwei.
In einem Untersuchungsbericht wurde festgehalten, dass der indische Kapitän und seine Mannschaft sich korrekt verhalten hätten. Unklar war, wer für das Schiff die oberste Verantwortung trug. Zwei neapolitanische Reeder seien die Eigentümer, wurde erklärt, doch diese hätten das Schiff an eine in der Schweiz und auf den Bahamas registrierte Gesellschaft namens Selmont/Amarship vermietet. Die Zahlungen der Fracht wurden über ein Konto im schweizerischen Lugano abgewickelt.

Spanien: Über eine Million gegen ETA

Madrid erlebte am 22. Januar eine der grössten Kundgebungen gegen den Terror der ETA. 1,1 Millionen Menschen fanden sich ein, um gegen die Wiederaufnahme der Gewaltakte durch die baskische Separatistenorganisation zu protestieren. ETA hatte die Ankündigung von 1999 wahr gemacht: ihr Terror forderte am 21. Januar in Madrid wieder ein Todesopfer, Oberstleutnant *Pedro Antonio Blanco*. Ein dreizehnjähriges Mädchen wurde durch die in einem Auto plazierte Bombe ausserdem verletzt. Oberstleutnant *Blanco* war verheiratet und hinterliess Frau und zwei Kinder. Ein zweites Auto, das die Polizei als Fluchtwagen der Terroristen betrachteten, explodierte im gleichen Quartier unmittelbar nach dem tödlichen Anschlag. Danach versuchten ETA-Leute, in San Sebastian nochmals zwei Attentate durchzuführen. Sie schleuderten Molotov-Cocktails gegen Einrichtungen der Guardia Civil in San Sebastian.

An der Kundgebung vom 22.1. nahmen Premierminister *José Maria Aznar* und drei seiner Vorgänger im Amt des Regierungschefs (*Adolfo Suarez, Leopoldo Calvo-Sotelo* und *Felipe Gonzalez*) teil.

Der baskische Schauspieler *Imanol Arias* las öffentlich eine Erklärung, in der ein klarer Trennstrich zwischen dem baskischen Volk und ETA gezogen wurde. «ETA kanpora, ETA raus, Wir wollen Euch nicht!», war das Leitmotiv der Erklärung.

Die baskische ETA hatte 1998 einen Waffenstillstand angekündigt. Diesen widerrief sie im Herbst 1999 und kündigte die Rückkehr zur Gewalt an. Sie begründete dies mit einem «Wortbruch» von seiten der spanischen Regierung und kritisierte gleichzeitig auch die Regierung Frankreichs. Die ETA-Terroristen hatten damit gerechnet, dass sie auf französischem Territorium (es existiert ja nicht nur ein spanisches, sondern auch ein französisches Baskenland) unbehelligt bleiben würden. Aber in Absprache mit der spanischen Polizei ging die französische Polizei gegen ETA-Aktivisten vor, die Waffen und Sprengmaterial entwendeten und die möglicherweise neue Attentate vorbereiteten.

Im spanischen Baskenland galt die Partei Herri Batasuna als verlängerter politischer Arm von ETA. Sie war Partnerin der Partei Euskal Herritarrok, und mit Euskal Herritarrok hatte PNV, die gemässigt nationalistische Partei «Partido Nacionalista Vasco», eine Vereinbarung. PNV erklärte nun, sie würde ihre Zusammenarbeit mit Euskal Herritarrok beenden, wenn diese sich nicht sogleich von der terroristischen Gewalt distanziere. An der grossen Protestkundgebung vom 22. Januar in Madrid nahm jedoch kein PNV-Repräsentant teil. Das führte zu harscher Kritik von seiten der anderen spanischen Parteien.

Spaniens Premierminister, José Maria Aznar: entschlossen für den Widerstand gegen ETA-Terror.

Massenkundgebung gegen ETA in Madrid im Januar. Im Februar, nach einem weiteren Terrorakt, gingen wieder Hunderttausende auf die Strassen.

Clinton, Blair, Arafat: alle vereint in Davos

Das World Economic Forum in Davos (CH) diente vom 27. Januar bis zum 1. Februar Grössen aus Politik und Wirtschaft als Plattform zum Gedankenaustausch über Themen, welche das 21. Jahrhundert prägen könnten. «New Beginnings – Making a Difference», hiess das Motto. Davos stand unter dem Schatten der Auseinandersetzungen, welche Anfang Dezember 1999 die Tagung der World Trade Organisation WTO im amerikanischen Seattle geprägt hatten. Gruppen von Demonstranten hatten in Seattle den Ablauf der Tagung behindert. Das war das äusserliche Bild – im Innern standen die Dinge nicht besser: die Konferenz scheiterte, weil sich die Regierungsdelegationen nicht über weitere Schritte zur Liberalisierung des Welthandels hatten einigen können. Die EU war gegen die Abschaffung aller Schutzmassnahmen in der Landwirtschaft; Entwicklungs- und Schwellenländer wehrten sich gegen den Trend, Minimallöhne einzuführen und die Kinderarbeit generell zu verbieten.

Auch in Davos stand das Thema Liberalisierung im Mittelpunkt, und aus diesem Grund kündigten verschiedene NGO's Protestkundgebungen an. Wie in Seattle, so gab es auch in Davos einige Gewaltakte, allerdings in bedeutend kleinerem Ausmass.

Der schweizerische Bundespräsident, Bundesrat *Adolf Ogi*, zeigte sich in seiner Eröffnungsrede zwar fasziniert vom wirtschaftlichen Wandel und befriedigt vom Zustand der Weltwirtschaft. Er mahnte die anwesenden Politiker und Manager aber auch: Viele Menschen fühlten sich und ihre Werte bedroht. Fortschritt dürfe nicht nur wirtschaftlich verstanden werden, sondern müsse auch die Kultur und die Politik umfassen. «Es geht nicht darum, wer zuerst auf dem Gipfel ist, sondern darum, dass alle dort oben ankommen», deklarierte er.

Der britische Premier, *Tony Blair*, schlug eine Reform der internationalen Institutionen (IWF, Weltbank, UNO, NATO, WTO) vor. Als zentrale Aufgabe der sogenannten New Economy bezeichnete *Blair* die Ausbildung: «Eine Wirtschaft, die auf Wissen basiert, macht die Leute zum wichtigsten nationalen Rohstoff», sagte er. In den Staaten der Dritten Welt könnten 150 Millionen Kinder keine Schule besuchen und 900 Millionen Erwachsene, die Mehrheit davon Frauen, seien Analphabeten.

Der Präsident des französischen Automobilkonzerns Renault, *Louis Schweitzer*, plädierte für eine Entflechtung von Politik und Wirtschaft: «Die Staaten haben erkannt, dass sie die Wirtschaft nicht beherrschen können. Umgekehrt sollte sich die Wirtschaft nicht in die Gesetzgebung einmischen.»

Protestkundgebung gegen die Liberalisierung. Stürzt der Freihandel die sozial Benachteiligten noch tiefer in die Armut – oder trägt er zu verbreitetem Wohlstand bei?

US-Präsident *Bill Clinton* sagte in seiner Rede, man müsse aus dem Misserfolg der WTO-Konferenz von Seattle zwei Konsequenzen ziehen: Man müsse den Gegnern der Globalisierung erklären, weshalb die Liberalisierung der Märkte zwar negative Folgen habe, dass sie aber der einzige Weg zum Wohlstand sei. Zweitens müsse man den Opponenten mehr Gehör schenken und müsse sie als konstruktiven Partner sehen. Für die Entwicklungsländer sei die Liberalisierung wichtig, weil sie nur auf diese Weise das benötigte wirtschaftliche Wachstum erreichen könnten. Allerdings könne die Öffnung der Märkte allein die armen Länder nicht aus ihrer misslichen Lage befreien, sagte *Clinton*. Eine Unterstützung der Entwicklungsländer müsse in anderer Form geleistet werden – beispielsweise, indem man der Pharma-Industrie Anreize gebe, um Impfstoffe auch für arme Entwicklungsländer zu produzieren, oder durch Schuldenerlass. Palästinenserpräsident *Yassir Arafat* unterstrich in Davos gegenüber US-Präsident *Clinton* seine Entschlossenheit, an den Verpflichtungen der (mit amerikanischer Hilfe geschlossenen) Vereinbarungen festzuhalten. Gegenüber Israel übte er harte Kritik – aber er hatte keinen direkten Gesprächspartner für dieses Thema, denn Israels Premier, *Ehud Barak*, hatte seine Teilnahme an der Tagung in Davos kurzfristig abgesagt.

US-Präsident Bill Clinton (links): echtes oder nur vorgetäuschtes Interesse für die Anliegen der Länder der Dritten Welt?

Das Forum in Davos wurde erstmals 1971 durchgeführt. Gegründet wurde es von Prof. *Klaus Schwab,* der nach einem Aufenthalt in den USA die Idee entwarf, eine Gesprächsplattform für Spitzenleute aus Politik und Wirtschaft zu schaffen.

Das Forum hatte zu Beginn 450 Teilnehmer, jetzt aber über 2000. Durch das Forum von Davos wurden Initiativen für die Schaffung der Welthandels-Liberalisierung im Rahmen der sogenannten Uruguay-Runde oder für die Schaffung der amerikanischen Freihandelszone NAFTA geschaffen.

Die jetzt, Ende Januar 2000, in Davos vertretenen Konzerne machten einen Umsatz von jährlich nicht weniger als 6000 Milliarden Dollar.

Palästinenser Yassir Arafat: Chef eines bald unabhängigen Staates fast ohne eigenes Territorium.

1

Helmut Kohl will lieber schweigen, als seine Vertrauensleute nennen. Doch der CDU schadet das Verhalten des ehemaligen Kanzlers schwer.

Deutschland: CDU und Kohl geraten ins Zwielicht

Die deutsche CDU, bis Oktober 1998 Regierungs-, seither Oppositionspartei, geriet ins Zwielicht von illegalen Spendengeldern. In Deutschland galt das Gesetz: politische Parteien müssen offenlegen, woher sie ihre aus privaten Quellen stammenden finanziellen Mittel erhalten. Im Wesentlichen werden die deutschen Parteien vom Staat finanziert, aber darüberhinaus zählten die verschiedenen Parteien in unterschiedlichem Ausmass auf ihre Sympathisanten und Sponsoren.

Im Zentrum der Kontroverse, die sich bald zum Skandal auswuchs, stand *Helmut Kohl*, Bundeskanzler in den Jahren von 1982 bis 1998, ausserdem langjähriger CDU-Vorsitzender und jetzt Ehrenpräsident der CDU. *Helmut Kohl* hatte, das kam in Etappen ans Tageslicht, illegale Spendengelder in Millionenhöhe entgegengenommen. Die Gelder sollen für Aktivitäten der CDU verwendet worden sein.

Die Opposition, die deutsche Öffentlichkeit und Persönlichkeiten innerhalb der CDU drängten *Kohl*, die Herkunft dieser Gelder bekanntzugeben. *Helmut Kohl* weigerte sich, unter Hinweis darauf, dass er den Geldgebern ein Ehrenwort gegeben habe, und das dürfe er auch dann nicht brechen, wenn er mit seinem Schweigen gegen das Gesetz verstosse: «Ich halte es für ganz wichtig, dass man auf seine Ehre achtet», sagte der 70jährige.

Die illegal verschobenen Geldsummen wuchsen im Januar von Tag zu Tag: erst war die Rede von 1,5 bis 2 Millionen Mark, die an *Helmut Kohl* überwiesen worden seien. Dann tauchte bei der CDU des deutschen Bundeslandes Hessen eine Summe von 30 Millionen auf. Vier Millionen davon waren, als man auf die entsprechenden Konten stiess, spurlos verschwunden. In der Bundeskasse der CDU konnten die Wirtschaftsprüfer der Firma Ernst & Young zehn Millionen Mark für die Jahre 1989 bis 1992 nicht auffinden, weitere zwei bis drei Millionen waren in den Folgejahren verschwunden. Dies führte auch zu immer härterer Kritik an CDU-Parteichef *Wolfgang Schäuble*.

Einen tragischen Punkt erreichte die Affäre durch einen Selbstmord: *Wolfgang Hüllen*, bei der CDU für Finanzen zuständig, nahm sich in Berlin das Leben. In einem Abschiedsbrief bekannte er, Geld aus einer Parteikasse entnommen zu haben.

Eine internationale Dimension erreichte die Affäre wegen der 1993 erfolgten Übernahme der ostdeutschen Raffinerie Leuna durch den französischen Konzern Elf-Aquitaine. Es gab Hinweise darauf, dass der Konzern für diese Übernahme gegen 100 Millionen Mark an Schmiergeldern bezahlt hatte, und es gab Verdächtigungen, dass zumindest ein erheblicher Teil davon den Weg in die Kassen der CDU und möglicherweise zu einzelnen Prominenten bei der CDU geflossen waren. *Helmut Kohl*, damals Bundeskanzler, versprach nach der deutschen Wiedervereinigung (1990) den Erhalt des Chemie-Komplexes Schkopau, Leuna und Böhlen. Für die veralteten Anlagen fand sich jedoch nur schwer ein Interessent. Man plante deshalb, in Leuna eine neue Raffinerie zu bauen, und den Zuschlag dafür erhielt Elf-Aquitaine. Elf und dessen deutscher Partner (Thyssen) wollten für 4,8 Milliarden Mark die neue Raffinerie erstellen. Elf-Aquitaine erhielt im Gegenzug das Tankstellennetz Minol.

Kommissionen für Personen, welche den Deal zustande gebracht hatten, flossen über die Liechtensteiner Firma Nobleplac. Das Fürstentum Liechtenstein wurde international angeprangert, es begünstige illegale Machenschaften. Liechtenstein sperrte dann, als Reaktion auf ein Begehren der Staatsanwaltschaft des Kantons Genf, mehrere Konten von drei Firmen.

FEBRUAR

34 Chronik

36 Österreichs Regierung: Misstrauen

38 Finnlands neue Präsidentin: Tarja Halonen

39 Israel, Libanon, Palästinenser: Sackgasse?

40 Umweltkatastrophe Rumänien/Ungarn/Jugoslawien

42 Wahlen in Iran: Gewinne für Reformer

44 Ölpreis auf der Höhe: Kosten für Weltwirtschaft

46 Papst-Besuch in Ägypten – politische Pilgerfahrt

48 Verheerende Fluten im südlichen Afrika

1.2. Tschetschenien: Rebellen verlassen Grosny
Die tschetschenischen Rebellen verlassen die weitgehend von der russischen Armee zerstörte Hauptstadt Grosny und ziehen sich ins Gebirge zurück. Von dort soll der Guerilla-Krieg weitergeführt werden.

2.2. Abba lehnten Milliarden-Angebot ab
Die schwedische Pop-Gruppe Abba lehnt ein Angebot von einer Milliarde Dollar für 100 Konzerte ab. Die Abba-Gruppe hatte sich 1983 aufgelöst, aber einzelne ihrer Songs wurden immer wieder neu publiziert.

3.2. Österreich: Regierung mit rechter FPÖ
Österreichs Bundespräsident, *Thomas Klestil*, vereidigt in Wien die Regierung, in der die konservative Volkspartei (ÖVP) eine Koalition mit der umstrittenen rechtsstehenden FPÖ eingeht. In Wien demonstrieren grosse Menschengruppen gegen die Regierung.

3.2. Mannesmann und Vodafone: Fusion
Die Telekommunikations-Unternehmen Mannesmann und Vodafone (Grossbritannien) schliessen sich zusammen. Der Fusion ging eine monatelange Kampagne («feindliche Übernahme») voraus. Der Wert des fusionierten Giganten wird auf 190 Milliarden Euro geschätzt.

4.2. EU-Sanktionen gegen Österreich
Die Europäische Union beschliesst, die Kontakte mit Österreich wegen der Beteiligung der FPÖ an der Regierung drastisch einzuschränken. Die Entscheidung findet sowohl Beifall als auch scharfe Kritik.

5.2. Zugunglück bei Köln: neun Tote
Bei der Entgleisung eines Nachtschnellzugs (er sollte von Amsterdam nach Basel fahren) zwischen Köln und Bonn kommen neun Menschen ums Leben und etwa 100 werden verletzt.

6.2. Finnland: Tarja Halonen neue Präsidentin
Die finnische Sozialdemokratin *Tarja Halonen* wird im zweiten Wahlgang mit 51,6% zur neuen Präsidentin des Landes gewählt.

6.2. Afghanisches Flugzeug entführt
Ein afghanisches Verkehrsflugzeug mit über 160 Insassen wird auf einem Inlandflug entführt. Die Maschine landet in Moskau und fliegt schliesslich nach London weiter. Die Entführer bitten dort, nach der unblutigen Beendigung des Dramas, um Asyl, erhalten aber keinen positiven Bescheid.

7.2. Stipe Mesic wird Präsident Kroatiens
Der 65jährige *Stipe Mesic*, Mitglied der konservativen Volkspartei, wird mit 56% der Stimmen zum neuen Präsidenten Kroatiens gewählt.

7.2. Jugoslawien: Verteidigungsminister erschossen
Der jugoslawische Verteidigungsminister, *Pavle Bulatovic*, wird in Belgrad in einem Restaurant erschossen. Die Regierung spricht von einem «klassischen Akt des Terrorismus». Mitte Januar war der Guerilla-Führer *Zeljko Raznatovic*, genannt *Arkan*, ebenfalls in Belgrad erschossen worden.

8.2. London regiert Nordirland wieder direkt
Das britische Unterhaus suspendiert die Selbstregierung Nordirlands. Die dortige Regierung hatte sich mit der IRA respektive mit deren politischem Arm, der Partei Sinn Fein, nicht über den Termin für die Entwaffnung einigen können. London wird Nordirland vorerst wieder direkt verwalten.

9.2. Kurdische PKK verzichtet auf Krieg
Die Kurdische Arbeiterpartei (PKK) kündigt die Beendigung ihres bewaffneten Kampfs gegen den türkischen Staat an. Der inhaftierte und zum Tod verurteilte PKK-Chef *Abdullah Öcalan* hatte die Partei zu diesem Schritt aufgerufen.

10.2. Schwere Angriffe Israels gegen Libanon
Israels Luftwaffe bombardiert massiv Ziele im Libanon. Zahlreiche Menschen kommen ums Leben. Die Stromversorgung Libanons wird lahmgelegt. Israel bezeichnet die Angriffe als Vergeltung auf Attacken der libanesischen Hizballah gegen israelische Militärs in dem von Israel besetzten südlibanesischen Streifen.

11.2. Drohende Hungersnot in Afghanistan
Wegen Dürre und gestiegener Preise drohe in Afghanistan für hunderttausende Menschen eine Hungersnot, erklärt die Leitung des Ernährungsorganisation der UNO.

12.2. EU: Flugverbot gegen Serbien aufgehoben
Die Aussenminister der EU beschliessen, das Verbot von zivilen Flügen nach Serbien vorerst für sechs Monate aufzuheben. Auf der anderen Seite verschärft die EU Massnahmen, die gegen die unmittelbare Umgebung von Präsident *Milosevic* gerichtet sind (zusätzliche Finanzsanktionen und erschwerte Visums-Erteilung).

13.2. Schöpfer von «Charlie Brown» gestorben
Der Zeichner *Charles M. Schulz*, Schöpfer der Comicfiguren «Charlie Brown» und «Snoopie», stirbt im Alter von 77 Jahren in Kalifornien an Krebs. *Schulz* hatte den erfolgreichsten Comicstrip der Welt geschaffen.

13.2. Indonesiens Präsident entlässt Minister Wiranto
Indonesiens Präsident *Wahid* entlässt, nach wochenlangen Diskussionen, Verteidigungsminister *Wiranto*. Dem Minister wird

Charles M. Schulz, Schöpfer von «Snoopie» und «Charlie Brown»: an Krebs gestorben.

vorgeworfen, Mitschuld an Massakern auf Ost-Timor (1999) gehabt zu haben.

14.2. Rücktritt aus Protest gegen Irak-Sanktionen
Die Leiterin des UNO-Welternährungsprogramms für Irak, die Deutsche *Jutta Burghardt*, tritt zurück. Sie protestiert gegen die fortgesetzten (seit 1991 wirksamen) Sanktionen gegen Irak, von der die Bevölkerung schwer betroffen ist.

15.2. Nordirlands IRA: Bruch mit Abrüstungskommission
Die IRA bricht, vier Tage nach der Suspendierung der Selbstverwaltung für Nordirland, ihre Kontakte zur internationalen Abrüstungskommission ab. Die Abgabe der Waffen der IRA-Leute wird damit vorerst nicht Wirklichkeit.

16.2. Deutschland: CDU-Parteichef Schäuble tritt ab
Wegen der nicht endenden Affäre um illegale Parteispenden tritt der Partei- und Fraktionschef der CDU, *Wolfgang Schäuble*, zurück.

17.2. OPEC einigt sich auf Produktionssenkung
Die in der OPEC zusammengeschlossenen elf erdölproduzierenden Länder einigen sich auf eine Senkung der Produktion. Dadurch soll der Ölpreis hoch gehalten werden. Der Preis pro Fass (159 Liter) steigt bis auf über 30 $, sinkt dann aber, nach einer Intervention der USA, wieder auf etwa 25 $.

18.2. Wahlen in Iran: Erfolg für Reformer
Bei den Parlamentswahlen in Iran erringen die Reformer um Präsident *Khatami* einen klaren Erfolg. Nicht wiedergewählt werden anderseits zahlreiche Anhänger der konservativ-islamischen Linie.

19. 2. Anatoli Sobtschak gestorben
Anatoli Sobtschak, früherer Reformpolitiker in Russland (und Bürgermeister von St. Petersburg) stirbt im Alter von 62 Jahren.

20.2. Maler Hundertwasser gestorben
Der österreichische Maler und Architekt *Friedensreich Hundertwasser* stirbt im Alter von 71 Jahren an Bord eines Schiffes. Weltweit berühmt (und umstritten) wurde er durch seine von Farben und Ornamenten strotzenden Gebäude.

21.2. Auseinandersetzungen in Kosovo
In der Stadt Kosovska Mitrovica im Norden Kosovos brechen Unruhen aus. Serben und Albaner liefern sich Strassenkämpfe. Die Kfor-Friedenstruppe versucht, die Auseinandersetzungen zu beenden und wird selbst Zielscheibe von Gewalt. Kfor ersucht die an der Befriedungsmission teilnehmenden Regierungen um Truppenverstärkungen.

22.2. Unruhen im Norden Nigerias
In der Stadt Kaduna im Norden Nigerias brechen blutige Unruhen zwischen Muslimen und Christen aus. Sie fordern mehrere hundert Todesopfer. Ursache der Gewalt ist der Plan, in mehreren nigerianischen Bundesstaaten das islamische Recht, die Shari'a, einzuführen.

23.2. Sängerin Ofra Haza gestorben
Die jemenitisch-israelische Sängerin *Ofra Haza* stirbt in Tel Aviv im Alter von 41 Jahren, wahrscheinlich an Aids. Bekannt geworden war sie durch ihre Verbindung von jüdisch-jemenitischen Texten mit modernen Technoklängen.

24.2. Papst beginnt Besuch Ägyptens
Papst *Johannes Paul II.* beginnt einen dreitägigen Besuch Ägyptens. Er möchte die Beziehungen zwischen der katholischen und der christlich-koptischen Kirche Ägyptens verbessern und ruft zum Dialog zwischen Christen und Muslimen auf.

25.2. Überschwemmungen im Süden Afrikas
Wochenlange, schwere Unwetter im Süden Afrikas fordern tausende Menschenleben. 800 000 Personen verlieren ihr Obdach. Besonders betroffen sind Moçambique, Südafrika und Simbabwe. Moçambique, das sich eben erst vom Bürgerkrieg zu erholen beginnt, wird in eine schwere Krise gestürzt

26.2. Schweiz: Aussenminister in Ägypten
Der schweizerische Aussenminister, Bundesrat *Joseph Deiss*, bespricht mit Ägyptens Aussenminister, *Amr Musa*, bilaterale Fragen. Die Beziehungen zwischen der Schweiz und Ägypten waren durch das Massaker von Luxor (November 1997) belastet. Damals kamen 36 Schweizer (Totalzahl der Opfer: 62) ums Leben.

27.2. Palästinenser: Steine gegen Lionel Jospin
Frankreichs Premier, *Lionel Jospin*, wird von wütenden Jugendlichen in Bir-Zeit mit Steinen beworfen. Die Palästinenser protestieren gegen die Äusserung *Jospins*, die Hizballah-Angriffe in Südlibanon und gegen Israel seien gleichbedeutend mit Terror.

28.2. Rücktritt Haiders als Parteichef
Jörg Haider tritt vom Amt des FPÖ-Chefs zurück – um, wie er sagt, den Eindruck zu vermeiden, die FPÖ-Minister in der Regierung seien seine «Marionetten». Das Amt des Regierungschefs des Bundeslands Kärnten behält er. Die Entscheidung *Haiders* verfehlt vorerst ihren Zweck: Österreich wird international weiterhin isoliert.

29.2. Deutschland: CDU/CSU Chef gewählt
Die CDU/CSU-Bundestagsfraktion wählt in Berlin den 44jährigen Finanzfachmann *Friedrich Merz* zum neuen Fraktionschef und damit zum Nachfolger von *Wolfgang Schäuble*.

Ofra Haza: Opfer einer Ansteckung durch Aids?

Bundesrat Joseph Deiss: Reise nach Ägypten, Libanon, Syrien. Appell an Israel, sich aus besetzten Gebieten zurückzuziehen.

Demonstration gegen die Regierungsbildung in Wien.

Österreichs Regierung: Misstrauen

Volle vier Monate benötigte Österreich, um nach den Wahlen vom Oktober 1999 eine neue Regierung zu bilden. Jetzt, am 3. Februar, fiel die Entscheidung: die konservative Österreichische Volkspartei (ÖVP) bildete eine Koalition mit der Freiheitlichen Partei Österreichs (FPÖ) des umstrittenen Parteichefs *Jörg Haider*. Haider trat zwar selbst nicht in die Regierung ein, aber bereits die Tatsache der Zusammenarbeit der Konservativen mit den Rechtsradikalen löste international einen Sturm der Entrüstung aus. Die Vorwürfe, vorgebracht von EU-Regierungen, den USA, Kanada, Israel und anderen Instanzen: *Haider* habe sich mit Sympathie gegenüber dem Regime der Nationalsozialisten vor und während des Weltkriegs geäussert, habe die Schrecken der Judenverfolgung und -vernichtung bagatellisiert und sich despektierlich gegenüber demokratischen Grundwerten ausgesprochen. Die EU schränkte ihre Kontakte mit dem EU-Mitglied Österreich auf das rein Technische ein und vermied bilaterale Kontakte. Israel zog seinen Botschafter zurück, die USA riefen ihre diplomatische Vertretung wenigstens vorübergehend nach Washington zurück. Österreich war einmal mehr international isoliert (das war schon so während der Präsidentschaft von *Kurt Waldheim*).

Bundeskanzler wurde *Wolfgang Schüssel* von der ÖVP. Schüssel und Koalitionspartner *Haider* unterzeichneten am 3. Februar eine «Deklaration zu den Grundwerten der Europäischen Union». Sie enthielt ein Bekenntnis zu den Grundwerten der EU und zu deren Zielen. Nationalsozialistischem Gedankengut wurde eine Absage erteilt. Kanzler *Wolfgang Schüssel* erklärte, seine Partei, die ÖVP, habe bei den Koalitionsverhandlungen mit den «Freiheitlichen» 90% ihrer Ziele durchgesetzt. Und man solle die neue Regierung doch bitte an ihren Leistungen messen, dann werde man sehen, dass Österreich sich nicht von den demokratischen Grundwerten distanziere, nicht rassistisch, nicht extremistisch und nicht ausländerfeindlich sei.

Wolfgang Schüssel, neuer Bundeskanzler Österreichs: 90% der Forderungen seiner Partei gegenüber der FPÖ hätte er durchsetzen können, sagte er.

Das Regierungsprogramm enthielt u. a. folgende Programmpunkte (Präambel):

«Die Bundesregierung bekräftigt ihre unerschütterliche Verbundenheit mit den geistigen und sittlichen Werten, die das gemeinsame Erbe der Völker Europas sind und der persönlichen Freiheit, der politischen Freiheit und der Herrschaft des Rechts zu Grunde liegen, auf denen jede wahre Demokratie beruht. Die Bundesregierung tritt für Respekt, Toleranz und Verständnis für alle Menschen ein, ungeachtet ihrer Herkunft, Religion oder Weltanschauung. Sie verurteilt und bekämpft mit Nachdruck jegliche Form von Diskriminierung, Intoleranz und Verhetzung in allen Bereichen. Sie erstrebt eine Gesellschaft, die vom Geist des Humanismus und der Toleranz gegenüber den Angehörigen aller gesellschaftlichen Gruppen geprägt ist. Die Bundesregierung arbeitet für ein Österreich, in dem Fremdenfeindlichkeit, Antisemitismus und Rassismus keinen Platz finden. Sie wird jeder Form von menschenverachtendem Gedankengut und seiner Verbreitung konsequent entgegentreten und sich für die volle Beachtung der Rechte und Grundfreiheiten von Menschen jeglicher Nationalität einsetzen – gleichgültig aus welchem Grund sich diese in Österreich aufhalten. Sie bekennt sich zu ihrer besonderen Verantwortung für einen respektvollen Umgang mit ethnischen und religiösen Minderheiten.»

In der Wiener Hofburg trat Bundespräsident *Thomas Klestil* gemeinsam mit Kanzler *Schüssel* und Parteichef *Haider* auf. *Schüssel* und *Haider* unterzeichneten eine Präambel zum Regierungsprogramm. Der Bundespräsident reichte nach der Zeremonie keinem der beiden Politiker die Hand.

Die internationale Isolierung Österreichs von seiten von Regierungen und Institutionen fand in der Öffentlichkeit und in den Medien nur beschränktes Verständnis. In renommierten Zeitungen wie der FAZ (Deutschland) oder der NZZ (Schweiz) wurde auf folgendes hingewiesen: Sanktionen, wie die EU sie nach der Bildung der österreichischen Regierung beschloss, würden eine «nachweisbare» und «dauerhafte» Verletzung von Prinzipien in den Bereichen von Menschenrechten und Demokratie voraussetzen. Davon, so die Kommentare in den betreffenden Publikationen, konnte zum Zeitpunkt der Bildung der Regierung in Wien keine Rede sein.

Jörg Haider im Wortlaut:

«Unsere Soldaten waren nicht Täter, sie waren bestenfalls Opfer.»
Aus einer Rede vor SS-Veteranen, Oktober 1990.

«Ordentliche Beschäftigungspolitik des Dritten Reiches.»

Konzentrationslager des NS-Regimes seien «Straflager des Nationalsozialismus» gewesen.

Er habe «Hochachtung vor anständigen Menschen, die auch bei grösstem Gegenwind zu ihrer Überzeugung stehen und dieser bis heute treu geblieben sind», sagte *Haider* vor SS-Veteranen im September 1995.

«Wir brauchen keine Ausländer, wir brauchen eine anständige Familienpolitik»
Aus einer Rede im Wahlkampf 1999.

«Experten gehen davon aus, dass die Migration ein Auslöser für das Ansteigen von Krankheiten ist, die bei uns schon längst ausgerottet waren.»
Zitat aus einer Darlegung, weshalb in Schulen mit vielen ausländischen Kindern ein Tuberkulose-Zwangstest eingeführt werden solle.

«Das wissen Sie so gut wie ich, dass die österreichische Nation eine Missgeburt gewesen ist, eine ideologische Missgeburt, denn die Volkszugehörigkeit ist die eine Sache, und die Staatszugehörigkeit eine andere Sache.»
In einer TV-Sendung im August 1988.

Anderseits stellte sich die Frage, weshalb international nicht ähnliche Sanktionen gegenüber Italien ergriffen worden waren, als dort, in der Regierungszeit von *Silvio Berlusconi*, Allianzen mit rechtsstehenden, aus dem Faschismus hervorgegangen Kräften geschlossen wurden. Deutschlands Kanzler, *Gerhard Schröder*, goss Öl ins Feuer, als er bei einem Besuch Mitte Februar in Italien sagte, man müsste sich von seiten der EU im Wiederholungsfall wohl gewisse Gedanken machen. *Jörg Haider* anderseits provozierte zusätzliche Konfusion: er reiste, inkognito oder privat, am 18. Februar nach Kanada. Dort wollte er offenbar einen medienwirksamen Besuch in einer Holocaust-Gedenkstätte unternehmen. Das Vorhaben wurde vereitelt, und *Haider* sowie Österreich kamen erneut ins Zwielicht.

Am 28. Februar trat *Jörg Haider* vom Amt des Chefs der FPÖ zurück. Er begründete diesen Schritt so: Er wolle den Eindruck vermeiden, die Mitglieder seiner Partei innerhalb der Koalitionsregierung seien seine Marionetten. Gleichzeitig widersprach er der Vermutung, er beuge sich internationalem Druck. Das Amt des Landeshauptmanns des österreichischen Bundeslandes Kärnten behielt er. Und *Haider* widersprach nicht, als die Vermutung geäussert wurde, er plane einen neuen Schachzug – nämlich Neuwahlen für das österreichische Parlament und als Resultat davon das Amt des österreichischen Bundeskanzlers anzustreben.

Neue Chefin der FPÖ wurde *Susanne Riess-Passer*, die in der österreichischen Koalitionsregierung als Vizekanzlerin tätig war.

Jörg Haider: als FPÖ-Chef trat er zurück, aber aus dem Hintergrund zog er nach wie vor die Fäden.

Finnlands neue Präsidentin: Tarja Halonen

Die bisherige finnische Aussenministerin, *Tarja Halonen*, wurde am 6. Februar mit einem Vorsprung von nur 100 000 Stimmen auf den Gegenkandidaten (*Esko Aho*) und mit 51,6% zur neuen Präsidentin Finnlands gewählt. Die Sozialdemokratin trat ihr Amt, als Nachfolgerin von *Martti Ahtisaari*, im März an.

Tarja Halonen, alleinerziehende Mutter eines ausserehelichen Kindes, liiert mit einem Mitarbeiter der finnischen Parlamentsdienste, erhielt Unterstützung vor allem bei Wählerinnen und Wählern in den grösseren Städten.

Der Wahlkampf wurde als eher ruhig bezeichnet – zwischen Sozialdemokraten und der Zentrumspartei (zu ihr gehörte Gegenkandidat *Esko Aho*) gab es in Sachfragen nur geringe Unterschiede. Erst in der letzten TV-Debatte vor dem Wahltag zeichneten sich zwischen den beiden Kandidaten deutliche Meinungsdifferenzen ab. *Tarja Halonen* verteidigte die harte Haltung Finnlands und der EU gegenüber der österreichischen Regierung, während *Aho* sich in diesem Punkt skeptisch zeigte.

Die Frauen Finnlands waren seit 1906 mit den Männern gleichberechtigt. Sie konnten an Wahlen teilnehmen und waren ab 1918, also seit der Gründung der Republik (vorher war Finnland Teil des zaristischen Russlands gewesen) auch aktiv in politischen Gremien tätig.

● *Tarja Halonen*, geboren am 24.12.1943 in Helsinki, studierte Rechtswissenschaften und war zunächst als Anwältin in einer Anwaltskanzlei der finnischen Hauptstadt tätig. Sie wurde Mitglied der sozialdemokratischen Partei Finnlands und war 1974/1975 Parlamentssekretärin des damaligen Ministerpräsidenten *Sorsa*. 1977 wurde sie in den Stadtrat von Helsinki gewählt und im März1979 erstmals ins finnische Parlament. Als Vorsitzende des Sozialausschusses (1984 biws 1987) machte sie sich dort einen Namen und wurde aufgrund ihrer Leistungen im April 1987 als Sozial- und Gesundheitsministerin in die Koalitionsregierung unter Führung des Konservativen *Harri Holkeri* berufen. 1989 übernahm sie auch die Zuständigkeit für die Nordische Zusammenarbeit und leitete kurzfristig im Zeitraum 1990/1991 das Justizministerium. 1995 wurden die Sozialdemokraten bei den Wahlen vom März mit 28,3% und 63 Mandaten wieder die führende Partei des Landes. *Paavo Lipponen* wurde Ministerpräsident und ernannte *Tarja Halonen* zur Aussenministerin.

Beim ersten Wahlgang für die Präsidentschaft Finnlands im Januar 2000 kam *Tarja Halonen* auf 40% der Stimmen. Insgesamt traten sieben Kandidaten an. Am 6. Februar gewann sie den zweiten Wahlgang mit 51,6%.

Tarja Halonen, Finnlands Präsidentin: ein Sieg, der für Viele überraschend kam.

Israel, Libanon, Palästinenser: Sackgasse?

Im Januar noch verhandelten die Regierungen Israels und Syriens über eine Friedensregelung, die den seit 1967 herrschenden «Kriegszustand» beenden sollte. Seit 1974 gab es zwar keinen direkten Schusswechsel mehr an der syrisch-israelischen Grenze, aber die beiden Länder führten im Libanon Stellvertreterkriege. Israel hielt im Süden Libanons eine sog. Sicherheitszone besetzt; Syrien unterstützte die Hizballah-Milizen. Die Golan-Region hielt Israel seit dem Juni-Krieg von 1967 besetzt. Syrien forderte als Preis für einen Frieden mit Israel die Rückerstattung des gesamten Golan-Gebiets. Eine Einigung darüber kam vorerst nicht zustande. Syrien forderte den Rückzug der israelischen Einheiten auf die Frontlinien vom 4. Juni 1967; Israel zeigte allenfalls Bereitschaft zu einem Rückzug auf die Grenzen von 1923. Der Unterschied zwischen den beiden Varianten bestand zwar nur in einer Fläche von 20 km^2, entscheidend war aber, dass es dabei um den Zugang zum See Genezareth und den Oberlauf des Jordans ging. Israel bezog einen Drittel seines Wassers aus dem Golan-Gebiet und forderte bei einer Friedenslösung von Syrien eine Garantie, dass die entsprechenden Zuflüsse nicht gesperrt würden. Einen weiteren Streitpunkt bildete der Wunsch Israels nach Einrichtung einer entmilitarisierten Zone und die Möglichkeit, den strategischen Horchposten auf dem Berg Hermon weiterhin nutzen zu können. Syrien dagegen forderte Vereinbarungen, die für beide Seiten gleiche Rechte und Pflichten vorsehen.

Parallel zur Verhärtung der diplomatischen Fronten entbrannte der bewaffnete Konflikt im Bereich Israel / Südlibanon erneut. Hizballah-Milizen schossen ab dem 28. Januar mit Raketen in die von Israel beanspruchte «Sicherheitszone». Ab Anfang Februar dehnten die Milizen ihre Angriffe auf Ortschaften im Norden Israels aus. Israel erklärte die Region während mehrerer Tage zur Ausnahme-Zone und forderte die dort lebenden Menschen auf, sich in Beton-Unterstände zurückzuziehen.

Angriffe der Hizballah forderten in der ersten Hälfte des Februars sieben Todesopfer unter israelischen Soldaten in der «Sicherheitszone». Hizballah griff in erster Linie aber gezielt libanesische Kollaborateure der israelischen Armee an. Am 1. Februar brachte Hizballah den stellvertretenden Kommandanten der SLA-Miliz (Partner der Israeli), *Akl Hashem*, durch eine ferngezündete Bombe um. *Hashem* wurde beschuldigt, seit 1976 mit Israel kollaboriert und im Südlibanon mehrere Massaker begangen zu haben. Ausserdem habe er sich an den Massakern in den Palästinenserlagern Sabra und Shatila im Jahr 1982 beteiligt, erklärte der Fernsehsender von Hizballah.

Israel reagierte mit massiven Luftangriffen weit ins libanesische Territorium hinein. Getroffen wurden dabei nicht nur Büros und Zentren der Hizballah-Milizen, sondern auch Zivilpersonen. Die Angriffe forderten zahlreiche Todesopfer, und bei Attacken gegen Elektrizitätswerke und Leitungen wurde ein Grossteil der Stromversorgung in der südlichen Hälfte Libanons zerstört. Es dauerte Monate, bis die Stromversorgung wieder voll hergestellt werden konnte.

Israel annullierte nach den Hizballah-Angriffen die Gespräche mit Syrien. Israels Premier, *Ehud Barak*, bekräftigte anderseits Mitte Februar den Willen seiner Regierung, die israelischen Truppen vollständig aus Südlibanon zurückzuziehen. Vorläufig abgebrochen wurden auch die Verhandlungen der Palästinenser mit der israelischen Regierung. Palästinenserchef *Yassir Arafat* begründete seine Haltung damit, dass Israels Premier *Barak* sich weigere, den Truppenrückzug aus den Palästinensergebieten gemäss Plan durchzuführen. Israel, so *Arafat*, plane ausserdem im Rahmen der sogenannten abschliessenden Regelung die Annexion von 15% des Westjordanlandes. Für weitere 25% sehe Israel die Unterstellung unter israelisches Militär vor – das gelte für das ganze Jordantal.

Libanon: ein durch israelische Bomber zerstörtes Elektrizitätswerk. Monatelang herrschte in Libanon Energiekriese. Finanzielle Hilfe kam von arabischen Staaten.

Akl Hashem, Offizier bei der Israel-freundlichen SLA-Miliz in Südlibanon: von Hizballah-Guerillas umgebracht.

Tote Fische aus dem Tisza-See in Ungarn: Folgen der Zyanid-Katastrophe der australisch-rumänischen Mine in Rumänien.

Umweltkatastrophe
Rumänien/Ungarn/Jugoslawien

Das australisch-rumänische Unternehmen Aurul löste Mitte Februar eine der grössten Umweltkatastrophen der letzten Jahrzehnte aus. Die Flüsse Theiss und Szamos waren danach «ökologisch tot» (für wie lange, konnte niemand voraussagen), die Donau im Raum Jugoslawiens war schwer geschädigt. Aus der Theiss wurden mehrere hundert Tonnen toter Fische herausgeholt (Wels, Zander, Barsch, Brassen und weitere Arten). Alle Fischotter im Theiss-Zufluss Szamos starben, und hunderte Kormorane, Adler und Reiher verendeten an verseuchtem Aas von Fischen. Bei der serbischen Stadt Pancevo wurden in wenigen Tagen 500 kg Fisch aus der Donau geborgen. Ausgelöst wurde das Desaster durch das Brechen eines Damms auf dem Gelände des Unternehmens Aurul. Aurul förderte Gold, und dies mit Hilfe des giftigen Zyanids. Als der Damm brach, ergossen sich etwa 100 000 Kubikmeter mit Zyanid und Schwermetallen versetzte Giftcocktails in den nahen Fluss Szamos. Von dort, aus dem Gebiet Rumäniens, floss das Gift weiter nach Ungarn (in die Theiss) und wurde rund 500 km weiter flussabwärts in die Donau geschwemmt.

Der australische Manager von Aurul, *Phil Evers*, versuchte, die Verantwortung für die Katastrophe von sich zu weisen: Die Beurteilung sollte man, so sagte er, «besser den Experten überlassen». Ungarische Anwohner der Theiss dagegen schrieben auf Protesttransparente: «Die Theiss ist gestorben.» Der serbische Umweltminister *Branislav Blazic* sprach von der «schwersten europäischen Umweltkatastrophe seit Tschernobyl». Unabhängige Fachleute wiesen ausserdem darauf hin, dass nicht nur die Flüsse, sondern auch das Erdreich um Baia Mare (dort befand sich die Unglücksmine) verseucht war.

Die Region von Baia Mare im Norden Rumäniens ist durch Umweltgifte schwer belastet. Die Lebenserwartung der Bevölkerung der Bergbaustadt (160 000 Menschen) lag bei nur 52 Jahren. Nachts öffnen die Fabriken jeweils ihre Schleusen und Schlote – dann regnet oft giftige Asche auf die Wohnquartiere. Missbildungen treten in Baia Mare viel häufiger auf als anderswo in Rumänien: Neugeborene mit vier oder sechs Fingern an einer Hand; Totgeburten; kleinwüchsige Kinder mit Blei in den Knochen. Manager *Phil Evers* hatte den Bürgern noch im März 1999 versprochen, die durch Aurul verursachten Umweltprobleme «auf null» zu reduzieren. Aber Aurul setzte für die Goldproduk-

tion mehr Cyanid ein, als dies das damals noch staatliche Unternehmen in der Zeit der *Ceausescu*-Diktatur getan hatte.
Weltweite Goldproduktion (aus Bergbau) pro Jahr: ca. 2320 Tonnen. Hinzu kommen pro Jahr ca. 500 Tonnen aus Altgoldbeständen auf den Markt.

Goldgewinnung: die einfachste Methode besteht im sogenannten «Goldwaschen» von Flusssand. Eine verfeinerte Methode besteht in der Anwendung von hydraulischen Verfahren. Auf den goldhaltigen Sand oder das goldhaltige Kies wird ein kräftiger Wasserstrahl gerichtet. Die Steinchen werden dadurch teilweise zertrümmert. Das reine Gold gewinnt man aus dem Kies oder aus dem zerkleinerten Gestein entweder durch Auflösen in Quecksilber oder in Zyanidlösungen.
Gold kommt oft zusammen mit Silber vor – auch das Unternehmen Aurul förderte im rumänischen Baia Mare sowohl Gold wie auch Silber. Normalerweise wird die Waschlauge in Becken aufgefangen, aber bei Dauerregen werden die Dämme schwer belastet. Im vorliegenden Fall so schwer, dass einer der Dämme brach. Im Sommer verdunstet bei Baia Mare das Gift bisweilen als Blausäure in der Luft.

Weltvorräte an Gold: etwa 55 000 Tonnen. Am meisten Gold hat und fördert Südafrika (Förderung pro Jahr ca. 490 Tonnen), aber die Kosten für die Förderung in Südafrika steigen ständig an, weil das Gold in immer grösseren Tiefen geschürft werden muss (bis ungefähr 3 Kilometer tief).
Daher gewinnt der Gold-Tagebau wie in Baia Mare (aber auch in Australien und China) an Bedeutung.

Grube im rumänischen Baia Mare: umweltschädigende Goldwäsche mit Zyanid.

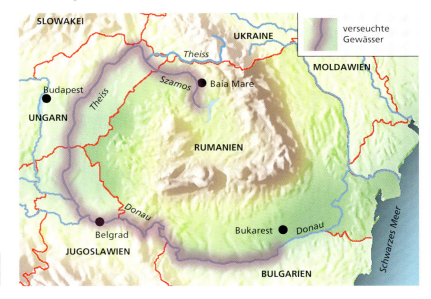

Wahlen in Iran: Gewinne für Reformer

Die iranischen Parlamentswahlen vom 18. Februar brachten einen beachtlichen Erfolg für die Reformkräfte. Die Khordad-Front, eine Gruppierung um Staatspräsident *Mohammed Khatami*, und innerhalb dieser Front die progressivste Gruppierung, nämlich «Musharakat», errang mehr als zwei Drittel der Sitze im Parlament, dem Madjlis. Konservative islamische Rechtsgelehrte und konservative Politiker wurden dagegen im ganzen Land entweder abgewählt oder nur mit geringen Stimmenanteilen gewählt.

Man ging allgemein davon aus, dass das Resultat der Parlamentswahlen die Wünsche der Bevölkerungsmehrheit nach weniger Bevormundung durch die Mullahs und Ayatollahs widerspiegelte. Ob sich eine Mehrheit allenfalls sogar gegen die Fortführung des Systems der Islamischen Republik aussprechen würde, blieb offen: eine Abstimmung mit der Frage Ja oder Nein hatte nur einmal stattgefunden, nämlich 1979 unmittelbar nach dem Sturz des Schah-Regimes und der Rückkehr von *Ayatollah Ruhollah Khomeiny* aus dem Exil. Damals stimmten 94% der Iranerinnen und Iraner für die Einführung der Islamischen Republik.

Iranische Frauen in Teheran beim Ausfüllen der Wahlzettel.

Erste Erfolge für Reformer (Reformer allerdings innerhalb des islamischen Systems) gab es 1997 bei der Wahl des Staatspräsidenten. Damals siegte Mohammed Khatami deutlich gegenüber seinem konservativen Rivalen. Khatami versprach, sich für mehr Freiheit in den gedruckten Medien einzusetzen. Daraufhin kamen in Iran immer wieder neue Zeitungen und Zeitschriften auf den Markt, die sich auch kritisch mit der Politik der islamischen Rechtsgelehrten auseinandersetzten. Einige dieser Publikationen wurden dann aber wieder verboten. Dagegen protestierten im Sommer 1999 hunderttausende Iraner. Präsident Khatami ermutigte sie zunächst, ging dann aber auf Distanz und sprach sich für die Beendigung der Protestwelle aus. Mehrere Anführer der Protestbewegung wurden danach verurteilt, einige von ihnen sogar zum Tod – ohne dass Khatami dagegen protestiert hätte.

Im Alltag zeigte sich nach den Protestwellen ein ähnlich widersprüchliches Bild. Die strikten Bekleidungsvorschriften für Frauen wurden in den grossen Städten allmählich etwas weniger rigoros durchgesetzt: anstelle von schwarzen durften die Frau jetzt auch bunte Kopftücher tragen und den Tschador (einteiliges Kleidungsstück, das den ganzen Körper umhüllt) sah man etwas weniger.

Aber bisweilen traten dann doch die selbsternannten «Sittenwächter», die Pasdaran, in Aktion und belästigten Personen, denen sie unterstellten, die islamischen Vorschriften zu wenig zu beachten. Gegen solche Eigenmächtigkeiten versprach Khatami vorzugehen – und die Mehrheit der Menschen Irans schien ihm, ungeachtet des Zickzack-Kurses der letzten zwei Jahre, zu vertrauen.

Im iranischen Parlament (in das auch einige Frauen gewählt wurden) gab es zwar substantielle Diskussionen und das Parlament hatte hier auch mehr Kompetenzen als in anderen Ländern der mittelöstlichen Region – aber Irans Herrschaftssystem war so kompliziert, dass die Beschlüsse des Parlaments doch immer wieder eingeschränkt werden konnten.

Es gab drei ineinandergreifende Kreise von Machtzentren: die wichtigste Position war jene des geistlichen Führers Ayatollah Ali Khamenei. Er galt als Hort konservativen Denkens. Der geistliche Führer wurde vom 86köpfigen Expertenrat gewählt, einem Gremium islamischer Geistlicher respektive Rechtsgelehrter. Er sollte die religiösen Richtlinien interpretieren, konnte sein Veto gegen die Wahl eines Staatspräsidenten einlegen und war u.a. Oberbefehlshaber der Streitkräfte. Der Staatspräsident anderseits, seit 1997 also Mohammed Khatami, war für die Alltagsgeschäfte zuständig. Das dritte Machtzentrum reihte sich um den Parlamentspräsidenten – das war bisher der Konservative Natek Nuri.

Man wartete nach dem Wahlerfolg der Reformer mit Spannung darauf, welche Schritte Präsident Khatami nun ergreifen, welche Versprechen er in Taten umsetzen würde.

Irans Präsident, Mohammed Khatami: Hoffnungsträger für die Reformer.

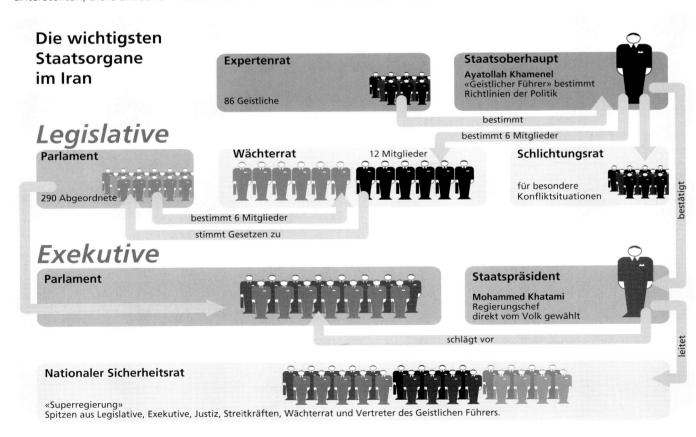

Die wichtigsten Staatsorgane im Iran

Ölpreis auf Rekordhöhe: OPEC reagiert

Der Ölpreis kletterte im Februar auf Höhen, die einmalig waren seit der weltweiten Erdöl-Verknappung in der Folge des Nahost-Kriegs von 1973. Lag der Preis Anfang 1999 noch bei ca. 10 $ pro Fass (159 Liter), so kletterte er jetzt vorübergend auf über 30 $.

Ende März beschlossen dann die OPEC-Länder die Ölförderung um 7,4% zu steigern, darauf sank der Preis auf ca. 26$. Aber der Preis für Flugpetrol (Kerosin) verdoppelte sich dennoch und mehr und mehr Fluglinien sahen sich gezwungen, Zuschläge auf die Ticket-Preise zu erheben. Die Benzinpreise stiegen in Westeuropa um etwa einen Viertel, jene für Heizöl um rund einen Drittel.

Der Grund: die Organisation of Petroleum Exporting Countries (OPEC) einigte sich auf eine Senkung der Fördermengen und, dies war neu, hielt sich auch wirklich an diese Strategie. Sie wirkte sich auf den Preis aus, obgleich die OPEC-Länder zusammen nur noch 40% des weltweiten Anteils an der Ölförderung behaupteten (verglichen mit 55% zu Beginn der achtziger Jahre). Elf Länder waren in der OPEC zusammengeschlossen, aber 34 weitere Länder produzierten ebenfalls Erdöl.

Die Einigung der OPEC-Länder zur Senkung der Produktionsmengen und damit der Preis-Steigerung kam als Reaktion auf politische und wirtschaftliche Entwicklungen der Jahre 1998/1999. Die Asienkrise von 1998 liess die Nachfrage nach Erdöl sinken. Hinzu kam ein milder Winter in Europa und den USA. So gab es bald Überproduktion, und der Preis sank auf, wie erwähnt, rund 10 $. Dadurch gerieten die Finanzen von ölproduzierenden Ländern in Unordnung. Der Sultan von Brunei musste 188 seiner 200 Polo-Pferde verkaufen; die Saudis ordneten in ihrem Königreich ein Sparprogramm von 5,6 Milliarden $ an; Mexiko kürzte die Subventionen für Grundnahrungsmittel; Iran bat die westlichen Gläuber um Umschuldung. Tausende Arbeiter in der Ölindustrie verloren ihren Job.

Die OPEC wurde 1960 gegründet. Die OPEC-Länder produzierten damals 80% des weltweiten Erdöls. Im Jahr 2000 hatte die OPEC elf Mitglieder: Saudiarabien, Venezuela, Indonesien, Iran, Irak, Kuwait, Vereinigte Arabische Emirate, Nigeria, Algerien, Katar und Libyen. Diese Länder verfügten weltweit über die grössten Ölreserven. Ziel der Organisation mit Sitz in Wien war die Koordination der Preispolitik. Das wichtigste Werkzeug dazu ist die Fördermenge: sind die Weltmarktpreise tief, so senkt die OPEC die Produktion. Steigen die Preise, kann sie sehr schnell wieder mehr Öl liefern.

Ihre Macht spielte die OPEC 1973/1974 voll aus. Nach dem israelisch-arabischen Krieg vom Oktober 1973 setzten die Scheichs die Welt unter Druck. Besonders die Niederlande und die USA wurden wegen ihrer Einseitigkeit zugunsten Israels kaum mehr beliefert. Hinzu kam, dass etwa zum gleichen Zeitpunkt die Bedeutung von amerikanischen und britischen Ölgesellschaften zurückgedrängt wurde – weil die

Erdölreserven wesentlicher Regionen der Welt.

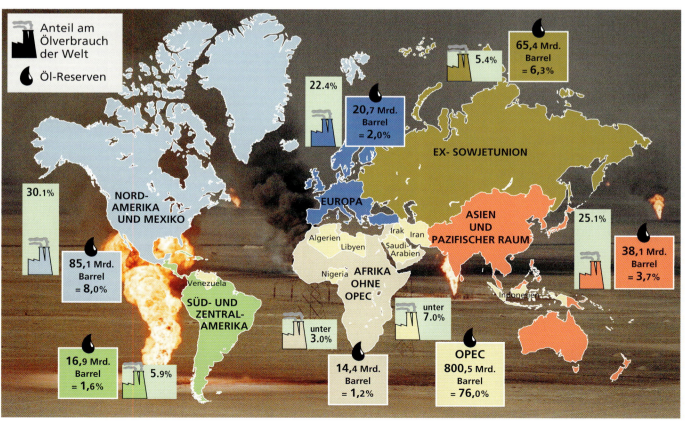

meisten arabischen und afrikanischen Kartell-Länder ihre Ölindustrien verstaatlichten. Auch nach der Revolution in Iran (1979) schnellten die Ölpreise in die Höhe.

Aber zu hohe Preise erwiesen sich auch als kontraproduktiv. Die ärmeren Länder innerhalb des OPEC-Kartells wurden dazu verführt, die vereinbarten, tiefen Förderquoten zu durchbrechen und mehr zu liefern. So drohte das Kartell, in die Brüche zu gehen. Der Druck von seiten der OPEC motivierte die Industrie und die Regierungen des Westens auch, neue Ölquellen zu erschliessen, zum Beispiel in der Nordsee. So verlor die OPEC ihre Monopolstellung.

Jetzt, als der Preis wieder hoch lag, intervenierten die USA diplomatisch. US-Energieminister *Bill Richardson* reiste nach Saudiarabien und in andere ölproduzierende Länder des Nahen Ostens. Saudiarabiens Regierung lenkte als erste ein. Saudiarabien verfügt über Reserven von etwa 260 Milliarden Fass und kann, wird die Produktion etwa im Rahmen des Jahrs 2000 weitergeführt, noch 90 Jahre lang vom Erdöl reich werden.

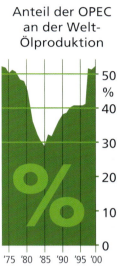

Anteil der OPEC an der Welt-Ölproduktion

Ölförderung in Howta, Saudi-Arabien. Saudi-Arabien hat weltweit die grössten Reserven.

Der Papst bei Hosni Mubarak in Ägypten: Bei der Ankunft küsste er Erde, die ihm auf einem Tablett präsentiert wurde.

Papst-Besuch in Ägypten – politische Pilgerfahrt

Papst *Johannes Paul II.* reiste am 24. Februar zum ersten Mal nach Ägypten. Die Reise wurde, wie alle übrigen des Jahres 2000, als Pilgerfahrt deklariert, aber für Ägypten trug sie politische Züge. Die Begegnungen des Papstes mit den höchsten islamischen Würdenträgern und mit dem koptischen Patriarchen sollten die Stellung der christlichen Kopten in Ägypten stärken und die Beziehungen zwischen den Kopten und den Katholiken verbessern.

Etwa zehn Prozent der ägyptischen Bevölkerung, also ca. 7 Millionen, sind Kopten, und ausserdem leben etwa 200 000 Katholiken in Ägypten. Die übrigen 90% sind Muslime. Die Christianisierung Ägyptens setzte im Jahr 43 n.Chr. ein. Im 5. Jahrhundert spalteten sich die Kopten, wie andere christliche Ost-Gemeinden, von Rom, also vom Katholizismus, ab. Streitpunkt war die Frage nach der Natur Christi. Christus

Katharina-Kloster auf dem Sinai, heilige Stätte der Christen. Es gehört der orthodoxen Kirche. Der Papst konnte es nur als einfacher Pilger besuchen.

habe nur ein einziges Wesen besessen, das sich aber aus zwei Wesen zusammensetze, erklärten die Kopten – die West-Christen bekannten sich zu zwei Naturen Christi: er habe eine göttliche und eine menschliche Natur besessen. Die Kopten zählten wegen ihrer Sichtweise zu den sog. Monophysiten.

Der Papst erinnerte bei seiner ersten Ansprache in Ägypten daran, dass Ägypter vor knapp zwei Jahrtausenden aus Glaubensgründen und aus Furcht vor der Verfolgung durch die römischen Heere in die Wüsten an den Rand des Niltals gezogen und dort ein Mönchtum begründet hätten. Die ägyptische, also die koptische, Kirche spaltete sich später dann noch zusätzlich von der orthodoxen Reichskirche (geführt aus Konstantinopel) ab, und seither besitzt sie ihr eigenes Oberhaupt. *Baba Shenuda III.*, jetziges Oberhaupt der Kopten, war der 117. Patriarch der koptischen Kirche. Die koptische und die katholische Kirche einigten sich erst 1973 darauf, einen Dialog aufzunehmen. Ein wichtiges Thema, das auch beim jetzigen Besuch des Papstes in Ägypten angesprochen wurde, betraf die Heirat zwischen Angehörigen beider Glaubensgemeinschaften. Bis zum Jahr 2000 lehnte die koptische Kirche die Verheiratung eines ihrer Mitglieder mit einem Katholiken oder Protestanten strikt ab. Den Muslimen sind die Christen rechtlich gleichgestellt, im Alltag aber werden die Christen bisweilen diskriminiert. U.a. werden sie von zahlreichen Staatsämtern ausgeschlossen.

Noch am ersten Tag des Besuchs in Ägypten traf der Papst auch mit Scheich *Mohammed Tantawi* zusammen, der höchsten Autorität im sunnitischen Islam. *Tantawi*, der vom ägyptischen Präsidenten *Mubarak* 1996 ins Amt des «Scheich al-Azhar» berufen worden war, bezeichnete den Papst als einen «weisen und vernünftigen Mann», der zu Frieden, Liebe, Moral und Tugend aufrufe.

Kurz vor dem Beginn des Papst-Besuchs brach in Ägypten, einmal mehr, Gewalt zwischen Muslimen und Kopten aus. Bei Zusammenstössen im oberägyptischen Dorf el-Kosheh kamen 21 Menschen ums Leben – 19 davon waren Kopten. Ausgelöst wurden die Gewaltakte durch einen belanglosen Streit. Muslime und Kopten beschuldigten sich danach gegenseitig, die Bluttaten ausgelöst zu haben.

Spiritueller Höhepunkt der dreitägigen Ägyptenreise des Papstes war der Besuch des St.-Katharina-Klosters auf dem Sinai. Glaubt man der Legende, so flüchtete Moses aus Ägypten zum Berg Horeb auf dem Sinai. Dort erhielt er die zehn Gebote Gottes. Die Gründung des Klosters reicht ins 6. Jahrhundert zurück. Das Kloster bewahrt Ikonen von unschätzbarem Wert, und die Klosterbibliothek kommt in der Bedeutung jener des Vatikans gleich.

Der Papst konnte das St.-Katharina-Kloster nur als einfacher Pilger besuchen. Seine Messe konnte er daher nicht im Innern des Klosters, sondern nur vor dessen Mauern abhalten.

Scheich Mohammed Tantawi, höchste Autorität innerhalb der sunnitischen Richtung des Islam.

Flutkatastrophe in Moçambique: Eine Frau, Rosalina, harrte in Xai-Xai sechs Tage lang auf diesem Baumstrunk aus, erst dann wurde sie gefunden und gerettet.

Verheerende Fluten im südlichen Afrika

Wochenlange Unwetter verwüsten weite Gebiete von Simbabwe, Südafrika und Moçambique. Allein in Moçambique kommen bis Ende Februar tausende Menschen durch die Wasserfluten ums Leben. Etwa 800 000 verloren ihr Obdach und mehr als eine Million waren vom Ausbruch von Seuchen wie Cholera oder Malaria bedroht. Die «Sintflut» begann Anfang Februar mit einem tropischen Regen, der vom Indischen Ozean über Moçambique nach Südafrika, Simbabwe und Botswana vordrang. Als der Regen nachzulassen begann, bewegte sich der tropische Wirbelsturm «Eline» von Madagaskar gegen Moçambique und löste eine zweite Welle von Überflutungen aus. Moçambique zählt zu den ärmsten Ländern der Welt. Etwa 80% der Bevölkerung leben von Landwirtschaft. Dem Land drohte eine Hungersnot – und dies in einer Phase, da Moçambique sich eben von den Folgen des 30jährigen Bürgerkriegs zu erholen schien. Internationale Hilfe konnte zwar zehntausende Menschen vor dem Tod retten, aber Moçambique wurde durch die Flutkatastrophe dennoch um Jahrzehnte zurückgeworfen.

MÄRZ

50 Chronik

52 Umstritten: Pinochet ist frei, Rückkehr nach Chile

54 Spannungen: Taiwans Wahl = Provokation Chinas

56 Triumph: Spaniens Premier Aznar gewinnt Wahl

58 Trennung: BMW-Konzern lässt Rover fallen

60 Sieg: Wladimir Putin definitiv Präsident

62 Kurswechsel: IWF mit neuem Chef

64 Misserfolg: Syriens Assad kompromisslos

1.3. Israel: Probleme mit Rückzugsplänen
Die israelische Regierung gerät in Schwierigkeiten bei den Plänen um den Golan-Rückzug. Das Parlament fordert eine Volksabstimmung. Ist eine Mehrheit dagegen, kann der Rückzug nicht stattfinden.

2.3. Pinochet zurück nach Chile
Chiles Ex-Diktator, *Augusto Pinochet*, kann nach 17monatigem Hausarrest in England nach Chile zurückkehren. Er sei prozessunfähig, erklärte der britische Innenminister. Die Auslieferungsbegehren (u.a. aus Spanien) wegen Mord und Folterung werden nicht weiter verfolgt.

3.3. Haft für Bosnien-Kriegsverbrecher
Das UNO-Tribunal in Den Haag verurteilt den kroatischen General *Tihomir Blaskic* zu 45 Jahren Gefängnis. Er habe im Bosnien-Krieg persönlich Angriffe gegen die bosnisch-muslimische Bevölkerung befohlen, entschied das Gericht.

4.3. Moçambique: Kastastrophe verschärft
Die Flutkatastrophe in Moçambique wird immer verheerender. Seuchen und Krankheiten (Cholera, Malaria) breiten sich rasant aus. Die internationale Hilfe läuft zögernd an. Von Helikoptern aus werden immer wieder tausende Menschen auf Inseln im Wassermeer ausfindig gemacht.

5.3. Jemen: Botschafter entführt
Der Botschafter Polens in Jemen wird entführt und fünf Tage lang festgehalten. Die Entführer fordern von der jemenitischen Regierung die Freilassung von inhaftierten Stammesangehörigen. Seit Jahren werden im Jemen Ausländer entführt, um von der Regierung Konzessionen (meistens Geld) zu erpressen.

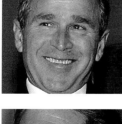

George W. Bush, Gouverneur von Texas, Republikaner.

6.3. Bankenfusion: grosse Pläne, grosse Pleite
Die Deutsche Bank und die Dresdner Bank (zusammen 120 000 Mitarbeiter und eine Bilanzsumme von 1300 Milliarden Euro) geben Pläne zur Fusion bekannt. Zusammen wollen sie die weltweit grösste Bank bilden. Die Pläne stossen bei Fachleuten auf Skepsis, und im April müssen die Fusionspläne wieder begraben werden.

7.3. Syriens Regierung umgebildet
Erstmals seit 1992 bildet Syriens Präsident *Hafez al-Assad* die Regierung wesentlich um. Neuer Premier wird *Mohammed Mustafa Miro*. Am Kurs Syriens gegenüber Israel (Forderung: Rückgabe des ganzen Golans) ändert sich nichts.

8.3. USA: Favoriten Bush und Gore
Bei den sog. Vorwahlen in 16 Bundesstaaten der USA (Weichenstellung innerhalb der Parteien, wer für die Präsidenten-Kandidatur nominiert wird) zeigt sich: bei den Republikanern ist *George W. Bush* Spitzenreiter, bei den Demokraten *Al Gore*.

Al Gore, US-Vizepräsident, Demokrat – die Entscheidung im Rennen um die Präsidentschaft der USA fällt im November.

9.3. Norwegens Regierung wechselt
Norwegens Regierung scheitert im Parlament bei einer Debatte über Umweltgesetze. Neuer Premier wird *Jens Stoltenberg* von der bisher oppositionellen Arbeiterpartei.

10.3. Kohl sammelt Geld für Partei
Um den materiellen Schaden für seine CDU wiedergutzumachen, sammelt der frühere deutsche Kanzler, *Helmut Kohl*, Spenden von 6,3 Millionen DM. Er weigert sich weiterhin, die Namen von Leuten bekanntzugeben, die ihm Geld für die Partei überwiesen haben.

11.3. Arabiens Aussenminister solidarisch
Die Aussenminister der Arabischen Liga erklären sich in Beirut solidarisch mit Libanon, dessen Territorium wiederum schwer von der israelischen Luftwaffe bombardiert worden ist. Die Normalisierung der Beziehungen zu Israel solle überprüft werden, appellieren sie an Ägypten, Jordanien, Marokko etc.

12.3. Spaniens Konservative: gestärkt
Die konservative PP-Partei von Premier *José Maria Aznar* wird durch die Parlamentswahlen wesentlich gestärkt. Sie erringt im Parlament die absolute Mehrheit.

13.3. Österreichs Kanzler in Brüssel
Österreichs Kanzler *Schüssel* ruft die EU-Partner zum Dialog auf. Portugals Premier *Guterres* (Portugal hat für sechs Monate die EU-Präsidentschaft) beharrt jedoch wegen der Regierungskoalition mit der FPÖ auf der Suspendierung der Kontakte mit Österreich.

14.3. USA lockern Iran-Sanktionen
Die USA lockern die Wirtschaftssanktionen gegen Iran (Luxusgüter wie Teppiche dürfen künftig in die USA importiert werden), sie wollen aber international weiterhin den Abschluss von Verträgen im Bereich der Erdölförderung verbieten. Viele Länder (u.a. die Türkei) ignorieren jedoch dieses US-Verbot.

15.3. NATO warnt Jugoslawien
NATO-Generalsekretär *Robertson* warnt den jugoslawischen Präsidenten *Milosevic* davor, militärisch wieder Macht in Kosovo zu erlangen und Gewalt gegen Montenegro anzuwenden.

16.3. BMW trennt sich von Rover
Der deutsche BMW-Konzern verkauft den britischen Konzern Rover, der seit der Übernahme im Jahr 1994 ständig Verluste eingefahren hat. Die britische Regierung und die Arbeitnehmer protestieren, aber erfolglos.

17.3. Untersuchungen über Rassismus
Untersuchungen in Frankreich und der Schweiz zeigen: Rassismus und Antisemitismus nehmen

zu. In Frankreich sagen nur noch 29 %, sie seien überhaupt nicht rassistisch. In der Schweiz bekennt sich jeder sechste Befragte zu Antisemitismus.

18.3. Uganda: Sekten-Massenmord
Über 500 Mitglieder einer Sekte im ostafrikanischen Uganda sterben in einer Kirche, die von leitenden Angehörigen der gleichen Sekte in Brand gesteckt wurde. Später werden andernorts weitere hunderte Todesopfer gefunden. Erst geht man von Massen-Selbstmord aus, dann zeigt sich: hier wurde eine Mord-Serie geplant und durchgeführt.

19.3. Taiwan: Spannungen mit Peking
In Taiwan gewinnt *Chen Shui-bian* die Präsidentschaftswahlen. Er hatte sich früher für die Proklamation der Eigenstaatlichkeit ausgesprochen. Peking droht Taiwan mit Krieg.

20.3. Papst auf Nahost-Pilgerreise
Papst *Johannes Paul II.* landet in Jerusalem, der ersten Station einer als Pilgerfahrt bezeichneten Nahostreise. Er solidarisiert sich mit den Forderungen der Palästinenser nach einem eigenen Staat.

21.3. Nagorni-Karabach: Anschlag
Der Präsident der zwischen Armenien und Aserbeidschan umstrittenen Region Nagorni-Karabach, *Arkadi Gukasjan*, wird durch ein Bombenattentat schwer verletzt.

22.3. Costa Rica: Sozialproteste
Tausende Studenten in Costa Rica protestieren vehement gegen Pläne der Regierung, die Stromwirtschaft und die Telekommunikation zu privatisieren.
Es sind die schwersten sozialen Proteste seit vielen Jahren. Den Höhepunkt finden sie im April in einem Generalstreik.

23.3. Clinton in Indien
US-Präsident *Bill Clinton* warnt in Delhi die indische Regierung vor einem atomaren Wettrüsten und fordert Indien zum Dialog mit Pakistan auf.

24.3. Belorus: Verhaftungen nach Demo
Ein Protestmarsch der Opposition Weissrusslands (Belorus) wird von der Polizei mit Gewalt beendet. Über 300 Personen werden verhaftet. Die Opposition demonstrierte für freie und faire Parlamentswahlen.

25.3. Ende der Passkontrollen
Griechenland verzichtet als 10. EU-Land auf Passkontrollen an seinen Flughäfen für Reisende aus jenen EU-Staaten, die das Schengen-Abkommen unterzeichnet haben.
Der freie Personenverkehr gilt bereits zwischen Deutschland, Belgien, den Niederlanden, Frankreich, Italien, Luxemburg, Österreich, Portugal und Spanien.

26.3. Putin zum Präsidenten gewählt
Wladimir Putin, seit 31.12.99 Interimspräsident Russlands, wird mit 52,6 % im ersten Wahlgang zum Präsidenten des Landes gewählt. Der kommunistische Anwärter *Sjuganow* erreicht fast 30 %.

> Die Wahlen finden im Schatten des Tschetschenien-Konflikts statt. Der Krieg fordert täglich Tote und Verletzte. Der Westen mahnt Russland, es müsse dem Blutvergiessen ein Ende bereiten und eine Lösung durch Verhandlungen finden. Der Europarat in Strassburg entzieht am 6.4. den russischen Vertretern aus Protest gegen den Tschetschenien-Krieg das Stimmrecht. Russland zieht sich daraufhin aus dem Europarat zurück.

26.3. Clinton-Assad-Treffen ergebnislos
Ein Treffen zwischen US-Präsident *Clinton* und Syriens Präsident *Assad* in Genf endet ohne Resultat. Vorerst können die Direktgespräche zwischen Syrien und Israel nicht wieder aufgenommen werden.

27.3. Frankreichs Regierung umgebildet
Der französische Premier, *Lionel Jospin*, beruft den früheren Premier *Laurent Fabius* zum Wirtschafts- und Finanzminister und *Jack Lang* (früher Kulturminister) zum Minister für Erziehung.

28.3. Österreich: 11 Lawinenopfer
Elf Menschen kommen durch eine Lawine am Kitzsteinhorn in Österreich ums Leben. Alle Opfer sind Skilehrer (6 aus Österreich, 2 aus Finnland, je 2 aus Dänemark, Belgien und der Slowakei).

29.3. Finanzhilfe für den Balkan
40 Länder und 30 internationale Organisationen beschliessen in Brüssel die Finanzierung von Vorhaben zum Wiederaufbau der Infrastruktur auf dem Balkan im Umfang von 1,8 Milliarden Euro.

30.3. Wien: Ex-Präsident Kirchschläger tot
Der frühere österreichische Bundespräsident, *Rudolf Kirchschläger* (Amtszeit von 1974 bis 1986) stirbt in Wien im Alter von 85 Jahren.

31.3. Schüssel in Bern empfangen
Österreichs Kanzler *Wolfgang Schüssel* wird in Bern vom schweizerischen Bundesrat empfangen. Die Schweiz hat zwar Vorbehalte gegen die Koalition mit der rechtsextremen FPÖ, will sich aber nicht dem EU-Boykott gegen Österreich anschliessen.

Rudolf Kirchschläger: er war ein Symbol für Integrität in der Politik Österreichs.

Augusto Pinochet vor der Rückreise nach Chile in Grossbritannien: angeblich schwer krank.

Vergl.
«Weltrundschau 1999»,
Seite 182
«Weltrundschau 1998»,
Seiten 172/173
Putsch von 1973:
«Weltrundschau 1973»,
Seiten 186 bis 191

Umstritten: Briten lassen Chiles Pinochet frei

2. März. – Der frühere Diktator Chiles, *Augusto Pinochet*, konnte, nach einem Hausarrest von fast 17 Monaten respektive von 503 Tagen, Grossbritannien als freier Mann verlassen. Ein Jet der chilenischen Luftwaffe holte den 84jährigen auf dem Luftwaffenstützpunkt Waddington (ca. 200 Km nördlich von London) ab und flog ihn nach Santiago. Ein Militärorchester begrüsste ihn dort und eine Anzahl Anhänger jubelte dem Mann zu, der von Gerichten in Spanien, Frankreich, Belgien und der Schweiz erfolglos zur Auslieferung verlangt worden war. Der noch amtierende Präsident Chiles, *Eduardo Frei*, und sein gewählter Nachfolger, *Ricardo Lagos* gaben sich distanziert gegenüber der vom Militär organisierten Empfangs-Zeremonie. Pinochet setzte sich nach dem Verlassen des Flugzeugs in einen Rollstuhl – aber dann stand er plötzlich auf, offenkundig plötzlich genesen, und dankte seinen Anhängern. Im Spital blieb er dann gerade für einen knappen Tag, dann begab er sich nach Hause. Worauf sich bei den Kritikern des Diktators Empörung breit machte: *Pinochet* war offenbar gesundheitlich weniger angeschlagen, als man dies in Grossbritannien vermutet hatte. War die Krankheit des Ex-Generals überhaupt nur vorgetäuscht?

Das chilenische Parlament erweiterte am 25. März den Schutz für *Pinochet*: es beschloss mit 113 gegen 27 Stimmen, dass er seine Immunität auch dann behalten könne, wenn er einmal nicht mehr «Senator auf Lebenszeit» wäre…
Der Grund für die in vier Ländern gestellten Begehren um Auslieferung im Zeitraum 1998 bis 2000: *Pinochets* Verantwortung für den Tod von insgesamt mindestens 3000 Menschen während der Diktatur. Alle waren in Gefängnissen und/oder durch Folter ums Leben gekommen oder «verschwunden». Der spanische Richter *Baltasar Garzón* ging in der Begründung seines Begehrens, *Pinochet* anzuklagen, noch weiter: er erwähnte die Zahl von 5000 Ermordeten oder Verschwundenen, von 50 000 Gefolterten, von 300 000 Menschen, die während längerer Zeit in der *Pinochet*-Diktatur gefangengehalten und von 100 000, die zur Emigration genötigt worden waren.
Die Entscheidung, dass Ex-Diktator *Pinochet* nicht an eines der anklagenden Gerichte in einem der vier Länder ausgeliefert würde, fällte

der britische Innenminister, *Jack Straw*. Er entschied, der 84jährige sei aus Krankheitsgründen prozessunfähig. Er leide an Gehirnschäden als Folge von Schlaganfällen und an chronischen Leiden.

Diese Entscheidung war zwar umstritten, aber die Regierungen der vier erwähnten Länder verzichteten dennoch darauf, das Begehren weiter zu verfolgen. Belgiens Aussenminister begnügte sich mit der Behauptung, dass kein Diktator mehr ausserhalb des Rechts stehe. Die französische Regierung beklagte sich darüber, dass *Jack Straw* auf ihr Gesuch um weitere ärztliche Abklärungen nicht eingegangen sei. In der Schweiz übte der Genfer Staatsanwalt *Bertossa*, auf dessen Initiative das Auslieferungsgesuch in der Schweiz zurückging, Kritik an den britischen Behörden, aber die Regierung in Bern zeigte kein weiteres Engagement im Falle *Pinochet*. In Spanien hatte die konservative Regierung von *José Maria Aznar* schon zuvor klargemacht, dass sie die Bestrebungen von Richter *Garzón* nicht weiter unterstütze.

In Grossbritannien und anderen europäischen Ländern formierten sich Protestkundgebungen gegen die Freilassung des Diktators. Die frühere britische Premierministerin, *Margaret Thatcher*, aber äusserte Befriedigung über die Freilassung *Pinochets*. Er sei ein politischer Gefangener und ein von der jetzigen (Labour)-Regierung in London Betrogener.

Die Affäre Pinochet hatte am 16. Oktober 1998 begonnen. Der Ex-Diktator war für eine medizinische Operation nach Grossbritannien geflogen. Nun legte der spanische Richter *Garzón* sein Auslieferungsbegehren vor. *Pinochet* wurde in einer Privatklinik festgenommen und kam unter Hausarrest. Am 25. November entschieden die Richter, *Pinochet* könne sich nicht auf Immunität berufen. Am 9. Dezember gab Innenminister *Straw* grünes Licht für das Auslieferungsverfahren. Es wurde zwei Tage später eröffnet. Wegen Befangenheit eines Richters wiederholte das Oberhaus das Verfahren, bestätigte das erste Urteil, erklärte aber gleichzeitig, *Pinochet* könne nur für Verfehlungen nach dem Inkrafttreten der Folterkonvention in Grossbritannien, also nach 1988, zur Verantwortung gezogen werden. Im Oktober 1999 verbreiteten Anhänger *Pinochets* Meldungen über eine schwere Erkrankung des 84jährigen.

Die chilenische Regierung ersuchte fast gleichzeitig die Regierung Grossbritanniens um die Freilassung *Pinochets* aus humanitären Gründen. Innenminister *Straw* verfügte eine Untersuchung durch unabhängige britische Ärzte und erklärte am 11. Januar seine Absicht, den früheren General wegen Prozessunfähigkeit freizulassen.

Pinochet bei der Rückkehr in Santiago de Chile: verdächtig schnelle Genesung.

Chinas Regierungschef Zu Rongji: «Chinesen sind bereit, Blut zu vergiessen».

Chen Shui-bian, neuer Präsident Taiwans, nach der Wahl: politische Gratwanderung.

Taiwan wählt, Peking droht

Unbeeindruckt von kriegerischen Drohungen aus Peking wählte die Bevölkerung Taiwans am 18. März den Oppositionspolitiker *Chen Shui-bian* zum neuen Präsidenten. Das kommunistische Regime in Peking betrachtete das als «Provokation», denn *Chen* hatte sich früher mehrfach für die Proklamation der staatlichen Unabhängigkeit Taiwans ausgesprochen. Peking anderseits bestand darauf, dass Taiwan, das sich nach dem Bürgerkrieg 1948 unter Führung der Kuomintag-Nationalisten vom kommunistischen China abgespalten hatte, Teil des eigenen Territoriums sei und dass Taiwan, wie bereits Hongkong und Macao, eines Tages wieder an China «angegliedert» werden müsse. Der chinesische Minsterpräsident, *Zu Rongji*, sagte am 15. März in Peking: «Das chinesische Volk ist bereit, Blut zu vergiessen und sogar das Leben herzugeben, um die Souveränität und die territoriale Integrität des Mutterlandes zu verteidigen.»

In Taiwan machte das wenig Eindruck: 4,98 Millionen Wähler, d. h. 39,3 Prozent, stimmten am 18. März für *Chen*. Der Kandidat der bisher erfolgsgewohnten Kuomintang-Partei (die seit über 50 Jahren die Insel regierte) kam mit 2,92 Millionen Stimmen (23,1 %) nur auf den dritten Platz, noch hinter dem vor wenigen Monaten aus dem Kuomintang ausgeschlossenen Politiker *James Soong*, der 4,66 Millionen Stimmen (36,8 %) erreichte. Die Wahlbeteiligung betrug 82,7 Prozent.

Gründe für den Misserfolg der KMT (Kuomintang)-Partei bei den Präsidentschaftswahlen: Korruption, Machtmissbrauch, Verwurzelung in einer Ideologie, die rechtsnationalistische Grundlagen hatte. Im Parlament allerdings hatte die KMT-Partei die Mehrheit (119 von 225 Mandaten).

Chen Shui-bian vermied es in seiner Erklärung nach dem Wahlsieg, das Thema der staatlichen Unabhängigkeit zu erwähnen. Er hatte auch im Wahlkampf zu erkennen gegeben, dass er dem Schwebezustand gegenüber einer Provokation Pekings den Vorzug gab, d.h. dass er keine Abstimmung über die Unabhängigkeit anstrebe. Taiwan sollte also faktisch selbständig bleiben, auch wenn der Staat international nicht anerkannt würde. Auf den Gang der Wirtschaft hatte dies keinen Einfluss, und das war offenkundig für viele Taiwanesen entscheidend.

Taiwan (Republik China)

Fläche 36 000 km², 160 Kilometer vor dem chinesischen Festland gelegen.

Bevölkerung:
22 Millionen, davon 84% Taiwanesen und 14% Festlandchinesen.

Geschichte in Stichworten:
Taiwan wurde 1590 von den Portugiesen erobert und «Ilha Formosa» (schöne Insel) genannt. Ab 1600 gerät Taiwan durch Einwanderungswellen vom Festland aus unter den Einfluss Chinas.
Nach dem japanisch-chinesischen Krieg wird Taiwan 1896 an Japan abgetreten. Nach der Kapitulation Japans am Ende des Zweiten Weltkriegs sprechen die Alliierten die Insel wieder China zu.
1947 bis 1950: Bürgerkrieg in China, der mit dem Sieg der Kommunisten endet. Die antikommunistische Opposition unter *Tschiang Kai-Shek* verlegt ihren Sitz nach Taipeh auf Taiwan.
Auseinandersetzungen zwischen Taiwan und dem kommunistischen China gipfeln in der Bombardierung der Insel Quemoy durch chinesische Truppen.
1971 wird Taiwan aus der UNO ausgeschlossen.
1989 werden bei Wahlen neben dem Kuomintang erstmals Oppositionsparteien zugelassen.

Zurückhaltung übte, in einer rhetorischen Kehrtwendung, nach dem Bekanntwerden des Wahlsiegs *Chens* plötzlich auch das kommunistische China. Zwiespältig war die Reaktion in Washington. Die USA hatten bis zum Beginn der siebziger Jahre das kommunistische Regime Pekings diplomatisch nicht anerkannt, sondern dafür gesorgt, dass das viel kleinere Taiwan (früher auch Formosa genannt) als internationale Vertretung des gesamten Chinas gelten konnte. Taiwan «vertrat» somit auch in der UNO das Riesenreich China, das 265 Mal grösser ist als die Insel Taiwan und 60 Mal mehr Einwohner zählt. Nach dem Besuch des damaligen US-Präsidenten *Richard Nixon* in China (1972) leiteten die USA eine Kehrtwendung ein. Taiwan verlor seine internationale Stellung zugunsten Pekings. Die Rolle Chinas als Wirtschaftsmacht spielte dabei die entscheidende Rolle. Taiwan fand sich mit dem Dasein als Aussenseiter ab und wuchs wirtschaftlich auf beeindruckende Weise. Im Jahr 2000 war Taiwan weltweit die 19. Wirtschafts- und die 15. Handelsmacht.
Chen Shui-bian war 49 Jahre alt. Er stammte aus bescheidenen Verhältnissen und arbeitete sich mit eiserner Disziplin und dank hoher Intelligenz nach oben. Er wurde Jurist und verteidigte als Anwalt in der Zeit der uneingeschränkten Kuomintang-Herrschaft Aktivisten, die sich für die Demokratie einsetzten. Anhänger der DPP-Partei wählten ihn 1994 zum Bürgermeister von Taipeh. Die Wiederwahl verlor er allerdings im Jahr 1998. Doch das bot ihm Gelegenheit, sich rechtzeitig für die Kampagne um die Präsidentschaft vorzubereiten.

Eskalation von Spannungen zwischen China und Taiwan: «Weltrundschau 1999», Seite 139.

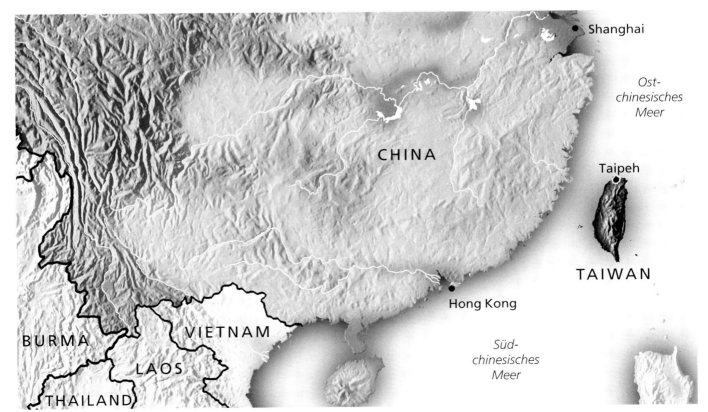

Entstehung und Ideologie von ETA: «Weltrundschau 1999», Seite 202

Wiederaufnahme des ETA-Terrors im Januar 2000: Seite 29

Spanien: Aznar erringt grossen Wahlsieg

Die konservative Regierungspartei Spaniens unter Führung von Ministerpräsident *José Maria Aznar* errang bei den Parlamentswahlen vom 12. März einen überwältigenden Sieg: 44,54 % der abgegebenen Stimmen und 183 Mandate. Resultat für den Partido Popular bei den Wahlen von 1996: 156 Mandate, bei 38,8 Stimmenprozenten. Die Partei *Aznars* gewann in 42 der 52 Wahlkreise zusätzliche Stimmen und Sitze, und dies selbst in traditionell sozialistischen Hochburgen wie Andalusien, Extremadura und Kastilien-La Mancha.

Dem bei Umfragen nicht annähernd vorausgesagten Sieg des konservativen Lagers entsprach auf der anderen Seite der Absturz des Partido Socialista Obrero Espanol (PSOE), der seit 1979 noch nie so wenig Stimmen erhalten hatte wie jetzt: noch 125 Sitze (1996: 141). Der sozialistische Parteichef, *Joaquin Almunia* empfand das Resultat seiner Partei als so beschämend, dass er gleich nach dem Wahltag zurücktrat.

Was waren die Gründe für den Sieg der Konservativen? In erster Linie lagen sie bei der Wirtschaft. «España va bien», sagte *Aznar* immer wieder während der Wahlkampagne, und die Wachstumsraten bestätigten dies.

Das Land hatte seit nunmehr vier Jahren Wachstumsraten, die über dem westeuropäischen Durchschnitt lagen. Die Arbeitslosigkeit sank – von erschreckenden 23 Prozent auf dem Höhepunkt auf nunmehr 15,4 % (in Katalonien auf unter 10 %). Hinzu kam, dass man in Spanien dem eigentlich wenig charismatisch wirkenden, jetzt 47jährigen *José Maria Aznar* zubilligte, effizient und sachbezogen zu politisieren. Er

Joaquin Almunia, Sozialistenchef Spaniens: Rücktritt nach Niederlage.

verfolgte eine gemässigt liberale Politik mit sozialdemokratischen Zügen.

Wesentlich waren bei dieser Wahl Veränderungen im Kräfteverhältnis zwischen jenen Parteien, welche von der Zentrale in Madrid ausgingen, und den Regionalparteien. Bisher war die PP-Partei vom Wohlwollen der katalanischen Convergencia i Unio und deren langjährigem Chef, *Jordi Pujol*, abhängig gewesen – denn *Aznar* regierte mit seiner PP mit einer Minderheitsregierung. Das änderte sich jetzt. Die Convergencia i Unio verlor im übrigen in Katalonien ein Mandat (statt 16 sandte sie noch 15 Abgeordnete nach Madrid). Eine Verschiebung gab es auch im Baskenland: die (nicht gewalttätige) Partei der baskischen Nationalisten erreichte zwar wieder etwa 30 % der im Baskenland ab-

gegebenen Stimmen und steigerte ihre Zahl der Mandate von 5 auf 7, aber die PP holte gewaltig auf und kam jetzt, hinter den Nationalisten, mit 28 % auf den zweiten Platz. Das war umso bemerkenswerter, als der Wahlkampf mit einem Terrorakt der baskischen ETA begonnen hatte und in Spanien hie und da erklärt wurde, *Aznar* gehe zu wenig entschlossen gegen den Terrorismus vor. Aber *José Maria Aznar* ging gegenüber der ETA keine Kompromisse ein, und er konnte sich darauf berufen, dass er den Basken eine Autonomie gewähren wollte, die weiterging, als Autonomiestatute für viele andere Regionen in Westeuropa.

José Maria Aznar hatte seine Karriere als Jurist bei der Finanzinspektion begonnen. Politisch gehörte er zunächst zur rechtslastigen Volksallianz (Alianza popular), deren Wurzeln in die Zeit der Franco-Diktatur zurückreichten. Ende der 80er Jahre reformierte sich die Volksallianz und wandelte sich zur Volkspartei. *Aznar* gehörte zu den Reformern, und am Parteitag von 1990 wurde er zum neuen Vorsitzenden gewählt. Die PP war damals noch in der Opposition – die Sozialisten regierten Spanien bis 1996. Dann gewann *Aznar* mit seinem Partido Popular relativ knapp, nämlich mit 1,5 Prozentpunkten gegenüber dem sozialistischen Lager.

Die PSOE unter Führung von *Joaquin Almunia* schloss vor den Wahlen eine Allianz mit der kommunistisch dominierten Vereinigten Linken (IU) – das war möglicherweise ein entscheidender Faktor für die Wahlniederlage der PSOE und für den klaren Sieg des PP mit *José Maria Aznar*.

José Maria Aznar, Premierminister Spaniens: grosser Wahlsieg.

Autoindustrie: BMW lässt Rover fallen

Der deutsche Automobilkonzern BMW hatte 1994 den britischen Konzern Rover für 2,1 Milliarden DM gekauft. Jetzt, sechs Jahre danach, kam, am 16. März, der Tag der Scheidung. BMW wollte nicht länger die Verluste der Rover-Produktion im fast hundert Jahre alten und ineffizient arbeitenden Werk Longbridge tragen. In den letzten drei Jahren waren die Verluste gewaltig gestiegen: 132 Millionen Euro im Jahr 1997, 957 Millionen 1998 und 1,207 Milliarden im Jahr 1999. Rentabel innerhalb der Rover-Produktion waren einzig die Modelle Land Rover (dessen Produktion von Ford übernommen wurde) und Range Rover. Insgesamt aber sank die Produktion von Rover-Wagen auf (Zahl für 1999) 143 000 und auf einen Marktanteil von 6,2 %. Von der Entscheidung des BMW-Konzerns waren in Grossbritannien fast 10 000 Werksmitarbeiter und gegen 20 000 Zulieferer betroffen. Entsprechend harsch war die Kritik in Grossbritannien an der brüsken Kehrtwendung der Manager in München, und Kritik kam auch aus der britischen Regierung. Der britische Handels- und Industrieminister, *Stephen Byers*, versuchte bis zuletzt, mit BMW eine Einigung zu finden. BMW hatte 1999 selbst noch einen Sanierungsplan im Umfang von 10 Milliarden DM (mehr als 6 Milliarden Dollar) zugesagt. Bereits 8,5 Milliarden DM aber hatte BMW bereits in Rover investiert. Diese Investitionen hätten u.a. wegen des hohen Kurses des britischen Pfunds nicht die erwarteten Resultate gezeigt, kommentierte die Konzernspitze von BMW.

Ein Teil des Rover-Unternehmens wurde von der Wagnis-Kapitalfirma Alchemy Partners übernommen. Ob sie das verlustbringende Werk Longbridge schliessen werde, war vorläufig offen. Zu Rover gehörte auch der Name MG, der auf 1923 und die Morris Garages zurückging und Teil des Erbes von Markennamen war, welche Rover vom Staatskonzern British Leyland übernommen hatte. Der Name MG, so erklärte die Firma Alchemy Partners, werde erhalten bleiben, jener von Rover möglicherweise aber nicht.

> Die britische Marke Rover war 1904 aus dem Fahrradbau hervorgegangen. In der Zwischenkriegszeit baute Rover hochwertige Mittelklassewagen. Das Rover-Werk in Coventry wurde während des Kriegs durch deutsche Bomben zerstört, aber 1946 lief die Produktion wieder an. 1956 vergrösserte Rover das Angebot durch Wagen in einer höheren Klasse – das Unternehmen hatte einen technischen Vorsprung auf dem Gebiet des Turbinenantriebs.
> BMW (Bayerische Motorenwerke) begannen ihre Motorrad- und Autoproduktion 1928. Das Werk in Eisenach wurde während des Zweiten Weltkriegs durch Bomben der Alliierten zerstört. In München wurde die Produktion erst 1949 wieder aufgenommen. Berühmt wurde 1959 das Modell 507, ein zweisitziger Sportwagen. Nur vorübergehend produzierte BMW auch Klein- und Kleinstwagen, dann konzentrierte sich das Unternehmen wieder auf die obere Mittelklasse und die eigentliche Oberklasse in Konkurrenz zu Modellen von Mercedes.

In der Automobilbranche war im März auch anderswo viel Bewegung: VW beschloss eine Beteiligung am schwedischen Nutzfahrzeughersteller Scania, und Daimler-Chrysler beschloss eine Zusammenarbeit mit dem japanischen Mitsubishi-Konzern.

Ein Glanzstück aus der BMW-Produktion: Modell 507, Jahrgang 1959.

3

Klassiker von Rover: Modell 75, aus dem Jahr 1950.

Rover-Produktion im Werk Longbridge: Jahresverluste von über einer Milliarde Euro.

Wladimir Putin in Marine-Uniform beim Besuch einer Marine-Einheit in der Barents-See.

Präsidentschaftswahl in Russland: Putin siegt

Russlands Bevölkerung war am 26. März aufgerufen, seinen Präsidenten zu wählen. Dass *Wladimir Putin*, seit dem 31. Dezember 1999 Interimspräsident, die Bestätigung durch das Volk erhalten würde, stand zu erwarten. *Putin*, 47jährig und ehemaliger Spion im Dienste des sowjetischen Geheimdienstes KGB, genoss wegen des Tschetschenien-Kriegs breite Popularität. Er wurde denn auch im ersten Wahlgang mit 52,6 % gewählt. Als relativ starker Gegner erwies sich der Chef der Kommunisten, *Gennadi Sjuganow*. Er erhielt 29,4 %, und der liberale Politiker *Grigori Jawlinski* kam auf 5,8 %. Die anderen sieben Kandidaten blieben weit abgeschlagen. Die Wahlbeteiligung erreichte 68,8 %. *Putin* bezeichnete seinen Erfolg im ersten Wahlgang (hätte er weniger als 50 % erreicht, wäre ein zweiter Wahlgang notwendig geworden) als «grosse moralische Verpflichtung». Der relativ grosse Erfolg des kommunistischen Rivalen *Sjuganow* kommentierte er mit der Bemerkung, er werde daraus Konsequenzen ziehen. Es gebe einen grossen Teil der russischen Bevölkerung, der nicht zufrieden sei mit der Lage des Landes. Die Politik der Staatsführung müsse daher «ausgewogen» sein. Dem Volk versprach er Ehrlichkeit, aber niemand dürfe von ihm «morgen schon Wunder erwarten».
Diese vagen Äusserungen schlossen sich an ähnliche Aussagen während des Wahlkampfs an. *Putin* vermied es, irgendetwas Konkretes

Wahlkampf teilgenommen. Sein Aufstieg ins Amt des Präsidenten erschien als eine Verkettung von Zufällen. Er stammte aus ärmlichen Verhältnissen. Sein Grossvater war Koch bei *Lenin* und später bei *Stalin*. Sein Vater arbeitete in einer Fabrik, seine Mutter war eine einfache und wenig gebildete Frau. Als *Wladimir Putin* ein Kind war, lebte die Familie in einer Gemeinschaftswohnung, in der es kein Bad, kein heisses Wasser und nicht einmal eine richtige Küche gab. Körperlich eher klein, kompensierte er durch das Erlernen von Kampfsportarten. Er träumte schon in seiner Jugend davon, Spion zu werden und Heldentaten für sein Land zu vollbringen – so, wie er das in sowjetischen Spielfilmen sah. Um seinen Berufstraum zu erreichen, studierte er Jura. Und nach dem Studium bekam er tatsächlich ein Angebot des KGB, des sowjetischen Geheimdienstes. Nach der Auflösung der Sowjetunion (1991) wurde er stellvertretender Bürgermeister in St. Petersburg, und von dort holte ihn *Boris Jelzin* in seine Administration. Als *Wladimir Putin* im Frühherbst 1999 zum Ministerpräsidenten ernannt wurde, glaubten weder die Menschen in Russland noch im Ausland daran, dass dieser unbekannte, uncharismatische Mann weiterhin Karriere machen würde. Aber dann folgten die Terroranschläge auf Wohnhäuser in Moskau und anderen Städten, die man allgemein tschetschenischen Guerillas zuschob. Die öffentliche Meinung forderte den Krieg gegen Tschetschenien, und *Putin* war entschlossen, diesen Krieg zu führen. Dass er bis zum Wahltag nicht nur Zehntausende von Opfern bei den Tschetschenen forderte, sondern dass auch mehrere tausend russische Soldaten und Offiziere bei den brutal geführten Kämpfen starben, schadete der Popularität Putins erstaunlicherweise nicht. Der Krieg ging auch nach dem Wahltag weiter, und niemand wusste, für wie lange.

auszusagen. Er signalisierte zwar seinen Willen, die Armut zu lindern, Kriminalität und Korruption zu bekämpfen, den Rechtsstaat zu stärken und Russlands Autorität in der Welt wieder herzustellen. Mehrmals während der Wahlkampagne deutete er an, er wolle das Land wieder zur Grossmacht werden lassen. Die Streitkräfte nahmen solche Hinweise mit Genugtuung auf, und quasi als «Salut» zum Wahlsieg feuerten sie von einem U-Boot der Nordmeerflotte zwei Interkontinentalraketen ab.
In der Wahlnacht sagte *Putin* noch, er hätte sich früher nie vorstellen können, eine Wahlkampagne zu führen. Aber seine privilegierte Lage habe es ihm erlaubt, einen Wahlkampf ohne verlogene Versprechungen zu führen. Tatsächlich hatte er noch nie in seinem Leben an einem

Gennadi Sjuganow, kommunistischer Präsidentschaftskandidat: er unterliegt bei den Wahlen, erhält aber fast 30 % der Stimmen.

Tschetschenien-Konflikt: Mary Robinson, UNO-Beauftragte für Menschenrechte, beim Besuch in Grosny. Ihre Untersuchungen wurden schwerwiegend behindert.

«Weltfinanzpolizei» IWF: neuer Chef

Der Internationale Währungsfonds (IWF) mit Sitz in Washington, erhielt einen neuen Chef. Nachfolger des Franzosen *Michel Camdessus*, der den Fonds lange Jahre geleitet hatte, wurde der 57jährige Deutsche *Horst Köhler*.

Einfach war die Regelung der Nachfolge nicht. Deutschland stellte Anspruch auf die Besetzung des einflussreichen und schwierigen Postens und geriet mit den USA in Konflikt. Die deutsche Bundesregierung wollte erst den erfahrenen Weltbankmanager *Caio Koch-Weser* portieren, aber das passte der US-Regierung nicht – denn *Koch-Weser* galt als Politiker, der den Anliegen von Entwicklungsländern mit viel Verständnis gegenüberstand. In Washington aber wurde gefordert, dass der IWF mit mehr Härte gegenüber Entwicklungsländern auftreten sollte. *Caio Koch-Weser* verfüge nicht über die erforderlichen Qualifikationen, wurde in den USA erklärt. Dem widersprach die deutsche Regierung zwar vehement, aber Kanzler *Gerhard Schröder* besass nicht die Macht, seinen Kandidaten durchzusetzen.

Gegen die zweite Nomination von deutscher Seite konnten die USA dann aber nichts Wesentliches einwenden. *Horst Köhler* hatte sich als Chef der Osteuropa-Bank mit Sitz in London einen Namen gemacht, und ausserdem war er bekannt als einer der Autoren des Maastricht-Vertrags der EU zur Einführung des Euro. Die Osteuropa-Bank, vorher wegen Verschwendung und Ineffizienz oft kritisiert, wurde unter der Leitung von *Horst Köhler* zu einem profitablen Unternehmen. Aber auch *Köhler* hatte für den IWF andere Vorstellungen als die USA: «Wir können Marktwirtschaft und Demokratie nur dann auf Dauer verwirklichen, wenn wir sie in der Kultur, der Geschichte und den Traditionen des Landes verankern», sagte er. *Köhler* und die Mehrheit der Regierungen

Demonstration gegen den IWF bei der April-Konferenz in Washington.

Westeuropas wollten, dass der IWF weiterhin krisengeschüttelten Ländern langfristige Kredite gewähren und diese Kredite mit entwicklungspolitischen Auflagen verbinden. Die USA dagegen zielten eher darauf ab, Entwicklungsländern nur noch kurzfristige Darlehen zu gewähren, mit dem Risiko, dass die Empfängerstaaten verarmen könnten. Mehr Härte, weniger Geld lautete die Strategie der USA. Härte hatte der IWF aber auch schon oft bei früheren Kreditvergaben bewiesen: Empfängerländer mussten sich verpflichten, bei den Staatsausgaben zu sparen und Subventionen zu kürzen oder zu streichen. Das erhöhte vielfach die Armut zumindest kurzfristig. Längerfristig, so wurde bei IWF und bei vielen westlichen Regierungen jedoch argumentiert, hätten sich die Austerity-Massnahmen in der Mehrzahl der Fälle bewährt und den entsprechenden Ländern geholfen, wieder geordnete Finanzhaushalte zu erlangen und dadurch wirtschaftlich voranzukommen.

> Der IWF ist ein freiwilliger Zusammenschluss von 182 Mitgliedsländern. Die Fondsreserven erreichen etwa 288 Milliarden $.
> Höchstes Beschlussorgan ist der Gouverneursrat, der aus den Finanzministern oder den Zentralbankchefs der Mitgliedsländer gebildet wird. Beraten wird der Gouverneursrat vom Entwicklungsausschuss – darin sind 24 Mitglieder von IWF und Weltbank beteiligt. Der Entwicklungsausschuss konzentriert sich auf die Förderung der Entwicklungsländer. Hinzu kommt als beratendes Gremium der Interimsausschuss, der wiederum aus einer Anzahl von Finanzministern und Zentralbankpräsidenten besteht.
> Der Gouverneursrat wählt das Exekutivdirektorium und dieses den Geschäftsführenden Direktor.
> Die USA sind mit 18 % der Fonds-Anteile grösster Beitragszahler des IWF.

Horst Köhler, neuer Chef des IWF.

3

Hafez al-Assad und Bill Clinton in Genf: Syrien bleibt unbeugsam.

Zu den konkreten Streitpunkten vergl. Seite 39.

Clinton trifft Assad in Genf: Misserfolg

US-Präsident *Bill Clinton* wollte den stagnierenden Verhandlungsprozess im Nahen Osten wieder anregen und schlug dem syrischen Präsidenten, *Hafez al-Assad*, für den 26. März ein Treffen in Genf vor. Der Zweck: die USA wollten Syrien und Israel wieder an den Verhandlungstisch bringen. Gespräche zwischen den Regierungen Syriens und Israels waren im Januar ohne Ergebnisse beendet worden.

Doch die Erwartungen der USA zerschlugen sich. *Assad* reiste ohne Konzessionen wieder aus Genf ab, und der syrische Aussenminister, *Faruk as-Shara'a*, übte Kritik an der Haltung der Amerikaner. Präsident *Clinton* sei, entgegen den syrischen Erwartungen, ohne irgendwelche neuen Vorschläge nach Genf gekommen und habe die syrischen Politiker nur gebeten, doch bitte Verständnis für die innenpolitischen Schwierigkeiten des israelischen Premiers, *Ehud Barak* zu haben und ohne weitere Zusagen von seiten Israels an den Verhandlungstisch zurückzukehren. Das habe der syrische Präsident *Assad* abgelehnt. Allerdings betonte Aussenminster *as-Shara'a*, Syrien bleibe weiterhin gesprächsbereit. Syrien stütze sich nicht auf die «Logik der Gewalt, sondern auf die Macht der Logik».

Er verwies auf eine Erklärung der USA im Jahre 1991. Damals versicherte der damalige amerikanische Aussenminister, *James Baker*, gegenüber Syrien, dass Frieden in Nahost auf der Basis der UNO-Resolution 242 erfolgen müsse, welche den Grundsatz «Land für Frieden», ins Zentrum stellte.

Aufgrund dieser US-«Garantie» habe Syrien sich an den ersten Verhandlungstisch nach Madrid begeben (1991) und später auch an den direkten Friedensgesprächen mit Israel teilgenommen. Syrien verlange vor der Wiederaufnahme dieser im Januar abgebrochenen Gespräche von Israel ein klares «Ja» zur Rückgabe des ganzen, 1967 besetzten Golans. Präsident *Assad*, so erläuterte der syrische Aussenminister, habe Präsident *Clinton* auf die Erfahrungen der Palästinenser hingewiesen: *Arafat* habe zuerst, ohne klare Zusagen Israels zu besitzen, den Frieden akzeptiert und dafür im Gegenzug nicht einmal die Hälfte des ihm zustehenden Landes bekommen. Nicht eine einzige israelische Siedlung im palästinensischen Gebiet sei aufgelöst worden. Solche negativen Erfahrungen liessen sich nur vermeiden, wenn zuerst die Rahmenbedingungen von Friedensgesprächen festgelegt würde, sagte Syriens Aussenminister.

APRIL

66 Chronik

68 Artenschutz-Konferenz: kein Elfenbeinhandel, keine Jagd auf Wale

71 Griechenlands Wahl: Votum für die Euro-Liga

72 Hungersnot in Äthiopien – aber für den Krieg gegen Eritrea ist genug Geld vorhanden

74 Ukraine: Bedeutet die Stärkung des Präsidenten die Schwächung der Demokratie?

76 Simbabwe: Präsident Mugabe billigt Gewalt gegen weisse Farmer

78 USA: kubanischer Flüchtlingsknabe Elian als Spielball der Politik

80 Brasilien: Konflikt ums Jubiläum

Japans Premierminister Keizo Obuchi: nach dem Schlaganfall im April stirbt er im Mai.

1.4. Japan: Krise, neuer Premier
Die japanische Koalitionsregierung bricht auseinander, Premier *Keizo Obuchi* will eine neue Regierung bilden – doch er erleidet einen Schlaganfall und fällt ins Koma. Neuer Premier wird *Yoshiro Mori*.

1.4. Vulkanausbruch auf Hokkaido, Japan
Der Vulkan Usu auf der japanischen Insel Hokkaido bricht mehrere Male aus und macht die Evakuierung von 13 500 Personen notwendig. Ein vorausgesagter grosser Ausbruch des Vulkans verzögert sich jedoch.

2.4. Russland behindert UNO-Besuch
Die russische Regierung erlaubt der Hochkommissarin für Menschenrechte, *Mary Robinson*, nur einen sehr eingeschränkten Besuch von Gefängnissen und Lagern in Tschetschenien. Frau *Robinson* reist unter Protest aus Russland zurück.

3.4. Erster Gipfel EU-Afrika
52 afrikanische und 15 europäische Staats- und Regierungschefs treffen sich in Kairo zum ersten Afrika-Gipfel der EU. Hauptanliegen Afrikas ist der Erlass von Schulden von 350 Milliarden $. Die EU kommt Afrika nur teilweise entgegen.

4.4. EU will Tierversuche einschränken
Die EU-Kommission legt einen Vorschlag zum Verbot von Tierversuchen für die Herstellung von Kosmetika vor.

5.4. Fusion Dresdner/Deutsche geplatzt
Die im März angekündigte Fusion der Deutschen Bank mit der Dresdner Bank (dadurch hätte die weltweit grösste Bank geschaffen werden sollen) wird annulliert. Der Aufsichtsrat der Dresdner erklärt, die eigene Bank wäre durch die Fusion benachteiligt worden.

6.4. Tunesiens Bourgiba gestorben
Der frühere Präsident Tunesiens, *Habib Bourgiba*, stirbt im Alter von 96 Jahren. Er hatte das Land seit der Unabhängigkeit (1956) bis 1987 gelenkt.

6.4. Lebenslänglich für Pakistans Premier
Der ehemalige Premierminister Pakistans, *Nawaz Sharif*, wird von einem Gericht in Karachi zu zweimal lebenslänglicher Haft verurteilt – wegen angeblicher Förderung des Terrorismus und wegen Verantwortung für eine Flugzeugentführung.

7.4. Simbabwe: Weisse enteignen?
Das Parlament von Simbabwe billigt eine Verfassungsänderung, wonach weisse Farmer ohne Entschädigung enteignet werden können.

8.4. Griechenland: Simitis bleibt Premier
Die sozialdemokratische PASOK-Partei gewinnt knapp die Parlamentswahlen in Griechenland, und *Konstantin Simitis* wird mit der Neubildung der Regierung beauftragt.

8.4. Peru: Umstrittener Sieg Fujimoris
Perus Präsident, *Alberto Fujimori*, beansprucht den Sieg bei den Präsidentschaftswahlen, erreicht aber nicht ganz die absolute Mehrheit. Die Opposition spricht von Manipulation. Beide Kandidaten, *Fujimori* und *Toledo*, müssen sich einem zweiten Wahlgang stellen.

9.4. Krise bei deutscher PDS
Die deutsche Linkspartei PDS (aus der SED der DDR hervorgegangen) gerät in Krise. *Gregor Gysi*, Fraktionschef der Partei im Bundestag, tritt zurück.

10.4. Versöhnung in Korea?
Nord- und Südkorea wollen, erstmals seit über 50 Jahren, ein Gipfeltreffen abhalten und die Grundlagen für «Versöhnung, Kooperation und Koexistenz» schaffen. Dies erklären die Präsidenten beider Länder. Das Treffen soll im Juni stattfinden.

11.4. IKRK: Kontroverse
Die internationale Rotkreuzbewegung beschliesst in Genf, neben dem Roten Kreuz und dem Roten Halbmond ein drittes Symbol (ein auf einer Ecke stehendes Quadrat) einzuführen. Damit soll eine Kontroverse um Israels Mitgliedschaft entschärft werden.

12.4. EU-Parlament zu Gentechnologie
Das EU-Parlament lehnt eine Verschärfung der Vorschriften für gentechnisch veränderte Organismen ab. Konkret geht es beim Entscheid um die Frage der Haftung von Unternehmen, die gentechnisch veränderte Produkte herstellen wollen.

13.4. Russische Duma für Start-Vertrag
Das russische Parlament spricht sich für die Ratifizierung des Start-II-Abkommens mit den USA aus. Dadurch soll die Zahl der strategischen Atomwaffen reduziert werden.

14.4. Grossdemonstration in Belgrad
Mehr als 150 000 Menschen demonstrieren in Belgrad gegen Präsident *Milosevic*. Die sonst zersplitterte Opposition übt sich an diesem Tag in Einigkeit.

14.4. Kurssturz an US-Börsen
In New York brechen die Kurse von Technologie-Aktien massiv ein. Man befürchtet auch in Westeuropa eine Krise an den Börsen. Nach diesem «schwarzen Freitag» jedoch erholen sich die Finanzmärkte überraschend schnell.

15.4. Gewalt in Simbabwe
Schwarze Landarbeiter besetzen die Farmen

Habib Bourgiba: einst ein international respektierter Politiker, aber später beherrschte er Tunesien mit autokratischen Mitteln. Aufnahme aus dem Jahr 1957.

von Weissen in Simbabwe. Präsident *Mugabe* ermutigt die Besetzer. Der Konflikt fordert Todesopfer bei den weissen Farmern.

16.4. Proteste gegen Währungsfonds
In Washington protestieren Zehntausende gegen den Währungsfonds (IWF) und die Weltbank. Die beiden Institutionen, so die Demonstranten, verträten die Interessen von reichen Industriestaaten und handelten gegen die Anliegen der Entwicklungsländer.

17.4. Ukraine: Votum für Kutschma
Mit grosser Mehrheit stimmen die Ukrainer für eine Verfassungsänderung, die dem Präsidenten *Kutschma* weitgehende Vollmachten gibt (u.a. kann er nun das Parlament auflösen). Der Ukraine droht daher , wegen möglicher Verletzung der Demokratie, der Ausschluss aus dem Europarat.

18.4. Endlich: Israel lässt Libanesen frei
Israel lässt, nach mehr als zehnjähriger Gefangenschaft ohne Prozess, 13 Libanesen frei. Sie wurden als «Pfand» gefangengehalten, um einen 1986 von der libanesisch-islamischen Hizballah entführten israelischen Piloten (der möglicherweise nicht mehr lebte) freizubekommen.

19.4. Italiens Premier D'Alema gibt auf
Nach 18monatiger Regierungszeit kapituliert Italiens Premier, *Massimo D'Alema*. Er tritt nach dem Misserfolg seines Mitte-Links-Bündnisses bei Regionalwahlen zurück. Die rechte Opposition fordert Neuwahlen.

20.4. Russlands Strategie: Widersprüchlich
Das russische Parlament sagt mit grosser Mehrheit Ja zur Ratifizierung des Abkommens über einen Atomteststopp. Anderseits erklärt die Regierung, sie würde auch bei einer nicht-atomaren Bedrohung notfalls Atomwaffen einsetzen.

20.4. CITES-Konferenz: Relativer Erfolg
Die Artenschutz-Konferenz in Nairobi (CITES) beschliesst, den Handel mit Elfenbein für zwei weitere Jahre zu untersagen. Südafrika kann jedoch die aus Abschüssen stammenden Elefantenhäute nutzen. Nicht durchsetzen können sich Norwegen und Japan im Bemühen, die Jagd auf Wale zu legalisieren.

21.4. Rom: Amato soll Premier werden
Italiens Staatspräsident, *Carlo Azeglio Ciampi*, beauftragt den bisherigen Schatzminister, *Giulio Amato*, mit der Bildung einer neuen Regierung.

22.4. Brasiliens Geschichte: Kontroverse
Hunderte Indios und Schwarze demonstrieren gegen die Feier der 500-jährigen Entdeckung Brasiliens durch die Portugiesen. Die Festivitäten mit den Präsidenten der beiden Staaten müssen abgekürzt werden.

22.4. USA: Entscheidung für Kuba
Elian, ein seit November 99 in Miami lebender Knabe aus Kuba, wird von schwer bewaffneten US-Polizisten «entführt» und mit seinem kubanischen Vater zusammengeführt. Die Präsidenten *Clinton* und *Castro* zeigen, allen politischen Spannungen zum Trotz, erstmals Einigkeit.

23.4. Europäer als Geiseln in Fernost
Über 20 europäische Touristen werden von einem Tauchzentrum Malaysias aus durch philippinische Terroristen entführt.

24.4. Irans Konservative: offensiv
Die konservativen Religionsgelehrten Irans mit dem religiösen Führer *Ali Khamenei* verbieten 16 reformorientierte Zeitungen und Zeitschriften. Präsident *Khatami* spricht sich zwar für der Reformer aus, kann aber die Konservativen nicht bremsen.

25.4. Belgrad: JAT-Direktor erschossen
Der Direktor der jugoslawischen Luftlinie JAT, *Zika Petrovic* (enger Vertrauter von Präsident *Milosevic*) wird in Belgrad auf offener Strasse erschossen.

26.4. Geld für Cavalese-Angehörige
20 Menschen waren am 2.2.1998 im italienischen Cavalese ums Leben gekommen, als ein US-Pilot mit seiner Maschine ins Kabel einer Seilbahn gerast war. Jetzt endlich wird den Hinterbliebenen Entschädigung von 2 Mio. $ pro Opfer zugesprochen.

27.4. Swissair kauft Sabena-Mehrheit
Erstmals wird eine nationale europäische Fluggesellschaft, Sabena, von einem ausländischen Unternehmen gekauft. Swissair steigert die Beteiligung an Sabena von knapp 50 auf über 80 Prozent.

28.4. Wieder Todesschüsse in den USA
Wieder verübt ein Mann in den USA mit den allzu frei verfügbaren Schusswaffen Massenmord: in Pittsburgh werden fünf Menschen (alles Angehörige von Minderheiten) ermordet.

29.4. Gewaltverzicht in Simbabwe?
Die Farmer in Simbabwe und Vertreter der Landbesetzer einigen sich auf einen Gewaltverzicht im Streit um Ländereien. Grossbritannien (ehemalige Kolonialmacht) ist bereit, mit Geld zur Beilegung des Konflikts beizutragen, sofern die Besetzer sich zurückziehen.

30.4. Wieder Palästina-«Verhandlungen»
Israels Regierung gibt grünes Licht für die Ausweitung der Siedlung Maale Adumim im Westjordanland. Die Palästinenser protestieren, aber *Arafat* geht dennoch zu Verhandlungen mit Premier *Barak*.

Ali Khamenei, Irans geistlicher Führer und einflussreichster Herrscher: ein Konservativer, der sich aber im Mai für die Respektierung des Wahlerfolgs der Reformer aussprach.

Elefantenzähne in einem Depot in Zaire (Aufnahme aus dem Jahr 1999): praktisch alles das Resultat von Wilderei. Das Abschlachten von Elefanten in zahlreichen afrikanischen Ländern nahm seit zwei Jahren wieder stark zu.

Wale, Elefanten: Schutz oder Profit?

In Nairobi, Kenya, fand vom 10. April bis zum 20. April die von mehr als 2000 Delegierten aus 148 Staaten besuchte Artenschutzkonferenz statt. Ihre Aufgabe: die rechtsverbindliche Regelung des Handels mit bedrohten Tierarten. Die Konferenz, auch CITES-Konferenz genannt, hatte grösste Bedeutung für das Überleben oder den Untergang von wildlebenden Tierarten, und diesmal ging es vor allem um das Schicksal der Elefanten und der Wale (und ausserdem um weitere 60 Tier- und Pflanzenarten).

Kenyas Präsident, *Daniel arap Moi*, eröffnete die Konferenz mit einem Appell, Elefanten wirksam gegenüber Handelsinteressen zu schützen. Kenya befand sich in dieser Frage zu Beginn der Konferenz in der Defensive, konnte sich aber mehrheitlich doch durchsetzen: Der Handel mit Elfenbein blieb verboten, und eine endgültige Entscheidung soll frühestens im Jahr 2002 fallen. Die Länder des südlichen Afrikas (Südafrika, Simbabwe, Botswana, Namibia) hatten gefordert, den Handel mit Elfenbein in sogenannt kontrollierter Weise wiederaufnehmen respektive weiterführen zu können. Botswana, Namibia und Simbabwe hatten auf der letzten CITES-Konferenz, 1997, in Harare durchsetzen können, dass sie provisorisch in beschränktem Masse Elfenbein exportieren konnten. Jetzt wollten sie aus dem Provisorium ein dauerhaftes Recht machen, und Südafrika schloss sich dem an. Die vier Länder hatten zusammen ca. 110 Tonnen Elfenbein gelagert – die Zähne stammten von Elefanten, die auf natürliche Weise gestorben waren oder aus kontrolliertem Abschuss. Südafrika beispielsweise erklärte, im Krüger-Nationalpark gebe es zu viele Elefanten, nämlich gegen 9000, und der 22 000 km² grosse Park könne maximal 7500 Elefanten ertragen. Bei grösserem Bestand

> CITES, das auf einer UNO-Konvention beruhende Artenschutzabkommen, wurde 1973 in Washington ins Leben gerufen. Es regelt den Schutz von über 25 000 bedrohten Tier- und Pflanzenarten. Unter dem Abkommen werden vom Aussterben bedrohte Arten in drei verschiedene Kategorien eingeteilt; die Unterzeichnerstaaten verpflichten sich zu deren Schutz.

drohe Gefahr für das ökologische Gleichgewicht. Bis Anfang der neunziger Jahre wurden «überzählige» Elefanten herdenweise abgeschossen, dann gab man diese Methode der Kontrolle (vorläufig) auf.

Botswana hatte allein im Chobe-Park über 35 000 Elefanten – nur stellte das kein vergleichbares Problem dar, weil der Park an den Chobe-Fluss angrenzt und daher auch für eine grosse Elefantenpopulation immer so viel Wasser vorhanden ist, dass die Elefanten keine Ursache haben, die Baumbestände zu zerstören.

1989 hatte die CITES-Konferenz jeglichen Handel mit Produkten der Elefanten, also vor allem mit Elfenbein, verboten. Als das strikte Verbot 1997 für die drei erwähnten Länder gelockert wurde, stellte man eine Zunahme der Wilderei überall in Afrika fest.

In Kenya stieg die Zahl der durch Wilderer getöteten Elefanten pro Jahr von fünf auf 30. Die Wilderer verkauften das Elfenbein vor allem nach Ostasien und Japan – dort kontrollierte offensichtlich niemand gründlich, ob das Elfenbein aus erlaubtem Abschuss stammte oder aus der Wilderei. Auf dem Flughafen Nairobi wurde im übrigen 1999 ein koreanischer Diplomat festgehalten, der 700 Kilogramm Elfenbein nach China transportieren wollte. Und in Dubai entdeckten die Behörden gar 1500 Kilogramm Elfenbein aus Ostafrika. Bei einer weitergehenden Lockerung des Schutzes, wie er jetzt an der CITES-Konferenz zur Diskussion stand, dies befürchteten Experten, Regierungen und Tierschutzorganisationen, würde die Wilderei weiter zunehmen und die Bestände afrikanischer Elefanten erneut schwerwiegend gefährden.

Japan und Norwegen anderseits forderten eine Lockerung des Jagdverbots für Wale. Mit intensiver Lobby-Arbeit versuchten beide Staaten, die bislang unter Schutz gestellten Grau- und Zwergwale aus der höchsten Schutzstufe, dem Anhang I des CITES-Abkommens, in den Anhang II herunterzustufen, wodurch der sogenannte kontrollierte Handel mit dem Fleisch dieser Tiere wieder international möglich würde. Tierschützer bezeichneten das als Katastrophe, obschon sich der Bestand dieser beiden Wal-Arten in den letzten Jahren erholt hatte. Das Argument aber lautete: wer würde letzten Endes schon kontrollieren, ob Walfleisch von Grau- und Zwergwalen stammte oder von anderen, nach wie vor schwerwiegend bedrohten Arten von Walen? Von den Blauwalen lebten noch kaum 5000 – gegenüber geschätzten 275 000 um das Jahr 1920. Vom Finnwal gab es noch 75 000, verglichen mit 1,5 Millionen vor 80 Jahren. Das Schicksal der Wale schien

> **«Whale-Watching»:** Viele Länder respektive deren touristische Organisationen hatten erkannt, dass lebende Wale mehr einbringen können als erschossene. Weltweit waren 1999 in 70 Ländern über acht Millionen Wal-Touristen unterwegs. Die Umsätze aus solchen Ausflügen zu den Walen wurden weltweit auf etwa 750 Millionen $ geschätzt. Allein um Island fuhren 34 000 Personen hinaus auf's Meer, um einmal einen bis zu 130 Tonnen schweren und 30 Meter langen Blauwal sehen zu können.

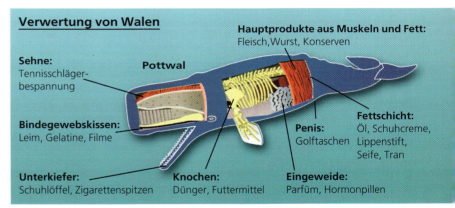

Verwertung von Walen — Pottwal

- **Sehne:** Tennisschlägerbespannung
- **Bindegewebskissen:** Leim, Gelatine, Filme
- **Unterkiefer:** Schuhlöffel, Zigarettenspitzen
- **Knochen:** Dünger, Futtermittel
- **Hauptprodukte aus Muskeln und Fett:** Fleisch, Wurst, Konserven
- **Penis:** Golftaschen
- **Fettschicht:** Öl, Schuhcreme, Lippenstift, Seife, Tran
- **Eingeweide:** Parfüm, Hormonpillen

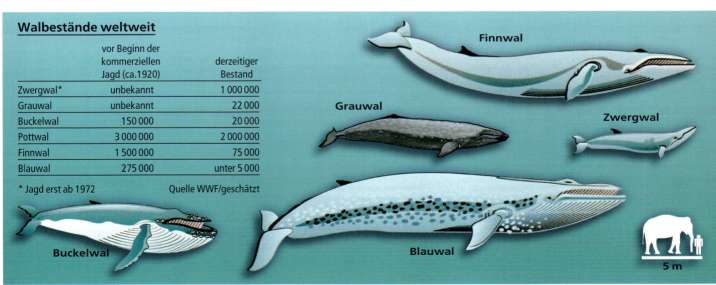

Walbestände weltweit

	vor Beginn der kommerziellen Jagd (ca. 1920)	derzeitiger Bestand
Zwergwal*	unbekannt	1 000 000
Grauwal	unbekannt	22 000
Buckelwal	150 000	20 000
Pottwal	3 000 000	2 000 000
Finnwal	1 500 000	75 000
Blauwal	275 000	unter 5 000

* Jagd erst ab 1972 — Quelle WWF/geschätzt

Ein Blauwal, mit gut 30 Metern Länge das grösste Tier der Erde. Weniger als 5000 Blauwale lebten im Jahr 2000. Konnte der Bestand sich allmählich erholen?

besiegelt, bis 1986 ein vollständiges Verbot des Handels mit Wal-Produkten in Kraft trat. Norwegen und Japan allerdings setzten sich über dieses Verbot hinweg und schossen Wale zu sogenannt wissenschaftlichen Zwecken. Doch das Fleisch der «wissenschaftlich» erlegten Wale landete, zumindest in Japan, in den Läden und wurde zu umgerechnet 30 $ pro Kilo verkauft. Fachleute sagten, viel des angebotenen Fleischs stamme nicht von Zwergwalen, sondern von anderen, akut gefährdeten Wal-Arten. Japan und Norwegen schossen im vergangenen Jahr 1078 Zwergwale, und allein in der Antarktis wollte Japan im laufenden Jahr 440 Zwergwale jagen.

Japan und Norwegen bemühten sich, die Wale als Nahrungskonkurrenten der Menschen zu deklarieren: Wale würden die Bestände an essbaren Fischen schädigen, wurde behauptet. Mit solchen Argumenten und mit Beeinflussung durch Geld (das galt für Japan) versuchten Norwegen und Japan, an der CITES-Konferenz in Nairobi die notwendige Zweidrittelsmehrheit für eine Änderung der Schutzbestimmung für Wale durchzusetzen. Das gelang ihnen nicht: der Handel mit Walfleisch blieb weiterhin verboten. An der letzten Konferenz, 1997, wären Norwegen und Japan beinahe erfolgreich gewesen: 57 Delegationen stimmten für den betreffenden Antrag, 51 dagegen. Das bedeutete zwar eine Mehrheit, aber keine Zweidrittelsmehrheit.

Auch Kuba, das eine begrenzte Zahl von Karettschildkröten an Japan liefern wollte, setzte sich an der CITES-Konferenz in Nairobi nicht durch: die Schildkröten blieben weiterhin unter Schutz. Umweltschutzorganisationen wie Greenpeace und der WWF (World Wide Fund for Nature) bewerteten das Resultat der Konferenz überwiegend positiv.

Griechenland will in die Euro-Liga

Griechenland wählte am 6. April die Mitglieder seines Parlaments, und der seit 1996 regierende Premier *Konstantin Simitis* wurde durch den Urnengang in seinem Kurs knapp bestätigt. Seine sozialistische PASOK-Partei kam auf 43,7% der abgegebenen Stimmen, die Nea Demokratia auf 42,7. Der Stimmenvorsprung der Sozialisten auf die Rivalin betrug nur 50 000 Stimmen, aber das in Griechenland geltende Wahlsystem begünstigt den Sieger, auch wenn er nur knapp gewonnen hat, auf drastische Weise. PASOK kam auf 158 Mandate im neuen Parlament (letzte Wahl: 162) und erreichte damit die absolute Mehrheit, die Nea Demokratia erlangte 125 (letzte Wahl: 108). Gesamtzahl der Sitze im Parlament: 300.

Konstantin Simitis appellierte nach der Wahl an alle Griechen, ohne Rücksicht auf den Streit zwischen den Parteien, «für unser gemeinsames Ziel, ein starkes, modernes und sozial gerechtes Griechenland zu kämpfen: Ein Griechenland, das in der Europäischen Union in der ersten Reihe steht.» Er verfolgte schon seit Jahren das Ziel, Mitglied der Wirtschafts- und Währungsunion zu werden. In bezug auf alle Kriterien der EU erfüllte Griechenland nun tatsächlich die Bedingungen – das galt für die tiefe Inflation, die Staatsverschuldung, die Geldstabilität und das Budget-Defizit. Der rigide Sparkurs, den seine Regierung mit Blick auf diese Ziele verfolgte, forderte zwar Opfer, aber er und seine PASOK-Partei blieben dennoch populär. Und dies, obschon die Arbeitslosigkeit von neun auf fast zwölf Prozent gestiegen war.

Konstantin Simitis hatte Griechenland in den letzten vier Jahren entschlossen in die Richtung der Sanierung von Finanzen und Wirtschaft geführt. Jetzt, zum Zeitpunkt der Wahlen, stand die Privatisierung von Staatsunternehmen (u.a. der Telekommunikationsbehörde OTE) bevor und eine Reform des staatlichen Gesundheitswesens und der Sozialversicherung. Bereits klare Veränderungen hatte Griechenland unter seiner Regierung in der Aussenpolitik erlebt – dazu gehörte in erster Linie die Entkrampfung gegenüber der Türkei. Auf dem Balkan werde Griechenland, so sagte er, eine wichtige Rolle beim Aufbau spielen (Griechenland hatte während des Kriegs gegen Serbien im Jahr 1999, obgleich selbst NATO-Mitglied, Kritik an der NATO geäussert und sich verständnisvoll gegenüber Jugoslawien gezeigt).

Konstantin Simitis, geboren am 6. Juni 1936, gehörte zwar zu den Mitbegründern der sozialistischen PASOK-Partei, spielte aber während der Ära von *Andreas Papandreou* in der Partei keine zentrale Rolle. *Simitis* studierte in Deutschland Jura und in London Wirtschaftswissenschaften. Die Jahre der griechischen Militärdiktatur (1967 bis 1974) verbrachte er im Exil in Deutschland (er war Hochschullehrer in Konstanz und in Giessen). Zurück in Griechenland wurde er Minister für Landwirtschaft, dann für Erziehung, Wirtschaft und Industrie. 1996 wurde er Parteivorsitzender und Ministerpräsident.

*Konstantin Simitis, Griechenlands diskretentschlossener Premierminister, strebte wirtschaftliche Stabilität an.
Bild: Simitis mit einem Staats-Obligationen-Exemplar aus dem Jahr 1914. Damit wollte er zeigen: Griechenland hat einen weiten und konstruktiven Weg hinter sich.*

Mutter und sterbendes Kind in Äthiopien: Tod während der Filmaufnahmen. Die Regierung forderte ausländische Hilfe, finanzierte aber mit Hilfsgeldern auch den Krieg.

Äthiopiens Irrsinn: Krieg und Hunger

Alarmierende Meldungen kamen im April aus Äthiopien: einer erst eben begonnenen Dürrekatastrophe im Osten des Landes seien bereits 400 Menschen zum Opfer gefallen und hunderttausende seien vom Tode bedroht, erklärte die Regierung in Addis Abeba.

Am Afrika-Euro-Gipfel in Kairo appellierte Äthiopiens Aussenminister, *Seyoum Mesfin*, an die westlichen Länder, sie sollten endlich helfen. Aber der Appell fand nur zögerliches Echo, denn westliche Regierungen und auch Hilfsorganisationen waren skeptisch bei einer Antwort auf die Frage, ob Äthiopien die Hilfe aus dem Ausland nicht dazu missbrauchen würde, den Krieg gegen Eritrea zu finanzieren und sogar noch zu intensivieren. Diesen Krieg liess sich das Regime Äthiopiens täglich etwa eine Million US-Dollar kosten – und seit dem Beginn des Krieges (1998) hatte die Regierung von Premierminister *Meles Zenawi* Waffen für etwa 500 Millionen Dollar gekauft!

Am EU-Afrika-Gipfel von Kairo sagte die Europäische Union dennoch zu, Äthiopien eine Million Tonnen Hilfsgüter zu schicken. Eritrea, Kriegsgegner Äthiopiens, sagte zu, für die Lieferung von Hilfsgütern die Nutzung seiner

Häfen Assab und Massawa zu öffnen. Aber die Regierung Äthiopiens lehnte das Angebot als «billigen Trick» ab. Die Schiffe sollten besser in Somalia und Djibouti entladen werden. Doch die Verkehrswege von dort in die Hungergebiete waren miserabel, und so blieben die Zweifel bestehen, ob ausländische Hilfe je ihr Ziel erreichen werde.

Ende April sahen Reporter im Spital der äthiopischen Stadt Gode im Zentrum des Hungergebiets hunderte von abgemagerten Menschen regungslos auf den schmalen Betten liegen. Ein kleines Mädchen starb, während TV-Journalisten mit dessen Eltern ein Interview führten. Viele Patienten litten an Tuberkulose, Durchfall oder Masern. Das Internationale Komitee vom Roten Kreuz (IKRK) brachte im Rahmen des Möglichen Hilfe. Auch die Hilfsorganisation Care und andere Institutionen wurden aktiv.

In Äthiopien lebten 45% der Bevölkerung (Einwohnerzahl total ca. 60 Millionen) in Armut. Die Lebenserwartung erreichte nur 43 Jahre, die Säuglingssterblichkeit betrug 11,3%, und bis zum Erreichen des 6. Altersjahrs starb in Äthiopien sogar jedes sechste Kind. Zugang zu sauberem Wasser hatte nur jeder vierte Bewohner des Landes.

Der Krieg mit Eritrea forderte bis zum April 2000 mindestens 45 000 Tote auf beiden Seiten, und fast eine halbe Million mussten ihre Wohnorte als Flüchtlinge (im eigenen Land oder in einem Nachbarland) verlassen.

> Krieg zwischen Äthiopien und Eritrea, Verlauf und Ursachen: «Weltrundschau 1999», Seiten 148/149
> Sturz des Regimes von Mengistu Haile Mariam in Äthiopien: «Weltrundschau 1991», Seite 94

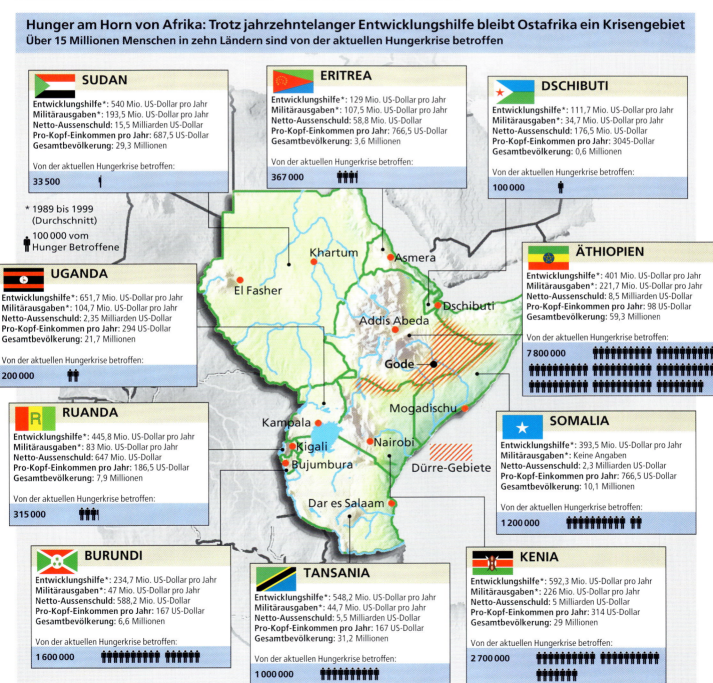

Hunger am Horn von Afrika: Trotz jahrzehntelanger Entwicklungshilfe bleibt Ostafrika ein Krisengebiet
Über 15 Millionen Menschen in zehn Ländern sind von der aktuellen Hungerkrise betroffen

Stadtzentrum von Kiew, Platz der Oktoberrevolution. Eine Stadt mit einer Geschichte, die ins 10. Jahrhundert zurückreicht.

Leonid Kutschma, Präsident der Ukraine: dank des Referendums wurde er stärker gegenüber einem oft unberechenbaren Parlament.

Ukraine: autoritäreres Regime?

Die Stimmberechtigten der Ukraine (37 Millionen von einer Gesamtbevölkerung von 50 Millionen) entschieden am 16. April über einen vom Präsidenten, *Leonid Kutschma* vorgebrachten Antrag, der dem Präsidenten bedeutend mehr Macht, dem Parlament aber nur noch eingeschränkte Kompetenzen bringen sollte. Der Europarat warnte die Ukraine: sollten die vier im Referendum zusammengefassten Fragen mit Ja beantwortet werden, könnte die Ukraine aus dem Europarat ausgeschlossen werden. Denn das Gesetz, wonach jetzt abgestimmt wurde, stammte aus der Sowjetzeit und entsprach nicht in allen Punkten der ukrainischen Verfassung. Die Bevölkerung der Ukraine liess sich dadurch nicht beeinflussen:
Mehr als 80% sagten Ja zu allen vier Vorschlägen, und dies bei einer Wahlbeteiligung von 79%. Zu entscheiden hatten sie über folgende Fragen: Einschränkung der Immunität der Parla-

arbeitete zunächst als technischer Direktor einer Versuchsabteilung im sowjetischen Weltraumzentrum Baikonur. Karriere machte er sodann in einem sowjetischen Rüstungskonzern, der Raketen für die Weltraumfahrt und strategische Atomwaffen entwickelte. Nach der Unabhängigkeit der Ukraine (Ende 1991) wurde *Kutschma* im Oktober 1992 vom Parlament zum Regierungschef gewählt. 1993 trat er zurück, weil er sich mit seinen Reformplänen nicht gegen das Parlament und den damaligen Präsidenten, *Leonid Krawtschuk*, durchsetzen konnte. Er wurde Vorsitzender des Industrieverbands und kandidierte 1994 für das Amt des Staatspräsidenten. In der Stichwahl vom 10.7.1994 gewann er mit 52,1% der Stimmen gegen *Krawtschuk*.

Stichworte zur Ukraine:

Fläche:	603 700 km² – damit, nach Russland, zweitgrösster Staat Europas.
Bevölkerung:	ca. 50 Millionen (davon 73% Ukrainer, 22% Russen) Amtssprache ist Ukrainisch, in vielen Städten wird aber nach wie vor auch von Ukrainern Russisch gesprochen.
Grösste Städte:	Kiew, 2,6 Millionen Einwohner Charkow, 1,6 Millionen Dnjepropetrowsk, 1,2 Millionen
Wirtschaft:	Das Land befindet sich seit Jahren in sehr kritischer Lage. Mit Krediten der EU und des IWF rettete sich die Ukraine vor der Zahlungsunfähigkeit. Die Unternehmen hatten einen Schuldenberg von mehr als 50 Milliarden $. Die Auslandsverschuldung erreichte rund 25% des BIP. Reiche Vorkommen von Kohle und Eisenerz. Bergbau und Schwerindustrie (Rüstung) dominieren.
Landwirtschaft:	An sich sehr gute Voraussetzungen, aber wegen Benzinmangels produzierte die Ukraine im Jahr 2000 weniger Getreide als vor der Unabhängigkeit. 80% der Landwirtschaft war noch immer in Kolchosen organisiert.

---

mentsabgeordneten; Reduktion der Parlamentsmandate von gegenwärtig 450 auf 300; Schaffung einer zweiten parlamentarischen Kammer; Vollmachten für den Präsidenten, das Parlament aufzulösen, falls es, z.B., innert drei Monaten nicht den Staatshaushalt verabschieden würde. Nach Angaben von Wahlbeobachtern aus dem Ausland gab es zahlreiche Verstösse während der Stimmabgabe. Studenten, Soldaten und Angestellte im öffentlichen Dienst seien unter Androhung von Strafen zur Teilnahme am Referendum und einem positiven Votum gezwungen worden.

Präsident *Kutschma* hatte das Referendum angeordnet, um einen seit zwei Jahren andauernden Konflikt zwischen dem Parlament und der Regierung zu beenden. Der Konflikt sei dafür verantwortlich, dass die Ukraine mit ihren Reformen nicht vorangekommen sei.
Leonid Kutschma (geboren 1938) war seit 1994 Präsident der Ukraine. Er wurde Ingenieur und

Simbabwe: Mugabe will Gewalt

Robert Mugabe, seit der Unabhängigkeit (1980) erst Premierminister, dann, ab 1987, Präsident von Simbabwe, rief im April schwarze Landarbeiter dazu auf, die Farmen von Weissen zu besetzen und kündigte an: Die landwirtschaftlichen Güter der 4500 Weissen sollen ohne Entschädigung beschlagnahmt und unter das Landproletariat aufgeteilt werden. Bis Mitte April waren bereits 900 Farmen besetzt. Und am 16. April forderten die Auseinandersetzungen ein erstes Todesopfer: ein weisser Farmer wurde durch Angreifer umgebracht (ein weiterer Farmer und zwei schwarze Arbeiter starben wenige Tage danach). Das Oberste Gericht Simbabwes hatte kurz zuvor die Farm-Besetzungen für illegal erklärt, aber bei Konflikten griff die Polizei dennoch nicht ein. Sie hätte sich damit ja in Gegensatz zu Präsident *Mugabe* gesetzt, der die Gewaltwelle ausdrücklich guthiess.

Die Auseinandersetzungen brachten die landwirtschaftliche Produktion praktisch zum Stillstand – und dies ausgerechnet während der Zeit der Tabak-Ernte (Tabak war das wichtigste Exportgut Simbabwes).

Präsident *Mugabe* versuchte durch den beispiellosen Appell, seine schwer angeschlagene Popularität zu steigern. Zwei Monate vorher hatte er noch versucht, sich auf dem Umweg über ein Referendum und eine damit zusammenhängende Verfassungsänderung eine weitere Amtszeit zu sichern (die gegenwärtige lief nur noch bis zum Jahr 2002). Dieses Projekt scheiterte: er erhielt nicht die notwendige Mehrheit. Die Mehrheit der Bevölkerung stand dem Regime kritisch oder ablehnend gegenüber.

Dafür gab es viele Gründe: jeder zweite Simbabwer war arbeitslos. Die Inflation erreichte 50 Prozent. Seit Monaten war das Land nicht mehr imstande, seine Benzin- und Erdölimporte zu bezahlen. Vor den Tankstellen bildeten sich kilometerlange Schlangen, und der Strom für die Haushalte musste immer öfters abgeschaltet werden.

Farmer Ben Fourie vor dem zerstörten Anwesen der Tabakfarm eines Nachbarn, der nach der Attacke flüchtete.

4

Robert Mugabe, Präsident von Simbabwe: Rücksichtsloser Demagoge oder Verfechter der Rechte der Armen?

Am Schauplatz der Gewalt: sogenannte Kriegsveteranen Simbabwes haben den Farmer Martin Olds auf seiner Farm bei Bulawayo umgebracht.

Dass es in Simbabwe ein gravierendes Problem der Landverteilung gab, bestritt niemand, auch nicht die kleine Gemeinschaft der Weissen. 4500 weisse Farmer besassen etwa 11 Millionen Hektar Land, d.h. die Hälfte des fruchtbaren Landes in Simbabwe. Sieben Millionen schwarze Bauernfamilien teilten sich in die andere Hälfte. Die weissen Farmer respektive deren Vorfahren waren, ab dem 19. Jahrhundert, aus Grossbritannien eingewandert. Als Simbabwe nach 14 Jahren Krieg im Jahr 1980 unabhängig wurde, wollte *Mugabe* die Weissen im Lande behalten – denn nur ihre Güter waren produktiv und verschafften dem Land Einnahmen durch den Export. Im Verlauf der folgenden zwanzig Jahre kaufte der Staat (zu sehr tiefen Preisen) den Weissen jedoch ca. 3000 Hektar Land ab. Es wurde in kleine Parzellen aufgeteilt, und mit der Produktivität war es in den meisten Fällen bald vorbei. Ausserdem wurden 424 für Umsiedlungszwecke vorgesehene Ländereien zu Freundschaftspreisen an hohe Regierungsbeamte und Militärs vergeben. Das löste bei der Bevölkerung Unmut und Kritik aus – und gesteigert wurde die Unzufriedenheit zusätzlich über das von Präsident *Mugabe* favorisierte Engagement des Militärs von Simbabwe in Zaire zugunsten des umstrittenen Regimes von Präsident *Laurent Kabila* (es kostete pro Tag etwa eine Million US-$!).

Die von Präsident *Mugabe* befürworteten, illegalen Landbesetzungen fielen zusammen mit dem 20. Jahrestag der Unabhängigkeit. Doch der Präsident erkannte, dass die Stimmung zum Feiern ungünstig war – er sagte alle grossen Kundgebungen ab und kündigte stattdessen eine Rede an.

Stichworte zu Simbabwe:

Fläche: 390 757 km²;
Einwohner ca. 12 Millionen (davon 71% Shona, 16% Ndebele).
Landwirtschaft: Nutzfläche von nur 8,3%. Tabak ist wichtigstes Anbauprodukt (470 Millionen $ Einnahmen aus dem Export), daneben: Kaffee, Baumwolle, Zuckerrohr.
Tourismus: ca. 2 Millionen Besucher pro Jahr, davon die Mehrheit in Victoria Falls. Einnahmen aus dem Tourismus: ca. 260 Millionen $.

Simbabwe hat bedeutende Bodenschätze, vor allem Kohle, aber auch Gold – aber die Industrie ist gering entwickelt.

Das Foto, das die US-Behörden vermeiden wollten: ein Polizist holt, mit Waffen, den sechsjährigen Elian aus dem Haus seiner Verwandten in Miami. Ganz rechts der Fischer Donato Dalrymple, der Elian im November 1999 gerettet hatte.

6jähriger Elian: Spielball für USA und Kuba

Der 6jährige Knabe *Elian Gonzalez* wurde im November 1999 von seiner Mutter und einigen anderen Kubanern auf die Flucht aus Kuba und in die USA mitgenommen. Das Boot verunglückte am 23. November, und zehn Insassen, auch *Elians* Mutter, kamen ums Leben. *Elian* wurde zwei Tage danach von Fischern gerettet und nach Miami gebracht. Dort lebten Verwandte von *Elian Gonzalez* – aber der nächste Verwandte, *Elians* Vater, lebte in Kuba. Mutter und Vater waren geschieden, aber sie hatten dennoch auch in der jüngsten Zeit noch gute persönliche Kontakte. *Elian* kam daher regelmässig mit seinem Vater zusammen. Der Vater, *Juan Miguel Gonzalez*, hatte aber, im Gegensatz zu *Elians* Mutter, keine Lust, Kuba zu verlassen – er war, im Gegenteil, ein Anhänger von *Fidel Castro*.

Kaum war *Elian* in Miami bei den Verwandten untergebracht, begann ein ebenso erbitterter wie absurder Kampf um das Kind. Der harte Kern der in Miami lebende Gemeinschaft der Exil-Kubaner (total mehr als eine Million Menschen) machte aus dem Schicksal *Elians* einen politischen Fall *Elian*. Der Knabe müsse und wolle in den USA bleiben und nicht in das vom Castro-Regime unterdrückte und in die Verarmung getriebene Kuba und zum leiblichen Vater zurückkehren. Diesem Anspruch stand das Gesetz entgegen: gemäss amerikanischer Rechtsprechung sollte der sechsjährige *Elian* zu seinem Vater und somit nach Kuba zurückkehren. In diesem Sinne sprach sich selbst Präsident *Bill Clinton* aus (und, selbstverständlich, auch Kubas Staatspräsident, *Fidel Castro*), aber die wirtschaftlich und politisch mächtige und wortgewaltige Gemeinde der Exilkubaner in Miami organisierte in Serie Demonstrationen und drohte damit, jedem Politiker, der sich für die Rückführung *Elians* nach Kuba aussprechen würde, die Stimme zu entziehen. Die US-Demokraten (also vor allem *Al Gore*, jetzt Vizepräsident, ausserdem aber auch Präsidentschaftskandidat) befürchteten den Verlust Floridas und lavierten im Fall *Elians* monatelang hin und her. Die Gerichte sprachen sich mal für die Rückführung *Elians* nach Kuba aus, dann wurde ein weiteres Gericht zugezogen, und die Angelegenheit blieb in der Schwebe. Die amerikanische Justizministerin, *Janet Reno*, hätte aufgrund ihrer Kompetenzen eine eigene Entscheidung treffen können, aber sie vermied es, sich im Falle von *Elian* festzulegen – bis sie am 22. April dann doch eine Entscheidung fällte:

Um 5.15 Uhr frühmorgens stürmten schwer bewaffnete amerikanische Polizisten in Miami das Haus jenes Verwandten von *Elian*, in dem der Sechsjährige nun wohnte. Die Kette von Exilkubanern, welche das Haus bewachten, wurde mit Tränengas in die Flucht getrieben, dann brachen die Polizisten die Türe auf und stiessen zunächst auf *Donato Dalrymple* einen jener Fischer, die *Elian* im November 1999

Kuba und die USA

Die USA unterstützten die Militärdiktatur von *Fulgencia Batista* (1940 bis 1959). Nach einem Guerilla-Krieg flüchtet *Batista* 1959 in die USA und Guerillaführer *Fidel Castro* übernimmt die Regierung Kubas. Die Oberschicht emigriert nach Miami. *Castro* leitet die Verstaatlichung von Landwirtschaft und Industrie (auch von US-Unternehmen) ein. 1961 versuchen Exilkubaner und Agenten der CIA, das Regime in Kuba zu stürzen (Invasion in der Schweinebucht). Das Unternehmen scheitert. 1962 verhängen die USA ein totales Handelsembargo gegen Kuba. *Castro* forciert seine Bindungen zur Sowjetunion. Die Stationierung russischer Raketen führt fast an den Rand eines Weltkriegs.

1980: Die schlechte Wirtschaftslage Kubas führt zu einer massiven Fluchtbewegung in die USA. Seither machen sich immer wieder kleinere Gruppen von Kubanern mit kaum seetauglichen Booten auf den Weg ins Exil nach Florida.

November 1999: Ein Boot mit Flüchtlingen aus Kuba kentert zwischen Havanna und Florida. Der Knabe *Elian* wird von Fischern gerettet und nach Miami gebracht.

gerettet hatten und der sich im gleichen Haus aufhielt. Es war wie ein Überfall auf Schwerverbrecher. *Elian* wurde aus den Armen der Verwandten gezerrt, dann per Helikopter zu einem Luftwaffenstützpunkt gebracht und von dort nach Washington. Dort hielt sich seit Wochen sein Vater, *Juan Miguel Gonzalez* auf – er war, zusammen mit einigen anderen Kubanern und einer Spezialerlaubnis, in die USA gereist, um seinen Sohn in Empfang nehmen zu können. Dem Bild des Schreckens von Miami folgte ein harmonisch wirkendes Foto: *Elian* mit seinem Vater wiedervereinigt.

Die exilkubanische Gemeinde in Miami tobte nach der staatlich angeordneten Entführung; US-Justizministerin *Janet Reno* rechtfertigte sich (sie habe bis zuletzt mit den Verwandten von *Elian* über eine sanfte Übergabe des Kindes verhandelt, aber ohne Resultat – daher sei nichts anderes übrig geblieben, als Gewalt anzuwenden); bei der Familie der entfernten Verwandten von *Elian* in Miami herrschte Trauer; in Havana zeigte sich Kubas Präsident, *Fidel Castro*, zufrieden. *Juan Miguel Gonzalez*, dessen jetzige Ehefrau und Elian erhielten von der Regierung ein neues Haus (in den USA hatte man *Juan Miguel Gonzalez* zwei Millionen Dollar versprochen für den Fall, dass er sich ins US-Exil absetzen würde).

Elians 21jährige, in Miami aufgewachsene Cousine Marisleysis Gonzalez. Sie hatte Elian seit November 1999 betreut und demonstrierte jetzt, sehr medienwirksam, gegen die Aktion der US-Regierung.

Das Kontrast-Foto, das die US-Regierung gern sah: Elian wiedervereinigt mit seinem Vater.
Links die jetzige Ehefrau von Elians Vater, mit dem Baby Hianny.

Porto Seguro: Indios und Schwarze (Nachkommen von afrikanischen Sklaven) demonstrieren gegen die Festlichkeiten zur 500-Jahr-Entdeckung Brasiliens durch die Portugiesen.

Brasiliens 500-Jahr-Feier: Probleme

Der 500. Jahrestag der Entdeckung Brasiliens durch Portugal (22. April) hätte eine grosse Festlichkeit werden sollen, aber Proteste von seiten der Indios und von schwarzen Brasilianern machten den Politikern einen Strich durch die Rechnung. Die Feier in Porto Seguro, an der die Präsidenten Brasiliens (*Fernando Henrique Cardoso*) und Portugals (*Jorge Sampaio*) teilnahmen, musste wegen der Demonstrationen von geplanten zwei Tagen auf fünf Stunden gekürzt werden.

Das Territorium Brasiliens wurde vor der Ankunft der Portugiesen, also vor 1500, von etwa 22 Millionen Indios bewohnt. Jetzt, im Jahr 2000, lebten in Brasilien noch etwa 300 000 Indios. Die indianische Bevölkerung war der von den Europäern erzwungenen Sklavenarbeit und eingeschleppten Krankheiten zum Opfer gefallen. Erst in jüngster Zeit hatte die brasilianische Regierung damit begonnen, die Indios zu schützen – so umfassend, dass viele nicht-indianische Brasilianer sich über Benachteiligung beklagten. Die Indios hatten nun Schutzgebiete im Umfang von Spanien, Portugal und Deutschland zusammengenommen. Und pro Indio gab der Staat rund 230 $ pro Jahr für die medizinische Versorgung aus (nicht-indianische Brasilianer bekamen etwa 90 $ – allerdings war die Infrastruktur für die Indios noch rudimentär und musste erst einmal aufgebaut werden). Der Schutz bestand allerdings oft nur auf dem Papier – in Wirklichkeit drangen nicht-indianische Goldschürfer regelmässig in die Territorien der Indios ein und schädigten deren Umwelt schwer mit der Ausbeutung von goldhaltigen Flüssen (Goldschürfen mit Quecksilber). Die Polizei schritt nur selten gegen solche Übergriffe ein.

Die portugiesischen Eroberer (der erste von ihnen war *Pedro Cabral*) betrachteten das entdeckte Land erst als uninteressant. Als wirtschaftlich attraktiv galt zunächst einzig eine Baumart, deren Holz einen roten Farbstoff absonderte. Im 18. Jahrhundert fand man heraus, dass das Land sich gut für den Anbau von Zuckerrohr eignete. Für die Arbeit auf den Plantagen versklavten die Kolonisatoren erst die Indios, dann holten sie, im Zeitraum bis 1850, 3,5 Millionen Schwarze als Sklaven aus Afrika. Die Plantagenbesitzer regierten Brasilien faktisch jahrhundertelang. 1822 erklärte *Dom Pedro*, ein von seinem Vater (König *Johann VI.*) eingesetzter Statthalter, die Unabhängigkeit Brasiliens. Die Sklaverei wurde aber erst 1888 abgeschafft.

Reichtum erlangte Brasilien erst durch Zuckerrohr, dann durch Gold, Kaffee und Kautschuk. Im Verlauf der zweiten Hälfte des 20. Jahrhunderts wurde die Industrie immer wichtiger (Anteil der Industrie am BIP: 35%, Landwirtschaft 8%, Dienstleistungen 56%). Fast ein Viertel der Bevölkerung von 172 Millionen lebte im Jahr 2000 unterhalb der Armutsgrenze.

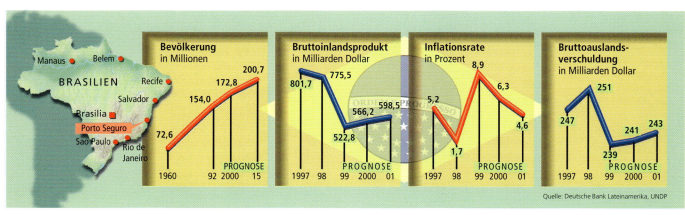

Quelle: Deutsche Bank Lateinamerika, UNDP

MAI

82 Chronik

84 Philippinen: europäische Tauchtouristen durch muslimische Rebellen als Geiseln verschleppt.

86 Beginn des Lockerbie-Prozesses: Libyer angeklagt.

88 Neue Machtprobe zwischen Konservativen und Reformern in Iran.

90 Börsenfusion London/Frankfurt: Euphorie im Mai, Fiasko im September

91 Flammenhölle um Los Alamos

92 Bürgerkrieg in Sierra Leone: finanziert durch Diamanten?

94 Israel: Truppenrückzug aus Libanon. Dem Chaos folgt labile Ordnung.

96 London: ein Leo für das Ehepaar Blair.

Susanne Riess-Passer anstelle von Jörg Haider an der FPÖ-Spitze – Österreich wird von der EU dennoch weiter isoliert.

Papst Johannes Paul II. in Fatima: das Wunder der Marien-Erscheinung sei authentisch.

1.5. FPÖ: formeller Wechsel
Nach 14 Jahren an der Spitze der nationalkonservativen Freiheitlichen Partei Österreichs (FPÖ) tritt *Jörg Haider* als Vorstehender zurück und übergibt das Amt an *Susanne Riess-Passer*. *Haider* sagt anderseits, er strebe das Amt des Regierungschefs an.

2.5. Raketen auf Teheran und Bagdad
Irans Exilopposition lanciert einen Raketenangriff auf Teheran. Kurz danach schlägt eine Rakete auch in Bagdad ein. Irak beschuldigt die iranische Führung. In Iran geht die konservative Geistlichkeit gegen reformerische Zeitungen vor.

3.5. Lockerbie-Prozess beginnt
In den Niederlanden beginnt der Prozess gegen zwei Libyer, die beschuldigt werden, 1988 ein amerikanisches Flugzeug mit 259 Menschen über dem schottischen Lockerbie durch eine Bombe zum Absturz gebracht zu haben. 11 weitere Menschen kamen beim Aufschlag der Trümmer ums Leben.

3.5. Börsenfusion bleibt Illusion
Die Börsen Londons und Frankfurts geben ihre Fusion bekannt. Das Echo ist positiv – dann aber folgt ein feindliches Übernahmeangebot aus Schweden, und im September wird die Fusion als gescheitert erklärt.

4.5. Verheerendes Computervirus
Ein als Liebesbrief getarntes aggressives Virus legt Millionen Computer auf der ganzen Welt lahm. Der Schaden wird auf mindestens 1,5 Milliarden $ geschätzt. Urheber ist ein junger «Hacker», der das Virus aus Südostasien in Umlauf brachte.

5.5. Gewalt zwischen Israel und Libanon
Die Hizballah-Milizen und Israels Streitkräfte attackieren sich gegenseitig. Israels Angriffe töten im Libanon mehrere Zivilisten. Die Eskalation der Gewalt steht im Zusammenhang mit Israels bevorstehendem Abzug aus Südlibanon.

6.5. IRA lässt Waffeninspektionen zu
Die nordirische IRA erlaubt erstmals die Inspektion ihrer Waffenlager. Damit besteht erneut Hoffnung, dass man in Nordirland zu einer friedlichen Lösung finden wird.

6.5. UNO-Soldaten Geiseln in Sierra Leone
Die Rebellengruppe RUF in Sierra Leone nimmt mehrere hundert UNO-Soldaten als Geiseln. Beide Seiten versuchen, die Krise durch Verhandlungen zu lösen.

7.5. Putin ins Amt eingeführt
Russlands Präsident *Putin* wird im Kreml offiziell ins Amt eingeführt. Er verspricht, seine Aufgabe «ehrlich und offen» zu erfüllen, und ernennt *Michail Kasjanow* zum Ministerpräsidenten.

8.5. Irans Reformer: Wieder Erfolg
Bei den Stichwahlen für das Parlament erringen die Reformer erneut einen klaren Erfolg. Ihnen werden 50 von 66 Sitzen zugesprochen. Im künftigen Parlament halten die Reformer mehr als zwei Drittel der Mandate.

9.5. Berlusconi freigesprochen
Italiens Oppositionschef, *Silvio Berlusconi*, wird von einem Gericht von der Anklage wegen Korruption freigesprochen. Es ging um Bestechungsgelder, die *Berlusconis* Medienunternehmen Fininvest an Finanzpolizisten bezahlt haben soll. Gegen *Berlusconi* laufen noch weitere fünf Prozesse wegen Korruption.

10.5. Südafrika: Generalstreik
Der südafrikanische Gewerkschaftsverband Cosatu führt einen Generalstreik gegen Arbeitslosigkeit durch. Ca. vier Millionen Arbeitnehmer beteiligen sich daran. Die Arbeitslosigkeit in Südafrika beträgt über 35%.

11.5. Europarat: keine Russland-Kritik
Das Ministerkomitee des Europarats in Strassburg übt, entgegen den Erwartungen, keine Kritik an der Kriegführung Russlands in Tschetschenien. Im Communiqué wird die «Kooperationsbereitschaft» Russlands mit dem Europarat gelobt.

12.5. Papst in Portugal
Papst *Johannes Paul II.* besucht den portugiesischen Wallfahrtsort Fatima. Er spricht zwei Hirtenkinder selig, denen 1917 Maria erschienen sein soll.

13.5. Vormarsch der Tamil Tigers
Schwere Kämpfe im Norden Sri Lankas: die Tamil Tigers dringen bis zum Rand der Stadt Jaffna vor. 40 000 Soldaten der Regierungsarmee sind eingekesselt. Erst nach zehn Tagen gelingt es ihnen, den Ring der Tamilen zu brechen. Tamilische Terroristen verüben danach in Colombo mehrere Attentate.

14.5. Niederlande: Explosionskatastrophe
In der holländischen Stadt Enschede fordert die Explosion in einem Feuerwerkslager 17 Todesopfer. Mehr als 500 Personen werden verletzt, 59 davon schwer. Die Ursache der Explosion von ca. 100 Tonnen Sprengstoff bleibt offen.

15.5. Wieder Intifada in Palästina?
Palästinenser protestieren gegen Israel wegen des Unterlaufens der Autonomie-Vereinbarungen. Die Proteste weiten sich in schwere Gewalt aus. Sechs palästinensische Polizisten kommen ums Leben, Hunderte Palästinenser und einige israelische Sicherheitsleute werden verletzt.

16.5. Polen: Autor Szczypiorski gestorben
Der polnische Schriftsteller *Andrzej Szczypiorski* stirbt in Warschau im Alter von 72 Jahren. Er engagierte sich im Krieg gegen die deutsche Besetzung, später für den Sozialismus, dann aber auch als Opponent gegen das Regime der Kommunisten.

17.5. Gewalt in Sierra Leone
Im westafrikanischen Sierra Leone nehmen britische Einheiten den untergetauchten Rebellenchef *Sankoh* fest. *Sankoh* hatte die Zusammenarbeit mit der Regierung aufgekündigt, darauf begann der brutale Bürgerkrieg einmal mehr.

18.5. Zusammenstösse in Belgrad
In Belgrad demonstrieren ca. 20 000 Menschen gegen das Milosevic-Regime und gegen die Unterdrückung von unabhängigen Medien. Die Polizei geht mit Tränengas und Gummiknüppeln vor.

19.5. Ein Baby bei Familie Blair
Cherie Blair, 45jährige Ehefrau des britischen Premiers *Tony Blair*, schenkt einem Knaben das Leben. Er erhält den Namen *Leo*.

20.5. Iran akzeptiert Reformer-Erfolg
Der geistliche Führer Irans, Ayatollah *Khamenei*, ordnet an, dass der Wahlerfolg der Reformer als gültig betrachtet wird. Damit ist der Weg frei für den Anfang der Arbeit des neuen Parlaments.

21.5. Schweizer Ja zu EU-Verträgen
Mit klarer Mehrheit akzeptiert die Schweiz in einer Volksabstimmung die bilateralen Verträge mit der Europäischen Union. Sie regeln die wirtschaftlichen Beziehungen sowie Fragen der ausländischen Arbeitskräfte und des Verkehrs.

> Eine knappe Mehrheit hatte im Dezember 1992 den Beitritt der Schweiz zum Europäischen Wirtschaftsraum abgelehnt. Die schweizerische Regierung suchte danach durch Verhandlungen mit allen einzelnen EU-Mitgliedsstaaten zu einer Normalisierung ihrer Beziehungen mit der Europäischen Union zu gelangen. Die Regierung in Bern bezeichnete darüberhinaus einen EU-Beitritt als «strategisches Ziel». Eine klare Mehrheit der Schweizer lehnte, das zeigten Umfragen, aber einen EU-Beitritt nach wie vor vehement ab.

22.5. Syriens Ex-Premier: Selbstmord
Der im März entlassene Premier Syriens, *Mahmud al-Zoobi*, begeht in Damaskus Selbstmord. Ihm war Korruption vorgeworfen worden.

23.5. Israels Rückzug aus Südlibanon
Nach 22jähriger Kontrolle (und ca. 1000 toten Soldaten) zieht Israel seine Truppen aus Südlibanon zurück. Hizballah-Milizen und libanesische Truppen rücken nach. Man befürchtet schwere Spannungen an der Nordgrenze zu Israel. Vorerst aber bleibt die Lage ruhig.

24.5. USA-China: Handel normalisiert
Der US-Kongress in Washington stimmt mit 237 gegen 197 für die Normalisierung des Handels mit China. Dies ungeachtet der fortgesetzten Verletzungen der Menschenrechte durch Peking.

25.5. Eritrea: Rückzug
Eritrea muss seine Truppen aus den vor zwei Jahren besetzten und von Äthiopien beanspruchten Gebieten zurückziehen und bietet Frieden an. Äthiopien greift jedoch weiter in Eritrea an.

26.5. DDR-Stasi-Chef Mielke gestorben
Der ehemalige Minister für Staatssicherheit der DDR, *Erich Mielke*, stirbt im Alter von 92 Jahren. Er war nach dem Ende der DDR fünf Jahre im Gefängnis.

27.5. Israels Präsident tritt zurück
Israels Präsident, *Ezer Weizman*, demissioniert, nachdem er die Annahme von Geldgeschenken hatte zugeben müssen. Auch Verkehrsminister *Yitzhak Mordechai* tritt zurück – ihm steht ein Prozess wegen versuchter Vergewaltigung bevor.

28.5. Perus Fujimori beansprucht Sieg
Perus Präsident, *Alberto Fujimori*, erklärt, er habe an diesem Tag in der zweiten Runde der Präsidentschaftswahlen, den Sieg errungen. Sein Rivale, *Alejandro Toledo*, trat wegen des unfairen Wahlverfahrens nicht mehr als Kandidat auf.

29.5. Kriegsrecht in Fidschi
In Fidschi (Südsee) übernimmt die Armee die Macht und verhängt das Kriegsrecht. Der gewählte Präsident, *Ratu Sir Kamisese Mara*, wird für abgesetzt erklärt.

30.5. Paris: Präsident Chirac für Balkan-Gipfel
Frankreichs Präsident, *Jacques Chirac*, schlägt ein Gipfeltreffen zwischen den EU-Staaten und den Balkan-Ländern (aber ohne Serbien) vor. So solle, unter der bevorstehenden EU-Präsidentschaft Frankreichs, neuer Schwung für Frieden auf dem Balkan gebracht werden.

31.5. Tschetschenien: Attentate
In Tschetschenien fallen zwei hohe russische Beamte einem Anschlag zum Opfer. In der russischen Stadt Wolgograd explodiert eine Bombe bei einer Kaserne von Truppen, die eben aus Tschetschenien zurückkehrten.

Ratu Sir Kamisese Mara: Präsident des Fidschi-Staates durch Putsch abgesetzt.

Philippinen: Touristen als Geisel-Opfer

Am 23. April hatte eine Gruppe von muslimischen Guerillas aus den Philippinen vom Tauchzentrum Sipadan im Norden Borneos 21 Touristen überfallen. Sie brachten die Fremden auf die etwa 300 Kilometer entfernte Insel Jolo und bedrohten sie mit dem Tod. Unter den Geiseln waren Franzosen, Deutsche, Finnen, Südafrikaner und Libanesen. Die Terroristen forderten für eine Freilassung sowohl Geld in Millionenhöhe als auch Konzessionen von seiten der philippinischen Regierung zugunsten der muslimischen Bevölkerung auf der Philippinen-Insel Mindanao.

Die Entführung wuchs sich im Mai zu einer internationalen Affäre aus. Involviert war eine grössere Zahl von Regierungen in Ost- und Südostasien. Dies waren die Hintergründe: Sipadan lag auf dem Territorium Malaysias; die Insel Jolo (ca. 500 000 Einwohner) gehörte zu den Philippinen. Die Entführer gehörten zur Guerilla-Gruppe von *Abu Sayyaf*, die einen Krieg gegen die philippinische Armee führte, bei dem es um die Selbständigkeit der Muslime auf der Philippinen-Insel Mindanao (aber auch um Geld) ging. Auf Mindanao lebten ca. 10 Millionen Menschen, und vier Millionen davon waren Muslime (die Mehrheit also Christen). Die Muslime fühlten sich schon seit dem 19. Jahrhundert durch die christliche Zuwanderung (begünstigt erst durch die Kolonialmacht Spanien, dann auch durch die USA) diskriminiert. *Abu Sayyaf* trat erst zu Beginn der neunziger Jahre in Erscheinung – vor ihm engagierten sich schon zwei andere Guerillagruppen für die Muslim-Bevölkerung, nämlich jene von *Nur Misuari* (Nationale Moro-Befreiungsfront) und jene von *Hashim Salamat* (Islamische Moro-Befreiungsfront) für die Unabhängigkeit der Muslime auf Mindanao. *Nur Misuari* galt als gemässigter Muslim und hatte seinen Krieg gegen die Regierungstruppen 1996 durch einen Friedensvertrag beendet. Jetzt, in der Krise, trat

Eine philippinische Ärztin (links) konnte am 10. Mai das Gefangenenlager auf Jolo besuchen. Im Bild mit den französischen Geiseln Stephane Loisy und Sonya Wending.

er als Vermittler auf und versuchte, mit den Entführern der Touristen Kontakt herzustellen. Vielen Philippinern galt er jedoch als wenig glaubwürdig – er habe sich von der Regierung kaufen lassen, wurde ihm vorgeworfen. Nur Misuari hatte nach dem Friedensschluss ein Gouverneursamt erhalten.

Abu Sayyaf galt als besonders militant und zu allem entschlossen. Seine Leute hielten nicht nur die 21 Ausländer gefangen, sondern hatten seit dem Monat März auch 27 Philippiner in ihrer Gewalt, unter ihnen 22 Kinder und fünf Lehrer.

Die 21 europäischen Geiseln auf dem Inselchen Jolo wurden von den Terroristen in verschiedene Gruppen aufgespalten und, wie eine Augenzeugin berichtete, unter miserablen Bedingungen in mehreren Hütten festgehalten. Die Opfer litten unter Depressionen und Mangelernährung. Einige waren akut erkrankt und hätten dringend medizinische Betreuung benötigt. Die Entführer drohten damit, sie zu ermorden, wenn die philippinische Armee nicht die Umzingelung von Jolo abbreche.

Am 1. Mai hatte die philippinische Armee rund 1500 Mann um den Entführungsort stationiert. Am 2. Mai trafen die Terroristen und eine Armee-Einheit aufeinander; ein Soldat kam ums Leben, und die Entführer drohten jetzt, sie würden zwei ihrer Opfer enthaupten, wenn sich die Armee nicht sofort zurückzöge. Am 3. Mai verbrachten die Terroristen die Entführten an einen neuen, vorerst unbekannten Aufenthaltsort. Am gleichen Tag versuchte die philippinische Armee, die auf einer anderen Insel gefangengehaltenen 27 Philippiner zu befreien – das endete mit einem Blutbad. Ein Teil der Geiseln kam frei, aber mindestens zehn starben im Kugelhagel.

Das Schicksal der 21 vom Tauchzentrum Sipadan Entführten und jenes der 27 philippinischen Geiseln hing zusammen mit dem Guerillakrieg auf der Insel Mindanao, und ausserdem ging es um das Problem der Piraterie in den südostasiatischen Meeren.

Allein im Jahr 1999 hatte es, weltweit, 285 Akte von Piraterie gegeben, und davon mehr als die Hälfte in Südostasien. Schiffe wurden attackiert, die Besatzung und die Passagiere wurden oft ausgeraubt, die Ladung der Schiffe wurde gestohlen.

Besonders betroffen war Japan, dessen Handelsschiffe immer wieder von Piraten angegriffen wurden. Andere Staaten, so erklärte Japan, gingen ohne Entschlossenheit oder gar nicht gegen die Piraterie vor. Vorerst erklärten sich auch nur Indonesien, Malaysia und Singapore einverstanden mit gemeinsam mit Japan durchgeführten, regelmässigen Patrouillen – andere Regierungen beharrten auf ihrer Autonomie. Am 8. Mai entsandte die Europäische Union ihren aussenpolitischen Koordinator, Javier Solana, nach Manila zu Gesprächen mit der philippinischen Regierung. Er sollte einen weiteren Versuch unternehmen, die Geiselaffäre ohne Blutvergiessen lösen zu helfen. Doch sowohl diese als auch mehrere weitere Vermittlungsbemühungen endeten erfolglos. Das Geiseldrama zog sich ohne Aussicht auf ein Ende hin. Selbst eine erkrankte Geisel, die Deutsche Renate Wallert, wurde nicht aus der Gefangenschaft entlassen.

Mitglieder der Abu Sayyaf-Gruppe: extrem gewalttätige Piraten, gegen die die Regierung der Philippinen machtlos erschien.

Im Dezember 1988 nach Bombenexplosion bei Lockerbie abgestürzter Jumbo der PanAm.

Absturz der PanAm-Maschine über Lockerbie: «Weltrundschau 1988», Seiten 210/211
Anklage gegen Libyen wegen Lockerbie: «Weltrundschau 1991», Seiten 198/199
OAU-Konferenz in Libyen: «Weltrundschau 1999», Seite 171

Lockerbie: Prozess nach 12 Jahren

Im niederländischen Zeist begann am 3. Mai ein bisher einmaliger Prozess: Schottische Richter nahmen die Verhandlungen gegen zwei Libyer auf, die verdächtigt wurden, zwölf Jahre vorher am Terroranschlag auf einen PanAm-Jumbo beteiligt gewesen zu sein, der am 21. Dezember 1988 über dem schottischen Städtchen Lockerbie explodiert und abgestürzt war. 270 Menschen kamen damals ums Leben.

Dass der Prozess in den Niederlanden stattfand, entsprach einem Kompromiss: Libyens Revolutionsführer, *Muammar al-Ghaddafi*, hatte die Auslieferung der beiden Verdächtigten, *Abd al Basset Ali Mohammed al-Megrahi* und *al-Amin Khalifa Fhimah* (beides Mitarbeiter des libyschen Geheimdienstes), nur bewilligt, wenn das Verfahren in einem, bezogen auf den Fall, neutralen Land, aber mit schottischen Richtern, stattfinden würde.

Zeist, ca. 30 Kilometer von Amsterdam entfernt, war eine ehemalige US-Luftwaffenbasis. Sie wurde einzig für diesen Prozess in ein Gerichtsgebäude samt Gefängnis für die beiden Angeklagten umgebaut. Der Umbau kostete ca. 20 Millionen $.

Die Anklage gegen *al-Megrahi* und *Fhimah* lautete auf 270fachen Mord (259mal an den Passagieren und der Besatzung und 11mal an Bewohnern von Lockerbie, die durch die herabstürzenden Trümmer getötet wurden) und Zerstörung eines Flugzeugs.

Die PanAm-Maschine hätte am 21. Dezember 1988 von London nach New York fliegen sollen. Sie stieg auf die Flughöhe von 31 000 Fuss auf, und der Kommandant hatte vom Kontrollzentrum in Irland eben noch die Erlaubnis für die direkte Route von Schottland über den Atlantik erbeten, als das Flugzeug vom Radarschirm verschwand. Das heisst, die Lotsen sahen plötzlich, anstelle eines Punkts, fünf verschiedene, kleinere Punkte. Der Jumbo wurde in diesem Moment, um 19.03 Uhr, von einer Bombe zerrissen, die Insassen hinausgeschleudert, und keine Minute später prallten die Trümmer auf den Boden auf. Man fand sie auf einer Fläche von nicht weniger als 2000 km^2 verstreut.

Scotland Yard begann noch am Tag des Absturzes mit der «aufwendigsten Spurensuche in der Kriminalgeschichte». Vier Millionen Trümmerteile, 11 000 Kleidungsstücke und Zehntausende weiterer Gegenstände wurden fotografiert und inventarisiert. 20 000 Namen wurden überprüft und 15 000 Zeugenaussagen aus 20 Ländern aufgenommen. Schliesslich führte die Spur zu den beiden Libyern. Das libysche Regime erklärte, es habe mit dem Terroranschlag nichts zu schaffen. Der Westen wollte das nicht glauben und verhängte gegen Libyen einen Wirtschaftsboykott. Er wurde erst 1999 aufgehoben, nachdem *Ghaddafi* sich mit der Auslieferung der beiden Verdächtigten ans Gericht in den Niederlanden einverstanden erklärt hatte.

Die Spur auf *al-Megrahi* und *Fhimah* kam auf Umwegen zustande:

● Ein ehemaliger libyscher Geheimagent, *Abd al-Madschid Jiacha*, flüchtete in die USA. Gegenüber dem CIA machte er bereits im

August 1988 eine Aussage des Inhalts, dass ein entsprechendes Attentat geplant sei. Die beiden ehemaligen Kollegen belastete er mit einer Aussage im Jahr 1991.

● Unter den nach dem Absturz gefundenen Kleidungsstücken war eines von einem Laden in Malta. Angeblich wurde der Veston von al-Megrahi gekauft. Er soll ihn dann in einen Koffer gesteckt haben, in dem auch die Bombe plaziert wurde. Der Koffer soll via Berlin nach London und dort auf die PanAm-Maschine gelangt sein.

● Unter den Trümmern wurde auch ein winziger Teil der Schaltuhr der Bombe gefunden. Sie wurde wahrscheinlich von der Firma Mebo AG in Zürich hergestellt. Ob sie direkt nach Libyen verkauft wurde oder erst in die DDR, war beim Prozessbeginn offen.

Laut Anklage sei vor der Bombenexplosion dies geschehen: al-Megrahi und Fhimah waren 1988 beide in Malta tätig. Fhimah war Angestellter der Libyen Arab Airlines. Er soll sich Gepäckaufkleber mit der Aufschrift «Air Malta» besorgt haben. Sein Komplize, al-Megrahi, kaufte beim maltesischen Boutiquenbesitzer Tony Gauci wahllos Kleider, die er als Füllmaterial in einen braunen Samsonite-Koffer stopfte. Im Koffer befanden sich ausserdem ein Toshiba-Radio und darin die Bombe. Der Koffer mit der falschen Etikette soll am Morgen des 21. Dezember 1988 an Bord des Air-Malta-Flugs nach Frankfurt geschmuggelt worden sein. Dort wurde er auf eine PanAm-727 nach London verladen, wo er auf ungeklärte Weise an Bord des Jumbos gelangte.

Lockerbie, Momente vorher noch ein friedliches Dörfchen in Schottland: elf Menschen starben beim Aufschlag der Trümmer, 259 kamen im abstürzenden Jumbo ums Leben.

Schottische Richter in traditioneller Kleidung bei der Eröffnung des Lockerbie-Prozesses in Zeist.

Junge Frauen in Iran bei der Lektüre der Zeitung der Reform-Partei Musharakat (= Beteiligung). Die städtische Jugend unterstützte mehrheitlich die Reformer.

Machtprobe in Iran

Im Februar hatte sich in Iran Hoffnung ausgebreitet: bei den Parlamentswahlen vom 18.2. eroberten die Reformkräfte um Präsident *Mohammed Khatami* eine klare Mehrheit. Bereits bei den Präsidentschaftswahlen vom Mai 1997 und den Gemeinderatswahlen im März 1999 hatten sie klare Siege verbuchen können. Das schien zu beweisen, dass eine Mehrheit der Bevölkerung nach 21 Jahren islamischer Republik eine klare Kursänderung verlangte. Aber jetzt, im Mai, kam die Gegenbewegung:

● Auf Anregung der konservativen islamischen Rechtsgelehrten (an deren Spitze stand der geistliche Führer Irans, Ayatollah *Khamenei*) verbot die iranische Justiz 17 Presse-Erzeugnisse. Sie alle hätten Ideen verbreitet, so die Rechtfertigung, die im Widerspruch zu den grundlegenden Vorstellungen der islamischen Republik gestanden hätten. In verschiedenen Städten gab es Proteste gegen diesen Schlag von seiten der Konservativen, aber zu Gewalt kam es diesmal (im Gegensatz zu den Demonstrationswellen vom Sommer 1999) nicht. Die Partei des reformerischen Präsidenten *Khatami*, Musharakat (gleichbedeutend mit «Beteiligung») legte zwar Protest gegen die Zensur-Diktatur der konservativ gesteuerten Justiz ein, vorläufig allerdings ohne Erfolg.

● Praktisch zum gleichen Zeitpunkt, da die 17 Zeitungen und Zeitschriften verboten wurden, begann in Shiraz vor einem Revolutionsgericht das Verfahren gegen 13 iranische Juden, die beschuldigt wurden, zugunsten Israels Spionage betrieben zu haben. Einer von ihnen, der Schustergehilfe *Hamid Tefilin*, bekannte sich schuldig, beim israelischen Mossad einen Kurs für Nachrichtenübermittlung besucht und den Israeli Geheimmaterial und Dokumente aus Iran zugespielt zu haben.

In die innere Auseinandersetzung Irans mischten sich am 1. Mai die Kräfte der ins Exil gezogenen Volksmujahedin ein. Sie schossen im Norden Teherans sechs Mörsergranaten auf ein Polizeihauptquartier ab. Sechs Zivilisten sollen verletzt worden sein. Präsident *Khatami* beschuldigte das Regime Iraks, das Attentat inszeniert zu haben. Am gleichen Abend schlugen sechs Raketen in der irakischen Hauptstadt Bagdad in ein Wohnviertel ein. Acht Zivilpersonen seien dabei verletzt worden, wurde in Irak erklärt. Bagdad machte «iranische Agenten» verantwortlich und drohte mit Rache.

Irans wirtschaftliche Lage war zum Zeitpunkt der neuen Auseinandersetzung zwischen den Konservativen und den Reformern alarmierend. 20% der Erwerbsbevölkerung fanden keine Arbeit, 50% aller Bewohner des Landes lebten unterhalb der Armutsgrenze. Die iranischen Auslandsschulden erreichten 22 Milliarden $. Manche Reformer wollten einen starken Staatssektor beibehalten (insbesondere im Erdölsektor), andere wollten alle verstaatlichten Unternehmen wieder privatisieren. Viele Iraner forderten mehr Freiheiten im Bereich der Medien und die Möglichkeit, dank Satelliten-Antennen auch ausländische Sender empfangen zu können. In den iranischen Städten gab es Unmengen von Satellitenschüsseln auf den Balkonen oder auf den Dächern der Häuser. Sie wurden vom Regime als illegal betrachtet, und immer wieder traten sog. Revolutionswächter in Aktion und konfiszierten die Satellitenschüsseln. Meistens konnten die Geschädigten die Geräte gegen Bestechung dann wieder zurückbekommen. Aber all das war illegal, und letzten Endes wollten die Reformer um Präsident *Khatami*, dass diese «Schattenwirtschaft» beendet würde.

Am 7. Mai fand, im Schatten der Auseinandersetzung zwischen Konservativen und Reformern, der zweite Wahlgang für das Parlament statt (erster Wahlgang im Februar). Wieder bestätigte sich der Trend zugunsten der Reformer. Der von den Konservativen kontrollierte «Wächterrat» annullierte jedoch die Resultate in einigen Wahlkreisen mit der Begründung, es habe bei den Wahlen «Unregelmässigkeiten» gegeben. Der religiöse Führer, *Ali Khamenei*, rang sich aber schliesslich zur Order durch, die Wahlresultate zugunsten der Reformer müssten akzeptiert werden. Das neue Parlament sollte, gemäss Verfassung, am 27. Mai zusammentreten.

5

Wahl von Mohammed Khatami: «Weltrundschau 1997», Seiten 90/91
Vorgehen gegen den reformerischen Bürgermeister von Teheran: «Weltrundschau 1998», Seiten 126/127
Proteste gegen die Konservativen: «Weltrundschau 1999», Seiten 132/133
Wahlen im Februar 2000: Seiten 42/43

Hamid Tefilin, einer der im Prozess in Shiraz angeklagten iranischen Juden.

Bagdad nach dem Einschlagen einer Rakete in einem Wohnhaus. Irak macht Iran für die Attacke verantwortlich.

Werner Seifert – er hätte Chef der fusionierten Börse werden sollen.

Börsen-Alltag: der Computer-Bildschirm hat den Ring ersetzt. 15 verschiedene Börsen-Systeme gab es in Europa, und dabei blieb es vorerst auch.

Börsen-Fusion: Zuerst Euphorie, dann Fiasko

Die Börsen von Frankfurt und London gaben am 3. Mai ihren Zusammenschluss bekannt. So sollte die grösste Börse Europas und die drittgrösste der Welt entstehen. Standort der geplanten Börse, die den Namen iX erhalten sollte (international Exchanges) sollte London werden. Zuerst schien die Fusion problemlos, ja sie löste in internationalen Finanzkreisen fast überall Begeisterung aus. Doch im Spätsommer lancierten die schwedischen OM Gruppen ein feindliches Übernahmeangebot. Sie boten den Aktionären der Londoner Börse 820 Millionen £. Die Anteilseigner sollten bis Anfang Oktober entscheiden, ob sie das Angebot aus Schweden annehmen wollten oder nicht. Doch dazu kam es nun gar nicht mehr, denn der Aufsichtsrat der Deutschen Börse verschob am 11. September eine entsprechende Abstimmung auf unbestimmte Zeit.

Die Deutsche Börse bedauerte die Entscheidung, auf die Fusion und die Bildung von iX zu verzichten. Ein Zusammengehen hätte einen wichtigen Schritt für die Konsolidierung der europäischen Aktienmärkte bedeutet und den Wert für die Aktionäre der Deutschen und der Londoner Börse erhöht.

Hinter den Bestrebungen für eine Fusion und auch hinter dem sogenannten feindlichen Übernahmeangebot aus Schweden standen tiefgreifende Veränderungen im Aktienhandel. Erstens wuchs die Zahl der Aktienbesitzer in allen westeuropäischen Ländern (auch in den USA) rasant an – u.a. weil Ersparnisse auf Konten oder in Obligationen in den letzten Jahren immer weniger Zinsertrag abwarfen. Zweitens explodierte der Handel mit Aktien via Internet (der elektronische Handel also) förmlich. Immer mehr Anleger erhielten den Eindruck, der Kauf oder Verkauf von Aktien an den konventionellen Börsen sei zu aufwendig, würde von den Banken mit zu hohen Abgaben belastet. So verlagerte sich der Aktienhandel markant. In Europa war der Handel mit Aktien übrigens zehn mal teurer als in den USA. Durch die Schaffung von iX und durch die Konzentration auf ein einziges Handelssystem (nämlich Xetra) sollten, so sagte im Mai der designierte Chef der fusionierten Börse, *Werner Seifert*, Kosten bei den Transaktionen eingespart werden. Das Börsensystem in Europa war stark zersplittert (und blieb das wegen des Scheiterns der iX-Pläne vorerst auch). Es gab 15 unterschiedliche nationale Börsen mit unterschiedlichen Vorschriften, Gebühren und Handelssystemen.

Die Frankfurter und die Londoner Börse hatten bereits 1998 erfolglos einen Versuch zur Kooperation unternommen. Damals liessen technische Schwierigkeiten das Projekt scheitern. Die jetzt im Mai eingeleitete Weichenstellung war eindeutig zugunsten von London, und dies in erster Linie wegen des dort gehandelten Volumens. In London gab es 168 Investmentbanken, in Frankfurt nur 54. In London waren 477 Wertpapierhäuser und Broker tätig, in Frankfurt nur 75. Aber, und dies wurde nach dem Scheitern der Fusionspläne im September vorgebracht, in Frankfurt sei mit dem Neuen Markt der grösste eruopäische Markt für Wachstumswerte entstanden.

Flammenhölle um Los Alamos, USA

Los Alamos im US-Bundesstaat New Mexico verdankt seine weltweite Bekanntheit der Atombombe: hier zündeten die Forscher 1945 probeweise die erste Uraniumbombe (eingesetzt wurde sie dann im August 1945 über der japanischen Stadt Hiroshima, und kurz darauf eine nie erprobte Plutoniumbombe über Nagasaki). Jetzt, im Mai 2000, geriet Los Alamos wieder in die Schlagzeilen, diesmal nicht wegen der Atombomben, sondern wegen eines von den Behörden selbst entfachten Waldbrands. Die US-Parkbehörde hatte am 4. Mai einen «kontrollierten» Brand gelegt. Ähnlich vorgegangen waren die Verantwortlichen der Behörde schon oft: Seit 1968, als das entsprechende Programm begann, gab es in der Region um Los Alamos 3746 «kontrollierte» Brände, und von diesen seien, so erklärte die Behörde, nur 38 «ausgebrochen», also ausser Kontrolle geraten. Der Sinn der Brände lag darin, dass man die Vegetation gering halten wollte, um grössere, unkontrollierte Brände zu verhindern. Diesmal weitete sich der Brand zu einem wahren Inferno aus. Mehr als tausend Feuerwehrleute wurden eingesetzt, um die Flammenhölle nicht noch weiter wachsen zu lassen. 400 Wohnungen und Häuser wurden zerstört, und auf dem Höhepunkt kam das Feuer bis auf weniger als 300 Meter an jene Gebäude heran, in denen das Labor seine Bestände an Plutonium lagert, das weiterhin in Atombomben verwendet werden könnte. Der Direktor der Fabrik erklärte allerdings, das Plutonium lagere in feuersicheren Gewölben und Betonbunkern, denen selbst der Absturz eines Flugzeugs nichts anhaben könnte. Die erzürnten Bewohner von Los Alamos und von White Rock forderten den Rücktritt der Verantwortlichen der Parkbehörden. Der höchste Aufseher des National Park Service wurde daraufhin vom Dienst suspendiert. US-Innenminister *Bruce Babbitt* erklärte am 19. Mai, die US-Regierung übernehme die Verantwortung für den Brand und werde ihr Möglichstes tun, um alle Betroffenen gerecht zu entschädigen. Ungenügende Planung und Fehlentscheide der Parkbehörde hätten dazu geführt, dass das Feuer ausser Kontrolle geraten sei.

Kampf gegen das Feuer beim Atomzentrum Los Alamos. Im Juni folgte ein weiterer Skandal: vorübergehend verschwanden in Los Alamos Computer-Festplatten mit Atomwaffenprogrammen.

Los Alamos (spanisch: Die Pappeln) war 1943 von der US-Regierung dazu bestimmt worden, Zentrum der Atomforschung zu werden. Wissenschafter, die aus Europa in die USA emigriert waren, hatten die Regierung des Präsidenten *Franklin D. Roosevelt* davon überzeugt, die Forschung für eine Atombombe so entschlossen voranzutreiben, dass damit das feindliche Hitler-Deutschland und Japan zur Kapitulation gezwungen werden könnten. An die Spitze des Atomforscherteams stellte die Regierung den Physiker *Robert Oppenheimer*. Am 16. Juli 1945 zündeten die Forscher die erste Atombombe. Im August warf die US-Luftwaffe, wie erwähnt, zwei Bomben über Japan ab, worauf Japan kapitulierte. Los Alamos blieb bis 1957 gegenüber der Aussenwelt geschlossen. Erst danach wurden Besuche in kontrollierten Zonen erlaubt. Das Forschungslabor blieb bestehen und bot ca. 13 000 Arbeitsplätze.

Guerilla-Truppe in Sierra Leone: Chaos, Anarchie, Gewalt. Internationale Friedenstruppen blieben weitgehend machtlos.

Sierra Leone: ein Diamanten-Krieg?

Der westafrikanische Kleinstaat Sierra Leone (Fläche 71 740 km², Einwohnerzahl 4,5 Millionen) machte international wieder Schlagzeilen: Der Bürgerkrieg war neu entflammt, und die Rebellentruppen von *Foday Sankoh*, die sich RUF nannten (Revolutionary United Front), machten 350 UNO-Soldaten zu Geiseln. Die UNO hatte im Mai ca. 11 000 Mann in Sierra Leone im Einsatz und beschloss schliesslich, das Kontingent sogar auf 13 000 aufzustocken. 1100 Soldaten und Offiziere waren Briten (hauptsächlich Fallschirmjäger). Eine Hoffnung auf ein Ende des Bürgerkriegs, der seit seinem Beginn im Jahr 1991 bereits mindestens 75 000 Tote gefordert hatte, war dennoch nicht in Sicht. Die UNO-Soldaten hatten kein Mandat, in die Kämpfe zwischen den RUF-Rebellen und der ineffizienten Armee von Sierra Leone einzugreifen. UNO-Generalsekretär *Kofi Annan* kritisierte die westlichen Staaten: sie könnten sich nicht dazu entscheiden, eine schlagkräftige Eingreiftruppe für Sierra Leone zu bilden. Dem hielten westliche Regierungen entgegen, dass sie auch für die Sicherheit ihrer eigenen Soldaten sorgen müssten und dass das Chaos in Sierra Leone nicht einfach durch militärische Einsätze beendet werden könnte.
Sierra Leone verfügt über ausgedehnte Diamantenfelder – sie könnten sich zum Segen des Landes auswirken, waren aber eine wesentliche Ursache für die blutigen Konflikte. Sierra Leone exportierte pro Jahr Diamanten im Wert von etwa 70 Millionen $. Das war, im Vergleich zum weltweiten Diamantenhandel, verschwindend wenig, aber es reichte aus, um den Krieg in Sierra Leone zu finanzieren. Laut internationaler Übereinkunft sollten Diamanten nur durch die Regierungen exportiert werden, aber die Realität sah anders aus. In Sierra Leone hatte *Foday Sankoh* mehrere Monate lang als oberster Chef des staatlichen Komitees für Diamanten amtiert. Dann verliess er den Dienst und schlug sich am 8. Mai wieder zu seinen RUF-Rebellen. Als er noch das Komitee geleitet hatte, beaufsichtigte er legal den Diamanten-Export – jetzt war er wieder bei der Gegenseite aktiv, kontrollierte das Diamantengeschäft aber nach wie vor. Die Diamanten wurden vor allem illegal nach Belgien

oder Israel gebracht und dort geschliffen. Der Konzern de Beers, der total etwa 85% des internationalen Diamantenhandels kontrollierte, versuchte an einer Konferenz im Mai im südafrikanischen Kimberley, weltweit eine Regelung durchzusetzen, die den illegalen Handel mit Diamanten (also Handel zugunsten von Rebellentruppen in verschiedenen Ländern Afrikas) unterbinden sollte. Dem Dialog verweigerte sich Israel ebenso wie Bulgarien – aber Fachleute gingen davon aus, dass viel der illegal aus Afrika exportierten Diamanten zunächst nach Bulgarien geflogen und von dort weiter verschoben wurden. Bulgarien wurde auch verdächtigt, Rebellenbewegungen wie jene der UNITA in Angola mit Waffen zu versorgen.

Die wichtigsten Diamanten-Produzentenländer in Afrika: Angola, Kongo-Zaire, Südafrika, dann, mit weitem Abstand, Namibia, Ghana, Guinea, Sierra Leone.
Länder mit internen Konflikten:
- Kongo-Zaire: offizielle Produktion im Wert von 396 Millionen $;
- Angola: in Konfliktregionen (Krieg zwischen den Regierungstruppen und der UNITA) wurden Diamanten für ca. 150 Millionen $ produziert, in anderen Regionen (die aber zum Teil auch unter der Kontrolle von UNITA standen) für 468 Millionen.
- Sierra Leone: Exporte für ca. 70 Millionen $.

Sierra Leone wurde als Staat für befreite Sklaven, die vor allem aus den USA nach Afrika zurückkehren wollten, im Jahr 1787 gegründet. Auf dem Territorium des neuen Landes lebten aber auch viele Einheimische und Sklaven, die noch während der Todesmärsche zu den Schiffen (die sie über den Atlantik transportieren sollten) befreit wurden oder sich befreien konnten. Die Rückkehrer aus den USA wurden Krios genannt. Sie hatten mehrere Generationen lang Schlüsselstellen, verloren diese aber an Immigranten z.B. aus Libanon und an britische Unternehmer. In den 60er Jahren gab es in Sierra Leone mehrere Putsche, aber 1968 etablierte sich *Siaka Stevens* nach einem Umsturz zum Herrscher, der das Land 18 Jahre lang regierte. 1990 schwappte der Bürgerkrieg vom benachbarten Liberia nach Sierra Leone hinüber. Ab 1991 herrschte in Sierra Leone totale Anarchie. Die Kommandanten setzten u.a. Kindersoldaten ein, die sich durch besondere Grausamkeiten «auszeichneten». Im Juli 1999 unterzeichneten Präsident *Ahmad Kabbah* und Rebellenchef *Sankoh* einen Friedensvertrag. *Sankoh* musste sich mit vier Ministerposten zufrieden geben, behielt aber, wie erwähnt, selbst die Kontrolle über die Diamanten. Im Mai 2000 ging der «Frieden» in Brüche.

Weltweit wurden pro Jahr (Zahl für 1999) Diamanten im Wert von 6,857 Milliarden $ produziert. Das war der Wert der Roh-Diamanten – der Preis für geschliffene Diamanten lag total aber mehrfach höher.
Die *Sankoh*-Rebellen nahmen im Mai mehrere hundert UNO-Soldaten als Geiseln. Das Drama endete Ende des Monats jedoch ohne Blutvergiessen: die Blauhelme wurden, mehrheitlich in der Grenzregion zu Liberia, schliesslich wieder freigelassen.

Sierra-Leone-Präsident Ahmad Kabbah: dank Diamanten auf dem Herrscher-Stuhl.

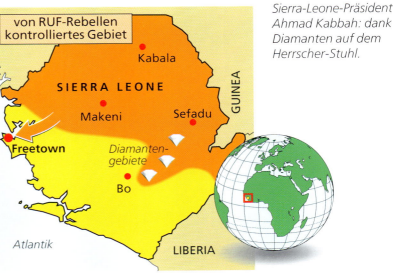

Euphorie der libanesischen Bevölkerung nach dem Rückzug Israels: Tausende wollten an den «Siegesfeiern» teilnehmen und Verwandte wiedersehen.

Israel: Libanon-Rückzug im Chaos

Der israelische Premier, *Ehud Barak*, hatte schon vor einem Jahr angekündigt, er werde die israelischen Truppen aus dem Südlibanon bis Anfang Juli zurückziehen. Seit dem Beginn der Einrichtung der sogenannten Sicherheitszone im Jahr 1978 kamen 1000 israelische Soldaten bei Kämpfen und durch Attentate ums Leben. Sicherheit für die Ortschaften im Norden Israels wurde durch Schaffung der Zone und den Aufbau einer pro-israelischen christlichen Miliz unter Führung des Libanesen General *Antoine Lahad* jedoch nicht erreicht. Die schiitische Miliz Hizballah schoss immer wieder über die Zone hinweg Katjuscha-Raketen nach Israel hinein, was die israelische Luftwaffe regelmässig mit massiven Attacken auf das ganze Gebiet Libanons, bis hinauf nach Beirut, beantwortete (für Monate wurde dadurch die Elektrizitätsversorgung Libanons teilweise lahmgelegt).
Im Mai stiegen die Spannungen in und um die Zone im Südlibanon drastisch an, und bereits am 24. Mai zogen sich die israelischen Soldaten vollumfänglich und im Chaos aus Südlibanon zurück. Sie hinterliessen mehrere Depots mit Rüstungsgütern und eine Christenmiliz unter General *Lahad*, der die Rache der nachrückenden Hizballah-Milizen drohte. 5000 SLA-Soldaten setzten sich hastig nach Israel ab und baten um Asyl. 200 weitere ergaben sich der libanesischen Polizei.
Die (mehrheitlich schiitische) Bevölkerung in der Zone jubelte. Hizballah-Milizen befreien Gefangene aus Gefängnissen, die von der SLA und von israelischem Militär eingerichtet worden waren und in denen, so wurde behauptet, Hizballah-Sympathisanten gefoltert worden waren.
Die Korrespondentin des Zürcher «Tages-Anzeigers», *Astrid Frefel*, schilderte den historischen Tag als Augenzeugin so: «Tausende Libanesen nützen diesen Tag für einen Besuch in ihrer alten Heimat oder ganz einfach, um an einer der unzähligen Siegesfeiern teilzunehmen. Eine endlose Autokolonne zwängt sich über die enge, an manchen Stellen ungeteerte Strasse, aber nicht einmal die Geduldsprobe im Stau stört die ausgelassene Stimmung. Aufgeräumte Soldaten der libanesischen Armee und Polizisten versuchen, des Chaos Herr zu werden. Mit wenig Erfolg, denn es gibt viel zu sehen: israelische

Militärdepots, die auf den Kopf gestellt wurden und nun wie Müllhaufen anmuten, und zerstörte Unterstände. Wo am Vortag noch der Davidstern prangte, wehen jetzt die gelben und roten Fahnen von Hizballah, Amal und des libanesischen Staates. Die Sieger kommen auf zurückgelassenen Panzern daher. Die Beute teilen sich schiitische Milizionäre von Amal und von Hizballah.»

Die Kreuzritterburg Beaufort-Castle, von der aus man fast die ganze Zone kontrollieren konnte, legten die vordringenden libanesischen Soldaten in Schutt und Asche. Der Chef der Hizballah, Scheich *Hassan Nasrallah*, erklärte, die Bewohner der Zone hätten nichts zu befürchten. Wer mit dem Feind zusammengearbeitet habe, werde allerdings vor ein Gericht gestellt. Gegen Israel werde Hizballah weiterkämpfen, solange dessen Regierung sich weigere, alle libanesischen Gefangenen aus den Gefängnissen freizulassen. Ausserdem müsse Israel eine Anzahl von Farmen am Fuss der Golan-Höhen räumen. Erst dann betrachte Hizballah die UNO-Resolution 425 als erfüllt.

Der libanesische Staatspräsident, *Emile Lahoud*, sagte, erst jetzt beginne der Libanon richtig zu leben. Die Regierung errichtete ein Komitee für den Wiederaufbau des Südens.

Die UNO beschloss, die in Südlibanon stationierte Blauhelm-Truppe UNIFIL auf 7900 Mann aufzustocken. Sie sollte Gewalt und Guerillatätigkeit unterbinden.

Die Südlibanesische Armee SLA (sie hatte bis zu 2500 Angehörige) löste sich am 24. Mai auf. Mehrheitlich waren es Freiwillige, einige aber waren auch zum Dienst in der Truppe gezwungen worden.

> **Hizballah:** Hizb bedeutet im Arabischen Partei – der Name beinhaltet also: Partei Allahs. Die radikalislamische Miliz wurde 1982, nach der israelischen Invasion in Libanon, auf Initiative iranischer Revolutionsgardisten gegründet. Zwischen den Schiiten in Iran und jenen in Libanon gab es eine über mehrere Generationen reichende Solidarität. Iran, aber auch Syrien, unterstützten in den folgenden Jahren die Hizballah mit Waffen und Geld.
> 1985 baute Hizballah in Südlibanon ihre Armeestruktur auf und begann den Kampf als «islamische Widerstandsbewegung». Sie verübte in Südlibanon Anschläge gegen die SLA und gegen israelische Soldaten und schoss immer wieder Raketen nach Israel hinein. Die Zahl der militärisch aktiven Anhänger wurde auf 3000 geschätzt. Seit 1992 war Hizballah im libanesischen Parlament mit 9 Abgeordneten vertreten. Hizballah war nicht nur eine Guerilla-Truppe, sondern hatte auch eine sozial aktive Organisation aufgebaut und verfügte u.a. über einen Fernsehsender.

Die Chronologie der Ereignisse:

<u>1978</u>: Nach einem Anschlag durch palästinensische Guerillas, bei dem in Nordisrael 37 Menschen getötet wurden, marschierte Israel in Libanon ein. Die Truppen ziehen sich nach einigen Wochen zurück, schaffen aber eine zehn Kilometer breite Pufferzone im Süden des Landes. Dort patrouillieren künftig christlich-libanesische Milizionäre – sie können auf israelische Unterstützung zählen.

<u>1982</u>: Israels Armee beginnt den Feldzug «Frieden für Galiläa», der sich als massive militärische Intervention gegen die PLO in Libanon und gegen die libanesische Bevölkerung entpuppt. *Yassir Arafat* und Tausende seiner Kämpfer ziehen von Beirut nach Tunesien um. Christliche Milizen richten Massaker in den Palästinenserlagern Sabra und Shatila an – die in der unmittelbaren Nähe stationierten israelischen Truppen bleiben tatenlos.

<u>1985</u>: Israel vergrössert die Pufferzone im Süden Libanons. Jetzt sind dort ca. 1000 israelische Soldaten und 2500 SLA-Milizionäre stationiert. Die Hizballah beginnt mit Attacken gegen die Israeli und die SLA.

<u>1996</u>: Nach massivem Artillerie-Beschuss Nordisraels von Libanon aus marschiert die israelische Armee in Libanon ein. Etwa 200 libanesische Zivilisten kommen ums Leben.

<u>1999</u>: Israels Premier, *Ehud Barak*, kündigt die Absicht an, die israelischen Truppen noch im Jahr 2000 vollständig aus Libanon abzuziehen.

<u>2000</u>: Nach dem Scheitern der Verhandlungen mit Syrien beschliesst *Barak* den Rückzug ohne Vereinbarung über die Zukunft des Südlibanon.

Hizballah-Kämpfer: Patrouille in der Nähe der israelischen Grenze.

Mutter Cherie, Vater Tony, Söhnchen Leo Blair an der Tür zu Downing Street 10.

Baby-Blair heisst Leo

Die Familie des britischen Premierministers *Tony* und *Cherie Blair* wurde am 19. Mai grösser: *Cherie Blair* gebar einen Knaben, der den Namen *Leo* erhalten sollte. *Cherie Blair* brachte das Kind, trotz ihrer 45 Jahre, ohne Kaiserschnitt und auf natürliche Weise zur Welt. Sie sei jetzt, nach der Geburt, zwar ziemlich erschöpft, aber glücklich, sagte Premier *Tony Blair*. Auch die Brüder *Euan* (16jährig), *Nick* (14) und die Schwester *Kathryn* (12 Jahre alt) seien erfreut, sagte der Regierungschef.

Cherie und *Tony Blair* verliessen das Spital in London kurz nach der Geburt von *Leo* durch einen Hinterausgang, um den wartenden Fotografen zu entgehen. Sie wollten das darauf folgende Wochenende in Ruhe verbringen, um sich an den Familienzuwachs zu gewöhnen, teilte das Amt des Premierministers mit. Erst nachher sollte *Leo* der Öffentlichkeit präsentiert werden.

Vor der Geburt des Kindes hatten viele Briten über die Frage diskutiert, ob der prominente Vater regulären Vaterschaftsurlaub einschalten solle oder nicht. Hätte er Ja gesagt, wäre dies als ein Zeichen für Emanzipation und für soziales Engagement gedeutet worden. Aber *Tony Blair* erklärte, er werde seine Regierungsarbeiten ohne Unterbrechung weiterführen. Er versprach anderseits, er werde das Wechseln der Windeln des Neugeborenen in der Nacht übernehmen, denn seine Frau verfüge über einen sehr gesunden Schlaf und sollte nicht dauernd gestört werden.

Interessant an der Debatte war, dass Frau *Cherie Blair* als Anwältin noch kurze Zeit zuvor eine Klage gegen die Regelung der Regierung zum Elternurlaub vertreten hatte. Und ausserdem lobte sie in diesem Zusammenhang öffentlich den letzten finnischen Präsidenten, der nach der Geburt eines Kindes Urlaub genommen hatte, um sich an der Pflege des Babys zu beteiligen. Schon gleich nach der Bekanntgabe der Geburt trafen am Amts- und Wohnsitz der *Blairs* in Downing Street Nummer 10 Geschenke wie Teddybären ein. Auch Königin *Elizabeth* und ihr Ehemann schickten Blumen und Glückwünsche, ebenso Oppositionsführer *William Hague* und dessen Frau.

 JUNI

98	Chronik
100	Weltausstellung in Hannover eröffnet
102	USA / Russland: Differenzen um Raketenabwehr
104	Zweijähriger Krieg zwischen Eritrea und Äthiopien zu Ende
106	Syriens Präsident, Hafez al-Assad, gestorben
108	Landverbindung Dänemark – Schweden eröffnet
109	Deutschland stellt die Weichen für den Ausstieg aus der Atomenergie
110	Erstes Gipfeltreffen zwischen Nord- und Südkorea
112	Flüchtlings-Tragödie, Schlepper-Verbrechen

1.6. Expo Hannover eröffnet
In Hannover wird die erste Weltausstellung in Deutschland eröffnet. Das Thema «Mensch – Natur – Technik». Man erwartet bis Oktober 40 Millionen Besucher, aber vorerst reisen weniger Menschen an die Expo als erwartet.

2.6. Äthiopien spricht von Kriegsende
Äthiopien erklärt den zweijährigen Krieg mit Eritrea für beendet. Die Kämpfe gehen dennoch weiter. Äthiopische Flugzeuge bombardieren Flugplätze und Häfen in Eritrea. Am 11.6. kommt endlich die Einigung beider Kriegsparteien zustande.

3.6. Clinton in Moskau
US-Präsident *Bill Clinton* spricht in Moskau mit Präsident *Putin* über Rüstungsfragen. Einigung wird erzielt über die Umwandlung von Plutonium, das für Atombomben verwendet werden könnte. Uneinigkeit herrscht beim Thema Raketenabwehr.

4.6. Wieder Mord im Baskenland
In Durango im spanischen Baskenland wird wieder ein Kommunalpolitiker von der ETA ermordet. Opfer ist der 57jährige *Jesus Maria Pedrosa*.

5.6. Chile: Pinochets Immunität aufgehoben
Ein chilenisches Berufungsgericht hebt die Immunität von Ex-Diktator *Augusto Pinochet* auf. Einen endgültigen Entscheid kann jedoch nur das Oberste Gericht fällen. Die Angelegenheit bleibt somit weiter offen.

6.6. Putsch auf den Salomonen
Nach Fidschi wird auch die Regierung der Salomonen gestürzt. Rivalisierende Rebellen kämpfen in der Hauptstadt Honiara gegeneinander. Man befürchtet eine Eskalation im südpazifischen Raum.

6.6. Irans wichtigster Autor gestorben
In Teheran stirbt der bedeutendste Autor Irans, *Huschang Golschiri*, im Alter von 62 Jahren an Krebs. Er hatte sich früher gegen die Diktatur des Schahs, dann gegen die Diktatur der islamischen Republik engagiert.

7.6. USA: Microsoft zweigeteilt
Im Kartellverfahren gegen Microsoft ordnet ein Gericht in Washington die Zerschlagung des Software-Konzerns Microsoft in zwei Teile an – in eine Firma für Betriebssysteme und eine für die andere Software. *Bill Gates*, Microsoft-Chef, will gerichtlich vorgehen.

7.6. Sri Lanka: 23 Terror-Tote
Durch eine Bombe werden in Colombo (Sri Lanka) 23 Menschen umgebracht. Das Attentat soll durch die Guerillas der tamilischen LTTE verübt worden sein.

Huschang Golschiri: mit «Das Buch der Dschinne» auch im Westen Anerkennung gefunden.

8.6. Athen: Britischer Diplomat erschossen
Die linke griechische Untergrundorganisation «17. November» ermordet in Athen den britischen Militärattaché, *Stephen Saunders*. Die Gruppe rechtfertigt den Mord mit der Rolle *Saunders'* im Kosovo-Krieg.

9.6. Europäer gegen Österreich-Sanktionen
Die Mehrheit der Bevölkerung in den EU-Ländern spricht sich bei einer Umfrage für die Aufhebung der Sanktionen gegen Österreich aus (Dänemark: 73%, Deutschland 72%, Belgien 63%).

10.6. Syriens Hafez al-Assad tot
Der Präsident Syriens, *Hafez al-Assad*, stirbt 70jährig an Herzversagen. Fast 30 Jahre lang hatte er Syrien beherrscht. Zum Nachfolger ernennt das Parlament den 34jährigen Sohn, *Bashar al-Assad*.

11.6. Tödliche Fehlurteile in den USA
Eine von der Columbia-Universität durchgeführte Studie zeigt: zwei Drittel der Todesurteile in den USA zwischen 1973 und 1995 waren juristisch unhaltbar. Mehrere US-Bundesstaaten suspendieren vorübergehend die Exekutionen.

12.6. Wieder Rückschlag im Geiseldrama
Sieben Wochen nach Beginn des Geiseldramas auf den Philippinen (21 Touristen wurden verschleppt) erleiden die Vermittlungsbemühungen einen neuen Rückschlag. Die Entführer stellen immer neue Forderungen und lehnen einen Vermittler nach dem andern ab.

13.6. Erstes Treffen Nord-/Südkorea
In der nordkoreanischen Kapitale Pjöngjang beginnt das erste Gipfeltreffen zwischen Nord- und Südkorea seit der Teilung der Halbinsel (1953). *Kim Jong Il* begrüsst den Südkoreaner *Kim Dae Jung* betont herzlich.

13.6. Papst-Attentäter begnadigt
Der Türke *Ali Agca*, der am 13.5.1981 mit mehreren Schüssen auf dem Petersplatz Papst *Johannes Paul II.* schwer verletzt hatte und zu lebenslanger Haft verurteilt wurde, wird begnadigt und in die Türkei abgeschoben.

14.6. Algeriens Präsident in Paris
Algeriens Präsident, *Abdelaziz Bouteflika*, stattet Frankreich einen historischen Besuch ab: der letzte algerische Staatsbesuch in Paris hatte vor 17 Jahren stattgefunden. Frankreichs Präsident *Chirac* versucht, die belasteten Beziehungen zu normalisieren.

15.6. Deutschlands Weg zum Atom-Ausstieg
Die Betreiber von 19 Atomkraftwerken in Deutschland und die Regierung einigen sich auf ein Konzept für den Ausstieg aus der Atom-

energie. Ein erstes Werk kann bereits 2002 abgeschaltet werden.

16.6. UCK-Attentate in Kosovo
Ein bekannter Politiker der Demokratischen Liga Kosovos, *Alil Dreshaj*, wird in Pristina von UCK-Leuten erschossen. Weitere Attentate werden in den Folgetagen verübt. Anderseits wird in Belgrad der serbische Oppositionspolitiker *Vuk Draskovic* bei einem Attentat verletzt, das wahrscheinlich serbische Milosevic-Anhänger verübten.

17.6. Jordanien: Neuer Premierminister
Der jordanische König *Abdallah* ernennt den früheren Handelsminister *Ali Abu Ragheb* zum neuen Premierminister. Der alten Regierung war wirtschaftliche Ineffizienz vorgeworfen worden.

18.6. Horn von Afrika: Waffenstillstand
Eritrea und Äthiopien unterzeichnen das von der OAU ausgearbeitete Waffenstillstandsabkommen. Zwischen den Truppen beider Staaten soll eine 25 Kilometer breite, von der UNO kontrollierte Zone eingerichtet werden.

19.6. England: 58 Flüchtlinge erstickt
58 Flüchtlinge kommen beim Versuch, illegal nach Grossbritannien einzureisen, ums Leben. Sie waren in einem Container, der auf einem Schiff über den Ärmelkanal kam, qualvoll erstickt.

20.6. Frankreich: Kürzere Präsidentschaft
Die französische Nationalversammlung stimmt mit 466 gegen 28 Stimmen für die Verkürzung der Amtszeit des Präsidenten von sieben auf fünf Jahre. Auch Präsident *Chirac* hatte sich zugunsten der Änderung ausgesprochen.

21.6. Wer ist schuld an Gelddelikten?
Ein Ausschuss der französischen Nationalversammlung prangert Monaco an, es sei ein Zentrum für illegale Geld-Transaktionen. Die internationale FATF (Financial Action Task Force on Money Laundering) setzt Liechtenstein wegen Finanz-Manipulationen auf die schwarze Liste.

22.6. Skandal-Hinrichtung in Texas
Ein 40jähriger, der als 17jähriger einen Raubüberfall begangen haben soll (*Gary Graham*), wird in Huntsville, Texas, mit der Giftspritze getötet. Der Skandal: *Graham* war nur von einer einzigen Zeugin beschuldigt worden – er selbst bezeichnete sich als unschuldig. Die Hinrichtung löst Protestwellen aus.

23.6. Österreich: Brenner blockiert
Tiroler Bürger- und Umweltgruppen blockieren die internationale Brenner-Autobahn aus Protest gegen die Zunahme des Schwerverkehrs. Lastwagen aus EU-Ländern missachteten das zwischen Wien und der EU vereinbarte sog. Ökopunkte-System und daher würden zu viele schwere Brummer den Brenner befahren, erklären die Blockade-Organisatoren.

23.6. Airbus baut Luft-Giganten
Das Airbus-Konsortium beschliesst den Bau des Airbus A3XX, eines Flugzeugs für 555 Passagiere mit einer Reichweite von 16 000 km. Ab 2005 soll die Maschine einsatzbereit sein.

24.6. ETA-Anschlag in Nordspanien
In der nordspanischen Stadt Getxo bringen ETA-Terroristen eine Autobombe zur Explosion. Sieben Menschen werden verletzt.

25.6. Wahlen in Simbabwe
Die Regierungspartei Simbabwes (Zanu-Pf) gewinnt die Parlamentswahlen. Die Opposition erklärt, die Partei von Präsident *Mugabe* habe den Sieg dank massiver Einschüchterung errungen.

25.6. Wahlsieg für Japans Koalition
Die Dreiparteienkoalition von Premier *Mori* gewinnt die Parlamentswahl in Japan. Sie erhält 271 der 480 Mandate.

26.6. Durchbruch bei Gen-Forschung
Zwei US-Forscherteams gelingt es nach zehn Jahren Arbeit, den genetischen Code des Menschen zu 97 % zu entschlüsseln. Präsident *Clinton* stellt das Forschungsergebnis vor und sagt, dank dem «Triumph der Forscher» könnten bald Krankheiten geheilt werden, an denen die Menschen bisher starben.

27.6. Gewalteskalation auf den Molukken
Zwischen Christen und Muslimen brechen auf den indonesischen Molukken-Inseln wieder schwere Kämpfe aus. An einem einzigen Tag werden 100 Personen ermordet. Der Konflikt (Beginn Anfang 1999) forderte bereits über 3000 Todesopfer.

28.6. Elian nach Kuba geflogen
Der 6jährige kubanische Knabe *Elian Gonzalez* (vergl. Seiten 78/79) wird, sieben Monate nach der Einreise, von den USA nach Kuba zurückgeflogen. Der «Fall *Elian*» führte zu einem Zerwürfnis zwischen den Exilkubanern in Florida und der übrigen US-Bevölkerung.

29.6. Molukken-Flüchtlinge ertrunken
Eine Fähre, die 500 Flüchtlinge von den Molukken nach Sulawesi bringen sollte, kentert. Alle Insassen, mit der Ausnahme von zehn, kommen ums Leben.

30.6. Südafrika: Tankerunglück
Vor Kapstadt bricht ein Öltanker entzwei. Die Ölpest bedroht 60 000 brütende Pinguine. Ein Teil von ihnen kann gereinigt, gerettet und im Ozean wieder ausgesetzt werden.

Robert Mugabe, bei der Erlangung der Unabhängigkeit breit respektiert, jetzt erfolgreich nur noch dank politischer Tricks.

Der sechsjährige Elian: Spielball der Politik in den USA und in Kuba.

Der holländische Pavillon: keine Industrie-Show, sondern Landschaften und Biotope in einer 40 Meter hohen Konstruktion.

Bundespräsident Rau, Generaldirektorin Birgit Breuel, Kanzler Gerhard Schröder: das Band ist durchschnitten, die Expo eröffnet.

Weltausstellung in Hannover eröffnet

Der deutsche Bundespräsident, *Johannes Rau*, eröffnete am 1. Juni in Hannover die erste Weltausstellung auf deutschem Boden. In einer kurzen Ansprache sagte er: «Die, die zu uns kommen, sollen ein Deutschland erleben, das gastfrei, tolerant und weltoffen ist.» Bundeskanzler *Gerhard Schröder* sprach von der Gelegenheit für Deutschland, seine wirtschaftliche Leistungsfähigkeit und ökologische Aufgeschlossenheit vorzustellen und «beizutragen, Lösungen für das neue Jahrhundert zu finden.» Zu einer gerechten Weltordnung rief in seiner Rede an der Eröffnungsgala der Staatspräsident Brasiliens, *Fernando Henrique Cardoso,* auf. Die Weltausstellung stand unter dem Motto «Mensch – Natur – Technik» und dauerte bis zum 31. Oktober. Die Organisatoren hofften auf etwa 40 Millionen Besucher. Am ersten Tag kamen nur 150 000 Personen, und auch in den Tagen danach blieb der Zustrom geringer als erwartet.

155 Länder waren vertreten, davon fast ein Drittel mit einem eigenen Pavillon. Unter den grösseren Ländern fehlten bei den Pavillons die USA: bei der Industrie hatte man nicht genügend Sponsoren-Gelder beschaffen können. Die deutsche Industrie sponsorte die Expo anderseits mit ca. 750 Millionen DM. Koordinatorin der Ausstellung war *Birgit Breuel*, die sich besonders bei der Privatisierung von Unternehmen der ehemaligen DDR einen Namen gemacht hatte. Als besonders originell wurde der Pavillon der

Frühere Weltausstellungen

Die erste Weltausstellung fand 1851 in London statt. Königin *Viktoria* sagte damals, der «freudige und ehrenvolle Wetteifer möge die Künste des Friedens und der Industrie» fördern. In einem Kristallpalast sah man elektrische Telegrafen, den Gasherd, das Schlauchboot und eine dampfgetriebene Waschmaschine.

In Paris wurde an der Weltausstellung von 1855 das Aluminium vorgestellt. In Philadelphia stellte der Erfinder *Graham Bell* 1876 das Telefon vor. Zwei Jahre später wurde bereits das erste öffentliche Telefonnetz installiert. Die Ausstellung von 1889, wieder in Paris, wurde vom extra dafür errichteten Eiffelturm dominiert. 1939 fand an der Weltausstellung in New York die erste Vorführung des Fernsehens statt.

1958 stellte Brüssel die Weltausstellung unter den Titel «Bilanz für eine menschlichere Welt». Das Atomium war gedacht als Vergrösserung eines Eisen-Atoms, wurde aber als Sinnbild für die Chancen und Gefahren des heraufziehenden Atomzeitalters verstanden. Die letzte Weltausstellung vor jener von Hannover, die in Sevilla (1992) stand unter dem Titel «Die Ära der Entdeckungen.»

Der vom Architekten Peter Zumthor geschaffene «Klangkörper»: die Schweiz, einmal anders.

Niederlande bewertet: eine 40 Meter hohe architektonische Schöpfung aus Stahl, Beton und etwas Holz. Im Innern bestand der Pavillon aus einem Kunst-Biotop, und von oben konnte man, von einer Küstenlandschaft auf dem Dach aus, zu einem Geschoss mit Eichen und anderen Bäumen hinuntersteigen. Das Rotterdamer Architekturbüro MVRDV hatte den Pavillon geschaffen.

Die Schweiz war durch einen «Klangkörper»-Pavillon des international berühmten Architekten *Peter Zumthor* vertreten. Zwischen Balken aus Lärchen- und Föhrenholz zog sich ein Labyrinth mit Gängen und Innenhöfen hin, in dem man sich wie in einem Wald verirren konnte. Der Raum wurde angereichert mit Musik, Sprache, Performance und Licht.

Meistens herrschte an dieser Expo aber das Virtuelle vor. Die «Frankfurter Allgemeine Zeitung» schrieb: «Die Exponauten haben sich an den Möglichkeiten der neuen Medien berauscht. Der rasende Ritt durchs wilde Digitalistan, all die interaktiven Taschenspielertricks und elektrifizierten Blödeleien haben etwas von multimedialer Kraftmeierei. Sie feiern Triumphe des «Imagineering», dieser neuen Geheimwissenschaft zur technischen Herstellung von Illusionen. Aber sie scheinen auch der einzige Weg aus dem grössten Dilemma der Weltaussteller: der fortschreitenden Unsichtbarkeit der Technik.»

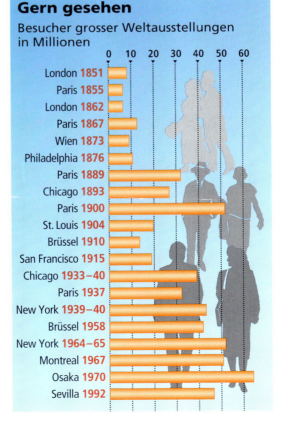

Gern gesehen
Besucher grosser Weltausstellungen in Millionen

Letzte Weltausstellung (Lissabon): «Weltrundschau 1998», Seite 96

Bill Clinton, Wladimir Putin: «Sachliche» und «professionelle» Konferenz in Moskau, aber Uneinigkeit über Raketenrüstung.

Russland/USA: Gipfel mit Problemen

Der amerikanische Präsident, *Bill Clinton*, reiste am 3./4. Juni zu seinem letzten Gipfeltreffen nach Moskau. Es war anderseits die erste Begegnung zwischen dem US-Präsidenten und dem russischen Staatschef *Wladimir Putin*. Die wichtigsten Themen: Rüstungskontrolle, START-III Abrüstungsvertrag, Vernichtung von Plutonium für Raketen, Wirtschaftsbeziehungen. Die US-Delegation bezeichnete die Verhandlungen als sachlich und professionell. Auf das Gesellschaftliche, auf grosse Empfänge etc. wurde fast total verzichtet – *Clinton* und dessen Begleitung besuchten, ausserhalb des Gesprächsprogramms, lediglich die Erlöserkirche (die von *Stalin* zerstört worden war und die in der Zeit der Präsidentschaft *Jelzins* wieder aufgebaut wurde). Am 4. Juni unterzeichneten *Putin* und *Clinton* zwei Abkommen, die der Vertrauensbildung zwischen den beiden Staaten dienen sollten.

Das Eine sah die Vernichtung von 34 Tonnen Plutonium vor, das sich für Atomsprengköpfe auf Raketen eignen könnte. Das Plutonium soll zu Brennstoff für Atomkraftwerke verarbeitet werden. Die Umwandlung des Plutoniums soll

Wladimir Putin entwickelte im Zeitraum zwischen Mai und Juli eine aktive Reisediplomatie: Italien, der Vatikan, Grossbritannien, am 13. Juni Spanien und danach Deutschland (Russlands wichtigster Handelspartner) waren die Stationen. Um Frankreich, dessen Präsident *Jacques Chirac* harte Kritik wegen des Kriegs in Tschetschenien geäussert hatte, machte *Putin* vorerst noch einen Bogen. Anderseits kündigte er für Juli einen Besuch in Nordkorea an. Weder in der Sowjetzeit noch in der Ära Jelzin hatte je ein russischer Staatschef das stalinistische Regime in Pjöngjang besucht.

Raketenabwehr und «Star Wars»

Präsident *Clinton* wollte, ähnlich wie einst Präsident *Ronald Reagan*, ein Weltraum-Raketenabwehrsystem aufbauen. Amerika fühle sich zwar, so erklärte man in Washington, nicht mehr von Russland bedroht, aber Gefahr könne von Ländern drohen, welche die USA salopp als «Schurkenstaaten» bezeichneten: Nordkorea, Iran, Sudan, Libyen. Im Sommer 2000 finden die USO für solche Länder eine neue Bezeichnung: Sie seien «besorgniserregend», hiess es jetzt in Washington. Raketenattacken könnten nur dann verhindert werden, wenn die USA ein «NMD-System», ein «National Missile Defense System», im Weltraum aufbauten. In einer ersten Stufe sollten 20 Raketen, die in den Weltraum hochgeschossen werden könnten, in Alaska stationiert werden; eine zweite Stufe sah den Ausbau auf hundert Abfangraketen vor und eine dritte weitere 100 bis 125 Raketen an zwei verschiedenen Standorten.

Im Unterschied zu den (gescheiterten) Plänen *Reagans* sah das von *Clinton* propagierte System also nicht die Plazierung der Raketen im Weltraum vor, wohl aber die Möglichkeit, feindliche Geschosse schon im Weltraum abzufangen.

sechs Milliarden $ kosten und sich auf einen Zeitraum von 20 Jahren erstrecken.
Im zweiten Abkommen verpflichteten sich die USA und Russland gegenseitig, ihre von U-Booten aus erfolgenden Raketenstarts zu melden. Dadurch soll das Risiko von irrtümlichen Starts atomarer Raketen vermindert werden.
Keine Einigung erreichten *Clinton* und *Putin* beim wesentlichsten Thema, der Frage nämlich, ob Russland sich mit einer Revision des ABM-Vertrags aus dem Jahr 1972 einverstanden erklären würde oder nicht. Die USA drängten auf eine Änderung des Vertrags, und dabei ging es um Folgendes:
Ein solches System können die USA nur errichten, wenn sich Russland mit einer Änderung des ABM-Vertrags einverstanden erklärt.

Der ABM-Vertrag (Anti Ballistic Missile Treaty) erlaubte den USA und Russland je hundert Abfangraketen, sofern sie an einem Ort fix installiert sind. Sie dürfen ausserdem nicht das ganze Territorium eines der beiden Vertragsstaaten abdecken, und der Vertrag (aus dem Jahr 1972) beinhaltet einige Bestimmungen über die Anordnung von Radarstationen.
Die russische Führung ging davon aus, dass die gewaltige Aufrüstung, die Amerika durch NMD anstrebte, zu Druck auf die eigene Rüstung führen würde – schliesslich wollte man weiterhin ein Gleichgewicht erhalten. Russland aber wollte nicht zu einem neuen Rüstungswettlauf gedrängt werden. An der Gipfelkonferenz in Moskau schlug *Putin* seinem Gast vor, das neue System gemeinsam zu bauen – aber darauf gingen die USA nicht ein. So endete die Konferenz in diesem essentiellen Punkt ohne Resultat.
Der US-Kongress hatte sich mit Mehrheit für die Schaffung des NMD-Systems ausgesprochen. Differenzen zwischen Washington und Moskau blieben weiterhin beim Thema START-III-Vertrag bestehen. Durch START-III sollten beidseitig mehrere tausend atomare Sprengköpfe zerstört werden. Die USA wollten jedoch nur auf eine Zielgrösse von 2500 bis 2000 Sprengköpfen abrüsten, während die Russen das Ziel von «nur» 1500 Sprengköpfen anstrebten.
Am letzten Tag des Russland-Besuchs sprach US-Präsident *Clinton* vor der Duma (Parlament) in Moskau. Er bemühte sich, die Kooperationsbereitschaft der USA mit Russland hervorzuheben. Aber die Abgeordneten spendeten nur verhalten Applaus.

Von Moskau aus reiste *Bill Clinton* zu einem Kurzbesuch nach Kiew. Mit dem ukrainischen Präsidenten *Kutschma* einigte er sich über die Abschaltung des Atomreaktors Tschernobyl. Die schwerwiegende Panne in einem Block des Reaktors am 26. April 1986 hatte zu gravierenden Umweltschäden in Ost- und Westeuropa geführt und durch die Spätfolgen den Tod Hunderter Menschen verursacht.
Präsident *Clinton* sicherte der Ukraine 78 Millionen $ für den Tschernobyl-Fonds zu.

Vertrag zwischen NATO und Russland über Rüstung: «Weltrundschau 1997», Seiten 94 und 95; Weltweite Aufwendungen für die Rüstung: «Weltrundschau 1997», Seite 98
USA und Atomteststoppvertrag: «Weltrundschau 1999», Seite 178

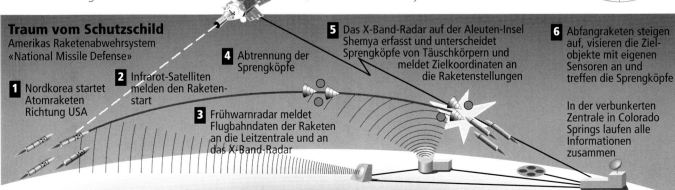

Traum vom Schutzschild
Amerikas Raketenabwehrsystem «National Missile Defense»

1. Nordkorea startet Atomraketen Richtung USA
2. Infrarot-Satelliten melden den Raketenstart
3. Frühwarnradar meldet Flugbahndaten der Raketen an die Leitzentrale und an das X-Band-Radar
4. Abtrennung der Sprengköpfe
5. Das X-Band-Radar auf der Aleuten-Insel Shemya erfasst und unterscheidet Sprengköpfe von Täuschkörpern und meldet Zielkoordinaten an die Raketenstellungen
6. Abfangraketen steigen auf, visieren die Zielobjekte mit eigenen Sensoren an und treffen die Sprengköpfe

In der verbunkerten Zentrale in Colorado Springs laufen alle Informationen zusammen

Äthiopien/Eritrea: Ende des Wahnsinns-Kriegs?

Äthiopien erklärte Anfang Juni den zweijährigen Krieg mit Eritrea für beendet. Seine Truppen marschierten in jene Regionen ein, die von der Armee Eritreas in verlustreichen Schlachten besetzt worden waren. Man schätzte, dass der Krieg zwischen den beiden bitter armen, aber hochgerüsteten Staaten am Horn von Afrika mindestens 60 000 Todesopfer gefordert und über eine halbe Million Menschen in die Flucht getrieben hatte. Äthiopien setzte während dieser zwei Jahre permanent mindestens 300 000 Mann für den Krieg ein, Eritrea 200 000. In Äthiopien litten im Jahr 2000 etwa fünf Millionen Menschen an Hunger, viele von ihnen waren akut vom Hungertod bedroht. Das Regime forderte vom Ausland Hilfe, gab aber weiterhin Unsummen für den Krieg aus – internationale Experten kamen auf eine Milliarde $ für Äthiopien und ca. 250 Millionen $ für Eritrea. Der Konflikt weitete sich auch auf benachbarte Länder aus: in Somalia, Djibouti und sogar im Norden Kenias fanden Stellvertreterkriege statt. Auf einen im Sommer 1999 von der Organisation für Afrikanische Staaten (OAU) ausgearbeiteten Friedensplan wollte weder Äthiopien noch Eritrea eingehen – erst die militärische Niederlage Eritreas Ende Mai führte dazu, dass das Blutvergiessen endlich sein Ende finden konnte. Aber selbst nach der sich durchsetzenden Wende bombardierten äthiopische Flugzeuge noch Anlagen und Flugplätze in Eritrea.
Beim zweijährigen Krieg ging es, angeblich, um eine Fläche von nicht mehr als 400 km² im sogenannten Yirga- oder Badme-Dreieck. 1902 war zwischen der Regierung Italiens (Italien hatte damals Eritrea besetzt) und dem äthiopischen Kaiser *Menelik II.* eine Grenzlinie fixiert worden, welche die Territorien Äthiopiens und des von Italien kolonisierten Eritrea voneinander trennte. Normalerweise verlief diese Linie entlang von Flüssen, aber in der Region um das Dorf Badme (das auch Yirga genannt wurde) bestand Unklarheit über den Verlauf der Grenze.

Flüchtlingselend als Folge des Kriegs: Lager Dabat in der Nähe der Stadt Keren in Eritrea - allein hier befanden sich 40 000 Flüchtlinge.

Äthiopien behauptete im übrigen, es habe überhaupt kein Dorf namens Badme oder Yirga vor dem Jahr 1960 existiert.

Geschichtlich konnte festgestellt werden, dass die Region um Badme respektive um Yirga in den letzten hundert Jahren abwechselnd von der eritreischen Hauptstadt Asmara, dann wieder von Mekele aus, der Hauptstadt der äthiopischen Provinz Tigre, aus regiert worden war. Der Ausbruch des Kriegs im Jahr 1998 hing allerdings nicht nur mit beidseitigen Ansprüchen auf das kleine Badme- oder Yirga-Dreieck zusammen, sondern wurde vor allem durch wirtschaftliche und nationalistische Faktoren gefördert. Eritrea hatte 1993 nach einem Krieg, der in die 70er Jahre zurückreichte, die Unabhängigkeit von Äthiopien erlangt. An diesem Krieg standen sowohl der Äthiopier *Meles Zenawi* und der Eritreer *Isaias Afwerki* auf der gleichen Seite: beide kämpften gegen das Regime von Kaiser *Haile Selassie* und auch gegen das linksextremistische Nachfolgeregime, das in Addis Abeba herrschte (unter *Mengistu Haile Mariam*).

Zwischen *Zenawi* (der schliesslich Premierminister Äthiopiens wurde) und *Afwerki* (der zum Präsidenten Eritreas aufstieg) herrschte bei der Erlangung der Unabhängigkeit Eritreas scheinbar Harmonie. Beide Regierungen schienen entschlossen, aus dem Teufelskreis von Gewalt und Elend, der zahlreiche Länder Afrikas beherrscht und bedrückt, auszubrechen. In beiden Staaten bilden Christen ein starkes Segment innerhalb der Bevölkerung (in Äthiopien ca. 40%, gegenüber ebenfalls 40% Muslimen; in Eritrea etwa 50% Christen und ebensoviele Muslime). Die Regierungen beider Länder versprachen eine Bildungsrevolution und Massnahmen für wirtschaftlichen Fortschritt. Aber beide blieben bitter arm und gerieten immer wieder in neue Konflikte (Eritrea mit Sudan, Äthiopien mit Somalia). Die USA halfen, beide Staaten aufzurüsten – man ging davon aus, sie könnten einen Wall bilden gegen muslimische Extremisten-Bewegungen in Sudan und Somalia. Äthiopien war von Eritrea aufgrund der Geografie abhängig: Äthiopien hat keinen eigenen Zugang zum Meer und muss seine Güter über Eritrea, Djibouti oder Somalia importieren (der Weg via Somalia blieb jedoch, wegen der Anarchie in Somalia, immer nur schwer nutzbar). Im November 1997 löste Eritrea sich von gemeinsamen Währung mit Äthiopien, vom Birr und führte eine eigene Währung, den Nakfa, ein. Äthiopien weigerte sich, die neue Währung Eritreas anzuerkennen. Die 300 000 Eritreer, die in Äthiopien lebten, wurden danach schikaniert, und die Fluglinie Äthiopiens stellte die Flüge nach Eritrea ein. Im Juni 1998 brach der «sinnloseste Krieg» der Geschichte aus.

Militärischer Widerstand gegen Äthiopien (damals unter der Herrschaft von Kaiser *Haile Selassie*) begann 1961. In den siebziger Jahren wuchs sich der Widerstand zum Krieg aus. Er endete erst 1993 mit der Unabhängigkeit Eritreas. 1998 begann das Blutvergiessen von Neuem.

Äthiopien hatte im Jahr 2000 ca. 55 Millionen Einwohner, Eritrea etwa 4 Millionen. In Eritrea lebten ca. 80% auf dem Land und etwa ein Drittel davon waren noch immer Nomaden. In Äthiopien lebten 90% auf dem Land und von der Landwirtschaft.

Stichworte zur neueren Geschichte:

1882 erklärte Italien einen Teil Eritreas als seine Kolonie. Mehrere hunderttausend italienische Bauern wurden in Eritrea (auf Kosten der lokalen Bevölkerung) angesiedelt. Bis 1902 unterzeichnete Italien einen Grenzvertrag mit Frankreich über dessen Kolonie Djibouti, mit Grossbritannien über dessen «Besitztum» Sudan und mit Äthiopien. 1936 drangen italienische Truppen auch in Äthiopien ein. Als das faschistische Italien 1941 von den Alliierten im Zweiten Weltkrieg geschlagen wurde, musste Italien seine Kolonien in Afrika (Eritrea, die eroberten Teile Äthiopiens, Somalia und Libyen) aufgeben. Grossbritannien verwaltete Eritrea bis 1952, dann wurden Äthiopien und Eritrea in einer Föderation vereinigt.

Sturz des Regimes von Mengistu Haile Mariam in Äthiopien: «Weltrundschau 1991», Seite 94
Beginn des Konflikts Eritrea / Äthiopien: «Weltrundschau 1998», Seiten 102/103
Eskalation des Kriegs: «Weltrundschau 1999», Seiten 148/149
Hungersnot in Äthiopien: siehe Seiten 72/73, Monat März, in diesem Band

Trauerkundgebung nach Hafez al-Assads Tod in Damaskus: 30 Jahre lang hatte der «Löwe» Assad über das 17-Millionen-Volk geherrscht.

Zerschlagung der islamistischen Revolte in der Stadt Hama: «Weltrundschau 1982», Seiten 44/45

Syrien: Präsident Assad gestorben

Der syrische Präsident, *Hafez al-Assad*, starb am 10. Juni in Damaskus im Alter von 70 Jahren an Herzversagen. Er war schon seit vielen Jahren leidend, aber sein plötzlicher Tod kam dennoch überraschend.

Das syrische Parlament änderte unmittelbar nach der Bekanntgabe des Todes die Regelung für die Präsidentschaft (das Mindestalter wurde von 40 auf 34 Jahre herabgesetzt). So wurde der Weg frei für die Ernennung von *Hafez al-Assads* 34jährigem Sohn, *Bashar al-Assad*. Er war erst vor kurzer Zeit als Nachfolger «aufgebaut» worden, nachdem ein anderer Sohn des Präsidenten tödlich verunglückt war. *Bashar al-Assad* hatte Medizin studiert und war für kurze Zeit als Augenarzt tätig gewesen, bevor er für ein politisches Amt ausersehen wurde.

Hafez al-Assad, geboren 1930, war eine der wichtigsten Persönlichkeiten im Nahen Osten, und dies schon seit 30 Jahren. 1970 hatte er in einem unblutigen Putsch die Macht übernommen (zuvor war er Premierminister, noch vorher Verteidigungsminister). *Assad* hatte eine Ausbildung als Militärpilot erhalten und hatte in der Luftwaffe die höchsten Positionen besetzt. Politisch engagierte er sich früh bei der sozialistischen Baath-Partei, die unter seiner Präsidentschaft zur praktisch allein herrschenden Kraft in Syrien wurde (offiziell gab es noch drei weitere Parteien, die aber mit dem Baath zur sogenannten Nationalen Front vereinigt waren). *Assad* machte Syrien zu einem Verbündeten der Sowjetunion und galt jahrzehntelang als unerbittlicher Gegner Israels und all jener Kräfte, die sich mit Israel arrangierten. Anderseits bewies *Assad* immer wieder, dass die Welt sich auf seine Worte und seine Unterschriften verlassen konnte. So nach dem Yom Kippur-Krieg von 1973, als er mit dem US-Politiker *Henry Kissinger* das Entflechtungsabkommen der syrischen und israelischen Truppen im Golan-Gebiet aushandelte und die Stationierung von UNO-Einheiten zuliess. Danach fiel nie mehr ein Schuss über die direkte syrisch-israelische Grenze hinweg.

Dies waren die wichtigsten Ereignisse während der autoritären Herrschaft von *Hafez al-Assad*:
● Etablierung eines sozialistischen Systems in Syrien, aber schon zu Beginn der siebziger Jahre Kurskorrektur, die dazu führte, dass der Handel und andere Teile der Wirtschaft wieder für die private Initiative geöffnet wurden;
● Krieg im Oktober 1973 (an der Seite Ägyptens) gegen Israel. Anfängliche Terraingewinne, dann Rückschläge. Die israelischen Truppen marschierten bis vor die Vororte von Damaskus. Verhandlungen durch Vermittlung der USA; Truppenentflechtung, Waffenstillstand (aber kein Friede mit Israel).
● 1975/1976 militärische Intervention in Libanon, die den Bürgerkrieg beendete. Fortan permanente Truppenpräsenz in Libanon (bis zu 30 000 Soldaten). Unterstützung für die schiitische Hizballah-Miliz, die eine Art Stellvertreterkrieg gegen Israel (Grund: die Besetzung Südlibanons durch Israel) führte.
● 1982 blutige Zerschlagung der muslimischen Opposition in der Stadt Hama. 10 000 bis 30 000 Todesopfer.
● Als die Sowjetunion 1990/1991 zerfiel, suchte *Assad* eine Annäherung an die USA.

Symbolisch nahmen syrische Truppen 1991 am Krieg gegen Irak teil.

● 1991 stimmte *Assad* der Formel «Land gegen Frieden» für die Aufnahme von Verhandlungen mit Israel zu. *Hafez al-Assad* forderte jedoch – und das bis zu seinem Tod – die Rückgabe des ganzen von Israel 1967 besetzten Gebiets. Die israelische Führung unter Premier *Ehud Barak* bezeichnete *Assads* Haltung als starrsinnig. Der syrische Führer stellte sich anderseits auf den Standpunkt, dass Kompromisse dazu führten, dass Israel all seine Ziele durchsetzen könnte, auf Kosten der jeweiligen Gegenseite. *Assad* wies in diesem Zusammenhang auf die problematischen Resultate der Verhandlungen zwischen Israel und den Palästinensern hin. *Hafez al-Assad* hatte ursprünglich nicht seinen Sohn *Bashar*, sondern dessen Bruder, *Basil al-Assad*, zum Nachfolger ausersehen. Aber *Basil* verunglückte 1994 bei einem Autounfall tödlich. Danach erst berief *Hafez al-Assad* den zweitältesten Sohn an seine Seite. *Bashar* war damals als Augenarzt tätig, wurde nach der väterlichen Entscheidung aber schnell durch die Generalstabsakademie geschleust und befehligte danach eine Panzereinheit. Danach teilte ihm der Vater das Libanon-Dossier zu, sodann hatte er dafür zu sorgen, dass in Syrien das Internet so eingeführt wurde, dass das Regime immer noch die Kontrolle behielt.

Ende 1998 setzte *Bashar* in Libanon die Ernennung von *Emile Lahoud* zum Ministerpräsidenten durch. *Lahoud* galt als nicht korrupt, und *Bashar al-Assad* schien in Syrien und in Libanon gegen die Korruption mit Entschlossenheit vorzugehen. Im Zuge der Anti-Korruptions-Kampagne wurde der syrische Generalstabschef entlassen, ebenso Premierminister *az-Zoobi* (der danach Selbstmord begangen haben soll). Von den Staatschefs des Westens nahm nur Frankreichs *Jacques Chirac* persönlich an den Trauerfeiern für *Hafez al-Assad* in Damaskus teil. Die USA entsandten die Aussenministerin, *Madeleine Albright*. *Bashar al-Assad* empfing während der vier Tage zwischen dem Tod seines Vaters und der Trauerfeier hunderte von Politikern, die meisten aus Ländern des Nahen Ostens. Der Sarg wurde von Damaskus nach Lattakia geflogen und dann ins Heimatdorf von *Hafez al-Assad*, nach Kurdaha, gefahren.

> Am Tag nach dem Tod von *Hafez al-Assad* und der Ernennung *Bashars* zum Nachfolger erhob der Bruder des Verstorbenen, *Rifaat al-Assad* Anspruch auf das Präsidentenamt. *Rifaat* war von *Hafez* schon in den achtziger Jahren ins Exil verbannt worden. Er lebte jetzt im spanischen Marbella. *Rifaat* liess erklären, er wolle sich mit friedlichen Mitteln für Veränderungen in Syrien einsetzen.

Hafez al-Assad: Ein Diktator, aber auch ein verlässlicher Vertragspartner

Bashar al-Assad, der neue Präsident: Die Macht sollte in der Familie bleiben, befanden der Assad-Clan und die Spitze der Baath-Partei.

■ Bau der Brücke: «Weltrundschau 1999», Seite 160.

Schweden/Dänemark: Brücken-Volksfest

An Pfingsten veranstaltete die Region Kopenhagen (Dänemark) und Malmö (Schweden) ein grosses Fest: die über eine grosse Brücke und Tunnels führende Landverbindung zwischen den beiden Städten und den beiden Staaten wurde dem Verkehr übergeben. Jetzt konnten die Menschen von Südschweden aus in wenigen Minuten per Bahn einen Ausflug nach Kopenhagen und umgekehrt unternehmen. Die Verbindung bestand aus drei Teilen: aus einem Tunnel von über 4 Kilometer Länge, aus der künstlichen Insel Peberholm und aus einer in hohem Bogen übers Meer führenden Brücke von 7845 Meter Länge. Dänemark und Schweden waren nun durch eine vierspurige Autobahn und ein doppelgleisiges Bahntrassee miteinander verbunden.

Um Kopenhagen und um Malmö wurden die Bauten durch gigantische Städtebau-Projekte ergänzt. Durch die neue Verbindung sollte der Raum um den Öresund zu einem grossen, integrierten Wirtschaftsraum mit 3,5 Millionen Menschen und 15 Hochschulen und Hightech-Ansiedlungen werden. Im Kopenhagener Stadtteil Amager stampften Bagger und Kräne auf 310 Hektar Fläche eine ganze Stadt aus dem Boden, die den Namen «Örestad» erhalten und zum grössten Hochtechnologie-Park des europäischen Nordens werden sollte. In der Nachbarschaft baute man den Flughafen Kastrup zum nordeuropäischen Verkehrsknotenpunkt aus. Auf der schwedischen Seite war der Stadtteil «Scanstad» am Entstehen. Die Universitäten und Hochschulen in Kopenhagen, Malmö und Lund schlossen sich bereits zu einem Verbund zusammen, der davon profitieren wollte, dass dank der Brücke in dieser Region die grösste Konzentration von Biotechnik und Lebensmittelindustrie in ganz Europa entstand.

Dänemarks Prinzessin Alexandra durchschnitt das Band und erklärte das grosse Bauwerk für eröffnet.

■ Bau der anderen grossen Verbindungsbrücke in Skandinavien (über den Grossen Belt): «Weltrundschau 1998», Seiten 216 bis 223.

Etwa 50 000 Menschen spazierten am Tag des Volksfestes über die Brücke zwischen Kopenhagen und Malmö. Am 1. Juli fuhren erstmals Autos und Züge über Brücken und durch die Tunnel.

Deutsches Kernkraftwerk Biblis: Energielieferant noch für viele Jahre.

Deutsche Atomenergie nur auf Zeit

Nach langjährigen und schwierigen Verhandlungen einigte sich am 15. Juni die deutsche Regierung mit den Energiekonzernen auf ein Konzept für den Ausstieg aus der Atomenergie. Der Kompromiss sah vor, dass die 19 Atomkraftwerke in Deutschland zusammen noch 2600 Terawattstunden Strom produzieren können – das entspricht einer durchschnittlichen Laufzeit pro Anlage von 32 Jahren. Die Bundesregierung und vor allem die Grünen (Koalitionspartner der Sozialdemokraten) hatten 30 Jahre gefordert, die Industrie wollte an 35 Jahren festhalten. Einen Kompromiss fand man auch in bezug auf das Abschalten einzelner Werke – den Unternehmen wurde freigestellt, einzelne Anlagen früher, andere später stillzulegen. Ein Datum für die Schliessung des ältesten (aus dem Jahr 1968 stammenden) und dem neusten Atomkraftwerk wurde in der Vereinbarung nicht genannt.

Die Unternehmen verpflichteten sich, bis zum 1. Juli 2005 Zwischenlager für radioaktiven Abfall an den Standorten der Atomkraftwerke einzurichten. Bisher gab es in Deutschland nur zwei regionale Zwischenlager. Atommülltransporte führten immer wieder zu heftigen Auseinandersetzungen mit Atomkraftgegnern. Transporte seien nach Juli 2005 unzulässig, hielt das Dokument fest.

Bundeskanzler *Gerhard Schröder* betonte vor der Öffentlichkeit, man habe jetzt eine Lösung für einen langen und tiefgreifenden gesellschaftlichen Konflikt gefunden. In Deutschland hatte sich ab der Mitte der Siebziger Jahre der Widerstand gegen die Kernkraftwerke organisiert. Der Streit nahm nach den Reaktorunfällen im amerikanischen Harrisburg (1979) und im ukrainischen Tschernobyl (1986) immer heftigere Formen an.

Gegen die jetzt getroffene Vereinbarung wandten sich die deutschen Oppositionsparteien, die CDU/CSU und die FDP. Sie lehnten den Ausstieg aus der Kernenergie prinzipiell ab. Deutschland verabschiede sich mit seiner Weichenstellung aus der Diskussion um moderne Technologien und werde Atomstrom aus anderen Ländern und aus weit weniger sicheren Anlagen importieren müssen, sagte CDU-Parteichefin *Angela Merkel*. Sie sagte voraus, der Entscheid werde bei einem Regierungswechsel im Jahr 2002 (dann finden in Deutschland Bundestagswahlen statt) rückgängig gemacht. Die Bundesländer Bayern, Hessen und Baden-Württemberg erklärten, sie würden das Bundesverfassungsgericht anrufen, um den Atom-Entscheid zu blockieren.

Energieträger in Deutschland
(Anteile am Primärenergieverbrauch)

Gesamtverbrauch 488,6 Mio. t SKE*

- Braunkohle **10,5%**
- Wasserkraft, Wind und Sonstige **2,0%**
- Kernenergie **12,3%**
- Mineralöl **40,0%**
- Steinkohle **14,2%**
- Erdgas **21,0%**

* Steinkohle-Einheiten

Widerstand gegen Transporte aus AKW's in Deutschland: «Weltrundschau 1997», Seiten 58 und 59

Kim Dae Jung (links) und Kim Jong Il: zwei ehemalige Erzfeinde demonstrieren Freundschaft.

Tod des nordkoreanischen Präsidenten Kim Il Sung: «Weltrundschau 1994», Seiten 122 und 123
Spannungen zwischen Nord- und Südkorea: «Weltrundschau 1996», Seiten 68/69
Machtkampf in Nordkorea: «Weltrundschau 1997», Seite 42

Erstes Gipfeltreffen Nord-/Südkorea

Die Präsidenten von Nordkorea und von Südkorea, *Kim Jong Il* und *Kim Dae Jung*, kamen am 12. Juni zum ersten Mal zu einem Gespräch in Pjöngjang zusammen. Das Treffen hatte historische Dimensionen, denn seit der Teilung der koreanischen Halbinsel als Folge des Krieges zwischen den beiden Teilstaaten (1950 bis 1953) hatte zwischen Nord- und Südkorea permanent Spannung und Feindschaft, oft sogar Hochspannung geherrscht. Nordkorea war doktrinär kommunistisch, Südkorea prowestlich kapitalistisch. Immer wieder hatten die beiden Teilstaaten sich gegenseitig mit militärischer Intervention gedroht. Korea war, und dies seit nunmehr über 50 Jahren, die am stärksten hochgerüstete Region der Welt. Nordkoreas Streitkräfte hatten einen Bestand von mehr als einer Million Mann, Südkorea eine Stärke von 672 000. Die unberechenbare Führung Nordkoreas heizte die Stimmung in den letzten Jahren immer wieder an durch Raketentests, Grenzverletzungen und kriegerische Töne. Anderseits herrschte in Nordkorea eine fürchterliche Wirtschaftskrise mit einer Hungersnot, von der Millionen Menschen betroffen waren. Das nötigte das nordkoreanische Regime, sich um Hilfe an die USA, Japan, China und Südkorea zu wenden. In Form von Nahrungsmitteln und Energieträgern (Kohle und Erdöl) flossen seit 1996 jährlich ca. 600 Millionen $ aus diesen Ländern nach Nordkorea.

Der Auftakt zum Treffen war betont herzlich. Der Präsident Südkoreas gelobte, die Zeit des Hasses sei jetzt zu Ende. Und Nordkoreas Führer sagte: «Wir werden Euch nicht enttäuschen.» Südkorea hatte an den Gipfelgesprächen nicht nur ein Interesse wegen der Frage der militärischen Sicherheit, sondern auch aufgrund der wirtschaftlichen Chancen. Der Konzern Hyundai hatte bereits begonnen, südkoreanische Touristen in Massen zum «heiligen» Berg Kumgang im Süden Nordkoreas zu bringen (monatlich 200 000). Das brachte Nordkorea Einnahmen von fast einer Milliarde $. Hyundai wollte ausserdem an der Nordwestküste Nordkoreas einen Industriekomplex aufbauen, auf dem 850 Unternehmen entstehen und Güter für 20 Milliarden $ produziert werden sollten. Der südkoreanische Konzern und andere «Chaebols» (Mischkonzerne) wie Samsung interessierten sich für die Produktion in Nordkorea, weil die Menschen dort, ungeachtet der Wirtschaftskrise, eine gute Ausbildung erhielten und als Arbeitskräfte billig waren.

Die Not und die Krise in Nordkorea hatten mehrere Ursachen. In erster Linie war dafür die Ideologie verantwortlich. Sie war von *Kim Il Sung* definiert worden, dem ersten und fast ein halbes Jahrhundert herrschenden Diktator (gestorben 1994). Sie wurde «Juche» genannt, was beinhaltete «Auf sich selbst gestellte Entwicklung». Bis Ende der achtziger Jahre konnte Nordkorea sich bis zu einem gewissen Grad auf die Hilfe von seiten der Sowjetunion verlassen, aber nach dem Zerfall der UdSSR befand sich Nordkorea mehr und mehr in der Isolation. Die Beziehungen mit Peking waren seit zwei Jahrzehnten getrübt – *Kim Il Sung*, der Vater des jetzigen Präsidenten *Kim Jong Il*, hatte die chinesische Hauptstadt letztmals 1983 besucht (*Kim Jong Il* reiste jetzt, vor dem inner-koreanischen Gipfel, erstmals nach Peking).

Über *Kim Jong Il* gab es viele Vermutungen und nur wenige Fakten. Gemäss dem in Nordkorea herrschenden Personenkult wurde er auf einem heiligen Berg geboren, habe schon als Kind genialische musikalische Werke komponiert und Gedichte verfasst. In der Universität habe er in einer einzigen Wochen 10 000 Seiten studiert.

Wahrscheinlich aber wurde er in Russland geboren und kam erst 1948, im Alter von sechs Jahren, nach Nordkorea. Zum Studium wurde er in die DDR geschickt, fiel dort aber nur durch Disziplinlosigkeit auf. Zurück in Nordkorea erhielt er dennoch sofort die höchsten Auszeichnungen. Er schien sich vor allem fürs Kino zu interessieren und verfasste sowohl eine Geschichte des Films als auch eine Geschichte der Oper.

Nordkorea hatte im Jahr 2000 ca. 24 Millionen Einwohner, Südkorea 46 Millionen.
Die Fläche Nordkoreas betrug 123 000 km², jene Südkoreas 99 000 km².

Nicht bei allen Südkoreanern war die Annäherung an Nordkorea beliebt: Demonstration in Seoul.

Geschichte in Stichworten

Bis 1894 war Korea ein Vasallenstaat der Manju-Dynastie vom chinesischen Festland. 1876 erzwingt Japan die Öffnung der koreanischen Häfen, der japanische Einfluss steigt. 1905 wird Korea ein japanisches Protektorat, 1910 eine japanische Kolonie. Aufstände werden blutig niedergeschlagen. Der Südkoreaner *Syngman Rhee* gründet in Shanghai eine nationale Exilregierung. 1934 kämpft in Nordkorea eine kommunistische Guerilla-Gruppe unter *Kim Il Sung* gegen die Japaner. 1945 kapituliert Japan im Krieg gegen die USA. Die koreanische Halbinsel ist zu diesem Zeitpunkt im Norden von sowjetischen, im Süden von US-Truppen besetzt. Trennlinie ist der 38. Breitengrad.

Im Mai 1948 sollten in Gesamtkorea Wahlen stattfinden, aber der Norden boykottiert sie. Im August 1948 wird die Republik Südkorea gebildet, im September im Norden die Volksrepublik.

1950 beginnt nach einem Überfall Nordkoreas der Koreakrieg. Die UNO appelliert an die Mitgliedstaaten, sich im Kampf gegen Nordkorea zu engagieren. Das grösste Kontingent stellen die USA. Auf der Seite Nordkoreas kämpft China. Die Zahl der Toten auf der Seite der Alliierten während des dreijährigen Kriegs wird mit 94 000 genannt. Nordkorea nennt keine Zahlen, aber man schätzt die Bilanz auf mehrere hunderttausend Tote. Im Juli 1953 wird die Waffenstillstandslinie am 38. Breitengrad festgelegt.

Ungleiche Nachbarn

Amerikanische Militärpräsenz in Südkorea:
- Soldaten: **37 000**
- Kampfpanzer: **116**
- Kampfflugzeuge: **90**

* geschätzt

	NORDKOREA	SÜDKOREA
Einwohner in Millionen	21,4	46,9
Bruttoinlandsprodukt in Milliarden Dollar	17,3 *	409,5 *
Soldaten	1,082 * Mio	0,672 * Mio
Kampfpanzer	3500	2130
Kampfflugzeuge	545 *	488
Kriegsschiffe	3	39
U-Boote	26	19
Boden-Boden-Raketen	54	12

6

Schreckliche, makabre Arbeit: die Suche nach Toten im Container in Dover.

Flüchtlingswelle von Kurden nach Westeuropa: «Weltrundschau 1998», Seiten 22/23
Weltweite Flüchtlingsströme: «Weltrundschau 1998», Seite 114

Flucht ins West-Paradies: 58 Tote

Eine Tragödie entsetzlichen Ausmasses entdeckte am 19. Juni ein britischer Zollbeamter im britischen Dover. Bei der Inspektion eines Kühlcontainers, der auf einem Fährschiff vom niederländischen Zeebrugge nach Grossbritannien gefahren worden war, fand er die Leichen von 54 Männern und vier Frauen. Zwei weitere Menschen lebten noch, als der Zollbeamte den Container öffnete – sie wurden in ein Spital gebracht. Am Tag danach sagten sie aus, die Gruppe von Emigranten stamme aus Südchina, sei von dort nach den Niederlanden geflogen und habe dort den Container bestiegen. Die Transportfirma war erst vier Tage vor der Tragödie legal eingetragen worden. Der Lastwagen mit niederländischem Kennzeichen war den Zollbehörden aufgefallen, weil er einer Firma gehörte, die sonst nie die Fähre zwischen Zeebrugge und Dover benutzte. Auffallend erschien den Beamten ausserdem, dass der Fahrer alle Gebühren bar bezahlen wollte.

Die Opfer stammten aus Ostasien, und die britischen Beamten gingen davon aus, dass sie von einer chinesischen Schlepper-Organisation für die Todesfahrt mitgenommen worden waren. Es habe seit kurzem einen gewaltigen Anstieg illegaler chinesischer Einwanderer in Grossbritannien gegeben, erklärten die Briten. 400 Personen waren es allein im Mai, und innerhalb des vergangenen Jahrs wurden allein in Dover 20 000 Illegale aufgelesen. Durch illegale Einwanderung vom europäischen Kontinent würden immer mehr «Sklavenarbeiter» für China-Restaurants nach Grossbritannien eingeschmuggelt, sagte ein Experte.

Auf der anderen Seite, in Calais (Frankreich) oder in den niederländischen Hafenstädten, warteten angeblich Tausende Flüchtlinge auf eine Möglichkeit, über den Ärmelkanal nach Grossbritannien zu gelangen. Ein Mitarbeiter des Roten Kreuzes sagte dazu: «Die Migranten wissen, dass sie, wenn sie es hinüber schaffen, eine Unterkunft, Essen, Unterstützung und Arbeit zu bekommen.» Grossbritannien sei ausserdem der «Eintrittspunkt für die angelsächsische Welt.» Von hier aus gehe es, mit etwas Glück, weiter nach Kanada oder in die USA. Der wirtschaftliche Aufschwung der letzten Jahre habe ebenfalls dazu beigetragen, dass mehr und mehr Immigranten einzureisen versuchten. Pro Person verlangten die Schlepper-Organisationen für die Überfahrt angeblich bis zu 2000 £.

Die britische Regierung versuchte, mit einem neuen Asylgesetz die Attraktivität Grossbritanniens zu dämpfen. Bedürftige Asylbewerber erhielten 30% weniger Sozialhilfe als Briten. Legale Arbeitsmöglichkeiten gab es für die Asylanten nicht, und einkaufen konnten sie nur mit Gutscheinen, bei deren Einlösung kein Wechselgeld ausgegeben wurde. Aber es war fraglich, ob man mit solchen Massnahmen die Flüchtlinge abschrecken konnte. Aussenminister *Robin Cook* sagte, «Im Grunde sind wir uns ja alle einig, dass das ein gemeinsames europäisches Problem ist». Innenminister *Jack Straw* drückte nach der Tragödie mit den 58 Opfern seine Empörung über die von Schlepper-Organisationen angewandten Methoden aus. Premier *Tony Blair*, der sich zum betreffenden Zeitpunkt am EU-Gipfel in Portugal befand, erklärte, seine Regierung werde mit aller Kraft den inhumanen Handel mit Flüchtlingen bekämpfen.

Das Büro für Menschenrechte der OSZE tagte, das war Zufall, am gleichen Tag in Wien und liess erklären, das Problem des illegalen Menschenhandels breite sich immer weiter aus. Der Leiter des Büros, *Gérard Stoudman*, erklärte dies damit, dass der Menschenhandel gigantische Gewinne versprach. Und im Gegensatz zum Drogenhandel gingen die Menschenhändler ein geringes Risiko ein. In manchen Ländern der OSZE (Organisation für Sicherheit und Zusammenarbeit in Europa, der ausser den europäischen Staaten auch die USA, Kanada, Russland und zentralasiatische Länder angehörten) ist Menschenhandel strafrechtlich nicht erfasst. Opfer von Menschenhändlern seien in erster Linie Frauen, die ins Sex-Geschäft gezwungen würden, darüberhinaus aber auch viele Menschen, die in einer Art von Sklaverei enden würden.

JULI

114	Chronik
116	Mexiko: Erstmals wirklich freie Präsidentschaftswahlen, Sieg der Opposition
118	Paris: Métro hundert Jahre alt
120	Frankreich: ein Bauer contra Globalisierung
121	Geiseldrama auf den Philippinen: die Deutsche Renate Wallert freigelassen
122	Nahost-Verhandlungen in Camp David gescheitert. Ratlosigkeit in Israel und bei Palästinensern.
126	AIDS-Konferenz in Durban: Südafrikas Präsident Mbeki verharmlost
128	Frankreich: Concorde-Katastrophe mit 114 Toten
129	Glück im Unglück für einen Airbus ohne Treibstoff: Bruchlandung in Wien
130	Wladimir Putin: Sieg im Kampf gegen innere Rivalen, erfolgreich auf internationalem Parkett
132	USA: 145 Milliarden $ Busse für Tabakkonzerne

Vicente Fox, Sieger in Mexiko: Verspricht grundlegende Reformen, bleibt aber dennoch vage.

1.7. Iran: harte Strafen für Juden
Ein iranisches Gericht in Shiras verurteilt zehn iranische Juden zu Gefängnis zwischen 4 und 13 Jahren sowie zu Auspeitschungen. Ihnen wird Spionage für Israel vorgeworfen.

2.7. Mexiko-Wahlen bringen Wende
Erstmals seit 71 Jahren finden in Mexiko faire und freie Präsidentschaftswahlen statt. Der Kandidat der Opposition, *Vicente Fox*, wird Präsident. Die bisher dominierende PRI-Partei akzeptiert das Resultat der Wahlen.

3.7. Serie von Anschlägen in Tschetschenien
In vier Städten Tschetscheniens führen die Guerilla-Kräfte Selbstmordanschläge gegen russische Soldaten durch. Russland nennt 37 Tote und 74 Verletzte, der Chef der Guerilla spricht von 490 Todesopfern.

4.7. Mongolei: Rückkehr der Kommunisten
Mit grosser Mehrheit entscheiden die 1,2 Millionen Wähler der Mongolei zugunsten der Kommunisten. Sie erhalten 72 der 76 Sitze im Parlament. Die Partei bezeichnet sich als reformorientiert und nennt sich jetzt «Revolutionäre Volkspartei».

5.7. Österreich: EU-Volksbefragung
Die Regierung Österreichs kündigt eine Volksbefragung über ihre Politik gegenüber der EU an. Dies für den Fall, dass die Europäische Union die Sanktionen gegen Österreich bis zum Herbst nicht aufhebt.

6.7. FIFA: Fussball-WM 2006 in Deutschland
Das Exekutivkomitee des Internationalen Fussball-Verbands, FIFA, entscheidet: die Fussballweltmeisterschaft 2006 wird in Deutschland stattfinden. Der Entscheid fällt mit 12 zu 11 Stimmen, die für Südafrika abgegeben werden.

7.7. Mehr Macht für Milosevic?
Das jugoslawische Parlament in Belgrad billigt die Änderung der Verfassung. Präsident *Milosevic* soll für weitere Amtsperioden kandidieren können. Das Parlament der Teilrepublik Montenegro protestiert jedoch gegen die Verfassungsänderung.

8.7. Jolo: Französische Reporter entführt
Auf der Philippinen-Insel Jolo werden nun auch drei französische Journalisten entführt. Sie hatten Recherchen über die seit 11 Wochen gefangenen Touristen unternehmen wollen.

9.7. US-Raketentest misslungen
Ein US-Test im Rahmen des geplanten und umstrittenen Abwehrsystems NMD endet mit Misserfolg. Mit einer Abwehrrakete hätte eine Interkontinentalrakete abgefangen werden sollen. Das NMD-Programm gilt jetzt als kaum realisierbar.

10.7. Irans Präsident in Deutschland
Irans Präsident *Khatami* besucht Deutschland. Exil-Iraner protestieren, aber ohne Gewalt. Iran und Deutschland waren früher wichtige Handelspartner, aber seit 1990 sank der Austausch um zwei Drittel.

11.7. Entscheidender Nahost-Gipfel
In Camp David bei Washington beginnt der Nahost-Gipfel, der über das Verhältnis zwischen Israel und den Palästinensern entscheiden soll. Teilnehmer sind Israels Premier *Barak*, Palästinenserchef *Arafat* und US-Präsident *Clinton*.

12.7. Schon wieder ETA-Anschlag
In der Innenstadt von Madrid explodiert eine Bombe, die von ETA gezündet wurde. Die Polizei wurde telefonisch vorgewarnt. Dennoch werden acht Menschen verletzt.

12.7. Ferien-Airbus in Wien bruchgelandet
Ein Airbus der deutschen Chartergesellschaft Hapag-Lloyd landet, ohne Treibstoff und wie ein Segelflugzeug, auf dem Flughafen Wien. Die Maschine geht in Brüche. 27 Menschen werden leicht verletzt.

13.7. Hitzebrände in Griechenland
In Griechenland wüten, aufgrund von Hitze und Unachtsamkeit, verheerende Waldbrände. Schwer betroffen sind Samos, der Peloponnes und Nordgriechenland. Zwei Piloten, die Dauereinsätze gegen das Feuer geleistet haben, kommen durch Absturz ums Leben.

14.7. USA: Tabakkonzerne müssen zahlen
Ein Gericht in Florida verurteilt die fünf grössten US-Zigarettenproduzenten zu Bussen von 145 Milliarden $. Die Strafe wird mit «Betrug, Verschwörung und dem Verkauf gefährlicher Produkte» begründet.

15.7. Und nochmals zwei ETA-Bomben
Die baskische ETA ermordet in Malaga den konservativen Politiker *José Maria Carpena*. Er ist das sechste Todesopfer des ETA-Terrors seit Dezember 99. In Agreda (Kastilien-Leon) explodiert eine Autobombe. Eine Person wird verletzt.

16.7. Iran testet Mittelstreckenrakete
Iran testet, erfolgreich, eine Mittelstreckenrakete. Die Reichweite würde genügen, um von Iran aus Israel oder Saudiarabien zu erreichen. Iran erklärt aber, der Test bedeutet keine Bedrohung eines anderen Landes.

17.7. Philippinen: Geisel Wallert frei
Die *Abu-Sayyaf*-Terroristen lassen die Deutsche *Renate Wallert* frei, die, mit 20 anderen Touristen, Ende April bei einem Tauchzentrum im malaysischen Sabah gekidnapt worden war.

18 Personen werden im Dschungel der Philippinen-Insel Jolo noch gefangengehalten.

18.7. Umweltkatastrophe in Brasilien
In den brasilianischen Flüssen Iguazu und Barigui breitet sich eine Rohöl-Masse aus. Vier Millionen Liter liefen nach dem Platzen einer Pipeline aus. Die Schuld für die Umweltkatastrophe wird der Ölfirma Petrobras zugewiesen.

19.7. Putin erstmals in Nordkorea
Russlands Präsident *Putin* besucht zwei Tage lang Nordkorea. *Putin* und *Kim Jong Il* kritisieren gemeinsam die USA wegen deren Militärpräsenz in Nordostasien und wegen der Pläne für ein neues Raketenabwehrsystem.

20.7. Iran: Reform-Partei gegründet
Die reformistische Bewegung Irans unter Leitung von *Mohammed Reza Khatami* (Bruder des Präsidenten) bildet eine neue Partei. Sie will die Vorherrschaft der Konservativen in Iran brechen.

21.7. G-8-Gipfel in Japan
Die Regierungschefs der sieben wichtigsten Industrienationen und Russlands Präsident *Putin* beginnen in Okinawa ihr Gipfeltreffen. Themen sind die Hebung der Lebensqualität in Entwicklungsländern und Konzepte zur Konflikt-Vermeidung.

22.7. Ermittlungen gegen Kohl eingestellt
Die Bonner Staatsanwaltschaft stellt die Ermittlungen gegen Ex-Kanzler *Helmut Kohl* wegen der Parteispendenaffäre ein. *Kohl* wird jedoch mit DM 200 000 gebüsst.

23.7. Spanien: Neue Sozialisten-Führung
Die in Opposition befindliche Sozialistische Partei Spaniens wählt den 40jährigen *Rodriguez Zapatero* zum neuen Generalsekretär.

24.7. Gespräche um Kolumbien-Befriedung
In Genf nehmen Vertreter der Regierung Kolumbiens und der ELN-Guerillas erstmals Gespräche auf. Sie enden nach sechs Tagen ergebnislos.

24.7. Deutsche Telekom kauft VoiceStream
Die Deutsche Telekom kündigt die weltweit bisher teuerste Fusion an: Sie will für ca. 50 Milliarden $ die amerikanische Mobilfunk-Unternehmung VoiceStream kaufen.

25.7. Nahost-Verhandlungen gescheitert
Die Verhandlungen zwischen Israel und den Palästinensern im amerikanischen Camp David enden ergebnislos. Es gibt keine Annäherung über Jerusalem, die Frage der Flüchtlings-Rückkehr und die Grenzen eines palästinensischen Staats.

25.7. Concorde abgestürzt: 114 Tote
Eine Concorde der Air France stürzt kurz nach dem Start bei Paris ab. Alle 109 Menschen an Bord und fünf am Boden kommen ums Leben.

26.7. Geiseldrama auf Jacht in Ägäis
Ein von einer schweizerischen Familie gechartertes Segelschiff wird in der griechischen Ägäis von einem Tschechen gekapert. Er fordert die Fahrt nach Casablanca und bedroht die Insassen mit dem Tod. Die griechische Küstenwache erschiesst den Entführer am folgenden Tag.

27.7. Wiederaufnahme der Nahost-Gespräche
Israel und die Palästinenser beschliessen, trotz des Fiaskos von Camp David, den Dialog wieder aufzunehmen. Ziel ist es zu vermeiden, dass *Arafat* am 13.9. einen unabhängigen Staat ausruft.

28.7. USA – Nordkorea: Konferenz
US-Aussenministerin *Madeleine Albright* trifft in Bangkok mit dem Aussenminister Nordkoreas zusammen. Das Gespräch sei ein «erster Schritt weg von alter Feindschaft», erklären die USA.

28.7. Peru: Gewalt bei Fujimoris Fest
Perus Präsident *Fujimori* feiert den Beginn seiner dritten Amtsperiode. Zehntausende Peruaner protestieren gegen *Fujimori*. Sechs Menschen kommen durch Schüsse der Polizei ums Leben.

Madeleine Albright: Abkehr von den scharfen Worten gegen die Diktatur in Nordkorea.

Fujimori bog, nach Ansicht der Opposition, die Verfassung in unzulässiger Weise zurecht. Die im Frühjahr veranstalteten Wahlen galten weithin als Farce. *Fujimori* war seit 1990 Präsident des Landes (ca. 26 Millionen Einwohner auf einer Fläche von 1,3 Millionen km^2). Meinungsumfragen zufolge, die im Jahr davor durchgeführt wurden, wiesen für *Fujimori* nur 30% Zustimmung aus. Dennoch siegte er nun und trat, auch wenn dies in der Verfassung nicht vorgesehen war, jetzt die dritte Amtszeit an.

29.7. ETA erschiesst Politiker
Die baskische ETA erschiesst in der nordspanischen Stadt Tolosa den 49jährigen sozialistischen Politiker *Juan Maria Jauregui*. ETA hatte im Dezember 99 den Waffenstillstand aufgekündigt und seither sieben Menschen ermordet.

30.7. Venezuelas Chavez wiedergewählt
Der umstrittene, populistische Präsident Venezuelas, *Hugo Chavez*, wird mit fast 60% der Stimmen als Staatspräsident wiedergewählt.

31.7. Israel: Kein Erfolg für Peres
Das israelische Parlament wählt für das Amt des Staatspräsidenten nicht den favorisierten *Shimon Peres* (Friedensnobelpreisträger, langjähriger Aussenminister), sondern den wenig profilierten Likud-Politiker *Moshe Katzav*.

Israels neuer Präsident, Moshe Katzav. Im August brüskierte er Jordaniens König Abdallah: er empfing ihn nicht in Tel Aviv, sondern wollte (erfolglos) eine Visite des Monarchen in Jerusalem, «Hauptstadt - Israels», erzwingen.

Vicente Fox, ein Mann, an dem alles gross erschien, auch seine Versprechen: «Ich werde Ordnung schaffen.»

Historische Wende in Mexiko

Rund 60 Millionen Frauen und Männer entschieden am 2. Juli darüber, wer das Land für die nächsten sechs Jahre regieren sollte – und sie trafen eine historische Wahl: erstmals seit 71 Jahren siegte nicht der Präsidentschaftskandidat der PRI-Partei (Partido Revolucionario Institucional), sondern jener der Opposition. Der 58jährige Geschäftsmann *Vicente Fox*, Kandidat des rechtskonservativen Partido Accion Nacional (PAN), gewann mit 43 Prozent der abgegebenen Stimmen. *Francisco Labastida* vom bisher nie umstrittenen PRI erhielt 35,5 Prozent und *Cuauhtemoc Cardenas* vom linken PRD 16,5. Gewählt wurde nicht nur der Präsident: in Mexiko wurde an diesem Tag auch über die Zusammensetzung der beiden Kammern des Parlaments, über Gouverneurs- und Bürgermeisterposten entschieden. Die Hauptstadt, Ciudad de Mexico (mit 20 Millionen Einwohnern grösste Stadt der Welt), entschied sich für einen Gefolgsmann des linken *Cardenas,* für *Manuel Lopez Obrador,* als neuen Bürgermeister.

Mexiko mit seinen etwa 100 Millionen Einwohnern ging es, verglichen mit anderen lateinamerikanischen Ländern, im Jahr 2000 relativ gut. Eine wirtschaftliche Krise war nicht in Sicht, und die Arbeitslosigkeit wurde offiziell mit nur 2,5 % beziffert (unabhängige Institute nannten Zahlen von um die 4 Prozent). Das Bruttoinlandprodukt pro Kopf erreichte 8800 $ (zum Vergleich Brasilien: 6600 $), und punkto Lebensqualität rangierte Mexiko weltweit auf Platz 55 (nochmals zum Vergleich Brasilien: Platz 74), und dies ungeachtet der gewaltigen Umweltprobleme (immer wieder Smog in der Hauptstadt, durch Industrie verschmutzte Flüsse, Erosion durch Waldrodung und Wasserknappheit). Auf der Gegenseite standen Faktoren wie diese: die Einschulungsquote der Kinder betrug 100%; Zugang zu sauberem Trinkwasser hatten 90% der Menschen in den Städten und 66% auf dem Land; die Säuglingssterblichkeit war mit 31 auf 1000 Geburten, im Vergleich zu anderen lateinamerikanischen Ländern, relativ tief. In Mexiko erschienen täglich 310 Zeitungen mit einer Gesamtauflage von über 10 Millionen, und das Land hatte ein eigenes Satelliten-Netz-werk und mehr als 700 Fernsehstationen. Historisch waren die Wahlen, weil jetzt in Mexiko zum ersten Mal wirklich die Demokratie respektiert wurde. Bei früheren Wahlen hatte jeweils der noch amtierende Präsident seinen Nachfolger, immer von der PRI-Partei, selbst bestimmen können. Der gewaltige Parteiapparat sorgte dann auch

Mexikos Präsident verfügt über grosse Machtfülle: er ist auch Regierungschef und Befehlshaber der Streitkräfte.
Vicente Fox, 1.98 Meter gross, geschiedener Adoptivvater von vier Kindern, hatte in Harvard (USA) Nationalökonomie studiert, war Farmer, Viehzüchter, Geschäftsmann und während einiger Jahre Direktor der mexikanischen Niederlassung von Coca-Cola. Vier Jahre lang war er Gouverneur der Provinz Guanajato. Im Wahlkampf sprach er von «cambio», von einer Wende. Worin sie genau bestehen sollte, erläuterte er nicht. Deutlich machte er aber, dass er dem Kampf gegen die Korruption Priorität einräumen werde: «Alle Monopole sind korrupt», sagte er, «und wir haben das grösste Monopol der Welt. Ich werde im Regierungshaus Ordnung schaffen – es mag drei oder vielleicht sogar fünf Jahre dauern, aber ich werde aufräumen.» *Fox* galt als konservativer Katholik, aber jetzt erklärte er gegenüber Feministinnen, er werde die vergleichsweise liberale Abtreibungsgesetzgebung nicht antasten. In seiner Amtszeit als Gouverneur hatte er von der Regierung gefordert, sie müsse die Erdölindustrie vollständig privatisieren – jetzt sprach er sich für die Erhaltung des staatlichen Ölmonopols aus.

dafür, dass der Auserkorene vom Volk gewählt wurde. Wahlfälschungen waren Routine, und in den Medien gab es üblicherweise wenig Fairness zugunsten eines Oppositionskandidaten. Diesmal war bereits die Kandidaten-Auswahl anders, und am Wahltag achtete eine Behörde (IFE) darauf, dass in den 112 500 Wahlkabinen nichts (oder möglichst wenig) manipuliert wurde.

Die Hauptstadt, Ciudad de Mexico: im Jahr 2000 grösste Stadt der Welt, mit mindestens 20 Millionen Einwohnern.

Paris: Métro hundert Jahre alt

Paris feierte am 19. Juli das hundertjährige Bestehen seiner Untergrundbahn, der Métro. Im Hochsommer des Jahrs 1900 hatte die erste Linie dieses grossstädtischen, effizienten Verkehrsmittels den Betrieb aufgenommen. Mit fast 30 Stundenkilometern fuhr die Bahn vom Westen in den Osten der Stadt, und schon im ersten Jahr beförderte die Métro 18 Millionen Passagiere. Die Fahrt in der 2. Klasse kostete damals 15 Centimes. An den Eingängen wurden die Billette geknipst, so verhinderte man das Schwarzfahren.

Erbauer der Métro war der aus der Bretagne stammende Ingenieur *Fulgence Bienvenüe*. Er hatte sich zuvor als Ingenieur bei der Eisenbahn einen Namen gemacht (und verlor dort bei einem Unfall einen Arm). 1898 begann er, inzwischen bei den Verkehrsbetrieben der Stadt Paris tätig, mit dem Bau der ersten Métro-Linie. 17 Monate später hatten 2000 Arbeiter im 24-Stunden-Arbeitsrhythmus die erste 13 Kilometer lange Strecke fertiggestellt.

Oben, in den Strassen, erstickte Paris damals jeden Tag förmlich im Verkehrschaos. Damit sich das nicht auch unter der Erdoberfläche wiederholen könne, baute *Bienvenüe* die U-Bahn so, dass jede Linie ihren eigenen Tunnel bekam. Keine Linie sollte die andere auf der gleichen Ebene kreuzen, lautete die Grundidee. Beim Bau liess *Bienvenüe* ganze Strassenzüge aufreissen

– man entschied sich für die schon in den USA angewandte Bauweise des «cut and cover». Viel Zeit beanspruchte die Untertunnelung der Seine. Die Eingänge zur Métro wurden vom jungen Architekten *Héctor Guimard* gestaltet. Er verzierte die Stationen mit Jugendstil-Konstruktionen, rahmte sie mit Balustraden aus gusseisernen, flächigen Blättern ein, und darüber setzte er oft noch einen Glasbaldachin, der von eleganten, an Pflanzen erinnernden Stilen getragen wurde. Die letzten noch existierenden Métro-Eingänge wurden von den Behörden schliesslich unter Denkmalschutz gestellt.

Es gab in der Geschichte der Métro nur einen grösseren Unfall: 1903 brach in einem der hölzernen Wagen Feuer aus, und 84 Passagiere kamen durch Rauchvergiftung ums Leben. Daraufhin wurden die Holzkonstruktionen durch Metallwagen ersetzt.

Fulgence Bienvenüe baute bis 1931 zehn Métro-Linien mit einer Gesamtlänge von 128 Kilometern. Eine Station trägt noch heute seinen Namen: Montparnasse-Bienvenüe. Im Jahr 2000 war die Métro auf 200 Kilometer erweitert, und jeden Tag beförderte sie 4,5 Millionen Menschen. Die Züge der neusten Linie (Linie 14) bewegten sich vollautomatisch, also ohne Fahrer.

Paris war nicht die erste Stadt, die eine Untergrundbahn baute: London hatte eine U-Bahn seit 1863, New York seit 1868. Dann folgten Chicago, Budapest und Glasgow. Berlin nahm seine Untergrundbahn im Jahr 1902 in Betrieb.

Die Métro-Station Boulevard Pasteur, eine Kreation von Hector Guimard, erbaut im Jahr 1900. Viele Jugendstil-Konstruktionen der Métro wurden später abgerissen – die noch existierenden nahm die Stadt aber schliesslich unter Denkmalschutz.

WTO-Konferenz im Dezember 1999 und Proteste: «Weltrundschau 1999», Seiten 208/209

Frankreich: ein Bauer contra Globalisierung

In der südfranzösischen Kleinstadt Millau stand am letzten Tag des Juni und am ersten des Juli der 47jährige Landwirt *José Bové* vor Gericht. Er war angeklagt, zusammen mit neun anderen Bauern das damals im Bau befindliche McDonald's-Restaurant von Millau schwer beschädigt zu haben. Dafür drohte ihm die Justiz mit Busse und einer Haftstrafe. Aber wenn er ins Gefängnis müsste, dann könnte es einen Aufstand geben, sagte *Bové* noch vor Prozessbeginn, «einen Aufstand mit unerwarteten und gefährlichen Folgen».

Es war in der Tat kein Routine-Verfahren, das zeigte sich schon beim Auftakt. Mehr als zehntausend Sympathisanten zogen mit dem Schafzüchter *José Bové* durch Millau und bis zum Gerichtsgebäude. Ihnen allen ging es um mehr als die Beschädigung des McDonald's: es ging um den Kampf gegen die Globalisierung der Weltwirtschaft. *Bové* wusste die links-alternative Bauernvereinigung Confédération paysanne hinter sich, die sich über amerikanische Strafzölle gegen Roquefort-Käse empörte. Die USA hatten die Zölle drastisch erhöht (sodass ein Kilo Roquefort dort nun ca. 60 statt wie früher 30 $ kostete) – dies als Strafmassnahme gegen die EU, welche den Import von hormonbehandeltem Rindfleisch verboten hatte.

José Bové hatte sich nicht nur bei der Demolierung des McDonald's in Millau exponiert: im November/Dezember 1999 war er auch im amerikanischen Seattle und nahm an den Protestkundgebungen gegen die Welthandelsorgisation WTO teil. Ende Januar 2000 reiste er nach Davos zum Weltwirtschaftsforum und stellte dort sein Buch «Die Welt ist keine Ware» vor. Er forderte eine Landwirtschaftspolitik, welche der Gesundheit der Konsumenten und nicht dem Profit Priorität geben sollte. Er kämpfte gegen Multis und für die Kleinen, für die «bonne bouffe» gegen die «mal bouffe» (Saufrass). Damit meinte er Massenproduktion mit Hormonen und Pestiziden und genetisch veränderte Pflanzen. All das seien Auswüchse des Kapitalismus, sagte und schrieb er.

José Bové hatte in Bordeaux Philosophie studiert und begann danach eine Protestkarriere. Er verweigerte den Militärdienst und zog 1973 nach Larzac, wo Schafzüchter sich gegen die Schaffung eines militärischen Übungsgeländes wehrten. Mit seiner Frau Alice bezog er, der städtische Intellektuelle, einen verlassenen Bauernhof und züchtete Schafe.

Der Prozess von Ende Juni/Anfang Juli in Millau schien ein Volksfest gegen die Globalisierung zu sein.

Das Urteil gegen *Bové* wurde im September gefällt: 3 Monate Haft.

José Bové (auf dem Wagen hinter dem Traktor mit Tabakpfeife) mit Gefolge auf dem Weg zur Gerichtsverhandlung in Millau: Demonstratives Spektakel.

Geiseldrama auf Jolo: wenigstens eine Freilassung

Nach zwölf Wochen Gefangenschaft unter miserablen Bedingungen wurde am 17. Juli wenigstens eine der westlichen Geiseln aus der Gewalt der muslimischen Abu Sayyaf-Rebellen auf der Philippinen-Insel Jolo freigelassen: *Renate Wallert,* 56jährige Musiklehrerin aus dem deutschen Göttingen, wurde im Gefängniscamp dem neuen Unterhändler der philippinischen, Regierung, *Roberto Aventajado*, übergeben, der sie zu einem bereitstehenden Helikopter brachte. Weinend vor Glück bestieg sie die Maschine. Später flog sie mit einem Sonderflugzeug nach Manila weiter, und von dort konnte die unter hohem Blutdruck und schweren Depressionen leidende Frau endlich die Rückreise nach Deutschland antreten. Die Abu-Sayyaf-Rebellen hatten zuvor schon zwei Malaysier aus der Gruppe von 21 Geiseln freigelassen – es waren beides Muslime, und die Entführer wollten zeigen, dass sie selbst treu Gläubige waren. *Renate Wallert* war die erste nicht-muslimische Geisel, die dem Terror entkommen konnte. Wie hoch der Preis für die Freilassung war, wurde vorerst verschwiegen – man sprach von einer Lösegeldsumme im Umfang von etwa zwei Millionen Mark (andere Quellen nannten sogar Summen bis zu acht Millionen). Ausserdem sagte die deutsche Regierung den Philippinen weitere Entwicklungshilfe zu, die, so wurde zumindest in Manila erklärt, den Bewohnern der Insel Jolo zugute kommen sollte.
Renate Wallerts Ehemann und einer ihrer Söhne, die mit ihr zusammen Ende April beim Tauchzentrum Sipadan im malaysischen Teil der Insel Borneo gekidnapt worden waren, mussten, wie die übrigen noch 18 anderen Menschen, im Dschungelcamp der Rebellen bleiben.
Im Juni nahmen die Abu-Sayyaf-Rebellen mehrere Journalisten fest, die sich ins Gebiet des Dschungel-Gefängnisses vorgewagt hatten. Einer von ihnen, der Deutsche *Andreas Lorenz* (Reporter des «Spiegel») wurde am 27. Juli wieder freigelassen. Nach Angaben aus Kreisen der verschiedenen Vermittler wurde für seine Freilassung mindestens eine Million Dollar Lösegeld bezahlt.

Renate Wallert mit dem medizinischen Betreuer, Dr. Wolfgang Benkel, vor dem Einsteigen ins Flugzeug in Manila.

Beginn des Geiseldramas: Seiten 67, 84, 85, 98. Weitere Ereignisse: Seite 142/143.

Ehud Barak, Bill Clinton, Yassir Arafat beim Beginn der Camp-David-Konferenz.

Das erste sog. Oslo-Abkommen zwischen Israel und den Palästinensern: «Weltrundschau 1993», Seiten 153 bis 155, «Nahost: Historischer Durchbruch?» – «Weltrundschau 1993», Seiten 216/225

Israel/Palästinenser: Verhandlungs-Fiasko

Im sogenannten Friedensprozess zwischen Israel und den Palästinensern war «Sand im Getriebe»: mit der Erfüllung seiner Vereinbarungen war Israel im Rückstand, und die Palästinenser warfen dem israelischen Premier *Ehud Barak* vor, er unterlaufe immer mehr der beidseitig getroffenen Abmachungen. Palästinenser in Cisjordanien (Westjordanland) und dem Gaza-Streifen protestierten immer wieder vehement gegen Israel, aber auch gegen *Yassir Arafat*. Ihm wurde vorgeworfen, von den alten Zielen immer weiter abzurücken. In Israel anderseits traten die rechtsstehenden, religiösen Koalitionsparteien aus der Regierung aus – sie protestierten gegen eine angeblich zu grosse Konzessionsbereitschaft des Premierministers. Im Parlament hatte *Barak* nun keine Mehrheit mehr.
Um den Friedensprozess noch zu retten, lud US-Präsident *Bill Clinton* den israelischen Premier und den Palästinenserpräsidenten nach Camp David zu einer Verhandlungsrunde ein. Sie begann am 11. Juli und zog sich bis zum 25. Juli hin. Sowohl *Barak* wie auch *Arafat* drohten mehrmals mit der Abreise, weil man sich in keinem der hängigen Punkte annähern konnte. US-Präsident *Clinton* musste für zweieinhalb Tage aus Camp David abreisen – er nahm am Weltwirtschaftsgipfel in Okinawa teil, verliess diese Konferenz aber gleich wieder, um einen letzten Versuch der Vermittlung zwischen Israel und den Palästinensern zu unternehmen. Um die Mittagszeit des 25. Juli musste er das Scheitern erkennen.

Aufgrund des beidseitig vereinbarten Rahmens hätte bis zum 13. September Einigkeit über den sogenannten Endstatus erreicht werden sollen.

Dabei ging es um folgende Themen:
- den endgültigen Status der palästinensischen Gebiete und den Grenzverlauf;
- die jüdischen Siedlungen;
- die Flüchtlinge;
- Wasser;
- Status von Jerusalem.

Die Ausgangslage beim Beginn der Gespräche in Camp David (und daran änderte sich nach dem Abbruch der Konferenz nichts):

Grenzverlauf, Palästinenserstaat

Israel wollte sich nicht auf die Frontlinien vom 4. Juni 1967 zurückziehen – dies, obgleich die Verhandlungen mit den Palästinensern aufgrund der Resolution 242 des UNO-Sicherheitsrates geführt wurden (die auf der Tauschformel

Land gegen Frieden beruhte). Israel kündigte vielmehr an, 30 bis 40% des Westjordanlands zu annektieren. Die PLO dagegen forderte den totalen Rückzug Israels und kündigte die Proklamation eines unabhängigen palästinensischen Staates an.

Siedlungen

Es gab jetzt über 140 jüdische Siedlungen im Westjordanland und im Gaza-Streifen. Im Westjordanland lebten mehr als 180 000 jüdische Siedler. Israel wollte jene Gebiete annektieren, in denen die Mehrheit der Siedler lebte. Die PLO erklärte sich bereit, die Anwesenheit der jüdischen Siedler zu dulden, sofern sie die palästinensische Souveränität akzeptierten.

Jerusalem

Die verschiedenen israelischen Regierungen erweiterten nach 1967 die Stadtgrenzen einseitig und erklärten Jerusalem «auf ewig» zur Hauptstadt Israels. Aus der Sicht der Palästinenser aber ist der Ostteil Jerusalems besetztes Gebiet und muss geräumt werden, damit die Palästinenser dort ihre Hauptstadt errichten könnten. Die UNO hatte anderseits schon 1947 beschlossen, Jerusalem solle als «corpus separatum unter besondere internationale Aufsicht gestellt werden».

Altstadt von Jerusalem. Im Vordergrund die für die Juden wichtige Klagemauer, dahinter, auf dem Tempelberg, die Kuppel der Omar-Moschee, der sog. Felsendom.

Israelische Polizistinnen, Beduinenfrau: als die jüdische Siedlung Maale Adumim gebaut wurde, mussten die Beduinen wegziehen (Bild aus dem Jahr 1997).

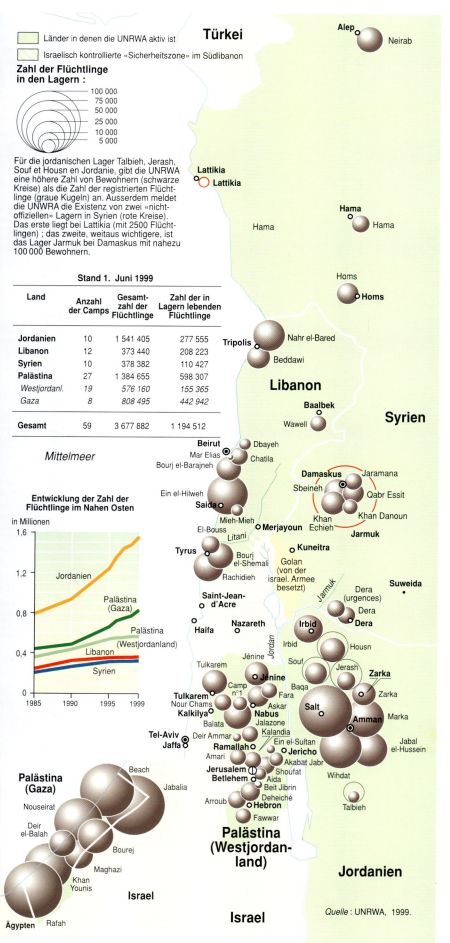

Wasser

Alle Wasserfragen hätten innerhalb der Interimsperiode geklärt werden sollen (sie begann im September 1993 mit der Unterzeichnung der ersten Oslo-Verträge und endete offiziell am 4. Mai 1999), aber sie erwiesen sich als so kompliziert, dass man die Lösung hinausschob. Einer Klärung der wichtigen Probleme kam man nicht näher. Israel bezog einen Drittel seines Trinkwassers aus drei grossen Grundwasservorkommen, die ganz oder teilweise im Westjordanland lagen. Die Nutzung der betreffenden Quellen wurde den Palästinensern aber weitgehend verwehrt.

Flüchtlinge

Beginnend mit dem ersten arabisch-israelischen Krieg von 1948 / 1949 gab es mehrere Fluchtwellen. Die Palästinenser wurden in verschiedene Aufnahmeländer zerstreut. Beim Palästina-Flüchtlingshilfswerk der UNO (UNRWA) waren 3,6 Millionen palästinensische Flüchtlinge registriert. Hinzu kamen mehrere hunderttausend Vertriebene, die 1967 aus dem Westjordanland und dem Gazastreifen flohen (vorwiegend nach Jordanien) sowie ebenfalls mehrere hunderttausend nicht registrierte Flüchtlinge. In der Resolution 194 vom 11. Dezember 1948 anerkannte die UNO-Vollversammlung das «Recht auf Rückkehr» für die Flüchtlinge. Dieses Recht anerkannte die israelische Regierung jedoch nicht.

Weltweit wurde das Scheitern der Verhandlungen von Camp David bedauert – aber in Israel folgten Freudenkundgebungen. Die Parteien der nationalen Rechten, die Siedler, die religiösen Orthodoxen jubelten – sie hätten gegen irgendwelche Konzessionen vehement agitiert und Premier *Barak* durch Misstrauensvotum im Parlament zu stürzen versucht. Bei den Palästinensern lobten radikale Gruppierungen wie Hamas oder Jihad die Kompromisslosigkeit von *Yassir Arafat*. In Gaza riefen Palästinenser bei Protestmärschen zu Gewalt gegen Israel auf: «Ja zu einer neuen Intifada», riefen sie und forderten damit die Wiederholung jener Aufstandsbewegung, die das Geschehen zwischen 1988 und 1992 geprägt hatte.

US-Präsident *Clinton* bezog nach der fehlgeschlagenen Camp-David-Konferenz prononciert zugunsten Israels Stellung. *Barak* habe sich konzessionsbereit gezeigt, sagte er, *Arafat* dagegen habe sich nicht bewegt. Er drohte den Palästinensern mit dem Entzug der Finanzhilfe und sogar mit der Verlegung der US-Botschaft von Tel Aviv nach West-Jerusalem. Die Palästinenser protestierten, und auch zahlreiche arabische Regierungen (selbst das mit den USA eng verbündete Saudiarabien) warfen den USA Einseitigkeit vor. Bitter schrieb die saudische Zeitung «al-Bilaad»: «Die gefährlichen Erklärungen zeigen deutlich, welche Rolle die USA in Camp David gespielt haben.»

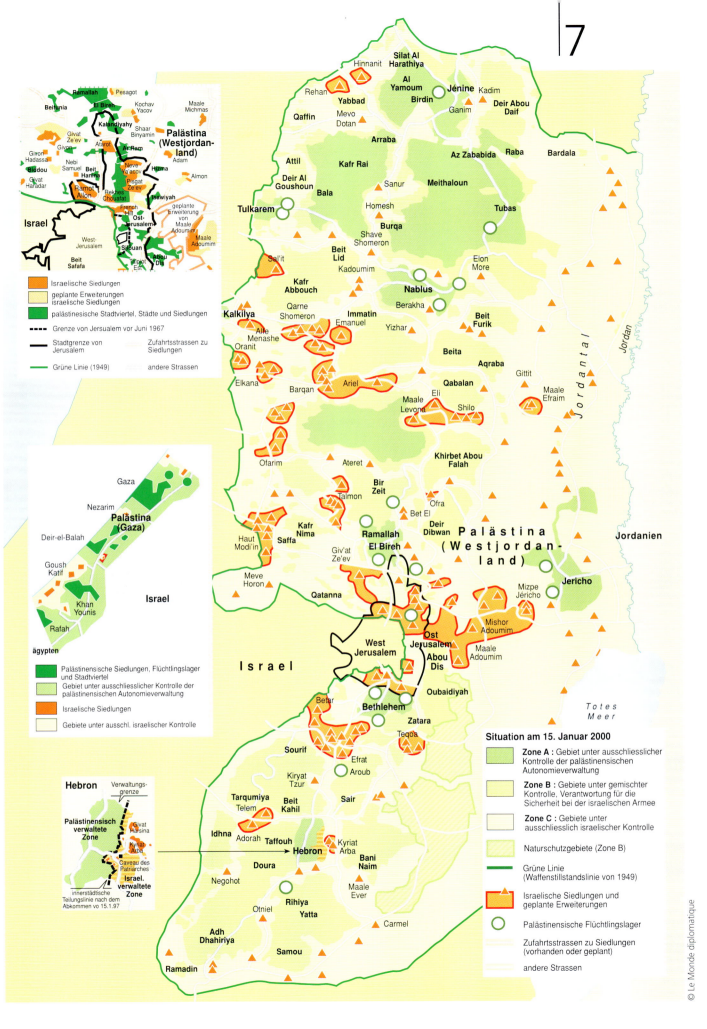

AIDS – grösstes Problem Afrikas

In der südafrikanischen Millionenstadt Durban fand vom 9. Juli bis zum 14. Juli die 13. AIDS-Weltkonferenz statt. Wissenschaftler und Politiker aus der ganzen Welt nahmen daran teil und suchten nach Antworten auf die Frage, ob man Afrika helfen könne, die sich immer noch ausbreitende Seuche zu bremsen.

Allein im südlichen Afrika waren seit dem Zeitpunkt der ersten Diagnostizierung von AIDS vor 18 Jahren elf Millionen Menschen an der Immunschwächekrankheit gestorben. Im südlichen Afrika lebte ca. ein Zehntel der Weltbevölkerung, aber zwei Drittel aller mit HIV Infizierten. Bis zum Beginn des Jahrs 2000 schätzte man die Zahl der mit dem HI-Virus Infizierten auf 24,5 Millionen – eine Million davon waren Kinder. An AIDS starben in Afrika mehr Menschen als an Malaria, an Unterernährung und Bürgerkriegen.

Weltweit waren sich die Wissenschaftler über die Ausbreitung von AIDS allgemein einig: die Immunschwäche wird durch Blut und beim Geschlechtsverkehr übertragen. Und wer HIV-positiv ist und nicht auf die relativ neuen, im reichen Westen zählenden Medikamente zählen kann, erkrankt üblicherweise innert einiger Jahre auch an AIDS und stirbt daran.

Es gab eine kleine Gruppe dissidenter Wissenschaftler, die den Zusammenhang zwischen dem HI-Virus und AIDS in Frage stellten, aber in der Fachwelt wurden sie nicht ernst genommen. Doch Südafrikas Präsident, *Thabo Mbeki*, erwähnte kurz vor dem Beginn der Konferenz von Durban ausdrücklich diese Theorien: AIDS könne auch eine Folge von Unterernährung und Armut, von Drogen- und Alkohol-Missbrauch sein, äusserte er. Er wusste, dass diese abwegige Theorie bei einem grösseren Teil seiner schwarzen Wählerschaft populär war: die einheimische, männliche schwarze Bevölkerung im südlichen Afrika wollte nichts von der Notwendigkeit des Gebrauchs von Kondomen wissen. Die Promiskuität war anderseits bei dieser Bevölkerungsgruppe weit verbreitet. *Mbekis* Vorgänger, *Nelson Mandela*, hatte noch den Gebrauch von Kondomen beim Geschlechtsverkehr mit Zufallspartnerinnen empfohlen, aber rasch erklärten ihm seine Berater, das sei ein unpopuläres Thema – so gerieten auch rudimentäre Kampagnen gegen AIDS in Südafrika entweder in Vergessenheit oder wurden nicht beachtet. Hinzu kam, dass die neue, schwarze Führung Südafrikas (das weisse Apartheid-Regime war erst 1994 beendet worden) Misstrauen gegenüber Ratschlägen von weissen Experten hatte. Die Regierung hatte zwar ein AIDS-Budget, aber es wurde bis zum Jahr 2000 nie ausgeschöpft.

Eröffnung der AIDS-Konferenz in Durban: südafrikanische Tänzerinnen-Gruppe, Aufruf zum Kampf gegen die Krankheit.

Nun waren in Südafrika 22,4 Prozent aller Gebärenden infiziert, und bei den unter 30 Jahre alten Frauen lag die Rate der Durchseuchung sogar bei mehr als 26 Prozent. Die Gesundheitsministerin verweigerte aber den Schwangeren «aus Kostengründen» das Medikament AZT, das die Wahrscheinlichkeit einer Übertragung des Virus wenigstens auf die Hälfte reduziert. Ein an der AIDS-Konferenz in Durban vertretenes europäisches Unternehmen (Boehringer Ingelheim) offerierte ein Medikament kostenlos, aber die südafrikanische Regierung zeigte sich nicht interessiert. Das Medikament (genannt Viramune) sei in Afrika nicht zugelassen und es gebe Hinweise, dass sich gegen dieses Medikament bereits zunehmende Resistenz entwickle, liess sie erklären.

Präsident *Thabo Mbeki* wiederholte bei der Eröffnung der Konferenz in Durban seine Thesen: Armut sei das Problem und nicht AIDS, sagte er. Weltweit war die Meinung vorherrschend, das HI-Virus sei von Schimpansen auf die Menschen übergegangen, und zwar durch Blutserum, das den Affen entnommen worden und bei Menschen angewendet worden war. Eine damit verwandte Erklärung besagte, das Virus haben den Weg von den Affen zum Menschen durch das Essen von Affenfleisch gefunden (Affen wurden in Schwarzafrika systematisch gejagt und verzehrt).

Südafrikas Präsident Thabo Mbeki: umstrittene und verharmlosende Äusserungen zum Thema AIDS.

In einer Studie der Weltgesundheitsorganisation wurde prognostiziert, dass jeder zweite südafrikanische Jugendliche an AIDS sterben werde. Jede Stunde steckten sich weitere 70 Südafrikaner mit dem Virus an.
In anderen Ländern des südlichen Afrika war die Rate der Durchseuchung mit dem HI-Virus noch grösser als in Südafrika (Botswana: 36 Prozent), aber diese Länder waren kleiner als Südafrika, und daher wurde das Problem nicht in gleicher Weise wahrgenommen, wie in bezug auf Südafrika. Das Statistische Amt der USA stellte aber fest: die Lebenserwartung in Botswana war bereits von 71 Jahren auf 39 Jahre gesunken. Bis zum Jahr 2010 werde sie dort sogar auf 29 Jahre zurückgehen, in Simbabwe und Namibia auf 33 Jahre und in Swasiland auf 30.

Wahlen vom 2. Juni in Südafrika und Nomination Mbekis zum Nachfolger von Nelson Mandela: «Weltrundschau 1999», Seiten 112/113.
Biografie Thabo Mbekis: «Weltrundschau 1999», Seite 331

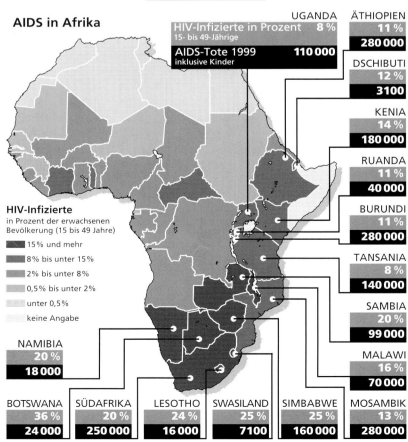

Absturzstelle bei Gonesse, wenige Kilometer vom Flughafen Charles de Gaulle entfernt: 109 Insassen der Concorde und fünf Menschen am Boden kamen ums Leben.

Concorde-Flugzeug verunglückt

Eine Concorde-Überschall-Maschine der Air France, Symbol für technologischen Fortschritt seit 31 Jahren (die erste Concorde flog 1969), stürzte am Nachmittag des 25. Juli kurz nach dem Start ab und riss 114 Menschen (109 an Bord, fünf auf dem Boden) in den Tod. Das Flugzeug hätte vom Flughafen Charles de Gaulle nach New York fliegen sollen. An Bord war eine deutsche Reisegruppe von 100 Personen (davon 3 Kinder). Ein deutsches Unternehmen hatte die Concorde für diesen Flug gechartert. Nach der Landung in New York wollte die ganze Gruppe mit einem Kreuzfahrtenschiff eine sechs Wochen dauernde Reise nach Südamerika antreten.

Das Flugzeug gewann nach dem Start nur geringe Höhe, und noch vor dem Abheben fing eines der beiden linken Triebwerke Feuer. Die Fluglotsen im Tower bemerkten es 56 Sekunden nach der Freigabe des Starts. Doch in diesem Augenblick hatte die Concorde bereits eine zu hohe Geschwindigkeit, um noch abbremsen zu können. Der Flugkapitän, *Christian Marty,* teilte mit, er wolle eine Notlandung auf dem Pariser Flughafen Le Bourget versuchen. Eine etwa 30 Meter lange Flamme flackerte aus den Triebwerken der Maschine und dehnte sich, das sah man vom Boden aus, dem Heck entlang aus. Kurz vor dem Absturz teilte der Pilot noch mit, er habe nicht nur Probleme mit einem Triebwerk, sondern könne auch das vordere Fahrgestell nicht bewegen. Auf der Piste des Flughafens fand man, nach dem Unglück, Teile von Gummi-

Die Entwicklung der Concorde wurde 1962 von Frankreich und Grossbritannien gemeinsam beschlossen. Frankreich entwarf und konstruierte die Zelle, die Flügel und die Leitwerke; für die Triebwerke wurde eine Entwicklung der britischen Rolls Royce und der französischen Snecma verwendet. Daraus entstand das «Olympus»-Triebwerk der Concorde, das u. a. einen Nachbrenner hatte, um die Maschine nach dem Start, sobald sie sich über dem Ozean befand, auf die fast doppelte Schallgeschwindigkeit zu beschleunigen. Die Concorde konnte die Geschwindigkeit von Mach 2,04, also 2179 km/h, erreichen. Sie hatte aber, wegen des extrem hohen Treibstoff-Verbrauchs, eine Reichweite von nur gut 6000 km (moderne Grossraum-Jets dagegen bis zu 13 000 km, der künftige Airbus sogar 16 000). Mit Überschallgeschwindigkeit durfte die Concorde (wegen des Überschall-Knalls) nur über dem Ozean fliegen. Air France und British Airways setzten die Concorde seit Jahren fast nur noch auf der Strecke Paris respektive London nach New York ein. Dafür benötigte die Concorde dreieinhalb Stunden – man kam also, wegen der Zeitverschiebung, früher an als man abflog. Der Tarif auf der Concorde war hoch: Erst-Klass-Preis und dazu noch ein Zuschlag.

Seit der Inbetriebnahme hatten die verschiedenen Concorde-Maschinen zusammen ca. 80 000 Flüge absolviert.

reifen der Concorde. Erste Vermutungen besagten, dass Teile der stahlverstärkten Reifen oder eines Rades eines oder sogar zwei Triebwerke beschädigt oder davor einen Treibstofftank in einem der Flügel aufgerissen hätte.

Eine Air France-Mitarbeiterin, die mit dem Auto vom Flughafen aus nach Hause fuhr, sah im Rückspiegel, wie die Concorde in extrem niedriger Höhe die stark befahrene Autobahn überquerte. Ein Mann in einem Bürogebäude sah die Maschine direkt auf das Haus zurasen – sie donnerte ganz knapp darüber und zerschellte dann in einem gewaltigen Feuerball in einem Hotel in der Ortschaft Gonesse. Die fünf Opfer am Boden waren Angestellte dieses Hotels.

Bei Air France wurde erklärt, man habe zwar immer wieder einige technische Probleme mit den sechs Concorde-Flugzeugen gehabt (British Airways hatte weitere sieben Concorde im Einsatz), aber gravierend sei das nicht gewesen. Seit 1969 verunglückte nicht eine einzige Concorde.

Bei der abgestürzten Maschine handelte es sich um ein 1975 in Dienst gestelltes Flugzeug. Es hatte aber nur ca. 12 000 Flugstunden absolviert und war erst vier Tage vor dem Unglück in einer aufwendigen technischen Überholung überprüft worden. Dabei untersuchte man auch die Triebwerke. Aber Captain *Christian Marty* bestand, kurz vor dem Start, nochmals auf einem «Eingriff». Das betreffende Triebwerk lieferte bei den letzten Landungen zu wenig Umkehrschub fürs Abbremsen. Die Maschine wäre trotzdem zum Start freigegeben worden, aber der Flugkapitän erklärte, die Maschine sei jetzt so schwer beladen, dass die Apparatur ausgewechselt werden müsse. Man vermutete zuerst die Ursache der Katastrophe bei diesem Triebwerk, aber dann zeigte sich: eine Kette von völlig anderen Ursachen führte zum Absturz. Die Concorde raste über ein von einem anderen Flugzeug stammendes, auf der Piste liegendes Metallteil. Ein Reifen platzte, Teile davon rissen Treibstofftanks auf, das Kerosin geriet in Brand.

Die Katastrophe nimmt ihren Lauf: eine gut 30 Meter lange Flamme schlägt aus dem Flügel der Concorde, die eben mit ca. 270 km/h Geschwindigkeit abgehoben hat.

Notlandung: Unglaubliches (Un)-Glück

Eine Maschine vom Typ A310 (Airbus) der deutschen Chartergesellschaft Hapag-Lloyd hatte am 12. Juli unglaubliches Glück im ebenso unglaublichen Unglück. Das Flugzeug startete, mit 150 Menschen an Bord, von Chania in Kreta aus. Ziel war Hannover. Gleich nach dem Start stellten die Piloten fest, dass sich das Fahrwerk nicht einziehen liess. Sie entschlossen sich dennoch zum Weiterflug – der stellte ja an sich auch keine Gefahr dar, nur dass der Treibstoffverbrauch jetzt bedeutend höher lag als bei einem normalen Flug. Dass Hannover nun ausserhalb der Reichweite lag, war von Anfang an klar.

Die Besatzung im Cockpit verliess sich auf die Angaben des Bordcomputers – aber der ermittelte nicht die korrekten Werte. Er zeigte auch dann noch eine Reserve an Treibstoff, als die Triebwerke des Airbus keinen Schub mehr lieferten. Die Piloten anderseits beachteten einen Alarm nicht, der im Cockpit etwa auf der Höhe des Überflugs über Zagreb ertönte. In diesem Zeitpunkt, das signalisierte der Alarm, wurde die Notreserve von 1,3 Tonnen angezapft. Aber der Captain blieb auf Kurs in Richtung Wien, obwohl die Distanz bis dorthin noch 120 Meilen betrug. Das Flugzeug näherte sich Wien mit dem normalen Gleitwinkel von ca. drei Grad. Die Piloten entnahmen den Daten des Computers, dass noch genügend Treibstoff für die Landung vorhanden war. Aber der Rechner vermittelte offenkundig nicht die tatsächliche Menge des erhöhten Verbrauchs von Kerosin aufgrund des nicht eingefahrenen Fahrgestells. Korrekt arbeiteten zwar die Tank-Anzeigen – wurden aber nicht beachtet. Einige hundert Meter vor der Rollbahn des Flughafens Wien-Schwechat, in rund tausend Meter über Grund, verstummten die Triebwerke – die Maschine segelte gerade noch gegen die Piste hin. Um bei der Notlandung einen allzu harten Aufprall zu vermeiden, steuerten die Piloten den Airbus auf die Wiese neben der Piste. Das Aufsetzen war dennoch hart und fast nicht mehr zu kontrollieren – das linke Fahrwerk brach weg, der linke Flügel riss ab, das Flugzeug schlitterte etwa einen halben Kilometer durchs Gelände. Die 40-Millionen-Dollar teure Airbus-Maschine erlitt Totalschaden.

Die Passagiere konnten das Flugzeug über die vorderen Notrutschen verlassen – dabei erlitten, wie erwähnt, 27 leichtere Verletzungen.

Der Airbus 310 nach der Notlandung auf dem Wiener Flughafen. Bei der Bruchlandung wurden 27 Menschen leicht verletzt.

Russland: Putin setzt sich überall durch

Der russische Präsident, *Wladimir Putin* (am 31.12.99 von seinem Vorgänger *Jelzin* zum interimistischen Nachfolger ernannt, im März definitiv zum Präsidenten gewählt), setzte sich sowohl an der innenpolitischen Front als auch aussenpolitisch durch:

- Er war erfolgreich bei der Entmachtung der Gouverneure und der Republikspräsidenten;
- Er schränkte die Macht der bisher politisch einflussreichen Milliardäre (*Beresowski, Gussinski* etc.) ein;
- Er verkündete, nach dem Besuch in Peking, die Intensivierung der Zusammenarbeit mit China;
- Er gewann bei der Teilnahme am Weltwirtschaftsgipfel in Okinawa internationalen Respekt. Man erkannte Ende Juli: Russland unter *Putins* Führung war anders als unter *Jelzin*. Der Staat bewegte sich in der Richtung einer autoritären Herrschaft, aber er wies auch die eigenmächtigen Oligarchen und «Fürsten» in den Provinzen in ihre Schranken.

Etappen im innenpolitischen Machtkampf:
- *Putin* verhehlte nicht eine gewisse Geringschätzung gegenüber den freien Medien. Vorläufiger Höhepunkt: die vorübergehende Verhaftung von *Wladimir Gussinski*, der u. a. einen Fernsehsender besass, in dessen Programmen manchmal auch kritisch über die hohe Politik berichtet wurde. *Gussinski* wurde unter dem Vorwurf der Veruntreuung von Staatsvermögen für einige Tage ins Gefängnis gesteckt.
- *Boris Beresowski,* wie *Gussinski* in kurzer Zeit Milliardär geworden, übte Kritik an der Machtkonzentration der Umgebung *Putins*. Er musste daraufhin harte Kritik vom Kreml einstecken. Schliesslich legte *Beresowski* demonstrativ sein Mandat als Parlamentarier nieder.

Wladimir Putin: Im Juli im Hoch, doch im August folgten schwere Rückschläge. Wieder gab es einen Terroranschlag in Moskau, dann folgte die U-Boot-Katastrophe der «Kursk».

● Der in den letzten Jahren mächtig gewordene Föderationsrat (er erschien oft mächtiger als die russische Zentralregierung) wurde entmachtet. Das Land müsse regierbarer werden, begründete *Putin* sein Vorgehen gegenüber dem Rat. Inskünftig kann der Präsident «Provinzfürsten», die sich nicht an die Gesetze halten, vom Dienst suspendieren.

International waren dies die wichtigsten Ereignisse:

● Am 19. Juli besuchte er, als erster russischer Staatschef, das stalinistische Nordkorea. Gemeinsam mit dem nordkoreanischen Diktator *Kim Jong Il* übte er scharfe Kritik an den Plänen der USA, ein neues Raketenabwehrsystem aufzubauen.

● Ebenfalls Kritik formulierte *Putin,* gemeinsam mit dem chinesischen Präsidenten *Jiang Zemin*, an der amerikanischen Verteidigungspolitik. Beide Staatschefs unterzeichneten eine Erklärung über die intensivierung der beidseitigen Beziehungen und über die Zusammenarbeit beim Bau eines Forschungsreaktors für die Technologie der Schnellen Brüter.

● Beim G-8-Gipfeltreffen im japanischen Okinawa (der Weltwirtschaftsgipfel besteht im Prinzip aus den sieben wichtigsten Industriestaaten – Russland, als G-8, kann jeweils in einer zweiten Etappe teilnehmen) versuchte *Putin,* die mächtigsten Regierungen zum Schulden-Erlass gegenüber Russland zu bewegen. Dabei blieb er weitgehend erfolglos. Der deutsche Bundeskanzler, *Gerhard Schröder,* lehnte den Schuldenerlass mit dem Hinweis ab, Russland sei kein Entwicklungsland, sondern eine Weltmacht mit hohem Wirtschaftswachstum. Russland solle aber mehr Zeit erhalten, um seine Darlehen zurückzuzahlen.

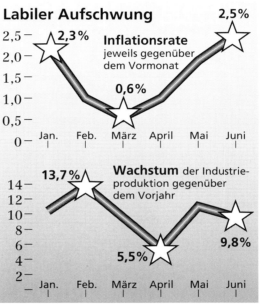

Putin in Pjöngjang, der Hauptstadt Nordkoreas: erster russischer Besuch auf der höchsten Ebene.

Mit dem deutschen Kanzler Gerhard Schröder am G-8-Gipfeltreffen in Okinawa.

G-7, Weltwirtschaftsgipfel:

Der Weltwirtschaftsgipfel wurde zum 26. Mal durchgeführt. Teilnehmer waren Japan, Deutschland, Grossbritannien, Frankreich, Italien, Kanada und die USA. Dieses Gremium wurde durch den Beizug von Russland zur G-8 erweitert.

Die Konferenz im japanischen Okinawa war das teuerste G-7- respektive G-8-Treffen seit der Gründung. Es kostete 81,4 Milliarden Yen, ca. 800 Millionen Dollar. So teuer wurde der Gipfel u.a. wegen der geografischen Entfernung Okinawas von Tokio (1360 Kilometer). Die japanische Regierung erbaute, nur für diese Konferenz, mehrere Kongressgebäude. Und für die Sicherheit der Gipfelteilnehmer brachte Japan 22 000 Polizisten, Soldaten und Beamte der Küstenwache in die Ortschaft Nago (55 000 Einwohner) auf Okinawa.

7

USA: Rekordbusse für Tabak-Industrie

Ein Gericht in Miami im US-Bundesstaat Florida fällte am 14. Juli ein exemplarisches Rekord-Urteil: es verurteilte die fünf grössten Zigarettenproduzenten des Landes zu einer Geldbusse von total 145 Milliarden US-Dollar. Es handelte sich um die grösste Strafzahlung in der Geschichte der USA. Der leitende Ankläger hatte die sechs Geschworenen sogar dazu aufgefordert, eine Busse von 154 Milliarden $ zu verhängen – um «der Welt eine Botschaft zu senden». Die Verteidigung anderseits erklärte, diese Summe sei zehn Mal mehr, als die Tabak-Konzerne sich leisten könnten, und würde «den Tod der Industrie bedeuten». Das Verfahren hatte zwei Jahre gedauert und 58 000 Seiten Gerichtsakten gefüllt. Sowohl das Urteil wie auch die Reaktion der Konzerne waren pathetisch gefärbt – denn die Chance oder die Gefahr, dass die Tabak-Firmen die gigantische Busse jemals zahlen müssten, war sehr gering. Der US-Bundesstaat Florida hatte nämlich schon einige Monate vorher ein Gesetz erlassen, das eine Busse auf provisorisch 100 Millionen $ pro Unternehmen begrenzte. Keine Firma dürfe durch Bussen in den Konkurs getrieben werden, lautete die Begründung.
Die Geschworenen hatten bereits im Juli 1999 in einem grundsätzlichen Spruch erklärt, die Tabakindustrie stelle ein «gefährliches, Sucht erzeugendes Produkt» her, und verurteilte die Industrie zu 12,7 Milliarden $. Doch dann trat Anwalt *Stanley Rosenblatt* auf und verkündete im Namen von 500 000 erkrankten Rauchern, der «Tag der Abrechnung» werde erst noch kommen.
Jetzt, als das Gericht die Konzerne zu 145 Milliarden verurteilte, erklärte er, die Strafzahlung sei verhängt worden wegen «Betrug, Verschwörung und dem Verkauf gefährlicher Produkte».
Die verurteilten Konzerne: Philip Morris, Brown & Williamson, R. J. Reynolds, Lorillard Tobacco und die Liggett Gruppe. Ihre Anwälte wiesen darauf hin, dass diese Unternehmen bereits 254 Milliarden $ unter einem Vergleich mit den einzelnen US-Bundesstaaten zahlen müssten. Aber auch das war zwiespältig: diese Summen sollten im Verlauf der kommenden 25 Jahre an die Bundesstaaten abgeliefert werden, und für die Bundesstaaten der USA bedeutete dies eine schöne Steigerung ihrer Einnahmen.
An Raucher direkt bezahlte die US-Tabakindustrie noch nie Schadenersatz. Die Tabak-Konzerne argumentierten immer, der oder die Einzelne sei für die Entscheidung, ob er oder sie rauchen wolle oder nicht, selbst verantwortlich.
Die Vereinigung «Citizens for a Tobacco-Free Society» gab nach dem Urteil von Miami trotz allem der Hoffnung Ausdruck, dass die Tabakindustrie nun mehr Schwierigkeiten bei der Vermarktung ihrer Zigaretten haben werde als früher.

Zigaretten-Industrie in Amerika: mächtige Industrie, mächtige Lobby, viele Gegner – ob sie die Riesenbusse je bezahlen wird?

AUGUST

134	Chronik
136	Britanniens «Queen Mum» feiert 100. Geburtstag
138	Hugo Chavez, Präsident Venezuelas zu Besuch bei Saddam Hussein in Irak
139	Terror der ETA in Spanien fordert immer mehr Todesopfer
140	USA: Kandidaten für die Präsidentschaft
142	Geiseldrama auf den Philippinen: fünf Menschen durch libysches Geld freigekauft
144	Russisches Atom-Unterseeboot «Kursk» verunglückt – 118 Tote
146	Bürgerkriegsparteien in Burundi unterzeichnen Friedensabkommen
148	Carl Barks, Zeichner der Comicfigur Donald Duck, 99jährig gestorben

David Levi, zurückgetretener Aussenminister Israels: seit der Bildung der Koalition unzuverlässig als Partner von Barak.

Laurent Kabila, Präsident von Kongo-Zaire seit 1997 (Nachfolger Mobutus): als Friedenspolitiker viel zu früh gerühmt.

1.8. US-Republikaner wollen Bush
Die US-Republikaner beginnen ihren Parteikonvent in Philadelphia. *George W. Bush*, konservativer Gouverneur von Texas, wird zum Kandidaten für die Präsidentschaft (Wahl am 7.11.) nominiert.

2.8. Israels Regierung in Dauerkrise
Israels Aussenminister, *David Levy*, tritt aus der Regierung aus. Aus Protest gegen die angeblich zu kompromissbereite Haltung von Premier *Barak* bei den Gesprächen in Camp David mit *Arafat*.

3.8. Indien: Kashmir-Offensive
Indien startet eine militärische Offensive gegen muslimische Extremisten in Kashmir. Dem Terror von Muslim-Fundamentalisten fielen in den letzten Tagen mehr als 100 Menschen zum Opfer.

4.8. Britische Königin-Mutter 100jährig
Die Mutter der britischen Königin, *Elizabeth I*, feiert ihren 100. Geburtstag. Sie ist landesweit populär und verkörpert für viele Briten die Tradition der Monarchie.

5.8. Zaire: Kabila will keinen Dialog
Der Präsident von Kongo-Zaire, *Laurent Kabila*, lehnt es ab, am Treffen von 14 Staatschefs der Entwicklungsgemeinschaft südliches Afrika (SADC) teilzunehmen. Dort hätte über eine politische Lösung des Bürgerkriegs in Zaire beraten werden sollen.

6.8. Russen flüchten aus Tschetschenien
Etwa 2000 Zivilisten, die meisten Russen, flüchten aus Tschetschenien. Vorausgegangen sind Drohungen von seiten der Rebellen Tschetscheniens.

7.8. Georgien: IKRK-Probleme
Zwei Mitarbeiter des Internationalen Komitees vom Roten Kreuz (IKRK) werden in Georgien entführt. Das IKRK sieht sich genötigt, seine humanitäre Tätigkeit in der Grenzregion zu Tschetschenien zu suspendieren.

8.8. Moskau: Terror gegen U-Bahn
Ein Bombenanschlag in der Station Twerskaja der Untergrundbahn von Moskau fordert acht Tote und etwa 50 Verletzte. Man vermutet tschetschenische Rebellen als Täter.

8.8. Chile: Pinochets Immunität aufgehoben
Das Oberste Gericht Chiles hebt die parlamentarische Immunität des früheren Diktator-Präsidenten, *Augusto Pinochet*, auf. Damit ist der Weg für einen Prozess frei.

9.8. ETA-Terror ohne Ende?
In Pamplona erschiessen ETA-Terroristen einen Armeeoffizier. Ein Tag davor wird in Madrid ein Manager durch ETA-Aktivisten ermordet, elf weitere erleiden Verletzungen.

10.8. Erster Staatsbesuch in Irak
Venezuelas Präsident, *Hugo Chavez*, reist als erster Staatspräsident seit der Verhängung des UNO-Embargos (1991) in offizieller Mission nach Irak. Er wird von Präsident *Saddam Hussein* mit vielen Ehren empfangen. *Chavez'* Besuch brüskiert vor allem die USA, die sich für ein striktes Isolieren Iraks stark machen.

11.8. Iran lässt Irak-Gefangene frei
Iran lässt 728 irakische Kriegsgefangene frei. Sie waren während des Kriegs zwischen den beiden Ländern zwischen 1980 und 1988 gefangengenommen worden. Nach irakischen Angaben befinden sich aber noch immer 29 000 Iraker in iranischen Gefängnissen.

14. 8. Islamisten kämpfen in Kirgistan
Islamische Fundamentalisten, aus Pakistan oder Afghanistan eingedrungen, liefern den Truppen von Kirgistan, auch in einem Tal Uzbekistans, heftige Kämpfe. 30 Rebellen und 10 Regierungssoldaten kommen ums Leben.

13.8. Demonstration für ETA
Etwa 5000 baskische Nationalisten demonstrieren in Bilbao für die Terrororganisation ETA. Sie fordern ETA zur Fortsetzung der Gewalt auf. Anlass war der Tod von vier ETA-Leuten, die beim Transport von Sprengstoff (der für Attentate verwendet werden sollte) durch eine Explosion umkamen.

12.8. Russische U-Boot-Katastrophe
Das Atom-Unterseeboot «Kursk» mit 118 Männern an Bord verunglückt in der Barentssee. Alle Soldaten und Offiziere kommen ums Leben. Als Ursache gilt die Explosion eines Torpedos. Die «Kursk» nahm an einem Manöver teil und sollte Marschflugkörper und Torpedos testen.

15.8. Afghanistan: Taliban-(Un)Gerechtigkeit
Die in Afghanistan herrschenden Taliban verbieten 350 Frauen (alles Witwen), weiterhin ihre Bäckereien zu führen. Die extrem-muslimischen Taliban hatten den Frauen schon 1996 jegliche Arbeit ausser Haus verboten, setzten das Verbot aber nicht immer durch. UNO-Behörden protestieren – daraufhin lassen die Taliban die Bäckereien wieder öffnen.

16.8. US-Demokraten nominieren Gore
Die Delegierten der Demokratischen Partei der USA nominieren, erwartungsgemäss, den bisherigen Vizepräsidenten, *Al Gore*, zum Kandidaten für die Präsidentschaft.

17.8. 20 Verletzte durch Bomben in Riga
In Riga, der Hauptstadt Lettlands, explodieren in einem Einkaufszentrum zwei Bomben. Meschen werden verletzt. Die Urheber bleiben vorläufig unerkannt.

18.8. UNO-Kommission zugunsten Iraks
Die aus 26 Mitgliedern bestehende UNO-Unterkommission für Menschenrechte appelliert an den Sicherheitsrat, die Sanktionen gegen Irak zu lockern. Am gleichen Tag bombardieren britische und amerikanische Kampfflugzeuge Stellungen in Irak.

19.8. Venezuelas Chavez wieder vereidigt
Der am 30.7. wiedergewählte Präsident Venezuelas, *Hugo Chavez*, wird in Caracas vereidigt. Ausländische Staatschefs boykottieren die Zeremonie. *Chavez* erklärt, er habe keine Absicht, die Meinungsvielfalt in Venezuela einzuschränken.

19.8. Deutschland: Neonazi-Provokationen
In mehreren deutschen Städten organisieren Neonazis Kundgebungen zum Todestag von Hitlers Stellvertreter, *Rudolf Hess*. In Hamburg verhindern ca. 2000 Polizisten Zusammenstösse zwischen Neonazis und Gegendemonstranten. Rechtsextremistische Agitation bereitet der Politik in Deutschland zunehmend Sorge.

19.8. Schweiz: auch hier Rechtsextremisten
In der Gemeinde Malters (Kanton Luzern) nehmen 200 Personen an einem Treffen rechtsextremistischer Skinheads teil. Durch Liestal (Kanton Baselland) marschieren aus Anlass des Todestags von *Rudolf Hess* 20 Skinheads.

20.8. Nordpol ohne Eis
Am Nordpol schmilzt das Eis. Anstelle der üblicherweise mehrere Meter dicken Eisdecke erstreckt sich jetzt eine 1,6 km breite Wasserstrasse. Ausgelöst wurde die Eisschmelze durch die Erwärmung der Erdatmosphäre (Treibhauseffekt).

20.8. Rom: Zwei Millionen Jugendliche jubeln
Zwei Millionen Jugendliche jubeln am Weltjugendtreffen der katholischen Kirche in Rom dem Papst zu. Der 80jährige *Johannes Paul II.* ruft sie zur Beachtung von Moral und Ethik auf.

21.8. Nordirland: Fehde bei Extremisten
Innerhalb der protestantischen Untergrundorganisationen Nordirlands fordert ein Machtkampf zwei Tote. Kontrahenten sind die Ulster Defence Association (UDA) und die mit ihr rivalisierende Ulster Volunteer Force (UVF).

22.8. Gewalt in Kosovo
Zwei Albaner werden in der Stadt Kosovska Mitrovica von einem Soldaten der internationalen Friedenstruppe erschossen. Die beiden Albaner hatten einen Offizier der Truppe (er stammte aus den Vereinigten Arabischen Emiraten) attackiert.

23.8. Flugzeugabsturz bei Bahrain: 143 Tote
Ein Airbus 320 der «Gulf Air» stürzt beim Landeanflug ins Meer. Alle 143 Menschen an Bord kommen ums Leben. Die Maschine kam aus Kairo und hatte vor allem Passagiere, die in Ägypten Ferien verbracht hatten.

24.8. Kickboxer Andy Hug gestorben
Auf dem Höhepunkt seiner internationalen Karriere stirbt der aus der Schweiz stammende, in Japan lebende Weltklasse-Kickboxer *Andy Hug* an Blutkrebs. Er war für Millionen von Japanern ein Idol und Vorbild.

25.8. Donald Duck-Zeichner gestorben
Der Zeichner der weltbekannten Comicfigur «Donald Duck», der Amerikaner *Carl Barks*, stirbt im Alter von 99 Jahren.

26.8. Feuer in Moskauer Fernsehturm
In der Folge eines Brandes im 540 Meter hohen Moskauer Fernsehturm kommen drei Menschen ums Leben. Der 1967 gebaute Turm galt als Symbol für technischen Fortschritt in Russland.

27.8. Jolo: Wieder fünf Geiseln frei
Die Abu-Sayyaf-Rebellen auf der Philippinen-Insel Jolo lassen (gegen horrendes Lösegeld) nochmals fünf jener Geiseln frei, die sie am 23.4. entführt hatten. In verschiedenen Lagern halten die Rebellen aber noch immer 24 Menschen in ihrer Gewalt.

28.8. Friedensabkommen für Burundi
Dank Vermittlung des ehemaligen südafrikanischen Präsidenten *Mandela* kommt endlich ein Abkommen zwischen den Bürgerkriegsparteien im ostafrikanischen Kleinstaat Burundi zustande. Die Kämpfe in Burundi gehen dennoch weiter.

29.8. Vaillant Innenminister Frankreichs
Im Protest gegen die Korsika-Politik von Premier *Jospin* tritt Innenminister *Chevènement* zurück. *Jospin* wollte den Korsika-Konflikt durch eine milde Übertragung einiger Kompetenzen entschärfen. Nachfolger von *Chevènement* wird der bisherige Parlamentsminister, *Daniel Vaillant*.

30.8. Kontroverse um US-Politik in Kolumbien
US-Präsident *Clinton* besucht Kolumbien und erklärt in der Stadt Cartagena, Washington werde weiterhin 1,3 Milliarden $ jährlich für die Bekämpfung der Drogenmafia in Kolumbien «spenden». Kritiker (unter ihnen die meisten Staatspräsidenten anderer Länder Lateinamerikas) kommentieren, die US-Gelder würden lediglich den Bürgerkrieg in Kolumbien anheizen. Das könne verheerende Folgen für die Nachbarstaaten haben.

31.8. Prozess gegen Suharto
In Jakarta beginnt ein Prozess gegen den 1998 entmachteten indonesischen Präsidenten *Suharto*. Ihm wird die Entwendung von 420 Millionen $ vorgeworfen.

Der Weltklasse-Kickboxer Andy Hug stirbt im Alter von 36 Jahren an Blutkrebs.

Lionel Jospin, Frankreichs Premierminister: im August Probleme wegen Korsika, im September Auseinandersetzungen um Diesel- und Benzinpreise.

Queen Mum: 100. Geburtstag

Die britische Königinmutter, vom Volk liebevoll «Queen Mum» genannt, feierte am 4. August ihren hundertsten Geburtstag – und ganz Grossbritannien feierte mit. Es gab Paraden und Feste, und die Mutter von Königin *Elizabeth II* zeigte sich der Öffentlichkeit in munterer Frische.

Geboren wurde sie am 4. August 1900 als Kind eines schottischen Grafen. Sie hiess damals *Elizabeth Angela Marguerite Bowes-Lyon*. 1923 heiratete sie *Albert*, Herzog von York, den zweiten Sohn von König *George V*. Das Paar hat zwei Kinder: *Elizabeth*, geboren 1926, und *Margaret*, geboren 1930.
Im Jahr 1936 ereignete sich für die königliche

Zwei Mal die Königinmutter: links beim hundertsten Geburtstag vor der St.-Pauls-Kathedrale in London – oben auf einer Aufnahme aus dem Jahr 1984.

Familie der «Skandal des Jahrhunderts»: *Alberts* Bruder, *Edward VIII*, verzichtete auf den Thron, weil er seine grosse Liebe, die geschiedene Amerikanerin *Wallis Simpson*, heiraten wollte. Daher musste dessen Bruder, der in der Öffentlichkeit unsicher wirkende *Albert* die Thronfolge antreten. Er nannte sich als Monarch allerdings nicht mehr *Albert*, sondern *George VI*. Seine Frau hiess nunmehr Königin *Elizabeth*.
Breite Popularität erwarb sie sich während des Zweiten Weltkriegs. Sie weigerte sich demonstrativ, mit ihren Töchtern das Land zu verlassen: «Die Kinder gehen nicht ohne mich, ich kann den König nicht allein lassen, und der König würde das Land nie verlassen.» Auch während der deutschen Bombenangriffe blieb sie in London und besuchte die Trümmer des von deutschen Bomben schwer beschädigten East Ends, des Arbeiterviertels. Dabei wurde sie anfänglich allerdings nicht immer freundlich empfangen – das änderte sich erst, als deutsche Bomben auch auf Buckingham fielen.
Nach dem Tod von *George VI* wurde ihre Tochter, *Elizabeth II*, Königin. Seither spielte sie ihre Rolle als freundliche «Queen Mum». Ihre Beliebtheit bei der Mehrheit der Briten war ungebrochen, als «Queen Mum» am 4. August ihren hundertsten Geburtstag feierte.
Allerdings: es gab auch Biografen, die ein etwas schwierigeres Bild der Königinmutter zeichneten. Sie gab seit 1923 keine Interviews mehr (damals erregte sie mit ihren Äusserungen den Zorn von König *George V*), sondern sprach nur noch wenige freundliche Worte zu den einfachen Menschen bei öffentlichen Auftritten. Sie liebte es, mit ihren eigenartigen Kleidern und ihren Hüten Auffallen zu erregen. Nach der Abdankung von *George V* und der «Mesalliance» mit der Amerikanerin *Wallis Simpson* sorgte sie dafür, dass das Paar Grossbritannien nicht mehr besuchen konnte. *Wallis Simpson*, die nunmehr Herzogin von Windsor hiess, strafte sie mit Verachtung. In einem Brief nannte sie sie «the lowest of the low». Sie oder ihre Umgebung sorgte dann dafür, dass der Brief aus den Archiven verschwand.
Ihren Gatten, *Albert*, der nach der Thronbesteigung *George VI* hiess, lenkte sie so, dass er nach einiger Zeit in der Öffentlichkeit bestehen konnte. Sie engagierte für ihn u.a. einen Sprach- und Atemtherapeuten. Die Kinder und Enkel wurden von ihr beaufsichtigt und gelenkt. Der Tochter *Margaret* verbot sie eine Liebesheirat. Den Enkel, *Charles*, «verkuppelte» sie mit *Diana Spencer*, rechnete aber nicht damit, dass Prinzessin *Diana* wegen der Seitensprünge ihres Manns dem Königshaus den Rücken kehren würde.
Die «Queen Mum» erfand den königlichen «walkabout», die Annäherung zu Fuss ans gewöhnliche Volk. Dabei sprach sie jeweils ein paar nette Worte mit den Leuten – und all das wirkte immer ungezwungen und natürlich. Der Korrespondent der «Neuen Zürcher Zeitung» in London schrieb: «Vielleicht ist die Queen Mother so beliebt, weil sie ein längst verschwundenes Zeitalter evoziert und damit, wie vor ihr nur Königin *Victoria*, die Kontinuität der Monarchie durch eine bewegte Zeit verkörpert.»

Tod von Prinzessin Diana: «Weltrundschau 1997», Seiten 142 bis 144.

Interview mit Diana: «Weltrundschau 1995», Seiten 328 bis 331.

60. Geburtstag von Königin Elizabeth: «Weltrundschau 1986», Seiten 84 / 85.

Zwei eigenwillige Politiker: links Iraks Präsident Saddam Hussein, neben ihm der venezolanische Präsident Hugo Chavez. Die USA protestierten gegen den Besuch in Bagdad.

■ Krieg gegen Irak wegen der Kuwait-Invasion: «Weltrundschau 1991», Seiten 25-39, 58-65, 216-223.

■ USA und Irak: «Weltrundschau 1992», Seiten 146 und 147.

Chavez' Irak-Besuch – Empörung in USA

Der populistische, unkonventionelle Präsident Venezuelas, *Hugo Chavez*, brach am 10. August ein Tabu, für das vor allem die US-Regierung eine Vorliebe hatte: das Tabu der Isolierung Iraks. *Chavez* besuchte im Rahmen einer Rundreise durch die OPEC-Staaten (Gemeinschaft Erdöl fördernder Länder) Bagdad und wurde dort vom obersten Chef des international isolierten Regimes mit allen denkbaren Ehren empfangen. Präsident *Saddam Hussein* chauffierte *Chavez* am Steuer eines Wagens sogar persönlich durch die irakische Hauptstadt. Die US-Regierung zeigte sich empört. *Chavez* habe das Embargo-Komitee des UNO-Sicherheitsrates nicht vorher um die Erlaubnis gefragt, nach Irak zu reisen. Es sei eine zweifelhafte Auszeichnung, der erste demokratisch gewählte Staatspräsident zu sein, der den irakischen Diktator in seinem Land besuche, erklärte das Aussenministerium in Washington. Der Aussenminister Venezuelas tat die amerikanische Kritik als absurd ab – es handle sich bei dem Besuch um den Akt des Staatsoberhaupts eines souveränen Staates, erklärte er.

Hugo Chavez unternahm die Visite in Bagdad im Rahmen einer Reise, die ihn u.a. auch nach Saudiarabien, Kuwait, Iran, Nigeria und Libyen führte. Mit ihnen und mit Irak arbeitete Venezuela im Rahmen der OPEC zusammen. Die Reise *Chavez'* (der im Jahr 2000 die OPEC-Präsidentschaft innehatte) diente dem Ziel, die OPEC-Staaten vom Sinn einer einheitlicheren Politik (Absprache von Produktionsmengen und eine Preisbindung) zu überzeugen. *Chavez* wollte verhindern, dass andere ölproduzierende Länder dem Beispiel Saudiarabiens folgen würden, das im Juli seine Produktion um ca. 250 000 Fass pro Tag gesteigert hatte (1 Fass = 159 Liter). Der venezolanische Aussenminister meinte, auch wenn Irak nur 2,6 Millionen Fass pro Tag exportierte, so könne dies in einer nach Öl dürstenden Welt doch nicht ignoriert werden. Der Ölpreis kletterte im Sommer auf über 30 $. Für die Industrieländer bedeutete das eine Belastung. Sie wirkte sich in der Form von Teuerung aus und brachte u.a. die Flug-Konzerne in Schwierigkeiten. Wer anderseits Öl förderte, konnte von der Hausse reichlich profitieren. Präsident *Hugo Chavez* hielt sich bei seinem Besuch in Irak insofern an die Bestimmungen des internationalen Embargos, als er nicht nach Bagdad flog, sondern die Grenze zwischen Iran und Irak bei Mundhiriya überquerte. Von dort aus flog er dann mit einem Helikopter nach Bagdad. Das Embargo verbot Flüge über die irakische Grenze hinweg. Die internationalen Sanktionen gegen Irak waren nach dem Krieg vom Januar / Februar 1991 verhängt worden. Damals griff eine Koalition mit Truppen aus 28 Staaten Irak an, um dessen Diktator, *Saddam Hussein*, zum Rückzug aus dem im August 1990 besetzten Kuwait zu zwingen. Irak verlor den Krieg, aber *Saddam Hussein* blieb an der Macht. Im Jahr 2000 sprachen sich Russland, aber auch einige westeuropäische Länder für die Lockerung oder Aufhebung der Sanktionen aus. Die USA aber waren strikt gegen jede Änderung, obgleich klar war, dass das Regime Iraks durch die Sanktionen nicht geschwächt wurde. Die Konsequenzen trugen die unteren Schichten der irakischen Bevölkerung.

Hugo Chavez galt als eigenwilliger, auf viel Effekt bedachter Politiker. 1992 hatte er, als Militär, versucht, Präsident *Carlos Perez* zu stürzen. Der Putsch schlug fehl und *Chavez* musste für zwei Jahre ins Gefängnis. 1999 aber konnte er bei den Präsidentschaftswahlen einen triumphalen Sieg feiern. Er galt seit dem gescheiterten Putsch als Anwalt der Unterprivilegierten, der den «zügellosen Liberalismus» und den «Krebs der Korruption» geisselte. *Chavez* zeigte viel Bewunderung für Kubas *Fidel Castro* und äusserte sich immer wieder kritisch zur Politik der USA in Lateinamerika. Am 30. Juli 2000 wurde er mit einem Stimmenanteil von fast 60% bei einer weiteren Präsidentschaftswahl vom Volk bestätigt.

Spanien: ETA-Terror eskaliert weiter

Der Terror der baskischen ETA eskalierte im Juli und August – bis Ende des Monats August lautete die Bilanz der Todesopfer seit der Aufkündigung des Waffenstillstands (28. November 1999) bereits auf zwölf. Am 20. August, dies war leider nur ein Beispiel, wurden zwei spanische Polizeibeamte, unter ihnen eine 32 Jahre alte Frau, in einer Ortschaft der aragonischen Provinz Huesca umgebracht. Die Terroristen hatten an ihrem Auto eine Bombe befestigt. Kurz zuvor hatte die Polizei in Zaragoza, der Hauptstadt Aragoniens, zwei ETA-Aktivisten festgenommen. Man hatte ein Auto entdeckt, das in Frankreich gestohlen worden war. Es war mit 100 Kilogramm Sprengstoff beladen. Die ETA transportierte seit einiger Zeit in Frankreich gestohlenen Sprengstoff über die Pyrenäen-Grenze in der Provinz Aragonien nach Spanien – weil dieser Grenzabschnitt nicht so stark kontrolliert wurde wie die Grenzen in den baskischen Pyrenäen. Es gab in der betreffenden Region auch eine grüne Grenze, und die entsprechenden Wege sollen von ETA-Leuten sogar zu Fuss immer wieder benutzt worden sein.

Die ETA-Anhänger betrachteten sich als im Krieg mit dem spanischen Staate stehend. Mit dieser abstrusen Begründung feierten sie ihre zu Tode gekommenen Mitglieder wie Helden. So beispielsweise in der Ortschaft Markina, wo ein verunglückter ETA-Terrorist pompös geehrt werden sollte. Der Mann namens *Rementeria* war, zusammen mit drei anderen ETA-Leuten, bei der Explosion von Sprengstoff, den sie in einem Auto transportierten, umgekommen. *Rementeria* wurde von den spanischen Behörden sechsfacher Mord vorgeworfen – er war der Führer des Mordkommandos «Vizcaya». Aus Angst vor der Gewalt der ETA stimmte der Gemeinderat von Markina, der mehrheitlich aus Mitgliedern der gemässigten Baskenpartei PNV bestand, der Zeremonie zu. Man wollte die Leiche des aus Markina stammenden Manns im Rathaus aufbahren und dann mit den höchsten Ehren bestatten. Der Nationale Gerichtshof Spaniens (Audiencia Nacional) verbot die Zeremonie. Daraufhin versuchte die Partei Herri Batasuna (politischer Arm der ETA), für *Rementeria* in der Ortschaft Hernani ein Staatsbegräbnis zu veranstalten. Das Gericht verbot auch dies, aber die Trauerfeier fand dennoch statt.

Am 29. August ermordete ETA wieder einen Politiker. Opfer war der 29 Jahre alte *Manuel Indiano*, Mitglied des Stadtrats von Zumarraga in der Nähe von San Sebastian und Besitzer einer Konditorei. Vor seinem Laden wurde er von zehn Patronen in Brust und Bauch getroffen. Er starb eine Stunde später im Spital der Stadt. ETA wurde 1958 von baskischen Studenten als Widerstandsorganisation gegen das Franco-Regime gegründet. 1979, vier Jahre nach dem Tod von *Francisco Franco*, erhielt das Baskenland eine moderne Verfassung und weitgehende interne Autonomie: eigene Steuerhoheit, eigene Polizei und wirtschaftliche Bevorzugung wegen der damaligen Krise in der Schwerindustrie. Seit Ende der siebziger Jahre hatte das spanische Baskenland Regionalregierungen, die von der christdemokratischen PNV dominiert wurden. 1998 schloss PNV eine Allianz mit der Linksallianz Euskal Herritarrok, in der *Herri Batasuna*, also der politische Arm von ETA, die stärkste Kraft darstellte.

Den ersten Mordanschlag verübte ETA 1968. Dem ETA-Terror fielen bis Sommer 2000 fast 800 Menschen zum Opfer. 1998 deklarierte ETA einen Waffenstillstand, kündigte diesen aber im November 1999 wieder auf und kehrte zur brutalen Gewalt zurück.

Weitere Details zur Geschichte von ETA: «Weltrundschau 1999», Seite 202.

Trauerfeier für zwei von ETA ermordete Mitglieder der Guardia Civil (21. August). In der Bildmitte Ministerpräsident José Maria Aznar, neben ihm Innenminister Jaime Oreja.

Parteikonvent der Demokraten in Los Angeles: Letzter grosser Auftritt von Bill Clinton. Demokraten rühmen seine Errungenschaften, Republikaner üben von Ferne harte Kritik an Clintons Präsidentschaft.

USA: Pathetischer Wahl-Auftakt

Die Republikanische und die Demokratische Partei der USA führten im August in Philadelphia und in Los Angeles ihre Parteikonvente durch, nominierten ihre Kandidaten für die Präsidentschaft, verkündeten Grundsatzprogramme und überboten sich gegenseitig in pathetischen Parolen. «Die Nacht geht vorüber, und wir sind bereit für den neuen Tag», rief der Kandidat der Republikaner, *George W. Bush,* am 4. August in Philadelphia aus. Er und sein Stellvertreter, *Dick Cheney,* seien «bedingungslos zum Führen bereit», erklärte er. Die Regierung Clinton habe während acht Jahren steigenden Wohlstands und wachsender Budget-Überschüsse nichts unternommen, um die Probleme des Landes zu lösen. Mit dem Kandidaten der Demokraten, dem bisherigen Vizepräsidenten *Al Gore,* ging *Bush* hart ins Gericht: er sehe überall nur Risiken, betreibe eine Politik «der Strassensperre, eine Philosophie des Stoppschilds». *Gore* hätte, witzelte *Bush,* seinerzeit wohl auch die Erfindung der Glühbirne als «riskanten Anti-Kerzen-Plan» kritisiert.

Etwas sachbezogener schlug *Bush* vor, die Einkommenssteuer zu senken und die Erbschaftssteuer aufzuheben. Er versprach, sollte er Präsident werden, die Stärkung der US-Streitkräfte, «um den Frieden zu bewahren». So schnell wie möglich sollte eine nationale Raketenabwehr installiert werden. Dem widersprach der noch amtierende Präsident *Clinton* am 1. September. Er erklärte, die Pläne für den Bau eines Raketenabwehrsystems (dagegen hatten sich die Regierungen Russlands und Chinas vehement geäussert) seien noch nicht ausgereift.

Die Republikaner sprachen jetzt von einem «einfühlsamen Konservativismus». Dass *George W. Bush* als Gouverneur von Texas mit verantwortlich war für die dortige Rekordzahl von Hinrichtungen (30 allein zwischen Januar und August) von zum Tode Verurteilten, fand in der Öffentlichkeit mehrheitlich Zustimmung. Und dass der Kandidat für die Vizepräsidentschaft, *Dick Cheney* (ehemaliger Verteidigungsminister), ein rückhaltloser Sympathisant der Waffenlobby war, wurde eher am Rande vermerkt.

Am Parteikonvent der Demokraten, zwei Wochen später in Los Angeles, galt es zunächst, möglichst

viel Positives über die acht Jahre Clinton-Präsidentschaft zu verkünden. *Bill Clinton*, dessen zweite Amtszeit kurz vor dem Ende stand, zog eine selbstsichere Bilanz, und dies besonders im Hinblick auf die wirtschaftlichen Erfolge und den sozialen Fortschritt. Dass sich die USA in den letzten acht Jahren so glücklich entwickelt hätten, sei nicht einem Zufall, sondern einer bewussten Weichenstellung zuzuschreiben. Die Republikaner aber, so *Clinton*, hätten seit dem Beginn seiner Amtszeit jede Verantwortung für die wirtschaftliche Entwicklung abgelehnt.
In der Tat war die wirtschaftliche Bilanz glänzend: niedrigste Arbeitslosigkeit seit 30 Jahren, für Frauen, Schwarze und Hispanics sogar die niedrigste seit je. Das Durchschnittseinkommen stieg während *Clintons* Amtszeit um 5000 $, für die African Americans sogar noch stärker. Die Verbrechensrate, auch darauf wies *Clinton* hin, sei zurückgegangen und die Umwelt sei jetzt sauberer als zuvor. Die Vereinigten Staaten seien nicht nur wirtschaftlich gewachsen, sondern auch als Gemeinschaft. Seine politischen Leistungen stellten eine Brücke ins 21. Jahrhundert dar.
Dann lobte *Clinton* seinen Vizepräsidenten und Wunsch-Nachfolger, *Al Gore*. Er habe mit ihm einen ständigen geistigen Austausch gehabt, und *Gore* habe immer viele politisch wichtige Entscheidungen mitgetragen.

Al Gore präsentierte sich der Öffentlichkeit bei der Nomination in erster Linie als treu sorgender Ehemann und Vater, und zur Bekräftigung dieses Images liess er sich von seiner ältesten Tochter, Karenna, auch als «bester Vater der Welt» feiern. Zum Kandidaten für die Vizepräsidentschaft ernannte er den 58jährigen, jüdischen Senator *Joseph Lieberman* aus dem Bundesstaat Connecticut. *Lieberman* war ein Konservativer und hatte daher u.a. bei den African Americans (eine traditionelle Wählerschicht der Demokratischen Partei) kein besonders gutes Image. *Lieberman* hatte sich als Senator gegen Verordnungen ausgesprochen, die den Minderheiten (also auch den Schwarzen, die jetzt in den USA African Americans genannt werden) zugute kommen sollten. Und den Gewerkschaftern (auch sie gehörten zum Wählerpotential der Demokraten) missfiel, dass *Lieberman* sich radikal für den globalen Freihandel einsetzte. Daher musste der Senator jetzt, da er zum Kandidaten für die Vizepräsidentschaft aufgestiegen war, erst einmal die Bedenken dieser Gruppierungen zerstreuen, und dann hielt er eine stark emotional gefärbte Rede mit der Geschichte seiner Familie im Zentrum. Er schwor, «alle Mauern der Diskriminierung» niederzureissen.
Nach den Parteikonventen gab es für die Spitzenkandidaten eine Schonzeit, dann begann im September der Wahlkampf. Die Wahlen fanden am 7. November statt.

Amerikanische Kandidaten setzen für Wahlkämpfe gerne die Familie ein: oben Karenna Gore, Tochter von Al Gore (links).

George W. Bush, Sohn des ehemaligen US-Präsidenten und Gouverneur von Texas, mit Ehefrau Laura am Parteikonvent der Republikaner in Philadelphia: «Bedingungslos zum Führen bereit!»

Nach der Befreiung aus der Geiselhaft auf der Insel Jolo: Maryse Burgot, Sonya Wendling und Monique Strydom. Nach fast zwanzig Wochen Rückkehr in die Heimat, dank libyschen Millionen-Zahlungen.

Geiseldrama: Geld fliesst in Strömen

Die Terrorgruppe Abu Sayyaf, die am 23. April mehr als 20 Tauchtouristen von Sipadan (Malaysia) nach der Insel Jolo auf den Philippinen entführt hatte, liess am 27. August weitere fünf aus der Gruppe ihrer Gefangenen frei: den Deutschen *Werner Wallert*, die Französinnen *Sonya Wendling* und *Maryse Burgot*, die Libanesin *Marie Moarbes* und die Südafrikanerin *Monique Strydom*. Ein zweiter Südafrikaner konnte das Gefangenenlager einen Tag später verlassen.
In den vergangenen Wochen waren bereits elf Geiseln freigekommen, darunter die Ehefrau von *Werner Wallert*. Anderseits wurden im gleichen Zeitraum wieder Ausländer gekidnapt, darunter französische Fernsehreporter und, am 29. August, ein Amerikaner. Von ihm behaupteten die Terroristen, es handle sich um einen CIA-Agenten. Anderseits sagten sie auch, sie hätten sich «sehr darum bemüht, einen Amerikaner zu bekommen – denn die Amerikaner denken vielleicht, dass wir Angst vor ihnen haben».
Die sechs am 27. / 28. August freigelassenen Geiseln mussten sich via Mindanao (Südphilippinen) zunächst in die libanesische Hauptstadt Tripolis fliegen lassen. Dort veranstaltete *Muammar al-Ghaddafi* eine grosse Zeremonie – denn Libyen war es, das sich als Vermittler in das Geiseldrama eingeschaltet hatte und für jeden Freigelassenen etwa eine Million US-Dollar zahlte. Libyens Führung wollte, nach der vor Monaten erfolgten Aufhebung des internationalen Embargos (vergleiche Seiten 86/87, Beginn des Prozesses gegen die vermuteten Lockerbie-Attentäter), sich gegenüber der Aussenwelt weiterhin als wertvollen Partner erweisen. Die Verhandlungen mit den Rebellen auf den Südphilippinen führte *Ghaddafis* Sohn, *Seif al-Islam*, im Namen der nach aussen hin unabhängigen Internationalen Ghaddafi-Stiftung. Die Institution hatte zuvor mehrmals versucht, im Bürgerkrieg auf den Philippinen (zwischen der Regierung und verschiedenen muslimischen Rebellengruppen im Süden des Landes) zu vermitteln.
Die Ghaddafi-Stiftung deklarierte ihre an die Muslim-Rebellen inklusive Abu-Sayyaf-Gruppe bezahlten Gelder als «Entwicklungshilfe». Beobachter auf Jolo und benachbarten Inseln stellten jedoch fest, dass Rebellen und deren Angehörige jetzt plötzlich neue Kalaschnikow-Gewehre hatten. Und die Abu-Sayyaf-Bewegung verzeichnete gewaltigen Zulauf: aus einer Gruppe von ein paar hundert Rebellen war jetzt eine Truppe von 4000 Mann geworden.
Die Zeremonie in Tripolis, als Feier für die sechs Rückkehrer gedacht, fand in der ehemaligen, von US-Maschinen 1986 zerbombten Kaserne statt, die bis damals *Ghaddafi* auch als Residenz gedient hatte. Die USA deklarierten die Attacke als Vergeltung für den Anschlag auf die Diskothek La Belle in Berlin, bei dem zwei Amerikaner ums Leben kamen. *Muammar al-Ghaddafi* wäre bei den Angriffen der US-Flugzeuge beinahe ums Leben gekommen. Die Ruine der Kaserne wurde seither sorgsam als Monument gepflegt. Das libysche Fernsehen übertrug die Feier und die langen Lobreden auf den Revolutionsführer

■ US-Bomben gegen Ghaddafi: «Weltrundschau 1986», Seiten 68, 69, 74, 81

■ Beginn des Geiseldramas: Seite 67, 84, 85

■ Aufhebung der Sanktionen gegen Libyen und Beginn des Prozesses gegen die möglichen Lockerbie-Attentäter: Seiten 86, 87 in diesem Band.

Deutschlands Aussenminister, Joschka Fischer, im Gespräch mit Ghaddafi-Sohn Seif al-Islam. Als Chef der Ghaddafi-Stiftung vermittelte er die Freilassung. Zahlung pro Person ca. 1 Million Dollar.

Ghaddafi. Die befreiten Geiseln verfolgten die Zeremonie lachend, aber müde unter einem Sonnenzelt vor der Kaserne. Dann konnten sie in ihre Heimatländer zurückfliegen. Im September wurden, wieder dank libyscher Millionen-Zahlungen, auch die anderen europäischen Touristen-Geiseln freigelassen. Dann aber entführte eine Gruppe von Abu-Sayyaf-Rebellen im Norden Borneos, wiederum an der Küste Malaysias, wieder drei Menschen. Wahrscheinlich wollten auch sie europäische Touristen verschleppen – das hatte sich ja durchaus ausgezahlt. Doch die entsprechende Hotel-Anlage war wegen eines Unwetters geschlossen, und so nahmen die Terrroristen eben drei Malaysier mit. Am 17. September eröffnete die philippinische Armee eine grossangelegte Militäraktion gegen die Rebellen auf Jolo.

Vom libyschen Regime organisierte «Feier» in Tripolis: Von links nach rechts der libysche Vermittler Ragab Azzrouq, der Franzose Stephane Loisy, Seif al-Islam Ghaddafi, der Finne Risto Vahanen und sein Landsmann Seppo Franti sowie der Deutsche Marc Wallert.

Das mit einem Atomreaktor ausgerüstete russische Unterseeboot «Kursk» im Hafen von Murmansk: 1994 gebaut und angeblich hochmodern. Unfallursache: Torpedo-Explosion oder ein irrtümlich von einem anderen russischen Schiff aus abgefeuertes Geschoss.

Russisches Atom-U-Boot «Kursk»: Tragödie

Noch im Juli erhielt der russische Präsident *Putin* im eigenen Land und auch im Ausland nur positive Noten (vergl. Seiten 130/131), im August aber wendete sich das Blatt. Drei Ereignisse fielen zeitlich fast zusammen:
- Ein Bombenanschlag auf eine U-Bahn-Station in Moskau, bei der sechs Menschen starben;
- Der Untergang des U-Boots «Kursk»;
- Der Brand im Moskauer Fernsehturm, der drei Menschenleben forderte und zum Ausfall der Fernsehprogramme führte.

Das 24 000 Tonnen schwere russische, mit einem Atomreaktor ausgerüstete und mit Torpedos und Raketen bestückte Unterseeboot «Kursk», Stolz der Marine, verunglückte am 12. August in der Barentssee, etwa 200 Kilometer nördlich des Eismeerhafens Murmansk. Alle 118 Mann an Bord kamen ums Leben.

Der Untergang der «Kursk» traf die russische Öffentlichkeit schockartig. Die Regierung und das Kommando der Marine hatten immer wieder versichert, die Atom-Unterseeboote seien technisch perfekt und garantierten den Schutz Russlands vor irgendwelchen Angriffen.

Die «Kursk», 1994 gebaut, nahm an einem Manöver der Flotte in der Barentssee teil. Innerhalb der Übung sollten vom U-Boot aus Marschflugkörper abgefeuert und anschliessend ein Ziel mit einer Salve von Torpedos beschossen werden. Den Abschuss des Marschflugkörpers (Cruise Missile) bestätigte der Kommandant, aber gleich darauf verstummte die «Kursk». Stattdessen registrierte ein seismisches Institut in Norwegen um 11.28 Uhr Moskauer Zeit eine erste Explosion, und zwei Minuten später eine zweite. Sie war so heftig, dass sie einem Beben der Stärke 3,5 entsprach.

Der russische Verteidigungsminister *Sergejew* bestätigte, dass von anderen russischen Schiffen aus sogar drei Explosionen registriert wurden. Sie seien, so der Minister, möglicherweise durch die Kollision der «Kursk» mit einem unbekannten U-Boot ausgelöst worden. Amerikanische U-Boote befanden sich zwar in der Nähe des russischen Manövergebiets, aber keines von ihnen prallte mit einem russischen Schiff zusammen. Im Westen vermuteten Fachleute, der Untergang der «Kursk» sei durch detonierende Torpedos verursacht worden. Dieser Version schlossen sich nach drei Wochen auch russische Experten an.

Noch zwei Tage nach dem Sinken machten sich eingeschlossene Seeleute durch Klopfzeichen an die Aussenwände des in hundert Meter tiefe liegenden U-Boots bemerkbar. Dann herrschte nur noch unheimliche Stille. Wahrscheinlich, so erklärten russische Experten später, sei die Mehrheit der Mannschaft schon durch die Explosion von einem oder mehreren Torpedos ums Leben gekommen.

Westliche Regierungen boten Russland gleich nach dem Bekanntwerden der Katastrophe Hilfe an. Aber Moskau lehnte ab – man sei in der Lage, der eingeschlossenen Besatzung selbst Hilfe zu bringen. Aber alle Bemühungen scheiterten – u.a. deshalb, weil die beiden einzigen verfügbaren russischen Mini-Unterseeboote defekt waren, weil im ganzen Land keine einsatzfähigen Tiefseetaucher zur Verfügung standen und weil die zum Andocken an die gesunkene «Kursk» vorgesehenen Tauchkapseln wegen veralteter Batterien nur wenige Stunden lang unter Wasser arbeiten konnten. Die Ausstiegsluke der «Kursk» im eisigen Meer konnte jedenfalls nicht rechtzeitig geöffnet werden. Das gelang erst der Besatzung eines norwegischen Rettungs-U-Boots am 20. August – im Innern der dort liegenden und gefluteten Kammer aber wurden keine Menschen gefunden. Die Bergung der Toten in anderen Bereichen des 140 Meter langen Schiffs begann erst danach. Die Bergung des riesigen Schiffskörpers anderseits könne Monate, wenn nicht sogar mehr als ein Jahr dauern, erklärten Experten.

Die russischen Medien und die Öffentlichkeit übten harte Kritik an Präsident *Wladimir Putin*. Ihm wurde die anfängliche Zurückweisung westlicher Hilfe vorgeworfen. Und ausserdem fiel der Vorwurf des «Desinteresses an Menschenleben». *Putin* blieb die ersten zehn Tage nach dem Bekanntwerden der Katastrophe an seinem Urlaubsort im Süden Russlands und reiste erst am 22. August nach Murmansk. Den Folgetag erklärte er zum Tag der nationalen Trauer. Und schliesslich übernahm er die «politische Verantwortung» für das Unglück und versprach, dass alle im Bootskörper eingeschlossenen Toten geborgen würden.

Sowohl sowjetische respektive russische U-Boote als auch amerikanische verunglückten in den letzten Jahren und Jahrzehnten relativ oft:
Im April 1968 sank ein sowjetisches U-Boot bei Hawaii im Pazifik – die ganze Besatzung kam ums Leben. US-Schiffe bargen das U-Boot sechs Jahre später aus mehreren tausend Metern Tiefe mit dem Ziel, Details über die Technik der Sowjets und über die Chiffrier-Systeme zu erfahren.
Ein weiteres sowjetisches U-Boot sank 1970 im Atlantik. Die Unfallstelle wurde jahrelang von sowjetischen Kriegsschiffen bewacht.
Im Juni 1983 sank ein Sowjet-Schiff mit Marschflugkörpern.
1984 kam es zu einer gewaltigen Katastrophe, die indirekt mit der U-Boot-Flotte zusammenhing: auf der Kola-Halbinsel explodierte etwa ein Drittel der Bestände von Raketen der sowjetischen Nordmeerflotte.

Amerikanische U-Boote verunglückten u.a.: Am 10. April 1963. Damals sank die «Thresher» bei einer Probefahrt vor der US-Küste. Alle 129 Mitglieder der Besatzung kamen ums Leben. Am 22. Mai 1968 sank das amerikanische Atomunterseeboot «Scorpion» im Atlantik. 99 Tote.

Insgesamt kamen zwischen dem Ende des Zweiten Weltkriegs und dem Jahr 2000 bei U-Boot-Katastrophen mehr als 700 Menschen ums Leben.

Nach dem Bombenanschlag in einer Station der Moskauer-U-Bahn und dem Untergang der «Kursk» wurde Russland durch ein weiteres Unglück verunsichert. Am 27. August brach im 540 Meter hohen Fernseh-Turm von Ostankino (ein Vorort Moskaus) Feuer aus. Danach gab es für Millionen Menschen in und um Moskau tagelang kein Fernsehprogramm mehr. Drei Menschen kamen durch den Brand ums Leben. Sie befanden sich in einem Lift, der aus 200 Meter Höhe, wegen des Feuers, abstürzte. Der Fernsehturm war 1967 gebaut worden, und für die nachfolgenden neun Jahre war er weltweit das höchste Gebäude seiner Art. Er war aber für die Russen noch viel mehr: ein Symbol für den Fortschritt und für technisches Können.
Wie es zum Brand hatte kommen können, war zunächst unklar. Wichtige Regeln des Feuerschutzes waren jedenfalls nicht beachtet worden. Und die automatische Löschanlage funktionierte nicht, als das Feuer ausgebrochen war.

Trauer und Verzweiflung bei Angehörigen der Verunglückten (Trauerfeier an der Stelle der Katastrophe in der Barentssee).

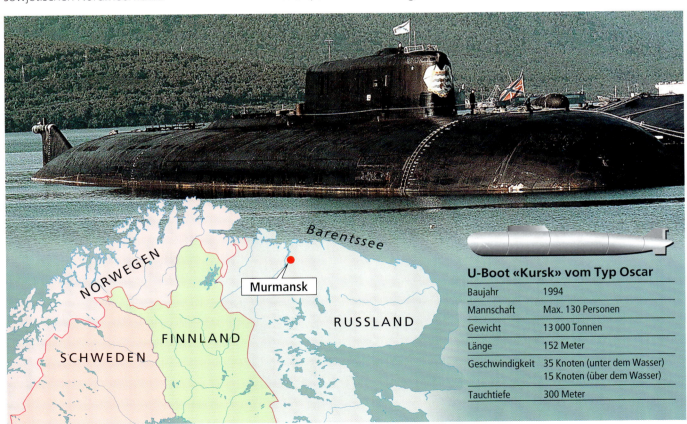

U-Boot «Kursk» vom Typ Oscar

Baujahr	1994
Mannschaft	Max. 130 Personen
Gewicht	13 000 Tonnen
Länge	152 Meter
Geschwindigkeit	35 Knoten (unter dem Wasser)
	15 Knoten (über dem Wasser)
Tauchtiefe	300 Meter

Hutu-Flüchtlingskinder in einem Lager im Jahr 1995 – Opfer eines Konflikts, der auch mit der Unterzeichnung des Arusha-Abkommens nicht zu Ende ging.

■ Ermordung von Rotkreuz-Delegierten: «Weltrundschau 1996», Seiten 102 / 103.

Burundi: Friede, aber nur auf dem Papier

Nach zähen Verhandlungen unterzeichneten die Kriegsparteien des ostafrikanischen Kleinstaats Burundi am 28. August in der Stadt Arusha (Tansania) ein Abkommen, das eines Tages zum Frieden führen soll. Wann dieser Tag kommt, blieb allerdings ungewiss. Der Bürgerkrieg ging weiter, einen Waffenstillstand gab es noch immer nicht.

Aber man wertete es bereits als Fortschritt, dass wenigstens 15 von 19 Parteien respektive Guerilla-Kräften sich an einen Tisch gesetzt hatten. Dass es so weit kam, dafür hatte sich vor allem der ehemalige südafrikanische Präsident, *Nelson Mandela*, engagiert – und in der Schlussphase machte auch US-Präsident *Bill Clinton* noch einen kurzen Abstecher nach Arusha.

In Burundi herrschte seit 1993 Bürgerkrieg. Ihm waren bis zum Jahr 2000 etwa 200 000 Menschen zum Opfer gefallen. In Burundi leben Hutu und Tutsi – die Hutu stellen 85% der Bevölkerung, die Tutsi 15%. Wirtschaftlich und politisch aber sind die Tutsi dominierend. Das Volk der Tutsi stellt seit der Unabhängigkeit von Belgien (1962) die Regierung und kontrolliert auch die Armee. Aufgrund dieser Situation blieb die Befürchtung bestehen, dass Hutu an den Tutsi Völkermord verüben könnten – so, wie dies 1994 im Nachbarland Rwanda geschehen war.

8

Unruhen in Burundi: «Weltrundschau 1993», Seiten 182 / 183; «Weltrundschau 1994», Seiten 72 / 73 und 140 / 141, «Weltrundschau 1995», Seiten 52 / 53.

Südafrikas Ex-Präsident Nelson Mandela, US-Präsident Bill Clinton bei der Unterzeichnung des Abkommens über Burundi in Arusha (Tansania).

1996 verübten Hutu-Milizen immer wieder Überfälle auf Dörfer von Tutsi. Die von den Tutsi dominierte Armee rächte sich ebenso blutig und tötete wahllos.

Das Abkommen sah vor: Einsetzung einer Übergangsregierung innert drei bis sechs Monaten; Einrichtung einer zweiten Parlamentskammer; paritätische ethnische Zusammensetzung der Armee. Nach einer Übergangszeit von drei Jahren sollen freie Wahlen stattfinden. Keine Hinweise gab es im Abkommen zu einem Waffenstillstand. Und unklar blieb auch, wer die Übergangsregierung bilden solle.

Unterzeichnet wurde das Abkommen von Regierung und Parlament sowie von den grösseren Parteien der Hutu und der Tutsi.

Der Präsident Burundis, Pierre Buyoya, während der Verhandlungen in Arusha: musste freie Wahlen versprechen, aber keinen Termin für einen Waffenstillstand.

Stichworte zu Burundi:
Fläche 27 834 km², Bevölkerung 5,2 Mio.
85% Hutu, 14% Tutsi, 1% Pygmäen.
Mehr als 500 000 Menschen waren Flüchtlinge innerhalb von Burundi (Folge des Bürgerkriegs). Ausserdem lebten ca. 260 000 als Flüchtlinge in Tansania.
Kindersterblichkeit: 17,6%
Analphabeten: 65%
Religion: 66% Christen (mehrheitlich Katholiken), 34% Anhänger von Naturreligionen.
Mehr als 90% in der Landwirtschaft tätig.
Handel: Export von Kaffee,
Wert ca. 70 Mio. $, Tee etwa 8 Mio. $.

Zeichner Carl Barks mit Comic-Figuren (Aufnahme aus dem Jahr 1994). Er schuf 6300 Seiten Comics!

Der «Vater» von Donald Duck gestorben

Carl Barks, der Schöpfer der weltweit bekannten und beliebten Comic-Figur Donald Duck, starb am 25. August im Alter von 99 Jahren in den USA an Leukämie. *Barks*, im März 1901 im US-Bundesstaat Oregon geboren, schlug sich zuerst als Laufbursche einer Druckerei, als Holzfäller und als Arbeiter bei der Eisenbahn durch. Nebenbei zeichnete er aber auch schon damals Comic-Figuren für verschiedene Zeitungen, und 1935 erhielt er eine Stelle bei den Disney-Studios als Zeichner für Trickfilme. Bald wurde er ins Story-Departement versetzt, und dort arbeitete er fast ausschliesslich an Donald Duck-Filmen mit. Er verliess das Unternehmen Disney 1942 und arbeitete für den Verlag Western, der in Lizenz Comic-Hefte mit Disney-Figuren produzierte. Während zwanzig Jahren schuf Barks etwa 6300 Seiten Comic-Geschichten mit Donald Duck, mit der Figur des unermesslich reichen und geizigen Onkels Dagobert Duck und mit einem allmählich anwachsenden Kosmos von weiteren Figuren, mit denen Donald mal gute, mal eher problematische Beziehungen hatte: die Panzerknackerbande, Daniel Düsentrieb (der geniale Erfinder), Daisy (die Freundin von Donald). Als Rahmen für die Stories erfand *Carl Barks* die Stadt Entenhausen. Von dort reiste Donald immer wieder in fremde Länder und musste die unmöglichsten Aufgaben erfüllen – in den peruanischen Anden, am Amazonas, in der Wüste von Rajasthan oder im hohen Norden. *Barks* hatte ein unglaublich sicheres Gefühl für solche Regionen, und dies, obgleich er während all den Jahren seiner beruflichen Tätigkeit nie über die Grenzen der USA hinaus gereist war.

Erst im Frühjahr 1994, also fast 30 Jahre nach seiner Pensionierung beim Verlag Western, flog er zur Eröffnung einer Ausstellung mit seinen Bildern zum ersten Mal ins Ausland, nach Kopenhagen. *Barks* hatte 1971 mit einer Sondergenehmigung des Disney-Konzerns mit dem Malen von Ölbildern mit Donald Duck-Motiven begonnen, und bis 1976 schuf er etwa 120 Gemälde. Sammler zahlten und zahlen dafür Preise von über 100 000 $.

SEPTEMBER

150 Chronik

152 Papst unternimmt umstrittene Seligsprechung

154 Millenniums-Gipfel der UNO: Wenig Konkretes im Kampf gegen die Armut

156 Ölpreise auf Rekordhöhe, Besorgnis und Kampfstimmung in den Industrieländern

158 EU-Sanktionen gegen Österreich aufgehoben

160 Jugoslawiens Opposition gewinnt

162 Griechenschiff durch Fahrlässigkeit in die Katastrophe

163 Schweiz verwirft rechte «Überfremdungs-Initiative»

164 Hochwasser in Südostasien: weit mehr als 1500 Opfer

1.9. Südamerika-Gipfel in Brasilia
Zwölf Staats- und Regierungschefs beschliessen an ihrem Gipfeltreffen in Brasilia, bis 2002 eine regionale Freihandelszone zu schaffen. Auch sollen die Verbindungswege über die Grenzen hinweg wesentlich verbessert werden.

1.9. Clinton gegen Raketenabwehrsystem
US-Präsident *Bill Clinton* erklärt, die USA sollten vorerst auf den Bau eines Raketenabwehrsystems (NMD) verzichten – das Projekt sei nicht ausgereift.

2.9. Burma: Wieder Druck auf Suu Kyi
Die Friedensnobelpreisträgerin und Chefin der verbotenen Opposition Burmas, *Aung San Suu Kyi*, wagt eine neue Machtprobe. Sie versuchte seit dem 24.8., für eine Rede zu einer Kleinstadt ausserhalb Rangoons zu fahren. Das regierende Militär stoppt sie und zwingt sie so, neun Tage in ihrem Auto am Stadtrand zu verbringen. Jetzt wird sie zur Rückkehr gezwungen.

Aung San Suu Kyi: Kämpft seit Jahren für Demokratie in Burma.

3.9. Vatikan: Umstrittene Seligsprechung
Papst *Johannes Paul II.* nimmt die Seligsprechung von zwei anderen Päpsten vor. Umstritten ist jene von *Pius IX.*, unumstritten die von *Johannes XXIII.*

4.9. Europa: Blockaden von Raffinerien
Mit einer landesweiten Blockade von Raffinerien und Lagern von Brennstoffen protestieren Frankreichs Fernfahrer und Bauern gegen den hohen Preis für Diesel. Die Blockaden führen zu gravierenden Versorgungsengpässen. Ähnliche Aktionen folgen in anderen Staaten.

José Bové: Kämpft gegen Massentierhaltung und für eine ökologische Landwirtschaft.

5.9. Palästina: Staatsgründung verschoben
Die Führung der Palästinenser verzichtet darauf, auf den 13.9. die Gründung eines unabhängigen Staats auszurufen. Sie hofft auf konstruktive Gespräche mit Israel. Anderseits bekräftigt die Aussenministerkonferenz der Arabischen Liga den Anspruch der Palästinenser auf Ost-Jerusalem.

6.9. Millenniums-Gipfel der UNO
Staats- und Regierungschefs aus 158 Ländern treffen in New York zum Millenniums-Gipfel der UNO zusammen. Das Ziel: die bitterste Armut innerhalb von 25 Jahren zu halbieren.

7.9. Karadzic unbehelligt in Sarajevo
Der als Kriegsverbrecher gesuchte ehemalige bosnische Serbenchef, *Radovan Karadzic*, taucht in Sarajevo auf. Er bewegt sich ohne grösseren Schutz. Die bosnischen Serben lehnen die Auslieferung ans UNO-Kriegsverbrechertribunal in den Haag ab.

9.9. Jolo: Vier weitere Geiseln frei
Nach über 20 Monaten Geiselhaft auf der Philippinen-Insel Jolo werden vier weitere entführte Touristen freigelassen. Libyen soll wiederum vier Millionen $ Lösegeld bezahlt haben.

10.9. OPEC fördert mehr Öl
Die elf in der OPEC zusammenarbeitenden Staaten beschliessen die Erhöhung der Fördermenge um 800 000 Fass pro Tag. Der Ölpreis sinkt als Folge jedoch noch nicht.

10.9. Italien: Zeltplatz-Katastrophe
Ein Camping-Platz im süditalienischen Kalabrien wird von einer Schlammlawine überschwemmt. Zwölf Menschen kommen ums Leben, 40 werden verletzt. Der Platz lag in einer bekanntermassen gefährdeten Zone.

11.9. Landminen: Noch immer vorhanden!
In Genf beginnt eine UNO-Konferenz über Landminen. Zahlreiche Länder, welche die Anti-Minen-Konvention unterschrieben haben, setzen in ihren Kriegen immer noch Landminen ein. Minen fordern weltweit jährlich Zehntausende von Verstümmelungen oder Todesopfern.

12.9. EU-Sanktionen gegen Wien beendet
Die Staats- und Regierungschefs von 14 EU-Staaten erklären die Sanktionen gegen das EU-Mitglied Österreich für beendet. Eine Expertengruppe hatte Österreich attestiert, es respektiere die Grundrechte.

13.9. Frankreich: José-Bové-Urteil
Der französische Bauernführer *José Bové* (vergl. Seite 120), im Juli in Millau verurteilt, soll drei Monate ins Gefängnis. Dieses Urteil verkündet das Gericht erst jetzt.

13.9. Bombenterror in Jakarta
Durch eine Bombe in der Börse von Jakarta werden 15 Menschen getötet und zahlreiche verletzt. Das Attentat fällt zeitlich mit dem Beginn eines Gerichtsverfahrens gegen ex-Diktator *Suharto* zusammen.

14.9. Oberster ETA-Chef festgenommen
Der oberste Anführer der baskischen ETA, *Ignacio Garcia Arregui*, wird auf französischem Boden verhaftet. Und in Spanien werden 19 Mitglieder der ETA-Organisation Erkin festgenommen. Die ETA führt ihren Terror dennoch weiter: am 22.9. wird in der Region Katalonien ein Politiker ermordet.

15.9. Brasilien: Goldsucher verurteilt
Wegen der Ermordung von 16 Indianern des Volks der Yanomami im Jahr 1993 werden in Brasilien drei Goldsucher zu jeweils 19 Jahren Haft verurteilt. Sie wurden des Völkermords für schuldig befunden.

16.9. Philippinen: Militär-Offensive
Die Armee der Philippinen beginnt eine grosse

militärische Aktion gegen die Abu-Sayyaf-Rebellen auf der Insel Jolo und in anderen Regionen der südlichen Philippinen. Das Schicksal der Geiseln in der Gewalt der Rebellen bleibt unklar.

17.9. Perus Fujimori kapituliert
Der peruanische Präsident, *Alberto Fujimori*, erklärt aufgrund eines Skandals, der seine Verwicklung in Geheimdienst-Bestechunt enthüllt, er werde sich aus der Politik zurückziehen. *Fujimori* kündigt Wahlen an. Die Antwort der Bevölkerung: Freudenkundgebungen.

18.9. Laster-Proteste in Skandinavien
Die Welle von Protestaktionen gegen hohe Benzin- und Dieselpreise erreicht jetzt auch Skandinavien. In Schweden blockieren Lastwagen den Hafen von Göteborg. In Norwegen blockieren Lastwagenfahrer einen Tag lang Erdöl-Terminals.

19.9. USA-China: normaler Handel
Der US-Senat ratifiziert den Vertrag über dauerhafte normale Handelsbeziehungen mit China mit 83 gegen 15 Stimmen. Die USA, so wird beteuert, würden aber weiterhin darauf pochen, dass China die Menschenrechte besser respektiere. Waren, die in Zwangsarbeit produziert wurden, dürften nicht importiert werden.

20.9. Jolo: Geiseln durch Flucht frei
Zwei französische TV-Reporter, die auf der Philippinen-Insel Jolo von Abu-Sayyaf-Rebellen entführt worden waren, können durch Flucht entkommen. Sie kommen während Kämpfen zwischen den Rebellen und der philippinischen Armee frei.

21.9. Liechtenstein lockert Bankgeheimnis
Als Reaktion auf internationalen Druck beschliesst das Parlament von Liechtenstein eine Änderung der Bankenregeln. Anwälte und Treuhänder müssen nun gegenüber Banken die Identität von Personen angeben, die durch ihre Vermittlung Gelder im Fürstentum anlegen wollen.

21.9. IRA-Raketenattacke in London
Die IRA-Terrororganisation feuert in London eine Rakete gegen das Gebäude des Geheimdienstes M 16 ab. Sie führt zu Sachschaden, fordert aber keine Menschenleben.

22.9. USA geben Öl-Reserven frei
US-Präsident *Clinton* gibt 30 Millionen Fass Öl aus einer strategischen Reserve von total 517 Millionen Fass für die Wirtschaft frei. Dadurch soll der Ölpreis zumindest stabilisiert werden.

23.9. IWF und G-7 tagen in Prag
Der Internationale Währungsfonds und die Wirtschaftsminister der G-7-Staaten tagen in Prag. Die G-7-Minister beschliessen Stützungsmassnahmen für den Euro, der gegenüber dem Dollar ein bisher nicht erreichtes Tief notiert. Prag ist Schauplatz von Demonstrationen gegen den IWF.

24.9. Jugoslawien: Erfolg der Opposition
Bei den Wahlen in Jugoslawien erringt der Präsidentschaftskandidat der Opposition, *Vojislav Kostunica*, einen überraschenden Erfolg. Das Milosevic-Regime reagiert zunächst mit Schweigen und Unsicherheit.

25.9. Flutkatastrophe in Südostasien
Durch schwere Hochwasser kommen in Indien 1100 Menschen ums Leben. Weitere Opfer fordern Fluten als Folge von verheerenden Regenfällen in Kambodscha (173 Tote), in Vietnam, Laos und Bangladesh.

26.9. Helikopterunglück in der Schweiz
Bei der Kollision von zwei Helikoptern bei Sion kommen acht Menschen ums Leben und vier werden schwer verletzt. Passagiere waren indische Touristen. Von ihnen starben sieben.

27.9. Griechenland: Fähre untergegangen
Ein griechisches Fährschiff mit etwa 500 Passagieren prallt vor der Insel Paros auf einen Felsen und sinkt. Die Katastrophe fordert 66 Opfer.

27.9. Prag: Krawalle wegen IWF-Tagung
Etwa 7000 Personen demonstrieren, teils gewalttätig, in Prag gegen die Tagung des Internationalen Währungsfonds IWF und der Weltbank. Sie erklären, die Globalisierung, für die der IWF mitschuldig sei, löse Elend aus.

28.9. Dänen gegen den Euro
53% der Dänen entscheiden sich bei einer Volksbefragung gegen den Beitritt ihres Landes zur europäischen Währungsunion. Das dänische Nein hängt teilweise mit der Schwäche des Euro zusammen: er erreichte eben, gegenüber dem Dollar, eine neue Tiefstmarke. EU-Kommissionspräsident *Romano Prodi* bedauert das Nein der Dänen, meint aber, die Entscheidung bleibe ohne grössere Folgen.

29.9. Kanada: Pierre Trudeau gestorben
Im Alter von 80 Jahren stirbt in Montreal *Pierre E. Trudeau*, Premier Kanadas von 1968 bis 1984. *Trudeau* trug massgeblich dazu bei, dass Kanada ein zweisprachiges Land wurde.

30.9. Schwere Unruhen in Jerusalem
Der Besuch des rechtsradikalen israelischen Politikers *Ariel Sharon* auf dem Tempelberg in Ost-Jerusalem (mit der al-Aqsa-Moschee eine der heiligsten Stätten der Muslime) löst schwere Unruhen aus. Sie greifen auf die von Israel besetzten und die autonomen Gebiete im Westjordanland über

Polizisten und Demonstranten in Prag: Auseinandersetzung um Sinn oder Unsinn des Internationalen Währungsfonds.

Papst Johannes Paul II.: Die Kirche, so sagte er, habe nicht die Aufgabe, historisch-politische Entscheidungen zu treffen.

Antisemit und Antidemokrat «selig» gesprochen

Papst *Johannes Paul II.* unternahm am 3. September eine äusserst kontroverse Ehrung eines seiner Vorgänger: vor etwa 60 000 auf dem Petersplatz versammelten Menschen erklärte er Papst *Pius IX.* für «selig». In den posthumen Genuss der Seligsprechung kamen auch der (reformorientierte) Papst *Johannes XXIII.*, ein italienischer Erzbischof, ein Benediktiner sowie der Gründer der sogenannten marianischen Familie.

Pius IX. war von 1846 bis 1878, also 32 Jahre lang, Oberhaupt der katholischen Kirche. Er war immer, auch in seiner eigenen Zeit, umstritten. Für viele galt er als «kalter Krieger gegen die Moderne». 1868 liess er zwei revolutionäre Attentäter, die für ein vereinigtes Italien kämpften, durch die Guillotine hinrichten. Im Anhang zu einer unter seiner Regie ausgearbeiteten Enzyklika («Quanta cura») kritisierte er scharf alle Grundregeln einer Demokratie. 1870 beschloss das 1. Vatikanische Konzil auf Druck von *Pius IX.* das Dogma von der päpstlichen Unfehlbarkeit – und davor hatte *Pius IX.* das Dogma von der unbefleckten Empfängnis Mariens verkündet. Einem jüdischen Ehepaar liess er den Sohn entreissen, nachdem ihm die Amme die Nottaufe gespendet hatte. Als junger Mann wurde dieser dann zum katholischen Priester erzogen. Die jüdische Gemeinde Roms bezeichnete *Pius IX.* daher (und auch aufgrund zahlreicher Aussagen) als Antisemiten. Aber Papst *Johannes Paul II.* meinte jetzt, die Kirche habe nicht die Aufgabe, historisch-politische

Entscheidungen zu treffen. Sie müsse vielmehr über das «heiligmässige» Leben von Persönlichkeiten entscheiden, und *Pius IX.* sei eben ein Vorbild für Frömmigkeit und Ergebenheit gegenüber der Kirche gewesen.

Seligsprechung: Eine Seligsprechung bedeutet für die katholische Kirche, dass eine Frau oder ein Mann an einem bestimmten Ort, in einer bestimmten Region oder in einer bestimmten kirchlichen Gemeinschaft verehrt werden darf. Selige gelten als beispielhafte Zeugen für das Christsein in ihrer Zeit. Der Seligsprechung geht ein Seligsprechungsprozess voraus. Er wird vom Ortsbischof eingeleitet. Den Ortskirchen respektive dem jeweiligen Bistum obliegt die Verantwortung für die Sammlung von «Beweisen» im Hinblick auf das Leben und Sterben der betreffenden Person sowie die Beweisführung über den Ruf von Seligkeit oder Heiligkeit etc. Nach Abschluss dieses Verfahrens werden die Akten der Vatikan-Kongregation zugeleitet. Sie prüft in einem eigenen Verfahren die Dokumente und die Zeugenaussagen und holt Gutachten ein.

Der kritische katholische Theologie Professor *Hans Küng* bezeichnete die Seligsprechung von *Pius IX.* als Skandal. Keine Kritik dagegen gab es zur Seligsprechung von *Johannes XXIII.*, der, so der jetzige Papst, «ein Kapitel der Hoffnung für alle Christen und die Menschheit aufgeschlagen» habe.

Papst *Johannes Paul II.* hatte bis Anfang September 2000 schon mehr Personen selig gesprochen als alle seine Vorgänger. Der Papst wirkte bei der Zeremonie krank und gebrechlich. Zwei Tage später brüskierte der Vatikan alle Nicht-Katholiken, insbesondere die Protestanten. In der von Papst *Johannes Paul II.* unterzeichneten, 36 Seiten umfassenden Erklärung «Dominus Jesus» wurde erklärt: «Es gibt eine einzige Kirche Christi, die in der katholischen Kirche subsistiert und vom Nachfolger Petri und von den Bischöfen mit ihm geleitet wird.» Die anderen christlichen Kirchen wurden nicht mehr, wie bisher, als «Schwesterkirchen», sondern als «Teilkirchen» bezeichnet. Die Unterscheidung drohte den ökumenischen Dialog zu belasten. Bei allen nicht-katholischen Kirchen (Orthodoxe, Anglikaner, Protestanten etc.) löste die Erklärung des Vatikans Protest aus.

Kritik am Papst von der einen Seite, Zustimmung von der anderen: Sowohl beim Weltjugendtag im August (Bild unten) als auch bei der umstrittenen Seligsprechung strömten Zehntausende auf den Platz vor dem Petersdom.

Amerikanisch-russische Wiederannäherung am Rande des UNO-Gipfels in New York: die Präsidenten Clinton und Putin unterzeichneten ein Abkommen über strategische Stabilität und Zusammenarbeit.

«Jahrtausend-Gipfel» der UNO

Die Vereinten Nationen organisierten vom 6. bis zum 8. September in New York ein Gipfeltreffen, an dem mehr Spitzenpolitiker teilnahmen als an irgendeiner anderen bisher durchgeführten Konferenz: Der sogenannte Millenniums-Gipfel wurde von 159 Staats- und Regierungschefs (plus 86 First Ladies oder First Gentlemen!) besucht. Hinzu kamen mehrere hundert Minister oder Berater.

Der Rekordaufmarsch an Staats- und Regierungschefs machte eine drastische Begrenzung der Redezeit notwendig: jedem Redner, ob einen grossen oder einen kleinen Staat vertretend, wurden nur fünf Minuten zugebilligt.

UNO-Generalsekretär *Kofi Annan* schlug in der Dokumentation «Wir, die Völker: Die Rolle der Vereinten Nationen im 21. Jahrhundert» als Hauptziele bis zum Jahr 2015 vor:

1. Befreiung von Armut und Not: Die Einkommen der Allerärmsten – ca. eine Milliarde Menschen – sollen verbessert werden. Der Anteil jener, die pro Tag weniger als einen Dollar zur Verfügung haben, soll von 22 auf 11 Prozent der Weltbevölkerung gesenkt werden.

2. Befreiung von der Geissel des Kriegs: Die Kapazitäten der UNO für Friedensmissionen sollen wesentlich ausgebaut werden. Ausserdem soll die Beseitigung aller Atomwaffen vorangetrieben werden.

3. Schutz der Umwelt: Alle Nationen sollen das sogenannte Kyoto-Protokoll verwirklichen und so den Ausstoss von Treibhausgasen vermindern. Ein weiterer Umweltgipfel soll im Jahr 2002 stattfinden.

4. Erneuerung der UNO: Die Arbeit des UNO-Sekretariats soll effizienter und der UNO-Sicherheitsrat (in dem die USA, Russland, Frankreich, Grossbritannien und China das Vetorecht haben) reformiert werden.

Erster Fünfminuten-Redner war US-Präsident *Bill Clinton* (als Gastgeber). Er sprach vor allem von der Notwendigkeit der Verstärkung der militärischen Friedensoperationen der UNO. Israels Premier, *Ehud Barak*, nutzte das Forum zu einem dramatischen Appell an Palästinenserpräsident *Arafat*. Gemeinsam müssten sie eine historische Entscheidung treffen, forderte *Barak*. Wie weit er allerdings die historischen Ansprüche der Palästinenser auf Ost-Jerusalem anerkennen werde, liess er offen. Jerusalem werde nie mehr geteilt, fügte er an. *Arafat*

anderseits erklärte, die Palästinenser seien bereit, sich Jerusalem mit den Israeli zu teilen. Wenige Tage nach dem New Yorker Gipfel gaben die Palästinenser bekannt, sie würden vorerst auf die Proklamation eines eigenen Staates verzichten. Die Verhandlungen mit Israel sollten wieder aufgenommen werden. Am Rande des Gipfels trafen US-Präsident *Clinton* und der kubanische Staatschef, *Fidel Castro*, zusammen und reichten sich die Hand. Es war der erste Handschlag auf oberster Stufe zwischen den USA und Kuba seit 1959. Doch die beiden Politiker blieben (fast) stumm und erklärten, die Begrüssung sei nichts als ein Akt der Höflichkeit gewesen, dem man keine weitere Bedeutung beimessen solle.

Sorgen bereitete den in New York versammelten Politikern die Lage auf der indonesischen Insel Timor. In West-Timor wurden drei UNO-Mitarbeiter ermordet. Die UNO beschloss daher, noch während des Gipfels, die Evakuierung des ca. 100 Personen umfassenden Kontingents in West-Timor.
West-Timor war von Gewalt im Zusammenhang mit Ost-Timor betroffen. Ost-Timor hatte 1999 die Unabhängigkeit erklärt. Bewaffnete Milizen massakrierten vor und nach der Volksabstimmung tausende Menschen. Etwa 250 000 flüchteten nach West-Timor. Von ihnen lebten jetzt, im September 2000, noch ca. 100 000 in West-Timor (das weiterhin zu Indonesien gehörte). Die UNO-Leute sollten diese Menschen vor gewalttätigen Übergriffen schützen.

Für die Sicherheit der Gäste des Millenniums-Gipfels setzte New York 6000 Polizisten ein. 60 Strassenzüge blieben während der Dauer der Konferenz blockiert.

Während des Gipfels trat der kleine südpazifische Inselstaat Tuvalu den Vereinten Nationen als 189. Mitglied bei. Tuvalu hatte 1978 die Unabhängigkeit von Grossbritannien errungen.
Nicht-Mitglieder der UNO waren jetzt nur noch der Vatikan und die Schweiz. Die Schweizer hatten 1986 den Beitritt zur UNO in einer Volksabstimmung abgelehnt. Dennoch behielt die UNO Genf als zweitwichtigsten Sitz bei, und der schweizerische Bundespräsident, *Adolf Ogi*, durfte auf Einladung von *Kofi Annan* in New York ebenfalls eine Fünfminuten-Rede halten.

Hunger in der Welt: davon waren im Jahr 2000 fast 900 Millionen Menschen betroffen. Bild: ein Lager von Hunger-Flüchtlingen in Äthiopien. Auch wenn sie eines Tages das Lager verlassen können, werden sie zu den Ärmsten der Armen zählen.

Ölpreis-Rekord: Streik, Inflation, Macht-Poker

Der Preis für Erdöl und Ölprodukte (vor allem Benzin, Diesel, Heizöl) erreichte im Spätsommer einen neuen Höchststand. Erdöl war jetzt so teuer wie nie mehr seit dem Nahost-Krieg vom Januar/Februar 1991, nämlich 34 $ pro Fass (= 159 Liter). 1998 hatte der Ölpreis noch bei ca. 10 $ gelegen. Die Steigerung des Preises brachte den Produzenten gewaltige Einnahmen, drückte aber schwerwiegend auf die Wirtschaft der Konsumentenländer. Negativ betroffen waren sowohl die wohlhabenden Länder des Westens als auch Schwellen- und Entwicklungsländer, die selbst kein Öl produzierten.
Die wichtigsten Gründe für den Ölpreis-Boom:
● die Wirtschaft Westeuropas und der USA entwickelte sich zügig und verbrauchte daher immer mehr Öl und Ölprodukte;
● Die Entwicklung von alternativen Energiequellen (Solarenergie, Windenergie etc) brachte noch weniger Resultate als erwartet;
● Mehrere ölproduzierende Länder bremsten die Produktion, um höhere Preise zu erzielen.
Die hohen Preise für Benzin und Diesel führten in Frankreich zu einem fast einwöchigen Konflikt. Lastwagenfahrer und Bauern mit Traktoren blockierten fast alle französischen Ölraffinerien und Treibstoffdepots. Sie wollten dadurch die Regierung zwingen, die Steuern auf den Treibstoffen zu reduzieren und so dazu beizutragen, dass die rasant gestiegenen Preise wieder einigermassen ausgeglichen wurden.
In Frankreich bestand der Benzinpreis aus 37,3% Kosten für den Treibstoff und aus 72,7% Steuern. Höhere Steuern erhob nur noch Grossbritannien (76,8%). In anderen europäischen Ländern bewegte sich die Steuerbelastung zwischen 51% (Portugal) und 70,7% (Deutschland). Dazwischen lagen beispielsweise Spanien mit 62%, Italien mit 67,6%, Österreich mit 62,9%, die Schweiz mit 64,4%, Schweden mit 68,6% und Finnland mit 69,1%.

Die Aktion der Transporteure führte in Frankreich zu schwerwiegenden Engpässen, zu Chaos und zu einer politischen Zerreissprobe. Die Regierung von *Lionel Jospin* sagte schliesslich zu:
● Die Bauern sollten 450 Millionen Francs an staatlicher Zusatzhilfe erhalten;
● Die Taxichauffeure durften ihre Tarife generell um 4,5% erhöhen;
● Die Camion-Spediteure konnten eine Senkung der Treibstoffsteuern im Wert von ca. 2 Milliarden Francs durchsetzen.
Die Umweltpartei der Grünen (Koalitionspartnerin) protestierte gegen diese Zugeständnisse. Sie pochte darauf, dass die Regierung durch eine allmähliche Erhöhung der Steuern auf Erdölprodukten dazu beitragen wollte, den Verkehr von der Strasse auf die Bahn zu verlagern.
Kaum waren die Blockaden in Frankreich beendet, begannen ähnliche Aktionen in Grossbritannien, Belgien, Spanien und in Italien. Italienische Fischer blockierten u.a. 21 Häfen. Britische Bauern und Lastwagenfahrer blockierten eine Ölraffinerie und blockierten eine Autobahn.

Protest gegen die hohen Preise für Transport-Brennstoffe: besonders vehement war die Auseinandersetzung in Frankreich.

OPEC-Konferenz in Wien: auf Druck der industrialisierten Konsumentenländer beschlossen die Minister, die Ölproduktion zu erhöhen. Der Preis für Erdöl sinkt danach aber nur geringfügig.

Am 10. September trafen die Erdölminister der OPEC-Staaten in Wien zusammen, um die Situation zu beraten. Saudiarabien zeigte Bereitschaft, mehr zu produzieren. Saudiarabien war dazu technisch und auch aufgrund der Reserven in der Lage, andere OPEC-Länder waren das aber nicht. Iran schien an den oberen Grenzen der Förderkapazitäten angelangt – aber Irans Präsident, *Mohammed Khatami*, erklärte zwei Tage vorher vor der UNO in New York, sein Land bemühe sich dennoch um eine Erhöhung der Fördermengen. Nicht interessiert an einer Senkung der Preise und einer Erhöhung der Fördermengen war Venezuela. In der OPEC kooperierten elf Staaten (vergl. Grafik). Die OPEC-Mitglieder förderten im Jahr 2000 zwar nur ca. 40% des weltweit verbrauchten Erdöls. Aber weil die anderen Förderländer ihr Öl selbst verbrauchten, betrug der Anteil des OPEC-Kartells am Welthandel doch 60%.

Die OPEC war am 14. September 1960 von elf ölproduzierenden Ländern in Bagdad gegründet worden. Als Ziel nannten die Regierungen damals, das Fördervolumen in Einklang mit den Preisen an den Rohölmärkten zu bringen. Für die Mitgliedsländer wurde ein sicheres und gerechtes Einkommen angestrebt. Die OPEC-Länder verpflichteten sich anderseits, Öl als vorrangige Energiequelle sicherzustellen.
Die Gründung der OPEC war eine Reaktion auf die zuvor einseitig von den grossen Erdölkonzernen (Exxon, Shell, Mobil, Texaco, Chevron, BP, Gulf) beschlossene Kürzung der «royalties» (Abgaben zugunsten der Regierungen jener Länder, wo sie Erdöl förderten).

Die Tagung vom 10. September in Wien brachte nicht unmittelbar die erhoffte Entspannung auf dem Erdölmarkt. Die OPEC beschloss, die tägliche Produktion von 25,4 Millionen auf 26,2 Millionen Fass pro Tag zu erhöhen. Man erwartete als Folge dieses Beschlusses eine allmähliche Rückkehr des Preises von derzeit 34 $ auf weniger als 28 $. Die neue Förderquote sollte ab 1. Oktober gelten.

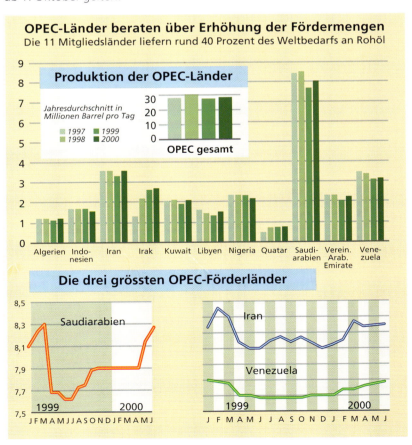

Drei «Weise»: Österreich-Sanktionen aufheben!

Seit Februar strafte die Europäische Gemeinschaft Österreich durch Sanktionen dafür, dass Kanzler *Wolfgang Schüssel* von der ÖVP eine Regierungskoalition mit der FPÖ des Rechtsaussen-Politikers *Jörg Haider* gebildet hatte (vergleiche Seiten 37/36). Im Juli liess die EU einen unabhängigen Expertenrat bilden, der sich mit der Frage zu befassen hatte: Sind die Sanktionen gegen Wien berechtigt, oder sollen sie aufgehoben werden? Das Gremium der drei «Weisen» bestand aus dem früheren finnischen Präsidenten *Martti Ahtisaari*, dem deutschen Juristen *Jochen Frowein* und dem ehemaligen spanischen Aussenminister *Marcelino Oreja* – alles Persönlichkeiten mit dichter politischer Erfahrung. Am 8. September lieferten die drei ihren Bericht in der Form einer Empfehlung an die EU ab. Sie übergaben ihn dem französischen Präsidenten *Chirac*.

Die Empfehlung der «drei Weisen»: Die Sanktionen gegen Wien sollten aufgehoben werden. An deren Stelle müsse ein «Mechanismus» treten, mit dem Mitglieder, welche die europäischen Werte verletzten, rasch und wirkungsvoll zur Verantwortung gezogen werden können.

Die österreichische Regierung allerdings habe keine europäische Werte verletzt, hielten sie fest. Bezüglich Minderheitenschutz, Ausländerpolitik und Einhaltung der Menschenrechte liege Österreich nicht hinter anderen EU-Staaten zurück. Sehr kritisch äusserten sich die drei allerdings gegenüber der FPÖ von *Jörg Haider*. Sie habe im letzten Wahlkampf mit fremdenfeindlichen, ja rassistischen Ausdrücken operiert, welche geschichtliche Ereignisse während des Nationalsozialismus bagatellisierten. Dies habe einer Atmosphäre Vorschub geleistet, in der Kundgebungen gegen Ausländer als unbedenklich aufgefasst würden. Namentlich kritisiert wurde Justizminister *Dieter Böhmdorfer* wegen einer Äusserung gegen oppositionelle Politiker. Zum Zeitpunkt der Untersuchung durch die drei könne anderseits festgestellt werden, dass es in Österreich weniger Gewaltakte gegen Ausländer gebe als in anderen Ländern. Kritisiert wurde dagegen die Aufnahmepraxis für Asylsuchende. Wien verweigere zwei Dritteln von ihnen staatliche Beihilfen, sodass diese auf die Unterstützung durch private Organisationen angewiesen seien. Zurückgewiesene Asylbewerber müssten oft zu lange in Abschiebehaft bleiben. Aber abgesehen davon habe sich die Regierung unter Kanzler *Schüssel* klar für die

Der österreichischen Regierung wurde attestiert, sie respektiere die Menschenrechte und in Österreich gebe es weniger Übergriffe auf Immigranten als anderswo. Dennoch will die EU ein «wachsames Auge» auf die Wiener Hofburg halten.

Fortsetzung des Kampfs gegen Rassismus, Antisemitismus, Diskriminierung und Fremdenfeindlichkeit verpflichtet. Einige Vertreter der «rechtspopulistischen» FPÖ würden diese Politik allerdings durch «ambivalenten Sprachgebrauch» gefährden.

Die «drei Weisen» kamen zur Schlussfolgerung, dass eine Fortsetzung der Sanktionen «kontraproduktiv» wäre – schon jetzt hätten die Strafmassnahmen «in der österreichischen Bevölkerung nationalistische Gefühle geweckt». Präsident *Chirac* nahm den 50 Seiten umfassenden Bericht zunächst kommentarlos entgegen. Er leitete ihn an die 14 anderen EU-Mitgliedsregierungen weiter. Die britische Regierung sprach sich danach als erste für die Aufhebung der Sanktionen aus, und drei Tage danach wurden die Massnahmen gegen Wien tatsächlich annulliert.

In einer gemeinsamen Erklärung der EU-Länder wurde festgehalten, die Sanktionen seien nützlich gewesen. Die Natur der FPÖ und ihre ungewisse Entwicklung böten weiterhin Anlass zu ernster Sorge. Österreichs Bundeskanzler, *Wolfgang Schüssel*, kommentierte, die EU sei jetzt wieder zu einer Familie geworden. Er fühle nicht Triumph, sondern Erleichterung.

Österreichs Bundeskanzler, Wolfgang Schüssel: Zufrieden über die Aufhebung der EU-Sanktionen gegen sein Land.

Kundgebung für Milosevic während des Wahlkampfs: «Im Zeichen der Freiheit – für Jugoslawien». Aber der autoritäre, umstrittene Milosevic verlor die Wahlen. Im Oktober zeigte er sich bereit, die Macht abzugeben.

Jugoslawien: Wahlen

Jugoslawiens Präsident, *Slobodan Milosevic*, setzte für den 24. September Wahlen für die Präsidentschaft und das Parlament an – im Vertrauen darauf, dass ihm und seiner Partei der Sieg sicher sei. Westliche Regierungen nannten die Wahlen zunächst eine Farce. Niemand wollte daran glauben, dass *Milosevic* auf Manipulationen verzichten und der Opposition eine echte Chance einräumen würde. Die vom Regime kontrollierte Medienberichterstattung war während des Wahlkampfs einseitig. Umso grösser daher die Überraschung, als sich am Tag nach den Wahlen ein Sieg des Oppositionskandidaten *Kostunica* abzeichnete. Das Regime nannte nach zwei Tagen schliesslich die folgenden Zahlen:
Für *Kostunica* seien 48,2% abgegeben worden, für *Milosevic* 40,2%.
Aus diesem Grund sei ein zweiter Wahlgang notwendig. Er sollte am 8. Oktober stattfinden. Die Opposition um *Kostunica* erklärte andererseits, ihr Kandidat habe 54% der Stimmen erhalten. An einem zweiten Wahlgang werde *Kostunica* nicht teilnehmen.
Der Westen bezeichnete *Kostunica* als Hoffnungsträger und versprach für den Fall seines Siegs die Aufhebung der Sanktionen. Die USA waren etwas zurückhaltender in ihrer Einschätzung des Oppositionskandidaten – schliesslich hatte *Kostunica* sich sehr harsch über die amerikanische Balkan-Politik geäussert. Seine Kritik gegenüber dem Westen, der NATO und den USA ging im Grunde kaum weniger weit als jene von *Slobodan Milosevic*:
● Im Kosovo-Krieg (1999) stand er mit einer Kalaschnikow-Pistole in der Hand neben serbischen Freischärlern;
● Im Bosnienkrieg hatte er den (später international als Kriegsverbrecher angeklagten) Serbenführer, *Radovan Karadzic*, unterstützt;
● Die NATO-Kommandanten seien schlimmer als die Nazis, sagte er 1999;
● Kosovo betrachtete er als Zentrum serbischer Geschichte;
● Die Unabhängigkeitsbestrebungen von Montenegro verurteilte er als Landesverrat.
Die Demokratie in Serbien, so erklärte er, sei ausschliesslich Angelegenheit der Serben. All das zeigte: *Kostunica* war ein ähnlich glühender serbischer Nationalist wie sein Gegenspieler *Milosevic*.
Vojislav Kostunica, 56jährig, war Professor für Rechtswissenschaft. 1989 gehörte er zu den Gründern der kleinen Demokratischen Partei. 1990 wurde er zum ersten Mal ins serbische Parlament gewählt. Sein Hauptanliegen war die Gründung eines serbischen Nationalstaats, zu dem auch die Vojvodina, Kosovo, Montenegro sowie Teile von Bosnien und Kroatien gehören sollten.
Dank *Kostunica* konnte die Opposition (bestehend aus 18 Parteien) erstmals vereint auftreten.

Vojislav Kostunica bei der Abgabe der Stimme: vor einigen Monaten noch kaum bekannt, jetzt siegreicher Kandidat für das Präsidentenamt.

Stichworte zu Jugoslawien:
Fläche 102 173 km^2, aufgeteilt in die Bundesländer Serbien (88 361 km^2) und Montenegro (13 812 km^2). Bevölkerung: 10,5 Millionen, davon 63% Serben, 6% Montenegriner, 4% Ungarn. Vor der Vertreibung von Albanern aus Kosovo, das theoretisch immer noch zu Jugoslawien gehörte (das aber durch den Krieg von 1999 faktisch eigenständig wurde), lag der Anteil der albanischen Bevölkerung im sogenannten Rest-Jugoslawien bei 14%.
Jugoslawien und besonders das Bundesland Serbien war schwer vom Krieg der NATO von 1999 gekennzeichnet. Die Luftangriffe der NATO waren eine Reaktion auf die von *Milosevic* gesteuerte Unterdrückung der albanischen Bevölkerung in Kosovo. Die mehrheitlich muslimische Bevölkerung Kosovos forderte die Unabhängigkeit. Die serbische Armee vertrieb ab 1998 massenweise Albaner. Ca. 300 000 von ihnen waren schliesslich auf der Flucht. Die UNO forderte Belgrad auf, die Truppen aus Kosovo zurückzuziehen. *Milosevic* lehnte das ab. Im März 1999 griff die NATO aus der Luft die serbischen Truppen in Kosovo und Städte in Serbien massiv an. *Milosevic* musste schliesslich kapitulieren: er akzeptierte eine internationale Schutztruppe für die Albaner in Kosovo und zog seine Truppen zurück.

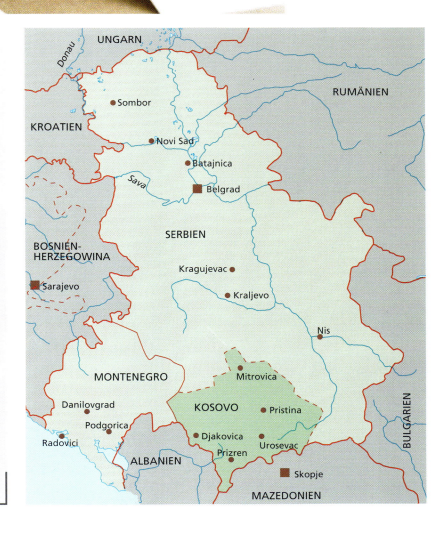

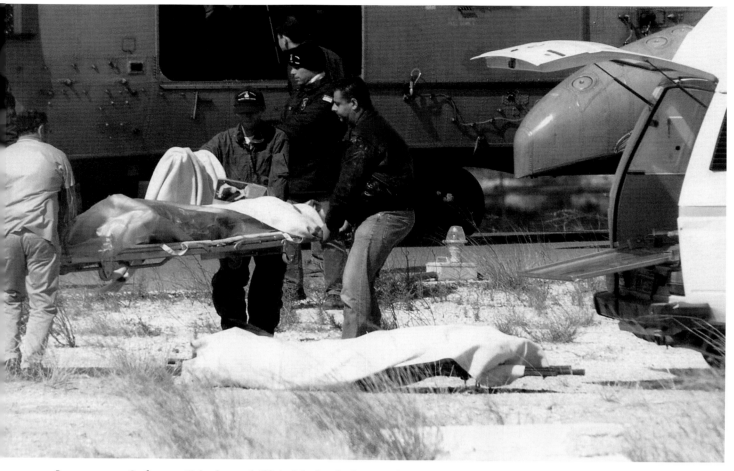

Bergung von Opfern des untergegangenen Schiffs: britische Marinehelikopter flogen Tote und Verletzte aufs Festland.

Griechenschiff: Leichtfertig ins Unglück

Fast unglaublich, aber leider wahr: Weil der Kapitän, der Erste Offizier und weitere Besatzungsmitglieder des griechischen Fährschiffs «Express Samina» am Fernseher einen Fussballmatch anschauten, kamen am Abend des 26. Septembers 79 Menschen ums Leben, wurden viele weitere verletzt und ging ein grosses Schiff samt Ladung verloren.

Das der Reederei «Minoan Flying Dolphin» gehörende, 34 Jahre alte Fährschiff war mit über 500 Personen an Bord auf dem Weg von Piräus über Paros und Naxos nach Samos. Etwa sechs Stunden nach der Ausfahrt von Piräus näherte sich das Schiff der Insel Paros. Zu diesem Zeitpunkt lief über die TV-Bildschirme in den Aufenthaltsräumen des Schiffs die Übertragung eines Fussball-Spiels der Champions League, an dem einer der Athener Clubs teilnahm. Offiziere und Besatzung starrten auf die Bildschirme, der Kapitän und der Erste Offizier verliessen sogar die Kommandobrücke. Und bemerkten zu spät, dass das Fährschiff sich einer Felseninsel vor Paros näherte. Der Felsen war nicht nur gut bekannt, sondern auch durch ein Leuchtfeuer gut gekennzeichnet.

Als der Erste Offizier zur Kommandobrücke zurückeilte, war es zu spät, um die Steuer noch wirksam betätigen zu können. Durch den stürmischen Wind wurde die «Express Samina» gegen den Felsen geschleudert. Der Bug riss auf, das Wasser strömte mit gewaltiger Wucht in die Laderäume. Innert 20 Minuten sank das Schiff.

452 Menschen konnten sich retten, obgleich die Not-Geräte teilweise nicht oder nur mit grösster Mühe eingesetzt werden konnten. 79 kamen ums Leben (78 von ihnen waren Griechen, ein Opfer war eine norwegische Touristin). Ob dies die endgültige Opferzahl war, blieb vorerst aber unklar. Nicht alle Passagiere der griechischen Fährschiffe werden namentlich registriert. Für Reisende, die ihr Ticket erst auf dem Schiff kauften, gab es keine Namens-Listen. Der Erste Offizier übernahm die Verantwortung für die Katastrophe. Er habe die Distanz zum Land falsch eingeschätzt, sagte er im griechischen Radio. Und hinzu sei die Wucht des stürmischen Windes gekommen.

Die Staatsanwaltschaft erhob gegen den Kapitän, den Ersten Offizier und zwei weitere Besatzungsmitglieder Anklage wegen vorsätzlicher Tötung, der Verletzung des Seerechts und des Verlusts des Schiffes. Die Behörden warfen der Besatzung kriminelle Fahrlässigkeit vor. Die «Express Samina» gehörte zu den ältesten Fährschiffen in der Ägäis. Sie war 34 Jahre alt und hätte Ende 2000 verschrottet werden sollen. Die Gewerkschaft der Schiffsingenieure bezeichnete schon vor dem Unglück die «Express Samina» als «Rosteimer».

Schweiz: Nein zu Ausländerfeindlichkeit

In der Schweiz fand am 24. September, einmal mehr, eine Abstimmung über die Frage statt, ob man die Zahl der Ausländer reduzieren sollte. Splittergruppen aus dem Lager der extremen Rechten hatten eine Initiative lanciert (dazu sind mindestens 100 000 Unterschriften Voraussetzung), welche die Forderung enthielt, die Ausländer auf 18% der Gesamtbevölkerung der Schweiz zu begrenzen. Im Jahr 2000 betrug die Zahl der Ausländer in der Schweiz 19,3%. Die Initiative wurde mit 63,4% abgelehnt. Das Resultat war deutlicher als bei früheren Abstimmungen mit ähnlichen Forderungen. Insgesamt gab es in der Schweiz seit 1970 fünf sogenannte Überfremdungsinitiativen. Die berühmteste und international wohl berüchtigtste war Ende der sechziger Jahre die sogenannte Schwarzenbach-Initiative (benannt nach ihrem Erfinder, dem Parlamentarier *James Schwarzenbach*), welche die Zahl der Ausländer auf 10% begrenzen wollte. Sie wurde relativ knapp (ca. 54% Nein gegen 46% Ja) abgelehnt.

Die rechtsstehenden Initianten argumentierten, Ausländer reisten oft illegal in die Schweiz ein und könnten dann im Arbeitsmarkt allmählich Fuss fassen – zum Schaden der einheimischen Bevölkerung. Das prinzipielle Recht auf Asyl würde missbraucht, und Immigranten besonders aus dem Balkan, aus Mittelost und Afrika trügen dazu bei, dass die Schweiz zu einem grossen Umschlagplatz für den Drogenhandel geworden sei. Die Gegenseite argumentierte, man brauche für die jetzt wieder gut laufende Wirtschaft in Zukunft sogar noch mehr ausländische Fachleute. Und im Bereich des Sozialen (z.B. Spitäler) und bei einfachen Arbeiten (Gastgewerbe, Strassenarbeiten etc.) sei man ebenfalls auf ausländische Arbeitskräfte angewiesen, weil Schweizer sich für solche Jobs nicht interessierten.

Die ausländerfeindliche Initiative von rechts übersah im übrigen absichtlich eine Eigenart der restriktiven Praxis in der Schweiz betreffend Einbürgerung. Einen Schweizer Pass zu erhalten war für Ausländer bedeutend schwieriger, als etwa einen Pass in einem Land der EU. Fachleute kamen zur Schlussfolgerung, dass die Schweiz, würde sie bei der Einbürgerung so vorgehen wie andere westeuropäische Länder, einen Anteil an Ausländern von nur acht Prozent hätte. Die Justizministerin, Bundesrätin *Ruth Metzler*, wertete das Resultat der Abstimmung als Vertrauensbeweis für die Politik der Landesregierung. Erleichtert über das Nein (das in dieser Grössenordnung nicht erwartet worden war) zeigten sich die Flüchtlingshilfe und das «Aktionskomitee für eine tolerante Schweiz». Eine grosse Mehrheit habe sich für ein gutes Zusammenleben mit den Ausländerinnen und Ausländern ausgesprochen. Die Wirtschaftsverbände erinnerten daran, dass eine Annahme der fremdenfeindlichen Initiative sowohl der Wirtschaft als auch dem Image der Schweiz grossen Schaden zugefügt hätte.

Justizministerin Ruth Metzler: wertete die Ablehnung der Initiative als Vertrauensbeweis für die Regierung.

18-Prozent-Initiative

Kantone	Ja	Nein	Ja%
Zürich	135 671	253 150	35,1
Bern	109 477	188 348	36,8
Luzern	47 916	65 822	42,2
Uri	4 094	6 244	39,7
Schwyz	18 773	20 028	48,4
Obwalden	3 774	6 101	38,3
Nidwalden	4 946	7 275	40,5
Glarus	4 577	5 709	44,5
Zug	11 417	20 958	35,3
Freiburg	22 513	50 697	30,8
Solothurn	34 483	43 010	44,5
Basel-Sadt	22 709	39 768	36,4
Basel-Land	30 191	50 511	37,5
Schaffhausen	10 881	18 561	37,0
Appenzell AR	6 746	10 826	38,4
Appenzell IR	1 539	2 289	40,3
St. Gallen	54 354	77 201	41,4
Graubünden	14 167	31 457	31,1
Aargau	69 718	77 294	47,5
Thurgau	26 443	33 526	44,1
Tessin	27 364	40 065	40,6
Waadt	34 222	106 759	24,3
Wallis	17 816	46 960	27,6
Neuenburg	10 853	31 613	25,6
Genf	25 360	80 964	23,9
Jura	4 593	13 390	25,6
Schweiz	**755 597**	**1 328 526**	**36,3**

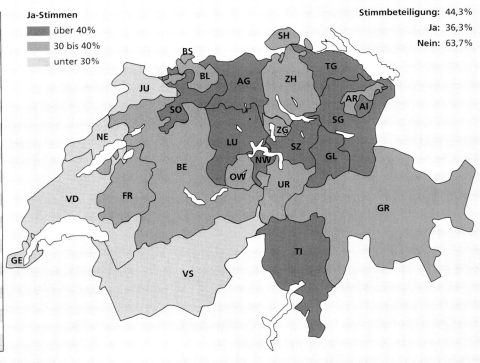

Stimmbeteiligung: 44,3%
Ja: 36,3%
Nein: 63,7%

Ja-Stimmen: über 40% / 30 bis 40% / unter 30%

Überflutetes Land in Indien: Zehn Millionen Menschen wurden obdachlos. Den Behörden wurde Inkompetenz vorgeworfen.

Fluten verwüsten Südostasien

Durch eine Flutkatastrophe gewaltigen Ausmasses starben in Indien 1100 Menschen, in Kambodscha mindestens 173, in Vietnam 119 und in Bangladesh 13. Langanhaltende Regenfälle liessen die Pegel der Flüsse so stark ansteigen, dass ausgedehnte Regionen gegen Ende September unter Wasser standen. Tausende Dörfer und Städte wurden durch die Fluten von der Aussenwelt isoliert. Wer Glück hatte, wurde durch Helikopter aus der Luft mit Lebensmitteln versorgt. Aber in vielen Siedlungen in den betroffenen Ländern herrschte bald Hungersnot. Hinzu kamen Krankheiten, ausgelöst durch verseuchtes Wasser. Die Menschen hatten wegen des gestiegenen Wasserpegels keinen Zugang mehr zu den Brunnen oder den Zapfstellen und versorgten sich mit Flusswasser. Das aber war oft durch Tierkadaver untrinkbar geworden.

Allein in Indien wurden zehn Millionen Menschen obdachlos, und weitere Millionen flüchteten in weniger stark bedrohte Regionen. Das indische Westbengalen stand bis zu drei Meter tief unter Wasser.

Die Provinzregierung im indischen Kalkutta wurde von den Betroffenen und von der Presse hart kritisiert. Es habe keinen effizienten Bereitschaftsdienst und kaum Vorwarnungen gegeben. Viel besser begegneten die Behörden in Bangladesh der drohenden Katastrophe. Auch dort gingen schwere Niederschläge nieder, und die Topografie von Bangladesh war noch ungünstiger als jene in den benachbarten Regionen Indiens. Aber in Bangladesh kamen weniger Menschen ums Leben. Experten erklärten, Bangladesh habe ein relativ gutes Frühwarnsystem entwickelt und mit der Bevölkerung das richtige Verhalten im Katastrophenfall immer wieder geübt. Ausserdem wurden in Bangladesh viele Schutzbauten errichtet, in denen Hochwasseropfer versorgt werden konnten. Diese Logistik wurde in Bangladesh nach Wirbelstürmen und Springfluten entwickelt, von denen das Land immer wieder heimgesucht wird und die früher immer grosse Zahlen von Opfern forderten. In Indien fehlten solche Vorkehrungen, und in Indien waren die Flüsse oft versandet. Studien, welche die Ausbaggerung empfahlen, wurden kaum umgesetzt. Auch die Forderung von Spezialisten, Ausgleichsbecken einzurichten, um bei Hochwasser den Druck auf die Staudämme zu vermindern, wurde meistens nicht beachtet. Stattdessen wurde in Indien vielfach Wasser aus den übervollen Stauseen abgelassen – das aber führte im flachen Westbengalen (Indien) jetzt zur Katastrophe.

Der Monsunregen war in diesem Sommer zwar ungewöhnlich heftig und lange, aber die Fachleute waren sich darüber einig: Hätte man in den höheren Zonen der Quellregionen des Mekong, des Ganges / Brahmaputra und anderer Ströme nicht derart hemmungslos die Wälder abgeholzt, wäre es nicht zu einer Katastrophe dieses Ausmasses gekommen.

Die Flutkatastrophe in Asien

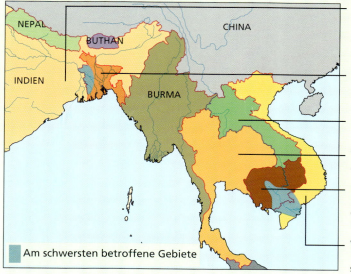

INDIEN
Mindestens 1100 Tote allein in den Bundesstaaten Bihar und Westbengalen; 15 Millionen eingeschlossen oder obdachlos

BANGLADESH
Mindestens 13 Tote und fast eine Million Obdachlose

LAOS
Zahl der Opfer unbekannt

THAILAND
47 Tote gemeldet

KAMBODSCHA
173 Tote und 1,6 Millionen Menschen von den Fluten betroffen; 390 000 Hektaren Kulturland zerstört

VIETNAM
119 Tote, darunter viele Kinder; Wasser steht im Grenzgebiet bis zu 5 Meter hoch

OKTOBER

166 Chronik

168 Israel/Palästinenser: Friedensprozess nach Provokation durch Ariel Sharon und vehementer Reaktion der Palästinenser zu Ende. 250 Tote gegen 4000 Verletzte.

172 Verheerende Unwetter in der Schweiz und Norditalien.

174 Korea: Weitere Annäherung zwischen Süd und Nord. Kim Dae-jung Friedensnobelpreisträger.

178 Jugoslawien: Volkszorn gegen Milosevic; Sturm aufs Parlament, Rücktritt von Milosevic. Kostunica wird Präsident.

180 Unruhen nach Wahlen in Côte d'Ivoire

1.10. Griechenland stoppt Fährschiffe
Der griechische Marineminister, *Christos Paputsis*, verfügt ein Fahrverbot für 58 Fähren und neun Kreuzfahrtenschiffe. Dies als Reaktion auf den Untergang des Fährschiffs «Express Samina» im September (79 Tote). Im Meer um Griechenland verkehren 442 Fähren. Sie transportieren jährlich 10 Millionen Passagiere.

2.10. Gewalteskalation im «Heiligen Land»
Die Proteste der Palästinenser gegen Israel (Folge des provokativen Besuchs von *Ariel Sharon* auf dem den Muslimen heiligen Tempelberg von Jerusalem) eskalieren. Schon mehr als 50 Palästinenser erschossen.

3.10. Nordkorea-Delegation in den USA
Eine hochrangige Delegation aus dem kommunistischen Nordkorea reist nach Washington. US-Aussenministerin *Albright* erhält eine Einladung zum Besuch Nordkoreas.

4.10. Uzbekistan: Minen an Tadschikistan-Grenze
Uzbekistan legt Zehntausende Anti-Personen-Minen an der Grenze zu Tadschikistan. So soll das Eindringen von muslimischen Guerillas verhindert werden.

5.10. Serbien: Opposition stürmt Parlament
Grossdemonstrationen in Belgrad entwickeln sich zu einer eigentlichen Revolution. Tausende Anhänger der bei den September-Wahlen siegreichen Opposition stürmen das Parlament und das Studio des staatlichen Fernsehens.

6.10. Milosevic akzeptiert Machtwechsel
Jugoslawiens Präsident *Milosevic* anerkennt seinen Herausforderer, *Vojislav Kostunica*, als Wahlsieger. Entscheidend für die Wende sind die Demonstrationen und die geänderte Position Russlands: Aussenminister *Igor Iwanow* sprach sich zugunsten des Machtwechsels aus.

7.10. Wahlen in Polen
Aleksander Kwasniewski wird bei den Wahlen als Präsident Polens bestätigt. Eine eklatante Niederlage muss der Wegbereiter des Wandels Polens, *Lech Walesa*, einstecken: für ihn stimmen nur 0,8% der Polen.

8.10. Österreich warnt Tschechien
Österreichs Kanzler, *Wolfgang Schüssel*, appelliert an Tschechien, das Atomkraftwerk Temelin nicht in Betrieb zu nehmen. Anlass zur Kritik bietet die technische Sicherheit des nur 60 km von der Grenze entfernten Werks. Ende Oktober signalisiert Tschechien Gesprächsbereitschaft.

9.10. Wieder ETA-Anschlag in Spanien
In Granada wird *Luis Portero*, Staatsanwalt am Obersten Gericht der Region, durch ETA-Terroristen erschossen.

10.10. EU-Sanktionen gegen Serbien beendet
Die Europäische Union hebt das Flug- und Ölembargo gegen Serbien auf. Die EU verspricht darüberhinaus Serbien (Jugoslawien) Hilfe für den wirtschaftlichen Wiederaufbau.

11.10. Nobelpreise
Mit dem Nobelpreis für Physik werden drei Pioniere der Informationstechnologie (*Jack Kilby*, *Herbert Kroemer* und *Zhores Alferow*) ausgezeichnet. Der Wirtschafts-Nobelpreis geht an die Amerikaner *James Heckman* und *Daniel McFadden* für die Erforschung des Verhaltens von Einzelnen und Haushalten. Mit dem Literaturnobelpreis wird erstmals ein Chinese geehrt. Gewinner ist *Gao Xingjian*, der seit 1987 in Paris im Exil lebt.

12.10. Israel/Palästina: Morde, Bomben
Drei israelische Militärs oder Geheimagenten werden in Ramallah von Palästinensern ermordet. Israel reagiert mit Bomben auf eine Polizeistation in Ramallah und attackiert in Gaza und Jericho. Die Zahl der Toten des Aufruhrs übersteigt schon 100 und wird bis Ende November 250 erreichen.

12.10. Attentat gegen US-Schiff in Aden
Durch ein Selbstmordattentat islamischer Guerillas auf einen US-Zerstörer in Aden (Jemen) werden 18 Amerikaner getötet. Der Terrorakt gilt als Rache für die Unterstützung Israels durch die USA.

13.10. Friedensnobelpreis an Kim Dae-jung
Der südkoreanische Präsident, *Kim Dae-jung*, wird mit dem Friedensnobelpreis ausgezeichnet. Damit sollen seine Verdienste für die Demokratisierung und den Dialog mit Nordkorea gewürdigt werden.

14.10. Alpenraum: Naturkatastrophe
Im Schweizer Kanton Wallis sterben 15 Menschen durch Flut- und Schlammkatastrophen. Etwa ebenso viele Opfer fordern die Hochwasser im Norden von Italien.

15.10. Nahost-Krisengipfel
US-Präsident *Clinton* versucht im ägyptischen Sharm el-Sheikh, *Arafat* und *Barak* zu einer Einigung über das Ende der Gewalt zu zwingen. Der Gipfel endet am 17.10. mit vagen Erklärungen. Die Gewaltwelle geht weiter.

16.10. Linker Erfolg in Slowenien
Die Liberaldemokraten Sloweniens, als Partei aus dem kommunistischen Jugendverband hervorgegangen, gewinnt die Parlamentswahlen. *Janek Drnovsek* will eine «solide» Regierung bilden und den EU- und NATO-Beitritt einleiten.

17.10. Unruhen in Simbabwe
In Harare (Hauptstadt Simbabwes) brechen

Der chinesische Autor Gao Xingjian, mit dem Nobelpreis ausgezeichnet. Seine Werke brachten die politische Führung in Verlegenheit – der Dichter emigrierte nach Frankreich.

Aleksander Kwasniewski, als Präsident Polens wiedergewählt.

Unruhen wegen drastisch gestiegener Preise für Lebensmittel aus. Die Inflation beträgt 70%, die Arbeitslosigkeit im Land 50%.

18.10. Bern: Bundesrat Ogis Rücktritt
Der seit 13 Jahren als Mitglied der schweizerischen Regierung wirkende Bundesrat *Adolf Ogi* gibt seinen Rücktritt bekannt. Zu seinen Leistungen zählen die Unterzeichnung des Anti-Personen-Minen-Verbots durch die Schweiz und die Realisierung der Mitgliedschaft in der NATO-Partnerschaft für den Frieden.

18.10. Irak-Embargo durchlöchert
Ein syrisches Flugzeug mit Dünger und Saatgut fliegt ohne Erlaubnis der UNO nach Bagdad. Im Sommer waren bereits ein französisches und ein russisches Flugzeug (mit Medikamenten) nach Irak geflogen. Flüge nach Irak erfordern die Zustimmung des Sanktions-Komitees der UNO.

19.10. US-Senat zum Kuba-Embargo
Der US-Senat in Washington stimmt mit 86 gegen 8 Stimmen für eine Gesetzesänderung, die den Verkauf von Lebensmitteln und Medikamenten nach Kuba erlauben soll. Auch das Repräsentantenhaus spricht sich für die Änderung aus.

20.10. Urteil gegen Rwandas Ex-Premier
Das internationale Gericht in Den Haag verurteilt den ehemaligen Premier von Rwanda, *Jean Kambanda,* zu lebenslanger Haft. Ihm wird Beteiligung am Völkermord an Hunderttausenden Angehörigen des Volks der Tutsi vorgeworfen.

21.10. Wieder Differenzen Athen/Ankara
Griechenland zieht seine Einheiten aus einem NATO-Manöver ab. Grund ist der Anspruch der Türkei auf die Insel Limnos in der Ägäis.

22.10. Arabischer Gipfel
Die Gipfelkonferenz arabischer Staaten zum Gewaltausbruch Israel/Palästinenser endet in Kairo mit Bekundung von Solidarität mit *Arafat*. Tunesien bricht die Beziehungen zu Israel ab. Israels Premier *Barak* anderseits erklärt den Friedensprozess für «ausgesetzt».

23.10. US-Aussenministerin in Nordkorea
Madeleine Albright, die US-Aussenministerin, besucht erstmals Nordkorea. Eine Normalisierung der beidseitigen Beziehungen wird vorbereitet.

24.10. Chaos in Côte d'Ivoire
Côte d'Ivoire (Elfenbeinküste), jahrzehntelang ein Beispiel für Stabilität in Afrika, gerät ins Chaos. Der Chef der Militärjunta, General *Guéi,* erklärt sich zum Wahlsieger, obgleich klar ist, dass sein Opponent *Gbagbo* den Urnengang gewonnen hat. Das Militär deklariert den Ausnahmezustand. 2 Tage später spitzt sich die Lage weiter zu: man entdeckt ein Massengrab mit 50 Erschossenen.

25.10. Erste Opfer aus der «Kursk» geborgen
Russische und norwegische Taucher bohren eine Öffnung in die Wand des im August gesunkenen U-Boots «Kursk» in der Barentssee. Sie bergen 12 der total 118 Opfer.

26.10. Jugoslawien im «Stabilitätspakt»
Jugoslawien wird als vollwertiges Mitglied in den Balkan-Stabilitätspakt aufgenommen. Der Pakt stellt den Balkanländern finanzielle Mittel für den Wiederaufbau zur Verfügung.

27.10. Indien wehrt Pakistan-Vorstoss ab
Eine pakistanische Militäreinheit überfällt eine Stellung Indiens an der Waffenstillstandslinie in Kashmir. Der Zwischenfall habe sich 176 km nördlich von Jammu ereignet. Indien habe die Angreifer zurückgeworfen, wird in Delhi erklärt.

28.10. Gemeindewahlen in Kosovo
Bei den Gemeindewahlen in Kosovo siegt die Partei des als gemässigt geltenden Politikers *Ibrahim Rugova* mit 58%. Die Anhänger der Partei, die aus der UCK hervorgegangen ist und von *Hashim Taci* geleitet wird, bekommt, entgegen vorherigen Erwartungen, nur 27%. *Taci* erklärt, er werde die Resultate akzeptieren. Die serbische Minderheit in Kosovo (ca. 10%) boykottiert die Wahlen.

29.10. Tansania/Sansibar: Spannungen
In der Unionsrepublik Tansania (ehemaliges Tanganjika und Sansibar) werden die Exekutiven und Legislativen gewählt. Die Wahl auf dem Festland verläuft ruhig. Präsident *Benjamin Mkapa* wird bestätigt. Unruhen folgen dem Wahlgang auf Sansibar. Die Polizei schiesst auf Demonstranten. Beim zweiten Wahlgang: Sieg der Regierungspartei.

30.10. Spanien: Noch mehr ETA-Gewalt
Die baskische Terrororganisation ETA ermordet in Madrid einen Richter des Obersten Gerichtshofs, *José Francisco Querol*. Auch dessen Fahrer und Leibwächter kommen ums Leben, und etwa 60 Passanten werden verletzt. General *Querol* ist das 19. Todesopfer der ETA seit einem Jahr.

31.10. Tankerunglück vor Frankreich
In einem schweren Sturm zerbricht der mit Chemikalien beladene Tanker «Ievoli Sun» und sinkt etwa 70 Kilometer vor der bretonischen Küste. Rund 6000 Tonnen giftige Chemikalien geraten ins Meer. Die Konsequenzen sind vorerst nicht absehbar.

31.10. Jumbo-Absturz in Taiwan
Eine Boeing 747 der Singapore Airlines stürzt beim Start in Taipeh ab. Mindestens 78 Menschen kommen ums Leben. Die Unfallursache: Der Pilot benutzte eine gesperrte Piste und kollidierte mit einem Baufahrzeug.

Adolf Ogi, 13 Jahre lang Mitglied des schweizerischen Bundesrates: mässigende Stimme innerhalb seiner stark nach rechts driftenden SVP-Partei.

Jerusalem, 6. Oktober: Steine der Palästinenser gegen die Panzer der Israeli, Beginn der sogenannten «Al-Aksa-Intifada». Bis Ende November starben 250 Palästinenser und 27 Israeli.

■ Beginn des Dialogs: «Weltrundschau 1993», Seiten 153 – 155 und 216 – 225

■ Wye-Abkommen: «Weltrundschau 1998», Seiten 168 / 169

Nahost: Gewalt, Hass, «Friede» in Trümmern

Am 28. September löste der sprichwörtliche Funke im Pulverfass zwischen Israel und den Palästinensern eine bisher beispiellose Welle von Gewalt und Hass aus. Bis Ende November forderte sie über 250 Todesopfer (223 Palästinenser, 27 Israeli) und mindestens 4000 Verletzte. Zurück blieben nur noch Trümmer des sogenannten Friedensprozesses, der 1993 so hoffnungsvoll begonnen hatte und der das friedliche Zusammenleben hätte bringen sollen.
Der Anlass: am 28. September entschloss sich der Chef des oppositionellen Likud-Blocks Israels, *Ariel Sharon,* zu einem Besuch des den Muslimen heiligen Bezirks auf dem Tempelberg. Mit Einwilligung von Premier *Ehud Barak,* begleitet von Kameras und Hunderten von israelischen Polizisten, schritt er, bewusst provozierend, zu den Moscheen (al-Aksa-Moschee und Felsendom) hinauf. Er verfolgte offenkundig das Ziel zu testen, wie weit er bei seinen Aktionen gegen die Friedenspolitik gehen konnte.
Der Bezirk auf dem Tempelberg um die Moscheen, «Haram al-Sharif» genannt, gilt im Islam als drittwichtigste religiöse Stätte, gleich nach Mekka und Medina. Hierher liess sich, gemäss der Legende (die in Interpretation einer Sure im Koran entstand), der Prophet Mohammed in seiner Traumreise versetzen. Unterhalb der Moscheen allerdings sollen sich die Überreste des jüdischen Tempels befinden, der im Jahr 70 n.Chr. bei der Niederschlagung des jüdischen Aufstands durch die Römer zerstört wurde.
Die Reaktion der muslimischen Palästinenser auf *Sharons* Provokation liess nicht lange auf sich warten: gewaltige Demonstrationen mit steinewerfenden Jugendlichen gegen die Israeli in Jerusalem, in Gaza, Jericho, Ramallah, Hebron, Nablus und anderen Städten. Die israelische Armee antwortete mit dem Einsatz von Tränengas, Hartgummi-Geschossen, scharfer Munition. Die Auseinandersetzungen begannen noch am Tag von *Sharons* Besuch. Den Freitag danach erklärte die islamische Fundamentalisten-Organisation Hamas zum «Tag des Zorns». Jetzt herrschte in den Städten der Palästinenser und in deren Vororten Krieg.
Am 30. September, um die Mittagszeit, trafen israelische Geschosse in Gaza den zwölfjährigen Palästinenser *Mohammed al-Durra* ins Herz. Sein Vater, der nicht an den Auseinandersetzungen teilnahm, hatte vergeblich versucht, den Knaben zu schützen. An eine Mauer gelehnt rief er den israelischen Soldaten (auf Hebräisch) zu: «Halt, hört auf, ihr tötet meinen Sohn.» Als Antwort traf ihn eine Kugel im Arm, und Minuten später starb sein Knabe in seinen Armen.
Die Gewalt eskalierte von Tag zu Tag. Jeden Tag begruben die Palästinenser in den verschiedenen Städten und Dörfern ihre Toten. Die Israeli anderseits hofften darauf, dass *Yassir Arafat* seine Leute zur Mässigung aufrufen würde. Das

10

Die israelische Macht in Aktion: erst schossen Soldaten und Polizisten mit Tränengas und Hartgummi-Geschossen, dann mit scharfer Munition.

Abkommen über Hebron: «Weltrundschau 1997», Seiten 24 / 25

Panzer vor der Silhouette des noch vor kurzer Zeit friedlichen Bethlehem. In dieser Stadt lebte eine christlich-palästinensische Minderheit. Sie nahm an den Auseinandersetzungen selten teil, wurde aber mehr und mehr ebenfalls in den Strudel der Gewalt hineingezogen.

tat er nicht – er wusste, dass er sich damit in dieser Situation von seinem Volk isolieren würde. *Arafat* liess, im Gegenteil, als Reaktion auf die israelischen Militärschläge mehrere Dutzend Männer aus den Gefängnissen in den kleinen Autonomie-Gebieten frei, die wegen Attentaten festgenommen worden waren. Viele gehörten zur militanten Hamas-Bewegung. Israels Premier *Barak* erklärte danach: «*Arafat* ist kein Friedenspartner mehr.» *Arafat* konterte: «Israel hat uns den Krieg erklärt.»

Entsetzliches Zwischenspiel in der Spirale von Gewalt: Anfang Oktober fuhr ein israelischer Reservist mit seinem Auto in Ramallah an der falschen Stelle ab. Er fuhr in die Stadt hinein, die zu den autonomen Gebieten der Palästinenser zählte und in denen israelische Soldaten nichts zu suchen hatten. Plötzlich befand sich das Fahrzeug mit zwei weiteren israelischen Soldaten (oder, wie die Palästinenser behaupteten, Geheimdienstleuten) mitten in einer Protestdemonstration. Die Palästinenser-Polizei brachte die drei zum Verhör in eine Polizeistation. Der Mob drang ins Gebäude ein – die Polizisten wollten oder konnten nichts unternehmen, und zwei Israeli wurden durch Messerstiche und Tritte, der Dritte durch Schläge verletzt und getötet. Danach griffen israelische Kampf-Helikopter die palästinensische Polizeistation an, und andere Helikopter Israels attackierten in Gaza das Hauptquartier der Leibwächter *Arafats*, in Jericho und anderen Städten. Das palästinensische Autonomiegebiet wurde von Israel auf unbestimmte Zeit abgeriegelt.

Die israelische Regierung nannte ihre Attacken «begrenzte Operationen». Die Rache sei «symbolisch». In Europa, weniger in den USA, wurde das Vorgehen Israels als unverhältnismässig empfunden. In der UNO und anderen Institutionen gab es Verurteilungen Israels (die USA enthielten sich jeweils der Stimme), aber das änderte nichts an der Situation im Konfliktgebiet.

169

Ein Bild, das die Welt erschütterte: der 12jährige Mohammed al-Durra und sein Vater. Der Knabe wurde durch Schüsse israelischer Militärs ins Herz getroffen, der Vater schwer verletzt. Sie waren als Unbeteiligte in Gaza ins Schussfeld geraten.

Der amerikanische Zerstörer «USS Cole» nach dem Attentat (18 Tote) im Hafen von Aden. In der Seitenwand des Schiffs klafft ein schwarzes Loch – hier detonierte die Bombe des Selbstmordkommandos.

Es gab während des Oktobers mehrere Versuche, auf der politischen Ebene eine Entspannung zu finden: in Paris unter der Schirmherrschaft von Präsident *Jacques Chirac*, dann ein erstes Treffen im ägyptischen Sharm el-Sheikh mit US-Aussenministerin *Madeleine Albright*, ein zweites mit Präsident *Bill Clinton*, dem israelischen Premier *Barak* und *Yassir Arafat*. Zum Abschluss dieser Konferenz liessen sich *Barak* und *Arafat* wenigstens dazu bewegen, die Gewalt zu verurteilen. Ausserdem sollte eine «fact finding mission», bei deren Zusammensetzung die USA mitbestimmen sollten, sich mit der Gewalt befassen. Aber die USA galten zu diesem Zeitpunkt, aus palästinensischer Perspektive, längst als Parteigänger Israels. Einer entsprechenden Kommission würden die Palästinenser, das war klar, mit grossem Misstrauen begegnen.

Den vorläufigen Schlusspunkt unter die diplomatischen Bemühungen setzte ein Gipfeltreffen der Arabischen Liga in Kairo. Von den dort vertretenen Staats- und Regierungschefs beschloss Tunesien, die diplomatischen Beziehungen zu Israel abzubrechen, und die Liga nahm klar zugunsten der Palästinenser Position. Dank Saudiarabien wurde ein Hilfsfonds über eine Milliarde $ zugunsten der palästinensischen

Opferfamilien der Gewalt beschlossen. Israels Premier *Barak* antwortete auf das Gipfeltreffen der Araber am 22. Oktober mit einem «vorläufigen» Beenden des Friedensprozesses.

Am 21.11. rief Ägypten seinen Botschafter aus Israel zurück.

Ehud Barak versuchte angesichts des Scheiterns seiner Politik, seine Basis innenpolitisch zu festigen. Er bot dem Führer des Likud-Blocks, *Ariel Sharon* (dem Mann also, der durch seine Provokation die Hochspannung ausgelöst hatte), die Bildung einer grossen Koalition an. *Sharon* lehnte aber am 30. Oktober ab – weil *Barak* noch immer am «Friedensprozess» festhalten wolle.

In der arabischen Welt gab es im Zusammenhang mit der Gewalt-Eskalation immer mehr Kritik an den USA. Die Clinton-Administration habe 1993 zwar als ehrlicher Vermittler zwischen den Israeli und den Palästinensern begonnen, sie habe aber allmählich ihre Position (verantwortlich dafür sei der US-Nahost-Vermittler *Dennis Ross*) einseitig zugunsten Israels verschoben. Gegen die USA richtete sich ein Attentat in Aden (Jemen): Ein mit Sprengstoff beladenes Boot rammte das dort ankernde US-Kriegsschiff «USS Cole». 18 amerikanische Seeleute kamen bei der gewaltigen Explosion ums Leben.

10

Bild in der Mitte: Begräbniszug für einen bei den ungleichen Auseinandersetzungen ums Leben gekommenen Palästinenser (Hebron, 14. Oktober). Yassir Arafat, auf dem arabischen Gipfel in Kairo, 21. Oktober: Verbittert, enttäuscht, gezeichnet vom Scheitern der Friedensbemühungen.

Von Netanyahu zu Barak: «Weltrundschau 1999», Seiten 106 / 107

Konferenz von Sharm el-Sheikh: vergeblicher Versuch, den Teufelskreis der Gewalt zu durchbrechen. Von links nach rechts: Ehud Barak, Hosni Mubarak, Bill Clinton, Yassir Arafat.

Die norditalienische Grossstadt Turin am 16. Oktober: Rettungsaktion für Menschen im Quartier Borgo Doria. Unten: die Ortschaft Gondo in der Simplon-Region (Schweiz) am 14. Oktober. Auch die Aufnahme auf der Seite rechts stammt aus Gondo. Die Schlammlawine bahnte sich den zerstörerischen Weg mitten durch's Dorf.

Schweiz, Norditalien: Unwetterkatastrophe

Der schweizerische Kanton Wallis, das italienische Aostatal, Teile von Piemont und der Kanton Tessin wurden zwischen dem 14. Oktober und dem 16. Oktober von einer verheerenden Unwetterkatastrophe heimgesucht. Im Wallis forderte sie 15 Tote, in Norditalien insgesamt 27. Im Süden der Alpen regnete es ab dem 11. Oktober während fünf bis sechs Tagen ohne eine Unterbrechung. Zuerst brachte ein ausgiebiges Tiefdruckgebiet im Zusammenwirken mit Südwestwinden kräftige Niederschläge. Dann brachte ein zweites Tiefdruckgebiet über dem Mittelmeer und Südostwinde weiteren Regen. Die Bäche und Flüsse schwollen dramatisch an, und dann, am 14. Oktober, kam die Katastrophe über das kleine Dorf Gondo in der Region des Simplon-Passes im Kanton Wallis: Um 10.30 Uhr ergoss sich urplötzlich eine vier Meter hohe und 30 Meter breite Schlammlawine über das Dorf. Gewaltige Massen von Schlamm und entwurzelten Bäumen hatten sich am Morgen im Steinschutzwall oberhalb des Dorfs gestaut. Um halb elf Uhr brach der Wall auseinander. Die Lawine zerstörte alles, was ihr im Wege stand: fünf Wohnhäuser, ein Wachgebäude, einen Kiosk, zwei Restaurants, das dreistöckige Burgerhaus und den Stockalperturm. 13 Menschen kamen allein in Gondo ums Leben, unter ihnen eine vierköpfige Familie.

Der Feuerwehrkommandant von Gondo hatte schon am Tag zuvor die Bewohner eines Teils des Dorfs in die Zivilschutzanlage evakuiert. Er befürchtete, der Dorfbach könnte, wie das sieben Jahre vorher geschehen war, über die Ufer treten. Dass eine Katastrophe viel grösseren Ausmasses drohte, ahnte er nicht.

Weitere Todesopfer forderten die Unwetter im Vispertal (ebenfalls Kanton Wallis). Zahlreiche Dörfer im Kanton Wallis wurden evakuiert. Bahnen verkehrten nicht mehr, die Strassen in Teilen des Kantons waren blockiert.

Ähnlich dramatisch war die Situation im Norden Italiens. Im Aostatal kamen neun Menschen ums Leben, und das Tal war während mehrerer Tage von der Umwelt abgeschnitten. Hilfe konnte nur per Helikopter gebracht werden. Die meisten der etwa 120 000 Bewohner des Aostatals waren von der Stromversorgung abgeschnitten.

Auch in der benachbarten Region Piemont war die Lage katastrophal. Schwer von Überschwemmungen betroffen war die Grossstadt Turin. Auch hier brach die Stromversorgung zusammen. Die Strassen standen unter Wasser, die Einwohner wurden aufgerufen, ihr Trinkwasser abzukochen. Der Automobilkonzern Fiat stellte die Produktion vorübergehend ein und schickte 6000 Mitarbeiter nach Hause.

Kim Dae-jung, Präsident Südkoreas, ausgezeichnet mit dem Friedensnobelpreis. Geehrt für die Demokratisierung in Südkorea und für den Dialog mit dem Norden.

■ Wahlsieg von Kim Dae-jung: «Weltrundschau 1997», Seiten 202/203

■ Unruhen in Kwangju: «Weltrundschau 1980», Seiten 86 und 87

Nord- und Südkorea: es geht vorwärts

Im Juni hatten die Präsidenten von Nord- und Südkorea das erste Gipfeltreffen durchgeführt und damit einen vorläufigen Schlussstrich unter den beidseitigen, 50jährigen Kalten Krieg gezogen – jetzt im Oktober befasste sich die asiatisch-europäische Gipfelkonferenz (Asem) im südkoreanischen Seoul mit der Normalisierung der Beziehungen zu Nordkorea, und wenig später reiste die amerikanische Aussenministerin, *Madeleine Albright*, zu einem ersten Besuch in die nordkoreanische Hauptstadt Pjöngjang. Die britische und die deutsche Regierung kündigten während der Konferenz in Seoul am 20. Oktober an, sie würden mit Nordkorea diplomatische Beziehungen aufnehmen. Allerdings betonte man in London und Berlin, die Unterstützung der «Sonnenscheinpolitik» (so wurde die Harmonisierung zwischen den beiden Korea offiziell genannt) bedeute nicht, dass man über die Menschenrechtsverletzungen in Nordkorea hinwegsehen werde. Es gehe aber darum, sich Einflussmöglichkeiten zu verschaffen, um den Wandel in Nordkorea fördern zu können. Frankreichs Staatspräsident, *Jacques Chirac*, forderte jedoch als Vorbedingung für französisch-nordkoreanische Beziehungen eine Verbesserung bei den Menschenrechten in Nordkorea. Japan anderseits verlangte die Beendigung der Raketenprogramme Nordkoreas.

Nach dem Gipfeltreffen vom Juni 2000 wurden die ersten Familienzusammenführungen zwischen Nord- und Südkorea im August realisiert. Mitte September gab der südkoreanische Präsident, *Kim Dae-jung*, grünes Licht für die Wiederherstellung der beim Ende des Koreakriegs (1953) unterbrochenen Eisenbahnverbindung zwischen den beiden Korea. Ende September trafen sich die Verteidigungsminister der beiden Teilstaaten zu einer ersten Gesprächsrunde. Ausserdem gab es mehrere Treffen zwischen Ministern und zwischen Delegationen der beiden Rotkreuzgesellschaften. Südkorea liess 63 nordkoreanische Spione frei und schickte sie nach Nordkorea zurück – Nordkorea allerdings zögerte damit, 700 Südkoreaner zurückzuführen. Für die

US-Staatssekretärin (Aussenministerin) Madeleine Albright beim Besuch in Nordkorea, mit Präsident Kim Jong Il, links. In der Mitte der Dolmetscher.

nähere Zukunft war geplant: Der nordkoreanische Präsident, *Kim Jong Il,* soll im Frühjahr 2001 die südkoreanische Hauptstadt besuchen.

Die Initiative für den Abbau der Feindschaft zwischen Süd- und Nordkorea ging vom südkoreanischen Präsidenten, *Kim Dae-jung,* aus. Dafür wurde er jetzt, am 13. Oktober 2000, mit dem Friedensnobelpreis geehrt. Das Nobelkomitee in Oslo würdigte *Kim Dae-jung* für seinen «lebenslangen Einsatz für Demokratie, Menschenrechte und Versöhnung». Das Komitee führte weiter aus: «Trotz wiederholter Bedrohungen für sein Leben und langer Zeiten im Exil ist *Kim Dae-jung* im Lauf von Jahrzehnten autoritärer Herrschaft in Südkorea als die wichtigste demokratische Stimme seines Landes hervorgetreten.»

Kim Dae-jung wurde am 3.12.1925 geboren. Nach dem Mittelschulabschluss begann er seine politische Karriere in der Unabhängigkeitsphase Koreas im Jahr 1945 (Korea war während des Kriegs von Japan besetzt). 1961 wurde er erstmals ins Parlament gewählt. Danach begann er

Thema Menschenrechte:

Man ging davon aus, dass in Nordkorea (Bevölkerung ca. 24 Millionen) Hunderttausende, vielleicht Millionen Menschen zwangsweise deportiert worden waren. Verhaftungen erfolgten willkürlich, die Todesstrafe wurde wahrscheinlich oft vollstreckt. Parteien (neben der kommunistischen Partei gab es noch zwei geduldete, aber unbedeutende Parteien) waren gleichgeschaltet, ebenso die Medien.
In weiten Regionen des Landes herrschte seit Jahren Hungersnot.

Thema Rüstung/Raketentests:

Nordkorea schoss 1998 Mittelstreckenraketen über Japan hinweg ins Meer. Japan fühlte sich durch die Tests provoziert. Manche Anzeichen deuteten darauf hin, dass Nordkorea mindestens bis 1999, möglicherweise auch noch jetzt, im Jahr 2000, die Entwicklung eigener Atomwaffen anstrebte.

Tod des nordkoreanischen Diktators Kim Il-sung: «Weltrundschau 1994», Seiten 122/123

*Alltag in Nordkorea: oben Frauen, die dazu abkommandiert wurden, Salz aus Verdampfungs-Becken zu gewinnen. Pro Arbeitstag sollen sie zwei Kilogramm Lebensmittel erhalten haben.
Rechte Aufnahme: Biskuit-Verpackung für Schulkinder in Nordkorea. Maschinen gab es keine, die Arbeit wurde von Hand erledigt.*

ein Studium von Business Administration in Seoul und kandidierte 1971 bei den Präsidentschaftswahlen gegen den herrschenden Präsidenten, General *Park Chung-hee*. Im Oktober 1972 emigrierte er nach Japan – kurz vor der Verhängung des Kriegsrechts durch das diktatorische Militärregime. Im August 1973 wurde er von Agenten des südkoreanischen Geheimdienstes in seinem Hotelzimmer in Tokio entführt – er sollte ermordet werden. Dank Intervention des US-Geheimdienstes CIA erlangte er aber wieder die Freiheit. Er wurde unter Hausarrest gestellt. Weil er gegen die Notstandsgesetze der militärischen Junta verstiess, wurde er im März 1976 verhaftet und zu fünf Jahren Haft verurteilt. Im Dezember 1978 wurde er entlassen, aber wieder unter Hausarrest gestellt. 1980: blutige Unruhen in der Provinz Kwangju. Der damalige Präsident, *Chun Doo-hwan*, lässt *Kim* verhaften und zum Tode verurteilen. Das Oberste Gericht wandelte die Todesstrafe im Dezember 1981 in eine 20jährige Haftstrafe

um. Ende 1982 aber kam er überraschend frei und konnte in die USA ausreisen. 1985 kehrte er nach Südkorea zurück, wurde aber sofort wieder unter Hausarrest gestellt.
1987 begann die Demokratisierung Südkoreas, und *Kim Dae-jung* bewarb sich um die Präsidentschaft. Er scheiterte damals ebenso wie fünf Jahre später, im Jahr 1992. Erfolg hatte er erst bei den Präsidentschaftswahlen vom 19. Dezember 1997. Am 25.2.1998 wurde er als Präsident vereidigt. Er war der erste Oppositionspolitiker Südkoreas, der als Präsident gewählt wurde. Damals erläuterte er bereits sein Konzept der «Sonnenschein-Politik». Nordkorea reagierte noch mit scharfer Kritik. Erst als *Kim Dae-jung* im Frühjahr 1999 nach einem Schusswechsel der beiden Flotten im Gelben Meer deutlich machte, dass er die Interessen Südkoreas notfalls mit militärischen Mitteln verteidigen werde, nahm ihn die Militärführung des Nordens ernst.

Die Menschen in Nord- und in Südkorea lebten, ungeachtet der «Sonnenschein-Politik», in zwei völlig unterschiedlichen Welten. In Nordkorea herrschte eine Diktatur wie in der Sowjetunion unter *Stalin*. Die Menschen in Nordkorea erfuhren über den «Sonnenschein» nur das, was ins Konzept des Regimes passte. In Südkorea gab es Demokratie und Informationsfreiheit. Viele Südkoreaner zeigten sich im Oktober skeptisch gegenüber den Zukunftsaussichten der Normalisierung mit dem Norden. Der Vorgänger von *Kim Dae-jung* als Präsident Südkoreas, *Kim Jung Sam*, sprach von einer Politik des «Appeasement», die sein Nachfolger betreibe. Und während *Kim Dae-jung* die grosse Wirtschaftsmacht Japan dazu aufrief, Nordkorea rasch und effizient Nahrungsmittelhilfe zu gewähren, äusserte *Kim Jung Sam* die Befürchtung, diese Lebensmittel würden den Weg nicht zur Bevölkerung, sondern zu den Streitkräften Nordkoreas finden.

Industrielle Produktion in Südkorea. Oben die Automobilfabrik Daewoo, unten ein Blick in die Produktion von Laptops bei Samsung. Allerdings gab's auch in Südkorea Probleme: Daewoo steckte in schwerer Krise.

Jugoslawien: dramatisch-positive Wende

Am 24. September hatten die Wahlberechtigten Jugoslawiens darüber entschieden, wer künftig Präsident des Landes (Serbien und Montenegro sowie, allerdings nur noch auf dem Papier, Kosovo) sein solle. Für *Slobodan Milosevic* sprachen sich gut 40% aus, für dessen Herausforderer, *Vojislav Kostunica*, etwas über 48%. Soweit die offiziellen Resultate. Die Opposition um *Kostunica* aber beharrte darauf, dass ihr Kandidat die absolute Mehrheit gewonnen habe und dass daher ein zweiter Wahlgang, wie ihn das Regime forderte, nicht zur Diskussion stehen könne.

Milosevic taktierte bis in den Oktober hinein. Die Protestbewegung gegen sein Regime nahm anderseits von Tag zu Tag an Stärke zu. Am 5. Oktober strömten die Anhänger *Kostunicas* in grossen Massen nach Belgrad und erklärten den Präsidenten für abgesetzt. *Kostunica* rief das Militär und die Polizei auf, einen friedlichen Machtwechsel zuzulassen. Jugoslawien sei wieder ein Teil Europas und befinde sich auf dem Weg zur Demokratie. *Milosevic'* Sozialistische Partei drohte zunächst mit Gegenwehr. «Die Sozialistische Partei Serbiens wird mit aller Kraft und in allen staatlichen Einrichtungen gegen Gewalt und Zerstörung kämpfen», wurde in einer Meldung der Nachrichtenagentur Tanjug erklärt. Kurz vor dem Ablauf eines Ultimatums hatten einige hundert Demonstranten das Parlamentsgebäude gestürmt und besetzt. Möbel und Portraits von *Milosevic* und anderen bisher herrschenden Politikern wurden aus den Fenstern geworfen. Aus dem Gebäude drang schwarzer Rauch

Die Polizei zog sich schliesslich zurück. Daraufhin zogen Tausende von Demonstranten vor die Zentrale des staatlichen Fernsehens und besetzten auch dieses Gebäude. Auch hier schlugen kurz darauf Flammen aus den Fenstern.

Am späten Abend ging das Fernsehen unter der Bezeichnung «Neuer Radio- und Fernsehsender Serbiens» wieder auf Sendung und strahlte ein Gespräch mit *Kostunica* aus. Dieser erklärte, er habe Zusicherungen erhalten, dass die EU ihre Sanktionen gegen Jugoslawien (in Kraft gesetzt 1998 wegen der Unterdrückung der Bevölkerung in Kosovo) gleich nach einem Machtwechsel aufheben werde.

Am folgenden Tag, am 6. Oktober, akzeptierte *Milosevic* den Machtwechsel. Er sagte am Fernsehen: «Ich gratuliere Herrn *Kostunica* zu seinem Wahlsieg und wünsche allen Bürgern Jugoslawiens viel Erfolg.» Er kündigte an, er werde jetzt

Tag der Entscheidung in Jugoslawien: Grossdemonstration vor dem Parlamentsgebäude in Belgrad (5. Oktober). Aus dem Gebäude dringt Rauch – das Parlament wurde erstürmt, einzelne Räume wurden in Brand gesteckt.

10

eine «Pause» einlegen und später dann in die Politik zurückkehren.
Vor dieser öffentlichen Erklärung Milosevic' war Kostunica mit dem Chef der Armee, Nebojsa Pavkovic, zusammengetroffen. Die Armeeführung akzeptiere den Machtwechsel als «normal», sagte Kostunica danach. Gegenüber seinen Anhängern, welche die Festnahme von Milosevic und die Auslieferung ans Kriegsverbrechertribunal in Den Haag forderten, sagte Kostunica: «Er braucht nicht verhaftet zu werden – er hat sich selbst schon vor langer Zeit verhaftet.» Was genau seine Absichten in dieser Frage waren, liess Kostunica offen. Später (24.10.) sagte er in einem Interview auf die Frage, ob Milosevic vor Gericht gestellt werde: «Irgendwo, ja.» Und fügte anderseits bei: Mit der Forderung nach schneller Auslieferung an das Haager Tribunal werde die Demokratisierung in Serbien möglicherweise gefährdet. Im gleichen Interview äusserte er: «Ich bin bereit, die Schuld für all die Leute anzuerkennen, die getötet wurden – für das, was Milosevic getan hat, und als Serbe werde ich die Verantwortung für viele dieser Verbrechen übernehmen.»
Die Massenproteste waren wohl das wichtigste Element beim Nachgeben von Milosevic. Ein anderes Element bestand in der Haltung Russlands. Dessen Aussenminister, Igor Iwanow, reiste am 5. Oktober nach Belgrad und gab zu verstehen, dass Russlands Regierung Milosevic fallen liess. Danach überbrachte Iwanow Kostunica die Glückwünsche von Präsident Putin.
Die Europäische Union hob die Sanktionen gegen Jugoslawien vom 9. Oktober (anlässlich ihres Aussenministertreffens in Luxemburg) an stufenweise auf. Unverzüglich aufgehoben wurden das Flug- und das Ölembargo. Die EU erklärte ausserdem, sie werde Jugoslawien rasch finanzielle Hilfe zukommen lassen. Dies solle rasch geschehen, sagte der deutsche Aussenminister, Joschka Fischer, und fügte bei: «Wir wollen frühere Fehler unserer Jugoslawienpolitik vermeiden, als wir zu lange zögerten und so die serbische Opposition sich selbst überliessen». Beibehalten blieb vorerst das bereits 1996 verfügte Verbot von Waffenlieferungen an Jugoslawien. Und beibehalten blieben die Massnahmen gegen Milosevic und eine Anzahl von Personen in seiner Umgebung. Dazu gehörten Einreiseverbote in andere Staaten und die Blockierung von Bank-Konten. Eine Verhaftung von Milosevic sei, so wurde bei der EU geäussert, jedoch nicht vordringlich.
Die Bildung einer interimistischen Regierung für Jugoslawien erwies sich als komplizierter als erwartet, kam aber durch die Billigung im Parlament am 24.10. doch noch zustande. Montenegro weigerte sich, trotz Avancen von seiten Kostunicas, an der provisorischen Regierung teilzunehmen. Wahlen für ein neues Parlament wurden auf den 23. Dezember anberaumt.

Vojislav Kostunica, Sieger der Wahlen vom September und neuer Präsident Jugoslawiens. Biografische Hinweise und Zitate Seiten 160/161.

Slobodan Milosevic: Fast niemand hätte ihm vorher zugetraut, dass er seine Niederlage akzeptieren würde.

Wahlen vom September 2000: Seiten 160/161
Portrait Slobodan Milosevic: Seiten 326-328

179

10

Unruhen in der ehemaligen Hauptstadt von Côte d'Ivoire: Demonstration für Alassane Ouattara, einen Politiker, der bei diesem Wahlgang gar nicht kandidieren konnte.

Laurent Gbagbo, vorläufiger Sieger einer umstrittenen Wahl im ehemaligen Musterland.

Côte d'Ivoire: Ende der Harmonie

Der Präsident des westafrikanischen Staats Côte d'Ivoire (Elfenbeinküste), General *Robert Guéi* (er hatte im Dezember 1999 die Macht ergriffen), wollte sich am 22. Oktober in einer Volkswahl bestätigen lassen – aber das Resultat war anders, als er erwartet hatte. Sein Konkurrent, *Laurent Gbagbo*, erhielt etwa 60% der Stimmen, *Guéi* nur 33%.

Erst wollte der herrschende General die Auszählung der Wahlresultate verhindern. Die Bevölkerung der ehemaligen Hauptstadt Abidjan reagierte mit wütenden Protesten. Tausende stürmten den staatlichen Fernsehsender und den Präsidentenpalast. Als klar wurde, dass sich die Armee und auch die Militärpolizisten auf die Seite der Demonstranten schlugen, flüchtete General *Guéi* ins Ausland. Damit war der Konflikt aber nicht beendet – jetzt traten die Anhänger eines weiteren Politikers, *Alassane Ouattara*, in Aktion, der vom Regime daran gehindert worden war, als Kandidat für die Präsidentschaft aufzutreten. Das vom Regime gesteuerte Oberste Gericht von Côte d'Ivoire hatte *Ouattara*, wie auch dreizehn andere Politiker, von der Wahl ausgeschlossen, weil nicht beide Elternteile im Lande selbst aufgewachsen waren. *Ouattara* kritisierte im französischen TV-Sender TV 5 diese Entscheidung als illegal. Die Organisation für Afrikanische Einheit (OAU) rief dazu auf, in Côte d'Ivoire Neuwahlen anzusetzen.

Côte d'Ivoire war lange Zeit ein Muster für stabile Entwicklung in Afrika gewesen. Das Land (322 462 km^2, ca. 15 Millionen Einwohner) wurde von der Unabhängigkeit (1960) bis 1993 von Präsident *Félix Houphouet-Boigny* geführt. Beim Tod *Houphouet-Boignys* erhob *Alassane Ouattara* (der damals Premierminister war) Anspruch auf die Nachfolge, aber Präsident wurde ein Verwandter des Verstorbenen, *Henri Konan Bédié*. Die Wirtschaft befand sich damals – und das blieb weiterhin so – in einer kritischen Lage. Die Preise für Kakao und Kaffee (die wichtigsten Exportprodukte) sanken oder schwankten stark.

Houphouet-Boigny hatte 1983 entschieden, dass nicht länger Abidjan Hauptstadt des Landes sein solle, sondern sein Geburtsort Yamoussoukro. Dort liess er u.a. die Kirche Notre-Dame de la Paix erbauen, eine Nachahmung der Peterskirche in Rom. In den Bau von Yamoussoukro steckte er etwa 2,5 Milliarden $.

ptically

NOVEMBER

182 Chronik

184 Brandkatastrophe in Bergbahn in Österreich: 155 Todesopfer

186 USA: Chaos nach den Präsidentschaftswahlen. Wochenlange Unklarheit, ob Al Gore oder George W. Bush den Urnengang gewonnen hat.

190 Rinderwahnsinn in Frankreich und Deutschland: Konsumenten in ganz Europa in Alarmstimmung.

192 Klimakonferenz in Den Haag gescheitert. Streit über CO_2.

194 Peru: Präsident Fujimori entzieht sich der Verantwortung durch Emigration nach Japan.

196 Norwegen: Längster Strassentunnel der Welt eröffnet.

1.11. Kolumbien: Geiseln frei
Die ELN-Guerillas in Kolumbien lassen, nach 6 Wochen Gefangenschaft, die letzten 21 von total 80 Geiseln frei. Viele von ihnen sind schwer krank.

2.11. Simbabwe: Weisse enteignen!
Das Parlament von Simbabwe stimmt einem Gesetz zu, das die Enteignung aller weisser Landbesitzer erlaubt. Weisse bewirtschaften in Simbabwe noch ca. 2000 Güter.

3.11. Färöer wollen Unabhängigkeit
Die Inselgruppe der Färöer in der Nordsee kündigen ein Referendum über die Unabhängigkeit an. Dänemark ist für die Aussen- und Verteidigungspolitik der 18 Inseln zuständig und zahlt Subventionen in der Höhe eines Drittels des Budgets an die Färöer.

Die Standseilbahn bei Kaprun: ein scheinbar sicheres System löst Katastrophe aus.

4.11. Ägypten: nicht ganz freie Wahl
Die Regierungspartei NDP gewinnt bei der Parlamentswahl wieder weit mehr als die absolute Mehrheit. Die Staatsführung kontrolliert aber die Zulassung anderer Parteien. Das Parlament widerspiegelt die Situation im Land daher nur beschränkt.

5.11. Irak ignoriert Flugverbot
Erstmals seit dem Krieg von 1991 nimmt Irak wieder Inlandflüge in jenen Zonen auf, welche die USA und Grossbritannien kontrollieren. Von Bagdad startet je eine Maschine nach Basra und nach Mossul.

6.11. Wahltag in USA: Auftakt zum Chaos
In den USA findet die Wahl des Präsidenten, des Vizepräsidenten, des Abgeordnetenhauses und eines Drittels des Senats unter einmaligen Umständen statt. Für *Al Gore* und *George W. Bush* werden fast gleich viele Stimmen abgegeben. Umstritten bleibt für Wochen das Resultat im Bundesstaat Florida. Die Nachzählungen der Stimmen wirken chaotisch und sind durch sich widersprechende Gerichtsurteile geprägt. Bis Ende November weiss man noch immer nicht, wer der künftige Präsident der USA ist.

Jörg Haider hat Schwierigkeiten mit dem Koalitionspartner. Die Anschuldigungen des Datenmissbrauchs weist er zurück.

7.11. Operation an siamesischen Zwillingen
Im britischen Manchester nehmen Ärzte eine umstrittene Operation vor: sie trennen zwei Mädchen, die als siamesische Zwillinge zusammengewachsen sind und von denen nur eines überleben kann. Die beiden im August geborenen Mädchen haben nur eine Lunge und ein Herz.

8.11. Wien: Haider droht mit Bruch
Jörg Haider, Gründer der rechtspopulistischen FPÖ, droht mit dem Austritt seiner Partei aus der Koalitionsregierung. Grund ist ein Skandal um den Missbrauch von geheimen Polizeidaten, in dessen Mittelpunkt *Haider* und andere FPÖ-Funktionäre stehen.

9.11. Israel: Attacke gegen Fatah
Israel erschiesst von einem Helikopter aus gezielt einen Mitarbeiter *Arafats*, den 33jährigen *Hussein Abayat*. Er ist Mitglied der Fatah-Partei. Israel machte ihn für «Terroraktionen» verantwortlich. Die Zahl der getöteten Palästinenser seit Ende September erreicht 200 und steigt weiter.

10.11. Volkszählung in China
China versucht, durch Volkszählung die Einwohnerzahl zu ermitteln (man geht von ca. 1,3 Milliarden aus). Die Behörden versprechen Straffreiheit für Eltern mit mehr als einem Kind (bisher mussten sie mit massiven Bussen rechnen). So will man die Manipulation der Zählung verhindern.

11.11. Seilbahnbrand in Österreich: 155 Tote
Entsetzliche Katastrophe in Österreich: Die Standseilbahn auf das Kitzsteinhorn bei Kaprun (Salzburgerland) gerät im Tunnel in Brand. 155 Menschen kommen ums Leben, nur 18 können sich retten.

12.11. Israel: Lea Rabin gestorben
Im Alter von 72 Jahren stirbt die Witwe von *Yitzhak Rabin, Lea Rabin,* in Jerusalem. Sie hatte sich aktiv für den Friedensprozess zwischen Israel und den Palästinensern engagiert.

12.11. Tod von Chaban-Delmas
Der frühere französische Premierminister, *Jacques Chaban-Delmas* (Regierungschef von 1969 bis 1972), stirbt in Paris im Alter von 85 Jahren. Er war Mitkämpfer *de Gaulles* in der Résistance gewesen und engagierte sich später in der Politik für Sozialreformen innerhalb des Gaullismus («Nouvelle société»).

13.11. Klimakonferenz in den Haag
In Den Haag wird die 6. Konferenz der Vertragsparteien der Klimakonvention eröffnet. Es geht u. a. um Entscheidungen zur Reduktion des Ausstosses von Treibhausgasen (vor allem Kohlendioxid).

14.11. Palästinensergebiete abgeriegelt
Als Reaktion auf Angriffe von Palästinensern auf israelische Siedler riegelt Israel das Westjordanland und den Gaza-Streifen ab. Kein Palästinenser kann mehr zur Arbeit fahren. Israelische Jugendliche demonstrieren weiterhin mit Steinwürfen, Israels Armee schiesst scharf. Bilanz jetzt: 217 Tote, davon 209 Palästinenser.

15.11. BSE: EU will mehr Kontrollen
Die EU-Kommission fordert mehr Tests von Rindern. So soll der (jetzt besonders in Frankreich eskalierende) Rinderwahnsinn und die Verbreitung der tödlichen Creutzfeldt-Jakob-Krankheit bei Menschen eingedämmt werden.

16.11. Clinton besucht Vietnam
US-Präsident *Clinton* besucht, als erster amerikanischer Staatschef seit 25 Jahren, Vietnam. Er möchte die Beziehungen zwischen den beiden Ländern, deren Krieg 1975 endete, ausbauen. Die Appelle *Clintons* für eine weitere Liberalisierung der Wirtschaft werden in Vietnam skeptisch aufgenommen.

17.11. USA: Streit um Wählerstimmen
Streit zwischen den Präsidentschaftskandidaten der USA spitzt sich zu: die Demokraten fordern die Nachzählung der Stimmen in drei Bezirken Floridas, die Republikaner rufen die Gerichte an.

18.11. Tschetschenien-Krieg geht weiter
Russlands Präsident *Putin* sagt, er werde den Krieg gegen die Rebellen in Tschetschenien bis zum totalen Sieg weiterführen. Die Verluste der russischen Armee nennt er mit 2600.

19.11. EU-Hilfe für den Balkan
Die EU beschliesst, bis 2006 fast 5 Milliarden Euro für den Wiederaufbau in den Balkan-Ländern einzusetzen. Beim nachfolgenden Balkan-Gipfel in Zagreb fordert Frankreichs Präsident *Chirac* von den Balkan-Ländern Kampf gegen Korruption, Geldwäsche und Menschenhandel und Zusammenarbeit mit dem Kriegsverbrechertribunal in Den Haag.

20.11. Gaza: Attentate, Vergeltungsattacken
Eine bisher unbekannte palästinensische Gruppe verübt einen Anschlag auf einen mit israelischen Kindern besetzten Schulbus. Zwei erwachsene Begleiter kommen ums Leben. Israel attackiert mit Helikoptern und von Kriegsschiffen aus Ziele in Gaza.

21.11. Peru: Ende der Ära Fujimori
Perus Präsident, *Alberto Fujimori*, wird vom Parlament in Lima für abgesetzt erklärt. *Fujimori* hatte sich nach Japan abgesetzt und von dort schon selbst seinen Rücktritt bekanntgegeben.

22.11. Barcelona: Ex-Minister getötet
In Barcelona wird der 63jährige frühere Gesundheitsminister von Katalonien, *Ernest Lluch*, erschossen. Der Tat verdächtigt wird die ETA.

23.11. Kosovo: Rugova-Berater ermordet
Der Chefberater des gewählten Präsidenten *Rugova, Xhemail Mustafa*, wird in der Kosovo-Hauptstadt Pristina ermordet. Weitere Gewalttaten in Kosovo: Bomben gegen ein Büro des Vertreters Belgrads am 22.11., ein Todesopfer. 4 Tote und 13 Verletzte durch Attentat der Albaner-Guerilla UCPMB.

24.11. Nahost: Russische Vermittlung
Russlands Präsident *Putin* überzeugt in Moskau den zu Besuch weilenden *Arafat*, mit Israels Premier wieder in Dialog zu treten. *Arafat* und *Barak* beschliessen in einem Telefongespräch, die Gespräche über Sicherheitsfragen wieder aufzunehmen.

25.11. Klimakonferenz gescheitert
Die Klimakonferenz in Den Haag, als «letzte Chance» für eine weltweite Einigung zur Reduktion der Treibhausgase bezeichnet, endet mit totalem Scheitern.

26.11. WHO warnt vor Krankheiten
Die Weltgesundheitsorganisation WHO ermittelt: in Südostasien sind Malaria und Tuberkulose auf dem Vormarsch. In Bangladesh seien 40% der Bevölkerung mit Tuberkulose infiziert. 1,5 Millionen Menschen seien in ganz Südostasien in einem Jahr an Malaria und Tuberkulose gestorben, erklärt die WHO.

25.11. Haiti: zurück zu Aristide
Jean-Bertrand Aristide, einst ein Hoffnungsträger für die Demokratisierung des bitter armen Haiti, dann, wie alle Politiker des Landes ins Zwielicht von Diktatur und Korruption geraten, wird von 92% der Haitianer wieder zum Präsidenten gewählt.

26.11. Rumänien: zurück zu Iliescu
Bei den Parlaments- und Präsidentenwahlen in Rumänien können die aus der Partei der Kommunisten hervorgegangenen Kräfte ein Comeback feiern. *Ion Iliescu*, bereits nach dem Sturz der Ceausescu-Diktatur und bis 1996 an der Spitze, wird wieder Staatspräsident.

27.11. Israel: Neuwahlen beschlossen
Das israelische Parlament stürzt die Regierung *Barak* und entscheidet für vorgezogene Wahlen. *Barak*, einst Hoffnungsträger für den Frieden mit den Palästinensern, hatte seinen rechtsorientierten Koalitionspartner verloren und hat nur noch eine Minderheitsregierung.

28.11. Kanada: Sieg für Premier Chrétien
Der kanadische Premier *Jean Chrétien* gewinnt mit seiner liberalen Partei die Wahlen. Das Resultat bestätigt anderseits die immer stärkeren regionalen Unterschiede in Kanada.

29.11. US-Wirtschaft: Wachstum gebremst
Die US-Wirtschaft verliert an Schwung: von einem Wachstum von 5,6% auf dem Höhepunkt schrumpft das für das Jahr 2000 errechnete Brutto-Inlandprodukt auf 2,4%.

30.11. Florida: Polizeischutz für Wahlzettel
Unter Polizeischutz werden ca. 1 Million Stimmen der Präsidentenwahl nach Tallahassee, der Hauptstadt Floridas gebracht. *Al Gore* fordert die Neu-Auszählung, *George W. Bush* ruft wieder ein Gericht an, um das Verfahren zu stoppen.

Ehud Barak: Mehrheit und Hoffnung verloren. Sein alter Rivale, Benjamin Netanyahu, will gegen ihn antreten.

Österreich: 155 Skitouristen verbrannt

In einer Bergbahn, bei der eigentlich absolut nichts hätte schiefgehen können, die aus Aluminium gebaut und daher eigentlich nicht brennbar war, verbrannten und erstickten am 11. November 155 Passagiere. Unfassbar, grauenvoll – die Öffentlichkeit wurde von lähmendem Entsetzen gepackt, als die Nachricht bekannt wurde.

Die Katastrophe ereignete sich im Tunnel der Bahn, die von der Ortschaft Kaprun im österreichischen Salzburgerland von 982 Meter ü. Meer zum Alpincenter auf 2452 Meter ü. Meer hinauffährt. Die Bahn (eine Standseilbahn, die also von einem Drahtseil gezogen wird) passiert auf ihrer 4 Kilometer langen Strecke und bei einer Steigung von 45 Grad einen 3,3 Kilometer langen Tunnel.

An diesem Samstag Morgen waren die Kabinen für die 8,5 Minuten lange Fahrt voll: Viele wollten mit Skiern oder mit dem Snowboard einen schönen Tag geniessen. Auch die kurz nach 9 Uhr Vormittags abfahrende Kabine war voller Menschen – 173 insgesamt. Kurz nachdem sie in den Tunnel einfuhr (nach ca. 600 Metern), blieb sie aus niemandem ersichtlichen Grund stehen. Und dann geschah etwas, das sich ebenfalls niemand erklären konnte: in der Kabine brach Feuer aus und breitete sich rasend schnell aus. Der Zugführer konnte gerade noch eine der beiden Stationen informieren, dass ein Feuer ausgebrochen sei. Dann nur noch Schweigen. Und kurz danach drangen dichte Rauchwolken aus dem Tunnel.

Die in der Kabine eingeschlossenen Menschen (viele von ihnen waren Kinder und Jugendliche) versuchten, mit ihren Skistöcken die Scheiben einzuschlagen – denn die Türen liessen sich nicht öffnen. Das gelang in den verschiedenen Abteilen schliesslich auch, aber in der Panik flüchteten die meisten in die falsche Richtung, nämlich dem oberen Ausgang des Tunnels zu. Sie konnten nicht wissen, dass der Tunnel durch die Flammen wie zu einem Kamin wurde, in dem Rauch, Gase und Hitze sich rasend schnell nach oben ausbreiteten. Alle, die den Fluchtweg nach oben suchten, kamen ums Leben. Nur 18 Passagiere, die nach unten über die Treppe neben den Gleisen rannten, überlebten. Als die

Oben: die obere Station der Seilbahn, nach der Katastrophe in Rauch gehüllt. Rechts: von der Kabine der Bahn blieben nur noch Gerüstreste. Die Hitze erreichte mehr als 1000 Grad.

11

Das sonst so friedliche Kaprun nach dem Unglück: Helikopter, Ambulanzen, Retter: aber Hilfe konnten sie den in der Bahn Eingeschlossenen nicht bringen.

ersten von ihnen durch den Tunnelausgang taumelten, trat die Feuerwehr in Aktion – aber ausrichten konnte sie nichts, denn sie konnte nicht zum Brandherd gelangen. Dort war alles in schwarzen Rauch eingehüllt, und am Ort der Katastrophe herrschten Temperaturen bis etwa tausend Grad.

Nach der Katastrophe wurden Fragen nach den Sicherheitsmassnahmen gestellt. Im Tunnel gab es keine Brandschutzanlagen – man hatte diese nicht für notwendig erachtet, denn ein Brand in einer prinzipiell als problemlos geltenden Standseilbahn galt als undenkbar.

Erste Untersuchungen gelangten zur Schlussfolgerung: etwa 50 Liter Hydraulik-Öl liefen aus, noch bevor die Kabine in den Tunnel einfuhr. Das Öl erhitzte sich durch Kontakt mit der Mechanik der Umlenkrollen und geriet in Brand.

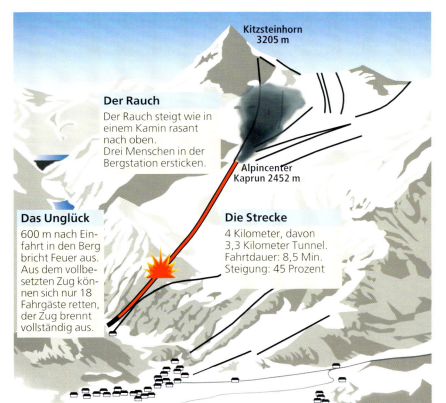

Die Standseilbahn
Seit 1974 in Betrieb, wurde 1994 überholt, gilt als Pioniertat der Seilbahntechnik.

Die Wagen sind in mehrere Abteile aufgeteilt und haben eine Kapazität von 180 Personen. Vorne und hinten haben die Wagen je einen Führerstand.

185

George W. Bush: Sohn des ehemaligen US-Präsidenten (1988–1992), Gouverneur von Texas. Konservativ, unternehmerfreundlich, harter Befürworter der Todesstrafe.

US-Wahlen: Beispielloses Chaos

Noch nie waren amerikanische Präsidentschaftswahlen so spannend, noch nie verliefen sie aber auch so chaotisch wie jetzt, am 6. November. Noch nie hatte es so lange gedauert, bis der Sieger ermittelt war.

Die beiden Kandidaten, *George W. Bush* (Republikaner) und *Al Gore* (Demokrat), erhielten fast gleich viele Wählerstimmen (*Al Gore* im Gebiet der ganzen USA allerdings ca. 230 000 mehr als sein Rivale). Ausschlaggebend aber war die Zahl der Elektoren, d. h. der «Wahlmänner» in jedem der 50 Bundesstaaten.

Die Entscheidung fiel in Florida mit seinen 25 Elektoren. Bei der ersten Auszählung hatte *Bush* in Florida einen hauchdünnen Vorsprung auf *Gore* von etwa 1700 Wählerstimmen.

Dann gab es Klagen in verschiedenen Distrikten Floridas: Die Wahlzettel seien missverständlich ausgedruckt gewesen. Oder: man habe Schwarze daran gehindert, in ihrem Wahllokal ihre Stimme abzugeben. Schliesslich fiel der Entscheid, die Stimmen noch einmal zu zählen. Da schwand der Vorsprung für *George Bush* auf knapp 300 Stimmen (in einem Staat mit rund 13 Millionen Einwohnern und bei über 6 Millionen abgegebenen Stimmen!). In einzelnen Distrikten wurde nochmals von Hand nachgezählt, und dann wartete man noch auf das Eintreffen jener Stimmen, die per Post aus dem Ausland nach Florida geschickt worden waren. Die postalisch eingetroffenen Stimmen erhöhten *Bushs* Vorsprung auf 923. Die nächste Nachzählung liess ihn wieder schrumpfen auf 537.

Die Medien zeigten immer wieder hilflose Wahlhelfer, welche die altertümlich wirkenden Lochkarten mit einer vom Wähler vorgenommenen Markierung auszuwerten versuchten. Neue Begriffe kamen in die Debatte: war ein Loch in der Karte nur angetippt und somit nicht durchgestossen, so sprach man von einer «schwangeren» Markierung. Woraus sich die Frage ableitete: was hatte der Wähler / die Wählerin gewollt? Andere Löcher in den Karten waren nur angeritzt – was zur gleichen Frage führte. Als ein Gericht dem Distrikt von Miami-Dade (655 000 abgegebene Stimmen) eine auf wenige Tage später ablaufende Frist für die Neuauszählung setzte, lehnten die dortigen

Behörden ab: es sei nicht möglich, in so kurzer Zeit von Hand nachzuzählen. Das gab der Mannschaft von *Al Gore* die Gelegenheit, einmal mehr ein Gericht anzurufen und die Frage zu stellen, ob diese ablehnende Haltung gesetzeskonform sei oder nicht. *Gore* versprach sich noch bis Anfang Dezember von der Hand-Nachzählung in ein paar Distrikten von Florida den Sieg.

Es ging aber nicht nur um die archaisch wirkende Technik der Lochkarte, sondern auch um die Präsentation der Namen der Kandidaten. Ebenfalls in Florida standen die Namen von *Al Gore* und des ultrakonservativen, chancenlosen Politikers *Pat Buchanan* nebeneinander fast auf gleicher Höhe – was wiederum, nach der Wahl, Anlass zur Frage bot, ob man da nicht Missverständnisse für den Wähler geschaffen habe. Und schliesslich erklärten auch einige Leute, man habe ihnen die Wahllokale nicht zu den vorgeschriebenen Zeiten geöffnet. Alles immer neue Gelegenheiten für die Präsidentschaftskandidaten, die Gerichte anzurufen.

Ein Gericht in Washington bat den Sohn des Erfinders der Lochkarte (die Erfindung ging auf das Jahr 1890 zurück) zu einem Hearing und wollte wissen, was sein längst verstorbener Vater wohl gedacht hätte, wenn er sich die jetzige Verwirrung angeschaut hätte. Der Sohn, auch schon 83 Jahre alt, meinte, sein Vater, *Herman Hollerith,* habe wohl nie gedacht, das Lochkartensystem könne eine Handauszählung ersetzen, es könne sie aber allenfalls erleichtern und beschleunigen helfen. Ein weiteres Argument für *Al Gores* Anwälte bei ihren Klagen vor den Gerichten!

Vollends absurd erschien schliesslich, dass am 30.11. etwa eine Million Wahlzettel unter Polizeischutz in die Hauptstadt Floridas, nach Tallahassee, gebracht wurden – man wusste aber noch nicht, ob sie neu ausgezählt werden sollten oder nicht. Eine Klärung sollte das oberste Bundesgericht der USA am 1. Dezember bringen.

Das Elektorensystem: Begründet worden war es im 18. Jahrhundert durch *George Washington* und andere «Väter» der amerikanischen Republik. Sie wollten keine Direktwahl eines Präsidenten, sondern eine indirekte Wahl (von der Direktwahl befürchteten sie eine «Herrschaft des

Al Gore, seit 1992 Vizepräsident: nüchtern, familienfreundlich, einst ein innovativer Umweltpolitiker, jetzt ein auf Konsens bedachter Pragmatiker. Kampf um Stimmen in Florida.

Nachzählung der Stimmen von Hand im hart umkämpften Bundesstaat Florida: auch ein scharfer Blick auf die Lochkarte verschaffte nicht immer Klarheit über den vom Wähler ausgedrückten Willen.

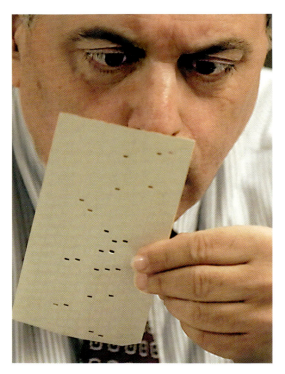

Pöbels»). Die Wähler sollten also Wahlmänner bestimmen, und diese würden dann, so die ursprüngliche Meinung, aufgrund ihrer Weisheit einen Präsidenten wählen.

Die Theorie wurde schon im 19. Jahrhundert durch die Realität überholt. Die Amerikaner stimmten zwar immer noch für einen Elektor, also einen Wahlmann, aber gleichzeitig auch für ihre Partei, also für einen Demokraten oder einen Republikaner. Die Elektoren anderseits wurden nur in einigen Bundesstaaten verpflichtet, sich an die Partei-Entscheidung zu halten – theoretisch waren sie nach dem Wahltag frei, sich für den einen oder anderen Präsidentschaftskandidaten auszusprechen. Sie brachen die Loyalität allerdings nur in seltenen Ausnahmefällen.

Elektoren sind Leute, die in den USA namentlich fast niemand kannte: meistens Personen, die von ihrer Partei mit einem an sich unbedeutenden Ehrenamt belohnt wurden. In jedem Bundesstaat gibt es so viele Elektoren, wie der Bundesstaat Kongressabgeordnete aufweist (das wiederum hängt von der Bevölkerungszahl ab), plus zwei, entsprechend der Zahl der Senatoren. Weil Florida 23 Abgeordnete hatte plus zwei Senatoren, kam man für diesen Bundesstaat auf 25 Elektoren.

Im Extremfall war es möglich, dass ein Präsidentschaftskandidat, der landesweit am meisten Stimmen von den Wählerinnen und Wählern erhalten hatte, nicht die Mehrheit im «Electoral College» erreichte. Warum? Weil die Grenzen der Wahldistrikte nicht immer mit der tatsächlichen Bevölkerungsgrösse übereinstimmten. Es gab zwar einen Bundesgerichtsentscheid, der die Distriktsgrenzen mit der wirklichen Bevölkerungszahl zu harmonisieren befahl, aber die entsprechenden Gerichts-Entscheide hinkten zeitlich der Realität oft hinterher. In den USA gab es beispielsweise eine kontinuierliche Migration in Staaten wie Kalifornien und Florida – die Änderung der Grenzen der Wahldistrikte und damit die Zahl der Elektoren pro Bundesstaat konnte aber oft erst einige Jahre später vollzogen werden. Daher stimmte die Elektorenzahl im Verhältnis oft nicht mit der Bevölkerungszahl überein.

Die Gründer der Vereinigten Staaten hatten mit einem Fall, wie er jetzt bei der Wahl des Jahres 2000 auftauchte, nicht gerechnet. Sie hatten sich wohl ein Prozedere ausgedacht für den Fall, dass zwei Kandidaten genau gleich viel Elektoren auf sich vereinigen würden – aber dass man sich über die für den einen oder anderen abgegebenen Stimmen streiten könnte, hatten sie nicht vorausgesehen.

Anhänger von George Bush und von dessen Vize Cheney demonstrieren vor dem Amtssitz von Al Gore: er möge doch endlich seine Niederlage eingestehen, fordern sie im einmaligen Nachwahl-Drama.

11

Anhänger von Al Gore: der schwarze Bürgerrechtskämpfer Jesse Jackson fordert am 1. Dezember vor dem Obersten Bundesgericht in Washington «Fairness». Damit meinte er: Nachzählen aller Stimmen in den umkämpften Regionen von Florida.

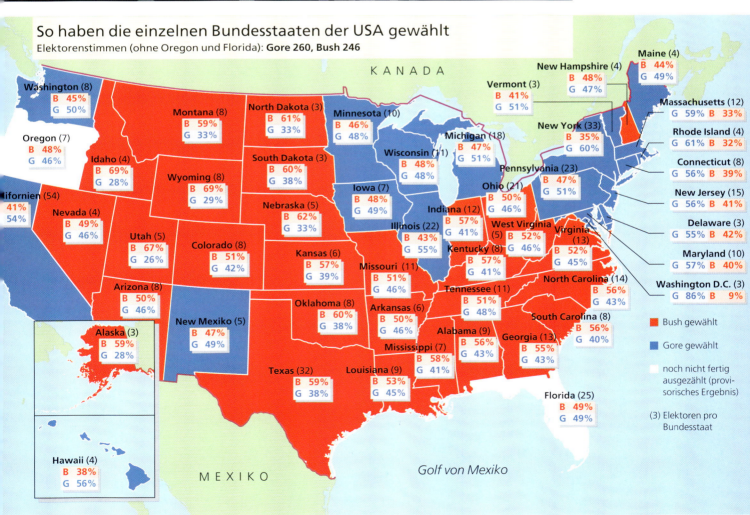

So haben die einzelnen Bundesstaaten der USA gewählt
Elektorenstimmen (ohne Oregon und Florida): **Gore 260, Bush 246**

Rind auf einer Farm in Frankreich, wo nie mit Tiermehl gefüttert wurde. Doch so war's längst nicht überall in Frankreich: jährlich wurden Tausende Tonnen Tiermehl verfüttert, und so machte man aus den vegetarischen Rindern unfreiwillige Fleischverwerter.

BSE-Seuche in Grossbritannien, Reaktionen der anderen Länder: «Weltrundschau 1997», Seiten 56/57.

Rinderwahnsinn: Panik in Europa

1996/1997 hatte das Auftauchen des Rinderwahnsinns (BSE) Grossbritannien getroffen und dessen Fleisch-Exporte für längere Zeit beendet – jetzt wurde Frankreich von seinem «vache folle»-Skandal erschüttert. Im Oktober und bis in den November hinein entdeckte man fast jede Woche zwei neue Fälle – bisher total insgesamt 93. Hinzu kam der sich verdichtende Verdacht, dass die beim Menschen auftretende Creutzfeldt-Jakob-Krankheit in einer neuen Form tatsächlich durch den Konsum von verseuchtem Rindfleisch ausgelöst werden könne. Die französische Öffentlichkeit geriet in Panik nach der Ausstrahlung einer Fernsehreportage über einen 19jährigen, der von der Krankheit tödlich gezeichnet war.

Präsident *Jacques Chirac* verlangte jetzt von der Regierung des Sozialisten *Lionel Jospin* Sofortmassnahmen: «Wir müssen unverzüglich Tiermehl ganz verbieten und Kurs auf ein systematischeres Aufspüren der Krankheit anstreben», sagte er am Fernsehen. Der Regierungschef ging zunächst vorsichtig auf Distanz vom Staatschef – Frankreich produzierte pro Jahr nämlich ca. 43 000 Tonnen Tiermehl (Mehl aus Schlachtresten), das zwar (seit 1996) nicht mehr an Rinder, wohl aber an Schweine, Hühner und Fische verfüttert wurde. Am 14. November jedoch erklärte *Jospin*, die Verfütterung von Tiermehl an Schweine und Geflügel sei ab sofort verboten, und ebenfalls ab sofort gelte ein Importverbot für Tiermehl. Die Produzenten hatten bisher behauptet, die Ware sei jetzt sicher, denn bei einer Erhitzung über 80 Grad würden die Krankheitserreger zerstört. Weshalb dann BSE jetzt bei Rindern entdeckt wurde, blieb vorläufig unklar. Der Bauernverband FSNEA meinte, man sollte alle vor dem 15. Juli 1996 geborenen Rinder schlachten, denn möglicherweise seien viele noch lebende Tiere durch das bis damals an sie verfütterte Tiermehl kontaminiert. Französische Fleischhändler behaupteten, man entdecke in Frankreich nur deshalb so viele Fälle von BSE, weil man dort auch viel mehr Tests vornehme als in anderen Ländern. Landwirtschaftsminister *Jean Glavany*: «Wir haben 48 000 Tests gemacht, die Deutschen nur 600. Man findet, weil man sucht.»

Eine deutliche Steigerung der Tests forderte die EU-Kommission. Für das ganze EU-Gebiet mit seinen 15 Ländern hatte sie bisher pro Jahr 8000 Tests verlangt, jetzt wollte sie 66 000. Rinderwahnsinn oder BSE entsteht durch die Nahrungskette. Am Anfang steht die bei Schafen auftretende Krankheit Scrapie. Sie befällt das Gehirn von Schafen, und infizierte Muttertiere kontaminieren ihre Lämmer. Schafskadaver wurden zu Tiermehl verarbeitet – und dieses Produkt wurde als Proteinzusatz dem Futter für Rinder beigegeben. Bei Rindern aber kann die BSE-Krankheit ausbrechen (BSE = Bovine Spongiforme Ezephalopatie). Dass sie durch das

Veterinär-Labor im Département Finistère in Frankreich: Forschen nach Prionen, welche BSE auf den Menschen übertragen können.

Fleisch geschlachteter Rinder auf den Menschen übertragbar sei, wurde bis zum März 1996 geleugnet. Dann aber tauchte der Verdacht auf, dass die beim Menschen auftretende Creutzfeldt-Jakob-Krankheit (CJD) auf den Konsum von BSE-verseuchtem Rindfleisch zurückzuführen sei. Die Creutzfeldt-Jakob-Krankheit befällt das menschliche Gehirn und löchert es förmlich aus, führt zu Idiotie und zum Tod. Der BSE-Erreger muss nicht unbedingt von Schafen, die von Scrapie befallen sind, durch die Nahrungskette auf Rinder übertragen werden. Dies geschah u.a. deshalb, weil Viehmäster bei der Verarbeitung der Schafs-Schlachtabfälle nur auf 80 Grad Celsius erhitzten, um es zu Futtermehl zu machen. Bei dieser Temperatur werden zwar Salmonellen vernichtet, nicht aber der Erreger der Scrapie-Seuche.
Lange wurde erklärt, Scrapie sei nicht auf den Menschen übertragbar, aber vom Schaf aufs Rind konnte eine Übertragung erfolgen.

Mit 1,3 Millionen Tonnen pro Jahr war Frankreich der grösste Rindfleischproduzent Europas – und mit 85 Kilo pro Person und Jahr auch der grösste Konsument. 300 000 Tonnen wurden exportiert (nach Italien 88 000, nach Griechenland 72 000, nach Deutschland 48 000, nach Russland 40 000). In den ca. 450 Schlachthöfen Frankreichs arbeiteten 44 000 Leute.

Am 24. November wurde bei Tests in Deutschland ein im Lande selbst geborenes Tier entdeckt, das an BSE erkrankt war. Daraufhin wurde in Deutschland sofort die Verfütterung von Tiermehl verboten. Das Verbot hatte für die Fütterung von Rindern schon seit 1994 Gültigkeit gehabt, jetzt aber wurde es auch auf Geflügel und Schweine ausgedehnt..

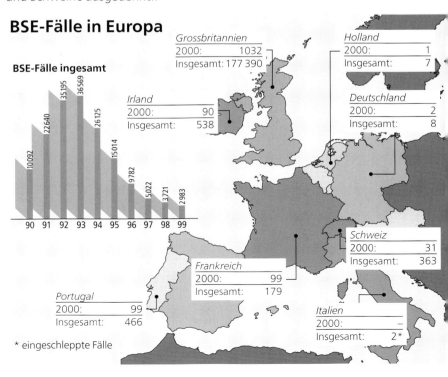

BSE-Fälle in Europa

BSE-Fälle ingesamt: 10092 (90), 22640 (91), 35195 (92), 36569 (93), 26125 (94), 15014 (95), 9782 (96), 5022 (97), 3721 (98), 2983 (99)

Grossbritannien — 2000: 1032, Insgesamt: 177 390
Holland — 2000: 1, Insgesamt: 7
Irland — 2000: 90, Insgesamt: 538
Deutschland — 2000: 2, Insgesamt: 8
Schweiz — 2000: 31, Insgesamt: 363
Frankreich — 2000: 99, Insgesamt: 179
Portugal — 2000: 99, Insgesamt: 466
Italien — 2000: –, Insgesamt: 2*

* eingeschleppte Fälle

Klimakonferenz: «letzte Chance» gescheitert

In Den Haag wurde am 13. November die sechste Konferenz der Vertragsparteien der Klimakonvention eröffnet. Sie sollte Beschlüsse fassen zu lebenswichtigen Fragen, die bei der UNO-Konferenz im japanischen Kyoto (1997) offen blieben.

Das Protokoll von Kyoto («Weltrundschau 1997», Seiten 195 bis 199) verlangte von den Industriestaaten eine Reduktion ihrer Emissionen von Treibhausgasen bis in die Jahre 2008 bis 2012 um mindestens fünf Prozent gegenüber dem Stand von 1990. Doch die Emissionen in diesen Staaten zeigten nicht sinkende, sondern steigende Tendenz.

Damit das Kyoto-Protokoll Gültigkeit erlangt, muss der Anteil der Treibhausgas-Emissionen jener Staaten, die das Protokoll ratifiziert haben, mindestens 55% der gesamten Emissionen des Jahres 1990 betragen. Allerdings: bis zum Jahr 2000 hatte noch kein einziges Land die Ratifikations-Urkunde hinterlegt! Die USA hatten 36,1% Emissionen, Russland 17,4%, Japan 8,5%, Deutschland 7,4%. Für die Ausgangslage der Konferenz von Den Haag hiess das: wenn nur schon die USA und Russland das Protokoll von Kyoto nicht ratifizieren würden, müsste man alle bisherigen Bemühungen um eine Reduktion der Treibhausgase als gescheitert betrachten. In diesem Sinne war die jetzige Klimakonferenz tatsächlich eine letzte Chance – und sie wurde nicht wahrgenommen: die Konferenz scheiterte am 25. November.

Bei der Eröffnung hatte der Vorsitzende des internationalen «Panel on Climate Change», *Robert T. Watson*, in Den Haag einen wissenschaftlichen Bericht präsentiert. Er beinhaltete u. a., dass die Obergrenze für die bis in 100 Jahren zu erwartende Erwärmung bei 6 Grad Celsius liegen dürfte. Man war früher von nur 3,5 Grad ausgegangen. Das müsste Auswirkungen auf die Ozonschicht haben, welche die Erde gegen Strahlen aus dem All schützt, und auf das Schmelzen der Eismassen an den Polen – und das wiederum werde die Ozeane so steigen lassen, dass viele Flachgebiete unter Wasser gesetzt werden.

Frankreichs Präsident, *Jacques Chirac,* forderte ein «rasches Handeln» gegen die globale Erderwärmung. Er rief die USA (verantwortlich für ein Viertel der Schadstoffemissionen weltweit) dazu auf, sich für ein Energie sparendes Wirtschaftssystem zu engagieren. Doch das half nichts: die Vertreter aus mehr als 150 Staaten trennten sich am 25.11., ohne dass sie sich auf eine politische Grundsatzerklärung einigen konnten.

Das Hauptproblem: die USA, Kanada, Japan und Australien versuchten, Unklarheiten im Kyoto-Protokoll zu ihren Gunsten auszulegen. Sie argumentierten, das Protokoll lasse offen, auf welche Weise man zu einer Reduktion des CO_2-Ausstosses gelangen solle, ob durch Einsparen oder durch andere Massnahmen. In

Klimakonferenz in Den Haag: bei der Eröffnung gab's noch Hoffnung, am Ende blieb das Fiasko.

Klima-Konferenz in Kyoto und entsprechendes Protokoll: «Weltrundschau 1997», Seiten 196–199
Umwelt-Konferenz der UNO in New York: «Weltrundschau 1997», Seiten 110/111.

Auch da meinte man noch, die Konferenz könne etwas bewirken: der niederländische Ex-Premierminister Ruud Lubbers (Hintergrund) und der jetzige Regierungschef, Wim Kok, unterschreiben eine idealistische Charta fürs Klima.

Unten: Bangladesh unter Wasser. Viele Hochwasserkatastrophen sind das Resultat des wachsenden Ausstosses von Treibhausgasen.

diesem Zusammenhang tauchte der Begriff der «Senken» auf. Damit war gemeint: durch Aufforstungen und durch das breitflächige Kultivieren bestimmter Pflanzen könne man das von den Haushalten und der Industrie ausgestossene CO_2 (Kohlendioxid) senken, d. h. absorbieren. Also müsste man gar nicht darauf bedacht sein, den Ausstoss zu reduzieren, sondern könne einfach «Senken» kultivieren. Amerikanische Forscher erklärten, die üppige amerikanische Vegetation habe zwischen 1988 und 1992 genau so viel vom Treibhausgas Kohlendioxid geschluckt, wie in der gleichen Zeit auf den Strassen und durch die Kraftwerke des Landes freigesetzt worden sei. Eine andere Studie kam allerdings zum Schluss, dass die Vegetation Amerikas nicht mehr als 10 bis 30 Prozent der Kohlendioxid-Emissionen absorbierte. Ähnlich skeptisch lautete der Befund des österreichischen Iasa-Instituts.

Peru: Präsident flüchtet nach Japan

Perus Präsident, *Alberto Fujimori,* immer mehr unter innenpolitischem Druck, stahl sich auf eine einmalige Art und Weise aus dem Amt: er gab vor, für eine private Reise nach Japan zu fliegen, sprach dann von einer «asiatischen Grippe» und schickte per E-Mail sein Rücktrittsschreiben nach Lima. Er wolle sich dem laufenden Demokratisierungsprozess in Peru nicht länger in den Weg stellen, liess er mitteilen. Nach der Ankündigung des geflüchteten Präsidenten trat die gesamte Regierung Perus zurück. Die Krise hatte zwei Monate vorher begonnen. *Fujimori* hatte sich genötigt gesehen, für das Jahr 2001 Neuwahlen anzukündigen und gleichzeitig mitzuteilen, dass er dann nicht mehr für das Präsidentenamt kandidieren werde. Anlass für diesen Entscheid war ein öffentlich vorgeführtes Videoband, das den engsten Vertrauten des Präsidenten, den Geheimdienstchef *Vladimiro Montesinos*, zeigte, wie er einen Parlamentarier bestach. *Montesinos* tauchte danach unter – sein Aufenthaltsort war bis zum Zeitpunkt des Rücktrittsschreibens *Fujimoris* nicht bekannt.
Alberto Fujimoris Familie stammte ursprünglich aus Japan, und nach seiner Emigration ins Land seiner Väter wurde der Verdacht geäussert, er habe bereits einen Grossteil seines Vermögens dorthin gebracht (ein anderer Teil lag auf Banken in der Schweiz, aber die Schweiz liess diese Konten einfrieren). Seine Reise nach Japan realisierte er so, dass zunächst kein Verdacht auf eine Flucht auf ihn fallen konnte. Er flog zuerst nach Brunei zur Teilnahme an einer Konferenz, dann gab er bekannt, er werde in Japan versuchen, Gelder für den peruanischen Staatshaushalt zu beschaffen. Dann liess er für einige Tage nichts mehr von sich hören – bis zum ominösen Rücktritts-Schreiben.

Fujimori war 1990 zum ersten und 1995 zum zweiten Mal ins Präsidentenamt gewählt worden. Wirtschaftlich wollte er das Land mit einem neo-liberalen Kurs aus der Krise führen. Dann liess er sich im Jahr 2000 ein drittes Mal wählen – im Widerspruch zur Verfassung des Landes (die er selbst, 1993, so hatte verabschieden lassen). Die Bevölkerung reagierte mit Demonstrationen, die Krise vertiefte sich und erreichte, wie erwähnt, mit der Affäre um *Montesinos* einen ersten Höhepunkt. *Montesinos* wurde auch verdächtigt, in andere Fälle von Korruption, Rauschgifthandel, Erpessung, Folter und Mord verwickelt zu sein.
Fujimori wurde am 28.7.1938 als Sohn von japanischen Eltern geboren, in Peru oder noch in Japan (das blieb umstritten). Er studierte Landwirtschaftstechnik und wurde 1984 Rektor einer peruanischen Hochschule für Landwirtschaft. Mit anderen Professoren und mit kleineren Unternehmern gründete er 1990 die Bürgerbewegung «Cambio 90», und auf dieser Liste gewann er die Präsidentschaftswahl.
Der Guerillakrieg geht in den 90er Jahren zu Ende, aber im Dezember 1996 / Januar 1997 überfallen Guerillas der Bewegung «Tupac Amaru» die japanische Botschaft und halten für 127 Tage Diplomaten in ihrer Gewalt. *Fujimori* lässt die besetzte Botschaft schliesslich erstürmen und die Guerillas erschiessen.

Alberto Fujimori (links) nach der Ankunft in Japan: die Rücktrittserklärung steht kurz bevor. Nebenstehend: Valentin Paniagua übernahm vorübergehend die Präsidentschaft Perus.

Stichworte zu Peru:

1,285 Mio km², 26 Millionen Einwohner (davon ca. 45% Indios, 37% Mestizen, 15% Weisse). Neuere Geschichte: Zwischen 1948 und 1978 hat Peru wechselweise militärische und zivile Regierungen. Nach einem Militärputsch von Oktober 1968 werden grosse Unternehmen verstaatlicht, und das Regime leitet soziale Reformen ein. Innenpolitische Unruhen führen im Mai 1978 zur Verhängung des Ausnahmezustandes (er dauert bis März 1979). Erstmals freie Wahlen gibt es im Mai 1980 – Ende der Militärherrschaft.
1985 wird *Alan Garcia* Präsident, aber er kommt rasch unter Druck wegen des zunehmenden Terrors der linken Guerilla und der Wirtschaftskrise. Bis 1988 fordert der Bürgerkrieg mit der maoistischen Guerilla «Sendero Luminoso» etwa 15 000 Todesopfer. 1989 kontrolliert der «Sendero Luminoso» etwa einen Viertel des Territoriums. Neben ihm kämpft auch die trotzkistische Revolutionsbewegung MRTA gegen die Regierung.

Verhaftung des Chefs von «Sendero Luminoso»: «Weltrundschau 1992», Seiten 160/161;

Beginn des Geiseldramas um die japanische Botschaft in Lima: «Weltrundschau 1996», Seiten 206 und 297;

Sturm auf die Botschaft: «Weltrundschau 1997», Seiten 74 bis 77;

Biografie von Alberto Fujimori: «Weltrundschau 1997», Seite 331.

Erste Autos bei der Durchfahrt durch den Laerdal-Tunnel. Um die Monotonie zu brechen, bauten die Ingenieure farbig gestaltete Kammern ein.

Norwegen: Längster Strassentunnel

Der norwegische König *Harald* eröffnete am 27. November den längsten Strassentunnel der Welt, den 24,5 Kilometer langen Laerdal-Tunnel. Er ersetzt eine bis dahin notwendige, dreistündige Fährenfahrt über den Sognefjord. Die beiden grössten Städte Norwegens, Oslo und Bergen, wurden dank des Tunnels über die Fernstrasse E 16 ganzjährig miteinander verbunden.

Um den Fahrern die Passage erträglicher zu machen, wurde der Tunnel mit drei grossen, beleuchteten und farblich gestalteten Hallen in vier Abschnitte geteilt. Das Lüftungssystem wurde so angelegt, dass Rauch und Abgase gezielt abgeleitet werden – bei einem Unfall sollten Hilfskräfte stets von einer Seite her zur betreffenden Stelle vordringen können. Alle 125 Meter gibt es Feuerlöscher und Notrufsäulen, und ausserdem ist der Laerdaltunnel mit Mobilfunk- und Radio-Empfang ausgestattet. Die beiden Fahrbahnen (mit Gegenverkehr) sind je 7,5 Meter breit. Über dem Tunnel: ein bis zu 1600 Meter hoher Berg. Die Tunneldecke ist mit 200 000 Felsankern befestigt und mit 35 000 Kubikmetern Spritzbeton ausgekleidet.

Die längsten Bahn- und Strassentunnels der Welt:

Der Gotthardtunnel in der Schweiz hat eine Länge von 16 918 Metern, der Arlbergtunnel (Österreich) misst 13 972 Meter. 12 895 Meter lang ist der Tunnel, der bei Fréjus Frankreich und Italien miteinander verbindet, und der Montblanc-Tunnel (er ist seit dem verheerenden Brand vom 24. März 1999 noch immer geschlossen) 11 600 Meter. Der nächstgrösste Strassentunnel befindet sich wiederum in Norwegen: der Gudvangentunnel, ebenfalls an der Strecke zwischen Oslo und Bergen, erstreckt sich über 11 428 Meter.

Der längste Eisenbahntunnel (53 850 Meter) verbindet die japanischen Inseln Hondo und Hokkaido, der zweitlängste Frankreich und Grossbritannien unter dem Ärmelkanal (50 450 Meter). In den Alpen steht der Simplontunnel mit 19 824 Metern an der Spitze, gefolgt vom Vereina (Kanton Graubünden) mit 19 058 Metern.

DEZEMBER

198 Chronik

200 George W. Bush: Nur dank eines Gerichtsentscheids wird er Präsident der Vereinigten Staaten.

202 EU-Gipfel in Nizza: Die grossen Mitglieder erhalten mehr Gewicht gegenüber den Kleinen.

204 Ion Iliescu, vor vier Jahren wegen Misserfolgen abgewählt, wird wieder Präsident Rumäniens.

206 Katastrophen-Atomreaktor Tschernobyl: 14 Jahre «danach» wird er endültig abgeschaltet.

208 Mexikos Vulkan Popocatépetl: dramatischer Ausbruch

1.12. Chiles Ex-Diktator Pinochet angeklagt
Chiles Ex-Diktator, *Augusto Pinochet*, wird unter Hausarrest gestellt und angeklagt. Ein Richter bezeichnet ihn als «geistigen Urheber» von mindestens 70 Morden in der Zeit seiner Diktatur. Ende Dezember aber fällt der Beschluss: *Pinochet* muss bis auf weiteres nicht vor Gericht erscheinen.

2.12. Versöhnungssignale in Mexiko
Vicente Fox tritt sein Amt als Präsident Mexikos an und erklärt, er suche eine Einigung im Konflikt mit den aufständischen Indios in der Provinz Chiapas. Rebellenchef Subcomandante *Marcos* reagiert positiv auf das Angebot.

Vicente Fox, der neue Präsident Mexikos: Hoffnung auf Überwindung alter Konflikte.

3.12. Israel: Ja zu Untersuchungskommission
Israels Premier *Barak* fügt sich internationalem Druck und erklärt sich einverstanden mit einer internationalen Untersuchung über den Aufstand der Palästinenser. Die Kommission soll vom ehemaligen US-Senator *George Mitchell* geleitet werden (er hatte bereits in Nordirland vermittelt).

4.12. Unruhen in Côte d'Ivoire
Schwere Unruhen in Abidjan fordern 15 Tote. Präsident *Gbabgo* verhängt den Ausnahmezustand. Anlass ist der Konflikt um die Nichtzulassung des Oppositionellen Ouattara für die nächste Runde der Präsidentschaftswahl.

4.12. Eritrea und Äthiopien: Friedensvertrag
Eritrea und Äthiopien wollen definitiv einen Schlussstrich unter den Krieg ziehen. Sie einigen sich auf einen Friedensvertrag.

5.12. Japans Premier Mori bildet Regierung um
Japans Premier *Yoshiro Mori*, von der Opposition wegen einer problematischen Wirtschafts- und Sozialpolitik bedrängt, versucht, seine Regierung durch Umbildung zu retten. Japan geht jedoch davon aus, dass Neuwahlen unvermeidbar sind.

6.12. Schweiz: ein neuer Bundesrat
Das Parlament wählt den Berner *Samuel Schmid* in den Bundesrat. Er gehört der konservativen SVP an, ist aber auf Distanz zu deren Bannerträger *Christoph Blocher*. *Schmid* tritt die Nachfolge des zurücktretenden *Adolf Ogi* an.

Samuel Schmid, neugewählter Bundesrat der Schweiz: Er wird Chef des Verteidigungsministeriums.

7.12. EU-Gipfel in Nizza: Schwierigkeiten
Im französischen Nizza beginnt die Gipfelkonferenz der EU. Hauptthema: die Osterweiterung. Harte Auseinandersetzungen werden über die Ansprüche einzelner Mitgliedsländer auf die Vertretung im EU-Ministerrat erwartet.

8.12. Nord-Irak: Konflikt bei Kurden
Gefechte zwischen der Arbeiterpartei Kurdistans (PKK) und der Patriotischen Union Kurdistans (PUK) fordern im Norden Iraks zahlreiche Todesopfer. Die PKK soll in Irak noch über 4500 Kämpfer verfügen.

9.12. Neuer UNO-Verwalter Kosovos
Der dänische Verteidigungsminister *Hans Häkkerup* wird zum neuen UNO-Verwalter in Kosovo (Nachfolger von *Bernard Kouchner*) ernannt.

10.12. Ghana: Sieg der Opposition
Die bisherige Opposition gewinnt die Parlaments- und Präsidentenwahlen im westafrikanischen Ghana. Damit geht die Ära von Präsident *Jerry Rawlings* zu Ende. Er stand 20 Jahre lang an der Spitze des Staates.

11.12. Rumänien: Iliescu gewinnt
Der ehemalige Präsident Rumäniens, *Ion Iliescu* (ehemaliger Kommunist) siegt im zweiten Wahlgang um die Präsidentschaft mit ca. 70% gegen den extremen Rechts-Nationalisten *Corneliu Vadim Tudor*.

12.12. Israel: Sharon kandidiert
In Israel beginnt der Wahlkampf: nach dem Rücktritt von *Ehud Barak* als Premier will der rechtsradikale Likud-Chef *Ariel Sharon* bei den bevorstehenden Wahlen für das Amt des Premierministers antreten.

13.12. USA: Bush zum Sieger erklärt
Fünf Wochen nach den Wahlen wird *George W. Bush* aufgrund eines knappen Entscheids des Obersten Bundesgerichts zum Sieger und somit zum künftigen Präsidenten der USA proklamiert.

14.12. ETA mordet weiter
Spaniens Regierungspartei und die Opposition schlossen eben einen Pakt zur Bekämpfung der ETA – bereits fällt aber wieder ein Mensch dem Terror der baskischen Organisation zum Opfer. Schauplatz ist eine Kleinstadt bei Barcelona, das Opfer (*Francisco Cano*) ist Gemeinderat und Mitglied des Partido Popular.

15.12. Putin in Kuba: Gegen US-Embargo
Russlands Präsident, *Wladimir Putin*, solidarisiert sich bei seinem Besuch in Havanna mit *Fidel Castro* in der Kritik am US-Embargo gegen Kuba. Es ist der erste Besuch eines russischen Staatsoberhaupts seit dem Zerfall der Sowjetunion (1991).

15.12. Tschernobyl stillgelegt
Mehr als 14 Jahre nach dem weltweit schwersten Atomunfall wird das Atomkraftwerk Tschernobyl in der Ukraine endgültig stillgelegt.

16.12. Saudiarabien: Anschläge gegen Briten
Zum dritten Mal in einem Monat wird in Saudiarabien ein Anschlag gegen einen Briten verübt. Der Mann wird schwer verletzt. Andere Attentate hatten ein Todesopfer und drei Verletzte, alles Briten, gefordert.

17.12. Haider vom Papst empfangen
Der österreichische Rechts-Politiker *Jörg Haider*

wird vom Papst in Privataudienz empfangen. Heftige Demonstrationen fordern rund 50 Verletzte.

18.12. Terrorwelle in Algerien
Bei drei Anschlägen werden in Algerien an einem einzigen Tag 43 Menschen ermordet. Innerhalb des Fastenmonats Ramadan kommen in Algerien über 200 Personen durch Terror ums Leben.

19.12. Mexiko: Gewaltiger Vulkanausbruch
Der Vulkan Popocatépetl in Mexiko bricht mit bisher nicht gekannter Gewalt aus. Zehntausende Menschen flüchten, und Tausende weitere müssen evakuiert werden.

20.12. UNO: Afghanistan-Sanktionen
Der UNO-Sicherheitsrat beschliesst, die vor einem Jahr verhängten Sanktionen gegen das Regime der Taliban in Afghanistan zu verschärfen. Der Grund: die Taliban weigern sich, den Terror-Drahtzieher *Osama bin Laden* auszuliefern.

21.12. Parlamentswahlen in Serbien
Die Demokratische Opposition unter Führung von *Zoran Djindjic* gewinnt die Parlamentswahlen in Serbien. Zusammen mit anderen verbündeten Parteien kann die Partei *Djindjics* die neue Regierung bilden.

21.12. Mitterrands Sohn inhaftiert
Der Sohn des früheren französischen Präsidenten, *Jean-Christoph Mitterrand,* wird unter Verdacht auf Beteiligung an Waffengeschäften mit Angola und Geldwäscherei in Untersuchungshaft genommen.

22.12. Madonna heiratet
Die amerikanische Pop-Sängerin *Madonna* (ganzer Name: *Madonna Louise Veronica Ciccone*) heiratet im schottischen Dornoch den britischen Filmregisseur *Guy Ritchie*.

23.12. Schwede Wallenberg rehabilitiert
Die russische Justiz rehabilitiert den 1947 erschossenen schwedischen Diplomaten *Raoul Wallenberg*. Er hatte während des 2. Weltkriegs in Ungarn Tausende Juden vor der Ermordung durch die Nazis gerettet.

24.12. Indonesien: Anschläge gegen Christen
Bei Anschlägen auf 15 Kirchen in neun verschiedenen Städten kommen in Indonesien 15 Menschen ums Leben. Urheber sind vermutlich muslimische Extremisten.

25.12. Brandkatastrophe in China
Beim Brand in einem Einkaufs- und Vergnügungszentrum der Stadt Luoyang im zentralen China kommen über 300 Menschen ums Leben. Die Katastrophe wurde durch Unachtsamkeit bei Schweissarbeiten ausgelöst.

26.12. Probleme mit Raumstation Mir
Die russische Weltraumstation kreist unkontrolliert im All um die Erde. Der Funkkontakt zur 140 Tonnen schweren Anlage kann nur noch sporadisch aufrecht erhalten werden. Mir befindet sich seit 1986 im Weltraum.

27.12. Vorwürfe an Ukraine-Präsidenten
Der Präsident der Ukraine, *Leonid Kutschma*, wird von Juristen und von der Opposition beschuldigt, den Mord an einem regimekritischen Journalisten mitverschuldet zu haben.

28.12. Nahost-Gipfel kommt nicht zustande
Ein von US-Präsident *Clinton* angeregter Gipfel für die Überwindung der Nahostkrise wird in letzter Minute abgesagt. *Arafat* erklärt, er wolle nicht noch einmal eine Grundsatzerklärung unterschreiben, und fordert Details über angeblich neue Ideen zu Jerusalem.

28.12. Russland/Iran/Indien: Kooperation
Russland sagt Indien zu, seine Waffenlieferungen wieder aufzunehmen. Russlands Verteidigungsminister *Sergejew* erklärt danach bei einem Besuch in Teheran, sein Land wolle auch mit Iran verstärkt zusammenarbeiten, um ein Gegengewicht zur Dominanz der USA und der NATO in der mittelöstlichen Region zu bilden.

29.12. Donald Rumsfeld: Pentagon-Chef
Der altgediente Militärpolitiker *Donald Rumsfeld* wird von *George W. Bush* zum künftigen Verteidigungsminister ernannt. *Rumsfeld* propagiert die Einrichtung des international umstrittenen Raketenabwehr-Gürtels, einem von *Bill Clinton* zuerst propagierten, dann aber aus Kostengründen und wegen politischer Bedenken verworfenen Projekt.

30.12. Anschläge in Manila
Mindestens 15 Menschen kommen in Manila und anderen Städten der Philippinen durch Bombenanschläge der Abu-Sayyaf-Rebellen ums Leben. Die Abu-Sayyaf-Rebellen waren für die Entführung von 21 Tauchtouristen (viele von ihnen aus Europa) im Norden der Insel Borneo verantwortlich.

31.12. Diamanten: Kontroverse um Schweiz
Ein UNO-Bericht wirft der Schweiz vor, sie kontrolliere den Diamanten-Handel ungenügend. Durch illegalen Handel mit Diamanten werden die Kriege in Sierra Leone und Angola mitfinanziert.

31.12. Israel/Palästinenser: ausweglos?
Im Gaza-Streifen wird der rechtsradikale israelische Politiker *Benjamin Kahane* (Sohn des Gründers der extremen Kach-Partei) durch einen Palästinenser-Anschlag ermordet. Beim Attentat kommt ein weiterer Israeli ums Leben.

Palästinenserchef Arafat: tief in der Sackgasse des unlösbar scheinenden Nahost-Konflikts.

USA: Bush Präsident dank Gerichtsurteil

Der Kandidat der US-Republikaner, der 54jährige *George W. Bush,* wurde, fünf Wochen nach der Wahl, dank einem knappen Urteil des Obersten Bundesgerichts in Washington zum Sieger im Rennen um die Präsidentschaft erklärt. Durch fünf Voten der konservativen Mitglieder des Bundesgerichts gegen vier der eher liberalen fiel am 13. Dezember der Entscheid: Die Nachzählung der Stimmen in umstrittenen Wahlkreisen des Bundesstaats Florida müsse gestoppt werden, weil sie nicht legal sei. Zu diesem Zeitpunkt hatte *George W. Bush* in Florida, auf ein Total von ca. 12 Millionen Wählerstimmen, einen Vorsprung von weniger als 1000 Stimmen gegenüber dem Demokraten *Al Gore*. Landesweit, bezogen auf die ganzen USA, hatte *Al Gore* fast 1 Million Stimmen mehr erhalten als *George W. Bush*. Für Sieg oder Niederlage zählte aber nicht das Total der Stimmen, sondern die Zahl der Elektoren (vergleiche Seite 188).

Gore gab sich geschlagen – allerdings sagte er in seiner Rede nicht, er habe die Wahl verloren. Er gab eher zu erkennen, dass er aufgrund der Haltung der Gerichte keine Chance habe, seinen Kampf weiterzuführen. Zehn Tage später (aber da war bereits klar, dass *George W. Bush* der nächste Präsident des mächtigsten Landes der Welt sein würde) publizierte die Zeitung Miami Herald bereits wieder eine eigene Recherche, aus der hervorging, dass allein in einem einzigen Wahldistrikt mindestens 150 abgegebene Stimmen als ungültig betrachtet werden müssten. In einem Fall fand man den Stimmzettel eines Verstorbenen…

George W. Bush konnte sich nun darauf vorbereiten, am 20. Januar 2001 als Präsident ins Weisse Haus in Washington einzuziehen. *Bush* ist der Sohn des früheren US-Präsidenten *George Bush* (Amtszeit von 1989 bis 1993, dann verlor er die Wiederwahl gegen den Demokraten *Bill Clinton*, der bis zum 20. Januar 2001 noch Übergangspräsident blieb) und der Enkel des seinerzeit einflussreichen Senators *Prescott Bush*. Sein Bruder, genannt *Jeb Bush*, wurde 1998 Gouverneur von Florida.

Geboren wurde *George W. Bush* am 6. Juli 1946 in der Stadt New Haven (Bundesstaat Connecticut). Er besuchte Schulen in Texas (wo sein Vater damals im Ölgeschäft tätig war), studierte an der Yale-Universität und später an der Harvard Business School. In den 80er Jahren gründete er in Texas ein wenig erfolgreiches Unternehmen

George Walker Bush mit Ehefrau: der konservative Politiker hatte schliesslich eine kleine Mehrheit des Obersten Bundesgerichts hinter sich und wurde, einmalig in der Geschichte der USA, dank einem Juristen-Entscheid Präsident.

im Ölsektor, wurde Manager des Baseball-Teams Texas Rangers und wurde 1994 zum Gouverneur des Bundesstaats Texas gewählt.

George W. Bush stand bald im Ruf eines rechtsrepublikanischen, konservativen Hardliners. Er forcierte ein hartes Vorgehen gegen die Kriminalität und zeigte keine Gnade gegen zum Tode Verurteilte (in Texas wurden mehr Todesurteile vollstreckt, als irgendwo sonst in den USA, allein im Verlauf des Jahres 2000 nicht weniger als 40). Er zeigte viel Sympathie für die Einschränkung der Abtreibungs-Gesetze. Anderseits engagierte er sich klar gegen eine Verschärfung der Gesetze für die Beschränkung des Waffenbesitzes. Die Umwelt, so sagte er mehrfach, würde wohl eher durch die Eigeninitiative der Industrie gerettet als durch neue Massnahmen von staatlicher Seite. Im Bereich der Verteidigung wollte er sich für den Aufbau eines umfassenden Raketenabwehr-Systems engagieren (ein Projekt, das Russland und China heftig kritisierten und das den Keim eines neuen weltweiten Wettrüstens in sich barg).

In früheren Jahren hatte *George W. Bush* ein Alkolproblem. Um seinen 40. Geburtstag herum kam eine Krise – er überwand sie nach eigenen Aussagen durch eine «religiöse Erweckung» als Resultat eines Gesprächs mit dem Prediger *Billy Graham*.

12

US-Präsidentschaftswahlen vom 6. November, Wahlsystem, Probleme bei der Auszählung in Florida, Elektoren: Seiten 186–189.

Al Gore mit Ehefrau Tipper Gore: Er kämpfte bis zum letzten Moment, dann kapitulierte er angesichts des Entscheids des Obersten Bundesgerichts (Bild unten) – und ging davon aus, dass der Sieg eigentlich ihm zugestanden hätte.

Einflussreiche Persönlichkeiten im Umfeld des neuen Präsidenten:

Richard Cheney, 59jährig, Vizepräsident. Ehemaliger Verteidigungsminister und bekannt als Sympathisant der Waffenlobby.
Condoleezza Rice, 46jährige Schwarze, Professorin für Politikwissenschaften und Spezialistin für Russland, wurde zur Sicherheitsberaterin ernannt.
Colin Powell, 63 Jahre alt, ehemals Militärberater im Kabinett von *Bush* Vater, wurde Aussenminister.
Donald Rumsfeld, 68jährig, Verteidigungsminister. Er war bereits für die Präsidenten *Nixon, Reagan* und *Ford* tätig gewesen.

Die Machtverhältnisse im Kongress:
Republikaner im Abgeordnetenhaus: 227
Demokraten im Abgeordnetenhaus: 218

Im Senat hatten Republikaner und Demokraten je 50 Mandate.

Die Staats- und Regierungschefs, die am schwierigen Gipfel von Nizza teilnahmen. In der Mitte Gastgeber Jacques Chirac, Präsident Frankreichs. Neben ihm der französische Premier Lionel Jospin und Kommissionspräsident Romano Prodi.

EU-Gipfel in Nizza unter Stress

Die Staats- und Regierungschefs der Europäischen Union kamen am 7. Dezember im französischen Nizza zusammen, um die Weichen für die Osterweiterung der Gemeinschaft und damit die Erhöhung der Mitgliedszahl auf 27 zu stellen. Die Konferenzteilnehmer standen unter gewaltigem Stress – die Diskussionen zogen sich bis in die frühen Morgenstunden des 12. Dezembers hin und endeten mit Kompromissen, von denen man noch nicht sagen konnte, ob sie tragfähig sein würden.

In erster Linie ging es um die künftigen Stimmenverhältnisse im EU-Ministerrat und somit um die Machtverteilung im vergrösserten Europa. Deutschlands Kanzler, *Gerhard Schröder,* drängte im Vorfeld des Nizza-Gipfels darauf, dass Deutschland wegen seiner Bevölkerungsgrösse mehr Stimmen erhalten solle als Frankreich. Dagegen setzte sich Frankreichs Präsident, *Jacques Chirac,* zur Wehr. Für ihn war es «Teil des Gründungspakts» der Europäischen Union, dass die beiden Staaten «aufgrund der deutsch-französischen Geschichte» gleich viel Stimmen im Ministerrat haben sollten.

Es ging aber nicht nur um die Ansprüche der Grossen, sondern auch um die Interessen der Kleinen. Kleine Staaten fühlten sich bisher in den EU-Institutionen gut repräsentiert. Ob das auch nach einer Vergrösserung der EU so bleiben würde? Der Premier Luxemburgs, *Jean-Claude Juncker,* sagte beim Abschluss des Ringens, noch selten zuvor habe er die anhaltende Fragilität Europas so stark empfunden wie jetzt. Er sprach von nationalen Egoismen beteiligter Politiker. Der deutsche Kanzler, *Gerhard Schröder,* meinte dagegen, die Konferenz habe ihr wichtigstes Ziel erreicht. Die EU-Institutionen seien ungeachtet vieler Vorbehalte genügend angepasst worden, um ab 2003 neue Mitglieder aufnehmen zu können. *Jacques Chirac* erklärte, es sei immerhin gelungen, ein neues Gleichgewicht in den Institutionen und zu den neuen Beitrittsländern

Die künftige Stimmengewichtung im EU-Ministerrat

Mitgliedstaat	Stimmen (= bisher)	Bevölkerung (Millionen)
Deutschland	29 (10)	82,038
Grossbritannien	29 (10)	59,247
Frankreich	29 (10)	58,966
Italien	29 (10)	57,610
Spanien	27 (8)	39,394
Niederlande	13 (5)	15,760
Griechenland	12 (5)	10,533
Belgien	12 (5)	10,213
Portugal	12 (5)	9,980
Schweden	10 (4)	8,854
Österreich	10 (4)	8,082
Dänemark	7 (3)	5,313
Finnland	7 (3)	5,160
Irland	7 (3)	3,744
Luxemburg	4 (2)	0,429
Beitrittskandidaten:		
Polen	27	38,667
Rumänien	14	22,489
Tschechien	12	10,290
Ungarn	12	10,092
Bulgarien	10	8,230
Slowakei	7	5,393
Litauen	7	3,701
Lettland	4	2,439
Slowenien	4	1,978
Estland	4	1,446
Zypern	4	0,752
Malta	3	0,379

herzustellen. Die Europäische Kommission werde gestärkt, indem ihr Präsident in Zukunft mit qualifizierter Mehrheit gewählt werde und das Recht erhalte, Kommissare zu entlassen. Bei zusätzlichen 30 Vertragsartikeln werde künftig mit qualifizierter Mehrheit abgestimmt – darunter über die Bereiche Justiz, Inneres und Aussenhandel. Kommissionspräsident *Romano Prodi* bezeichnete diese Änderungen als Fortschritt, meinte aber auch, wegen der Erhöhung der für eine Mehrheit nötigen Quoten und wegen der zusätzlichen Einführung der Bevölkerungszahl als Kriterium seien Blockaden künftig viel leichter möglich als bisher. Die Entscheidungsmechanismen in der EU würden jedenfalls eher schwerfälliger werden.

Insgesamt: Die grössten EU-Mitgliedsländer (Deutschland, Frankreich, Grossbritannien und Italien) konnten sicherstellen, dass sie bei Abstimmungen in der EU künftig mehr Gewicht haben werden.

Pause im Verhandlungsmarathon von Nizza: der spanische Premier Aznar verständigt sich per Telefon mit seinen Beratern in Madrid.

Rumänien: Ex-Kommunist contra Nationalist

Die Präsidentschaftswahlen in Rumänien endeten nach der Auszählung vom 11. Dezember mit einem halbwegs vernünftigen Resultat. Gegen 70% der Bevölkerung entschieden sich für den 70jährigen *Ion Iliescu* als künftigen Staatschef, ca. 30% hätten lieber den extremen Rechts-Nationalisten *Corneliu Vadim Tudor* an der Spitze gesehen.

Rumänien war seit dem Ende der kommunistischen Diktatur (Dezember 1989) von extremen Pendelschlägen gekennzeichnet. Erst entschied sich eine Mehrheit für den vom Parteigänger *Ceausescus* zum Reformkommunisten gewordenen *Ion Iliescu,* dann wandte sich die Mehrheit 1996 der Demokratischen Opposition unter *Emil Constantinescu* zu, und jetzt ging es wieder zurück zu *Iliescu.* Hauptgrund für die Instabilität: die Armut. 40% der Bevölkerung lebten im Jahr 2000 unterhalb der Armutsgrenze, ein Durchschnittslohn betrug pro Monat ca. 130 $. Zwei Wahlgänge waren notwendig, um den Sieger zu ermitteln. Beim ersten Wahlgang, im November, kam keiner der beiden Kandidaten auf die absolute Mehrheit. Der Rechts-Nationalist *Corneliu Vadim Tudor* versprach: Innerhalb von 48 Stunden werde er mit Mafia und Korruption aufräumen und die Geschäfte mit billigen Lebensmitteln füllen. Den Roma-Zigeunern drohte er mit Arbeitslagern, Dieben mit der öffentlichen Exekution in Sportstadien, Juden und Angehörigen der ungarischen Minderheit mit Verfolgung und Vertreibung.

Rumäniens früherer und neuer Präsident, Ion Iliescu: ehemaliger Mitarbeiter des Diktators Ceausescu, der sich nach der «Wende» als Reformer profilieren wollte.

▪ Sturz des Ceausescu-Regimes: «Weltrundschau 1989», Seiten 198 und 208/209.

▪ Abwahl von Ion Illiescu: «Weltrundschau 1996», Seiten 186/187.

Alltag in Rumänien, zehn Jahre nach dem Sturz der Diktatur: Viele Menschen handelten mit Waren, die der Westen in der Form von «Entwicklungshilfe» schickte (links). Und unten: Kinderelend in Bukarest. In der Hauptstadt schlugen sich Tausende Kinder ohne Eltern mit Kleinhandel, manchmal auch durch Diebstahl durchs Leben.

Ion Iliescu erklärte, er sei jetzt ein gemässigter Sozialdemokrat. 1930 geboren, trat er mit 14 Jahren der Jugendorganisation der Kommunisten bei. Er studierte Elektrotechnik in Bukarest und besuchte dann eine technische Hochschule in Moskau. Im kommunistischen Studentenverband Rumäniens stieg er in den 50er Jahren zu dessen Präsident auf. Er wurde Mitarbeiter im kommunistischen Zentralkomitee und befand sich bis 1984 in der Gunst des Diktators *Nicolae Ceausescu*. Danach gab es gewisse Dissonanzen zwischen ihm und dem Diktator, aber *Iliescu* blieb als Direktor eines Verlags für technische Literatur bis zum Ende der Ära *Ceausescu* im Bannkreis des Herrschers. Als *Ceausescu* im Dezember 1989 gestürzt wurde, trat *Iliescu* plötzlich an die Spitze einer Volksbewegung und bekannte sich zu Reformen. Undurchsichtig blieb seine Rolle bei der Liquidation des Ehepaars *Ceausescu* (der Diktator und seine Ehefrau wurden erschossen). Als Präsident zwischen 1990 und 1996 gelang es ihm nicht, die Wirtschaft effizient voranzubringen. Seine Amtszeit war ausserdem von Korruptions- und Schmuggelaffären überschattet. Das galt allerdings auch für die Regierung unter seinem Nachfolger *Constantinescu*.

Oben: der Tschernobyl-Reaktor nach der Katastrophe von 1986. Rechts: Fachleute schalten das Atomkraftwerk am 15. Dezember 2000 von einer ferngesteuerten Anlage in Kiew aus ab.

Tschernobyl-Reaktor abgeschaltet

Mehr als 14 Jahre nach der Explosion und der darauf folgenden grössten Katastrophe in der Atomtechnologie wurde das Kernkraftwerk von Tschernobyl in der Ukraine am 15. Dezember endlich endgültig abgeschaltet.
Tschernobyl war 1986 zum Symbol für die tödliche Gefahr der Atomenergie geworden.
Am 26. April 1986 explodierte der Reaktor im Block 4 des Kernkraftwerks und löste innerhalb von fünf Sekunden eine Kettenreaktion aus, die unkontrollierbar wurde. Das Unglück ereignete sich im Zuge eines Tests gegen Mitternacht Ortszeit vom 25. April auf den 26. April. Kurz nach Mitternacht nahm das Verhängnis seinen Lauf: Die Neutronenleistung im Reaktor stieg auf das 1000fache ihres normalen Höchstwertes und die Brennstofftemperatur auf 2000 Grad Celsius. Die Explosion war jetzt, nachdem man zu spät reagiert hatte, unvermeidbar. Die etwa 1000 Tonnen schwere Betonplatte, die den Reaktor bedeckte, wurde angehoben und quer gestellt. Die Steuerstäbe wurden aus dem Reaktor gerissen. Dann zerstörte eine zweite, noch stärkere Explosion den ganzen Kern sowie das Reaktorgebäude und schleuderte nuklearen Brennstoff über die ganze Anlage. Dadurch brach Feuer an weiteren 30 Stellen aus. Feuerwehrleute bekämpften die Brandherde, und bereits am Morgen werden viele von ihnen mit starken Strahlensymptomen ins Krankenhaus eingeliefert werden. Das Graphit-Feuer können sie aber nicht löschen. Diesen Versuch unternimmt in den nächsten zwei Wochen die Armee von Helikoptern aus: Man erstickt die Flammen schliesslich mit 5000 Tonnen eines Gemischs von Sand, Blei und Lehm. Jetzt wurde

12

das Graphitfeuer fast erstickt, aber die Temperatur im Reaktor steigt von neuem an und ebenso die Radioaktivität. Viel radioaktives Material wurde im Moment der Katastrophe aber nicht in die Städte und Dörfer der unmittelbaren Umgebung geschleudert, sondern hoch hinauf in die Atmosphäre. Durch die Winde geriet ein Teil davon nach Westeuropa. In verschiedenen Ländern wurden von den Behörden unterschiedliche Empfehlungen für den Konsum von Lebensmitteln erlassen (mehrheitlich gab es ein Verbot des Milchkonsums für Kinder und Schwangere).

In der Ukraine erkrankten laut Schätzungen etwa 3,5 Millionen Menschen an den Folgen der Radioaktivität. Die Zahl der Toten wurde in der Ukraine auf mehrere hundert beziffert. Und etwa gleich viele Opfer forderte das Unglück von Tschernobyl in Belorus (Weissrussland), denn der Reaktor lag in unmittelbarer Nähe der Grenze zwischen den beiden Staaten (die damals beide noch zur Sowjetunion gehörten).

Die Sowjetunion und später, nach Erlangen der Selbständigkeit (Ende 1991), die Ukraine, wurden vom Westen und von internationalen Organisationen immer wieder aufgefordert, alle Reaktoren von Tschernobyl nach der Explosion im dortigen Block vier abzuschalten. Die ukrainische Regierung erklärte immer wieder, sie könne das wegen der prekären Lage in der Energieversorgung nicht tun. Und sie forderte westliche Finanzhilfe an. Der Westen zahlte immer wieder für die Sanierung und dann die Stillegung von Tschernobyl, aber es sollte 14 Jahre dauern, bis das endgültige Aus für den Problemreaktor kam. Westliche Fachleute betrachteten alle Reaktoren vom Typ RBMK 1000 (ein russisches Modell) als problematisch. Der betreffende Reaktor wird mit siedendem Wasser gekühlt und mit Graphit moderiert. Der Reaktorkern befindet sich nicht in einem Druckbehälter, wie dies bei westlichen Reaktoren der Fall ist, sondern ist aus mehr als 1600 senkrechten Rohren zusammengesetzt. Sie enthalten angereichertes Uran und werden einzeln gekühlt. Die Rohre werden von ca. 21 000 aufeinandergestapelten Graphitblöcken umgeben. Ein System von 187 Steuerstäben hilft, die Leistung des Reaktors zu regeln. Reaktoren vom Typ RBMK 1000 blieben weiterhin, auch nach dem Abschalten von Tschernobyl, in Russland und anderen Staaten, die früher Teil der Sowjetunion waren, in Betrieb.

Für die Menschen in der Region von Tschernobyl war die Abschaltung im Dezember 2000 unverständlich. Vielleicht sei der Reaktor nicht ungefährlich gewesen, meinten viele der 5700 Angestellten des Werks, aber Gefahren gebe es schliesslich auch anderswo. Sie verloren ihre Arbeitsplätze, und die ukrainische Regierung konnte vorerst nur wenigen von ihnen eine andere Arbeit anbieten. Von der internationalen Hilfe für Tschernobyl hätten sie immer noch nichts gesehen, erklärten sie.

> Die G-7-Staaten (stärkste Industrienationen der Welt) hatten der Ukraine für Tschernobyl zur Verfügung gestellt:
> 600 Millionen $ für die Stillegung;
> 1,5 Milliarden $ für die Sanierung des Reaktorblocks drei zwischen 1986 und 2000 und für Sozialpläne;
> 1,48 Milliarden $ für die Fertigstellung von zwei Reaktoren, die 1986 noch im Bau waren;
> 758 Millionen $ für die Absicherung des «Sarkophags», also des Reaktorblocks vier, in dem sich die Explosion ereignet hatte.

Reaktorunfall von Tschernobyl: «Weltrundschau 1986», Seiten 86 bis 88. Detaillierte Schilderung des technischen Ablaufs und der Folgen: «Weltrundschau 1986», Seiten 217 bis 224.

Tschernobyl kurz vor dem Abschalten: 5700 Personen hatten hier eine Anstellung. Ihnen drohte jetzt Arbeitslosigkeit.

Mexiko: Dramatische Vulkan-Eruption

Der 5452 Meter hohe Vulkan Popocatépetl, nur 65 Kilometer von der 20-Millionen Metropole Ciuduad de Mexico entfernt, brach am 19. Dezember gewaltig und dramatisch aus. Hunderte von Metern hoch wurden die Lavamassen in die Höhe geschleudert.

Man evakuierte vorsorglich etwa 30 000 Menschen und verbot Fahrten näher als 13 Kilometer zum Vulkankegel heran. Die Bewohner von zwei Dörfern durften, unter Polizeibegleitung, während der folgenden Woche nur ein einziges Mal zu ihren Häusern zurückkehren, um Haustiere und die notwendigsten Besitztümer mitzunehmen.

Im obersten Teil des Vulkanschlots, also im Krater von 250 bis 450 Meter Durchmesser, lagerten etwa 19 Millionen Kubikmeter Lava – rund ein Prozent davon wurde in der ersten Woche nach dem Beginn der Eruptionen hinausgeschleudert.

In der Sprache der Azteken (herrschendes Volk im mexikanischen Hochland bei der Eroberung der Region durch die Spanier zu Beginn des 16. Jahrhunderts) bedeutet Popocatépetl «rauchender Berg». Er ist der zweithöchste Vulkan im nördlichen Amerika. Der Krater ist üblicherweise durch einen Gletscher bedeckt. Nördlich vom Hauptkrater fanden die Forscher noch drei, jetzt verschüttete, Krater, aus denen zu früheren Zeiten Lava ausfloss. Der jetzige Hauptkrater bildete sich vor ca. 1200 Jahren. Danach trat eine Phase eher ruhiger Entwicklung ein. Aber seit dem 16. Jahrhundert war der Popocatépetl wieder phasenweise aktiv, meistens allerdings in eher gemässigter Weise. Starke Aktivität begann Ende 1994. Der Vulkan wurde danach für Bergsteiger gesperrt. 1996 kamen fünf Kletterer, die trotz des Verbots hinaufstiegen, bei einer Eruption ums Leben. Ende Juni 1997 schleuderte der Popocatépetl Asche bis ins Zentrum der mexikanischen Hauptstadt.

Der Gipfel des Vulkans Popocatépetl, aufgenommen am 12. Dezember.

THEMEN

210 Brennpunkt

220 Technik

226 Medizin

236 Film

248 Kunst

264 Mode

274 Trends

282 Sport

312 Sportranglisten

322 Wortlaut

326 Biografie

330 Verstorbene

BRENNPUNKT

Krieg oder Dialog der Kulturen?

Erich Gysling

Zwei Entwicklungen dominierten im Jahr 2000 die Beziehungen zwischen dem Westen und dem Mittleren Osten: die allmähliche, manchmal aber auch durch Rückschläge gebremste Reform in Iran – und die Krise (vielleicht das Ende?) des Verhandlungsprozesses zwischen Israel und den Palästinensern.
Bei beiden Themen stand die Frage im Hintergrund: kommt es eines Tages wirklich zum «Krieg der Zivilisationen», wie das der in Harvard (USA) lehrende Politikwissenschafter, Professor *Samuel Huntington*, vor wenigen Jahren vorausgesagt hatte? Oder kann der Konflikt durch Dialog umgangen werden?
Die These *Huntingtons* besagt im Wesentlichen: Konflikte rollen nur noch selten zwischen den Nationalstaaten ab, sondern entbrennen entlang der Trennlinien zwischen den Zivilisationen. Und weil es weltweit nur zwei Zivilisationen gebe, die Anspruch auf globale Gültigkeit erheben, nämlich das Christentum und der Islam, sei die Gefahr einer Konfrontation zwischen diesen beiden «Welten» besonders gross.
Wer die These des Zivilisationskonflikts untermauern will, findet in der Aktualität eine ganze Anzahl von «Beweisen»: die Auseinandersetzung zwischen Israel und den Palästinensern; der Krieg der 28-Nationen-Koalition gegen Irak von 1991; der Kosovo-Konflikt. Doch man sollte sich davor hüten, mit Blick auf diese Geschehnisse zu verallgemeinern. Beim Nahost-Konflikt geht es ebenso sehr um Land wie um die unterschiedlichen Wertvorstellungen in der jüdischen und der (vorwiegend) muslimischen Gemeinschaft. Gegen Irak trat das internationale Bündnis – mit

B

Junge Türkinnen in Deutschland: ob sie in der Öffentlichkeit eher «trendy» oder eher traditionell auftreten, hängt stark mit dem Lebensstil der eigenen Familie zusammen.

Beteiligung von arabischen und somit vom Islam geprägten Staaten – an, um den Aggressionsakt *Saddam Husseins* gegen Kuwait rückgängig zu machen. Und Serbien würde Ansprüche auf Kosovo erheben, auch wenn die dortige Bevölkerung nicht mehrheitlich muslimisch wäre. Die drei Konfliktfälle eignen sich also nur beschränkt für die Beweisführung.

Allerdings: auch wenn der «Krieg der Zivilisationen» ein problematisches Schlagwort ist, so bleibt in umgekehrtem Sinn doch die Frage, ob wir zu einem Dialog der Zivilisationen, insbesondere zwischen Europa und der Welt des Islams, fähig und willens sind.

Dass die beiden Zivilisationen sich gegenseitig fremd sind, ist eigentlich merkwürdig: geografisch sind sich Europa und die arabische Welt sehr nah. In bezug auf den Glauben sollten die beiden Regionen sich zumindest nicht fern sein: beide berufen sich auf die gleichen Stammväter, beides sind monotheistische Religionen. Der Islam anerkennt sogar *Jesus* als einen seiner Propheten – allerdings nur als Vorgänger von *Mohammed* – , ist aber aufgrund der zeitlichen Abfolge davon überzeugt, moderner zu sein als das Christentum.

Nun bedeutet Nähe nicht unbedingt Harmonie, sondern kann auch zu Rivalität führen. Das gilt für Gesellschaften ebenso wie für Individuen. Und genau dies prägt das Verhältnis zwischen den Wertvorstellungen des Westens und jenen des sogenannten Orients. Die beiden Zivilisationen kamen miteinander im Verlauf von rund 1300 Jahren zwar immer wieder in Berührung, aber sie wollten wenig voneinander lernen. Das weist der in Princeton lehrende *Bernard Lewis* u. a. in seinem Buch «Die Welt der Ungläubigen» nach. Das Desinteresse galt für die erste Epoche der Annäherung (Vordringen der Araber bis nach Spanien ab dem 8. Jahrhundert), es galt mit einigen Einschränkungen für die Zeit der Kreuzzüge und ebenso für die nachfolgenden Jahrhunderte, als zwischen dem Westen und dem Orient ein relativ reger Handel betrieben

Präsenz des Islams im Westen: Scheich Omar-Bakri Mohammed vor einer Moschee in London. In Westeuropa wurden in den letzten Jahren zahlreiche Moscheen gebaut – als Zeichen für das Anwachsen des Fundamentalismus kann man sie allerdings nicht betrachten.

wurde. Noch Jahrhunderte nach *Mohammed* sprach und schrieb man im Westen, wenn es um die Menschen der arabischen Welt ging, von «Sarazenen». Man verwendete also einen Begriff aus der späten Antike, mit dem üblicherweise Seeräuber aus dem östlichen Mittelmeerraum bezeichnet wurden. Das Entstehen einer neuen Religion, des Islam, wollte man nicht zur Kenntnis nehmen. Ebenso gering war später bei den Osmanen, in der Zeit des Vordringens auf dem Balkan und bis fast vor die Tore Wiens, das Interesse an der westlichen Zivilisation, und als *Napoleon* 1798 seine Ägypten-Expedition unternahm, dominierte von der Seite des Westens Wissensdurst an der Antike (und das Materielle), nicht an der damaligen Gegenwart. Ein, zwei Generationen später, als die Kolonialmächte in den Nahen Osten eindrangen, prägte (darauf weist der französische Forscher *Maxime Rodinson* immer wieder hin) Verachtung der islamischen Kultur die Sichtweise des Westens. Als Gegenbewegungen respektive als Defensivkulturen entwickelten sich ab der zweiten Hälfte des 19. Jahrhunderts in ersten Ansätzen der arabische Nationalismus und der islamische Fundamentalismus – und diese beiden «Ideologien» prägten, wiederum in der Form einer Reaktion (auf die Verkündung der Balfour-Deklaration und des Sykes-Picot-Abkommens, das die arabische Welt in eine französische und eine britische Einflusssphäre teilte), im 20. Jahrhundert das Denken und Handeln der im Islam verwurzelten Welt. Daran hat sich bis zum Beginn des neuen Millenniums nichts Wesentliches geändert.

Gewiss, es gab und gibt immer wieder Versuche, gegenseitiges Verständnis zu fördern – aber aus der Sicht der Muslime (Araber, Türken, Iraner etc.) fegt die Einseitigkeit der Machtverteilung zugunsten des Westens solche Bemühungen immer wieder hinweg. Aus westlicher Perspektive sieht das anders aus: Musliminnen und Muslime, die in den Westen gezogen sind, verweigern sich, so eine verbreitete Meinung, der Moderne, üben Zwang gegen innen aus und provozieren die Aussenwelt, also uns. Darüberhinaus begegnet man westeuropäischen Ländern immer wieder der Verdächtigung, all die Menschen aus dem «Orient» seien ja nur deshalb in unsere Welt gezogen, um uns zu bekehren, wenn nötig mit dem Schwert. Dass Zwangsbekehrung von Juden und Christen praktisch nie zu den Zielen des Islams gehört hat, weiss man nicht oder verschweigt es.

Damit soll nicht gesagt werden, es gäbe keine Differenzen. Es gibt sie sehr wohl. Im Islam werden «die Bewegungsfreiheit und die Entwicklungsmöglichkeiten der Frau innerhalb der Gesellschaft stark beschnitten», schreibt der emeritierte Direktor des Seminars für Islamwissenschaft der Universität Bern, *Johann Christoph*

Bürgel in «Allmacht und Mächtigkeit – Religion und Welt im Islam», Verlag C.H. Beck. Und zitiert in diesem Zusammenhang u.a. die Sure 4,34: «Die Männer stehen den Frauen vor wegen des Vorrangs, den Gott den einen über die andern gegeben hat und wegen der Ausgaben, die sie von ihren Besitztümern tätigen. Die frommen Frauen aber sind gottesfürchtig und bewahren das Verborgene mit allem, was Gott verbirgt. Wenn ihr jedoch Auflehnung von ihnen befürchtet, so ermahnt sie, meidet sie in den Betten und schlagt sie.» Ähnlich kritisch kann man die Frage der Beachtung der individuellen Menschenrechte im Islam angehen: im Koran ist vorwiegend von Pflichten, nicht von Rechten, die Rede, und meistens steht das Kollektiv im Vordergrund, nicht das Individuum. Aus diesem Grund ist die Menschenrechts-Diskussion zwischen dem Westen und dem Islam schwierig und endet oft in den Sackgassen des gegenseitigen absichtlichen oder unabsichtlichen Miss-Verstehens.

Ein Dialog der Zivilisationen darf nicht von der Vorstellung allumfassender Harmonie ausgehen: er muss, im Gegenteil, bei den Differenzen beginnen. Das Ziel kann gegenseitiger Respekt und vermehrtes Wissen sein. Wer ihn führen will, muss Farbe bekennen – indem er oder sie beispielsweise auf der Forderung beharrt, dass Migranten aus der einen in die andere Welt die Verfassungen, die Grundrechte des Aufenthaltslandes anerkennen. Darüberhinaus sind in einem solchen Dialog Fragen wichtiger als Antworten. Daher kann er weder von der einen noch von der anderen Seite von Fundamentalisten geführt werden – denn Fundamentalisten kennen nur Antworten, keine Fragen. Das macht sie ebenso stark wie uninteressant.

Islamisch-fundamentalistische Bewegungen gab es in praktisch allen nah- und mittelöstlichen Ländern. Wo sie nicht in Erscheinung traten, waren sie von den Regimen zerschlagen worden. Das galt für Syrien, dessen Militär 1981 den Aufstand der Fundamentalisten in der Stadt Hama unterdrückte (10 000 bis 30 000 Tote). In Ägypten verübten die islamischen Fundamentalisten zuletzt im November 1997 einen grossen Terroranschlag in Luxor (63 Todesopfer). Danach schien die Repression von seiten der Regierung Früchte zu tragen. Es gab nur noch wenige Anschläge (sie galten mehrheitlich den christlichen Kopten Ägyptens), aber es gab auch ein anderes Phänomen: die Fundamentalisten integrierten sich jetzt ins politisch System und konnten es bis zu einem gewissen Grade beeinflussen. In bezug auf das Rechtswesen bewegte Ägypten sich jedenfalls mehr und mehr auf die volle Anerkennung der shari'a, des islamischen Gesetzes. Persönlichkeiten, die sich «unislamisch» verhielten, wurden in zunehmendem Mass von Gerichten verurteilt.

Präsenz des Christentums im Nahen Osten: St.-Katharina-Kloster auf der zu Ägypten gehörenden Halbinsel Sinai.

*Iranische Frauen bei einer Kundgebung zugunsten des reformerischen Präsidenten Mohammed Khatami (oben und rechts): In der äusseren Erscheinung ist Iran ein streng konservatives Land.
Aber Frauen haben in Iran bedeutend mehr Möglichkeiten, sich beruflich zu entfalten als etwa in Saudiarabien oder in Jemen.*

Bei den Palästinensern gewann die fundamentalistische Hamas-Bewegung als Reaktion auf das Scheitern des Verhandlungsprozesses der palästinensischen Führung mit Israel zunehmend an Terrain.

In Jemen konnte die fundamentalistische Islah-Partei zu einer starken Fraktion im Parlament werden – und islamischen Fundamentalisten Jemens wurde allgemein auch die Verantwortung für das Selbstmordattentat auf ein amerikanisches Kriegsschiff im Hafen von Aden als Reaktion auf die von Israel ausgeübte Gewalt gegen palästinensische Demonstranten im Oktober 2000 zugeschoben. Die USA galten, waren dies im Wesentlichen auch, als die Parteigänger Israels. Die Clinton-Administration entfernte sich jedenfalls mehr und mehr von einer unparteiischen Rolle zwischen Israel und den Palästinensern und bezog immer stärker (unter dem Einfluss des US-Nahost-Vermittlers *Dennis Ross*) Position zugunsten Israels.

In Algerien ging die Gewalt zwischen der Regierung und den islamischen Fundamentalisten weiter, auch wenn man im Jahr 2000 weniger Todesopfer zu beklagen hatte als in den Jahren davor.

In bezug auf Saudiarabien konnte man sagen: das Regime war fundamentalistisch, ohne dass es in diesem Sinne von der Aussenwelt wahrgenommen wurde. Aber in Saudiarabien galt die wahhabitische Ausrichtung des Islams als Staatsreligion, der Koran war die Verfassung des Staates.

Und Iran? Da begnet man einem interessanten Sonderfall.

Es ist ein altbekanntes Phänomen: jede Revolution verliert nach einigen wenigen Jahren ihre Schwungkraft und mässigt sich. Das gilt auch für die islamische Revolution Irans, die vor 21 Jahren die ganze vom Islam geprägte nahöstliche Region zu erschüttern drohte. Damals befürchteten arabische Regime (und auch der Westen) eine Ausbreitung der Khomeiny-Revolution und sahen in der Herrschaft der iranischen Geistlichen einen Hort für Terror und Chaos. Nur wenig von dem, was damals vorausgesagt wurde, hat sich bewahrheitet. Der islamische Fundamentalismus verzeichnete zwar in einigen nahöstlichen Ländern Terraingewinne, aber die hingen viel weniger mit Iran als mit anderen inneren und äusseren Faktoren zusammen. Ayatollah *Khomeiny* brüskierte arabische Regierungen ebenso wie den Westen in der Anfangsphase seiner Herrschaft mit Reden und Schriften. Als er äusserte, seine Revolution werde bis nach «al quds», also bis nach Jerusalem, getragen, war der sinnbildliche Rubicon überschritten. Jetzt war man im Westen und in den arabischen Staaten hellwach. Alle beobachteten mit Akribie, wie intensiv Iran die Hizb-Allah-Milizen in Libanon unterstützte und ob sie mit ihren Nadelstichen

Kairo: die islamischen Fundamentalisten haben der Gewalt abgeschworen, aber ihr Einfluss ist eher gewachsen als gesunken. Das gilt vor allem für die Ausarbeitung und die Veränderung von Gesetzen.

gegen die Maroniten in Libanon und gegen Israel es zustande brächten, im Nahen Osten in einen neuen Flächenbrand zu entfachen. *Khomeiny* wurde, aus westlicher Perspektive, für viele Jahre als Identifikationsfigur für alle islamistischen, also fundamentalistischen Strömungen innerhalb der Welt des Islams betrachtet. Doch diese Rolle spielte er nie: der Fundamentalismus ist ein ins 19. Jahrhundert zurückreichendes Phänomen, das man oft als Defensivkultur (Defensive gegen das Vordringen des Westens im «Orient») bezeichnet hat und das seine Beheimatung in der Welt der Sunniten, nicht jener der (in Iran dominierenden, in Libanon als Minderheit präsenten) Schiiten hat. Jahrzehntelang blieb der Fundamentalismus eine Randerscheinung. Dann, im 20. Jahrhundert, erfuhr er wellenweise den Aufschwung: zuerst als Reaktion auf die von Grossbritannien verkündete Balfour-Deklaration, in der den Juden eine Heimstätte im Raum Palästinas versprochen wurde, dann als Reaktion auf das Sykes / Picot-Abkommen (Aufteilung der arabischen Welt in eine britische und eine französische Einflusssphäre). Als wichtigste Persönlichkeit bei der Propagierung fundamentalistischer Ideen profilierte sich in den vierziger Jahren der Ägypter *Sayed Qutb* mit seinem Buch «ma'alim fi-l tariq» (Wegmarken, Wegzeichen), in dem er nicht nur eine Begründung dafür lieferte, dass die Muslime in jenen Ländern, in denen sie dominierten, die sogenannt nicht-muslimischen Herrscher beseitigen müssten, sondern auch noch die Methoden aufzeigte, wie eine solche Beseitigung (mit Gewalt) bewerkstelligt werden sollte. Die Mörder des ägyptischen Präsidenten *Sadat* hielten sich, 1981, genau an die Anweisungen *Sayed Qutbs*. Der Begriff Fundamentalismus ist, ebenso wie der französische Begriff «intégrisme», eine westliche Erfindung. Er hat sich für die Analyse radikal-islamischer Bewegungen nur zum Teil als tauglich erwiesen. Mit Fundamentalismus meint man: Anspruch auf politische Herrschaft im Namen des Islams, Durchsetzung der shari'a (islamisches Gesetz, das allerdings zeitlich erst nach dem Koran als Kompilation von Gesetzestexten und Handlungsanweisungen entstanden ist), Rückführung der Gesellschaft in einen Zustand, der als das «Kalifat von Medina» bezeichnet wird. Dieser Begriff wiederum ver-

sucht jene Art von Herrschaft zu erfassen, die der Prophet *Mohammed* nach der hejra in Medina verwirklicht hat und die Religion, Politik, Wirtschaftsleben, Alltag in eine Ordnung unter seiner Führung brachte. Fundamentalismus beinhaltet aber auch: Absage an Interpretationen. Die braucht man ja angeblich nicht, weil alle Antworten schon gegeben wurden, eben durch den Propheten *Mohammed*.

Als der Westen sich über die Fachkreise hinaus, also etwa ab den siebziger Jahren, für den islamischen Fundamentalismus zu interessieren begann, nahm man an, es handle sich um eine einheitliche Bewegung. Nach einigen Jahren zeigte sich: die Realität war und ist anders. Es gibt Fundamentalisten, die auf Gewalt verzichten und das parlamentarische Spiel mitmachen wollen (Beispiele: Jordanien, Jemen). Es gibt Fundamentalisten, welche alles Westliche ablehnen, und andere, die die technischen Instrumente des Westens (Computer, Hochtechnologie etc.) ohne Scheu nutzen. Auch sie können sich auf Zitate aus der Frühzeit des Islams berufen. Damals wurde postuliert: Lehnt alles Fremde ab, mit Ausnahme der Waffen des Feindes, die dürft ihr nutzen. Unerbittlich waren es (und sind es möglicherweise noch immer) die Fundamentalisten in Ägypten, die Kompromisse mit der weltlichen Macht ablehnen.

Die Iraner aber können eigentlich gar keine Fundamentalisten sein. In ihrem Glaubenssystem, jenem der Zwölfer-Schia (zwölf Imame, also rechtgeleitete Nachkommen des Propheten werden anerkannt), ist jegliche Aussage, auch von den höchsten geistlichen Autoritäten, nur provisorisch. Selbst ein Ayatollah verfügt nicht über die absolute Wahrheit – die kommt nur den «rechtgeleiteten» Imamen zu. Der letzte dieser Rechtgeleiteten aber «verschwand» im 9. Jahrhundert (wahrscheinlich wurde er umgebracht) und lebt seither in der «grossen Verborgenheit». Wenn er als Mahdi, als Erlöser, wiederkommt, dann ist das Ende der Geschichte erreicht, und dann erst kann man sich darauf verlassen, dass unfehlbare Urteile verkündet werden. Aufgrund dieses Glaubens ist die in Iran herrschende Schia-Richtung des Islams beweglicher als die sunnitische Richtung. Sie erlaubt auch, im Gegensatz zum orthodoxen Glauben der Sunniten, weiterhin Interpretationen.

Verschleierung: sie kann religiösen Charakter haben, wird von Frauen bisweilen aber auch als Schutz gegen die Zudringlichkeit der Männergesellschaft aufgefasst.

Das iranische System ist aus diesem Grunde auch eher reformierbar, als dies ein islamisches System in irgendeinem der arabischen Länder wäre. Und so fiel es den Iranern, allen äusserlichen Anzeichen zum Trotz, nicht sehr schwer, sich von der Leitfigur *Khomeiny* nach dessen Tod zu trennen, daher erhielt 1998 die Reformbewegung mit der Wahl von *Mohammed Khatami* eine Chance. Das bedeutet allerdings nicht, dass die reformorientierte Richtung sich überall durchsetzen wird – es wird weiterhin Schritte nach vorn und zurück geben, und innerhalb des iranisch-schiitischen Wertesystems sind auch beide Richtungen legitim. Denn, wie erwähnt, niemand besitzt die absolute Wahrheit. Und reformorientiert heisst ja immer: eine Bewegung innerhalb des islamischen Denkens, nicht in westlichem Sinn.

Verstädterung (unten: Kairo) führt oft zum Verlust von traditionellen Werten. Die Religion bietet Geborgenheit.

Ich vermute aufgrund zahlreicher Besuche in Iran übrigens, dass die im Westen weit verbreitete Meinung unrealistisch ist, die jüngere Generation wolle generell die Reform und nur die Alten seien darauf bedacht, das System der islamischen Republik aufrechtzuerhalten. In jenen Bezirken um die Heiligtümer in den iranischen Städten, die uns als Westlern zugänglich sind, sehe ich immer wieder junge Leute in grosser Zahl, welche die schiitischen Märtyrer (alle Imame starben angeblich als Märtyrer) glühend, mit Tränen in den Augen, verehren. Die Unterschiede in den Zielvorstellungen bestehen wohl eher in den Differenzen zwischen den Bildungsschichten und vielleicht (da bin ich mir nicht so sicher) zwischen Stadt und Land. Eines allerdings scheint mir klar: eine Rückkehr zur revolutionären Rhetorik aus der Frühzeit der Khomeiny-Revolution wird es nicht geben. Auch die düstersten Rechtsgelehrten in Iran verstehen ihr System nicht als Exportmodell.

In den arabischen Ländern mit sunnitisch-muslimischer Kultur sieht die Situation etwas anders aus. Der Fundamentalismus hat in einigen dieser Länder noch immer die Chance eines Terraingewinns. Womit hängt das zusammen? Man geht aus westlicher Perspektive meistens davon aus, dass das soziale Element die wichtigste Rolle spielt. «Je schlechter, desto besser», lautet eine einfache Analyse, die beinhaltet: Je grösser

die Schicht der sozial Benachteiligten ist, desto grösser ist umgekehrt die Möglichkeit der Fundamentalisten, neue Anhänger ihrer Ideologie zu rekrutieren. Es gibt in der Tat Beispiele, welche diese These belegen – aber wichtiger ist wohl ein anderes Phänomen. Es wird von drei Ebenen geprägt:

● Die Migration vom Land in die Stadt, die Urbanisierung: dadurch zerfallen traditionelle Werte, dadurch wird innerhalb der Familien die einst absolute Autorität des männlichen Familienoberhaupts in Frage gestellt. Frauen haben in den Städten Chancen zur Bildung; Frauen integrieren sich ins Berufsleben. Das führt zu sowohl als interessant empfunden, als auch lästigen Kontakten mit der Männerwelt. Die Fundamentalisten (am Beispiel der Universitäten in Kairo lässt sich das nachvollziehen) sagen den jungen Frauen: ihr habt eure Würde verloren. Wir helfen euch, wenn ihr euch im Gegenzug für unsere islamischen Ideale engagiert.

● Bildung (für junge Männer und Frauen) bedeutet in den meisten Ländern der arabischen respektive der von muslimischen Wertvorstellungen geprägten Welt nicht, dass man beruflich ohne weiteres grosse Chancen erhält. Oft trifft das Gegenteil zu: für die Abgänger der Universitäten gibt's keine adäquaten Positionen. Sie müssen Arbeit weit unter ihrem Bildungsniveau suchen. Die Fundamentalisten versprechen ihnen etwas, das sie allerdings meistens nicht einhalten können.

● Jede westliche Intervention in Nahost, auch jede Aufwallung des Konflikts zwischen Israel und den Palästinensern, führt zur Defensive und zu einem gewissen Anschwellen der Bewegung zugunsten der Fundamentalisten.

Aber das Potential des Fundamentalismus bleibt beschränkt. Über 15 bis 20 Prozent kämen die fundamentalisten Parteien bei freien Wahlen im allgemeinen nicht, ermitteln alle einigermassen glaubwürdigen Umfragen. In Algerien allerdings hätte die fundamentalistische FIS-Partei 1992 eine Mehrheit gewonnen, wäre sie nicht, nach den Wahlen, für illegal erklärt worden. Ob sie ähnlich grossen Rückhalt bekäme, wenn jetzt, nach dem Jahr 2000, in Algerien wieder freie Wahlen stattfänden, ist allerdings sehr fraglich: der Krieg mit den Fundamentalisten hat über 100 000 Todesopfer gefordert. Wie bereits erwähnt, sind die «Fundamentalisten» nicht aller Länder für Gewalt – einige (das gilt u.a. für Jordanien und für Jemen) vertreten die Meinung, sie könnten die Mehrheit der Bevölkerung durch ihr eigenes Vorbild, durch ihre Ideen gewinnen. Die Wende zugunsten der Einführung der shari'a und damit eines islamischen Systems würde sich, so ihre Meinung, harmonisch vollziehen. Was sie strikte ablehnen: eine Demokratie westlichen Zuschnitts. Da befinden sie sich im «gleichen Boot» wie die meisten Herrscher in der islamisch geprägten Welt. Demokratie wird als westliches Propaganda-Produkt aufgefasst, und oft stösst man bei der Frage nach der Demokratisierung auf die Antwort: Wir sind eine Familie, Demokratie aber bedeutet die Spaltung der Familie. Also lehnen wir sie ab.

Diese Haltung stösst nur in seltenen Fällen auf Opposition von seiten der Bevölkerung – ein Anzeichen für die Effizienz der Zensur und der Geheimdienste, oder ein Anzeichen für Zustimmung? Ich weiss auf diese Frage keine Antwort.

Dass jedes islamische System Nachteile für die Frauen und die Minderheiten nach sich ziehen und dass es zumindest Grauzonen im Bereich der Beachtung der Menschenrechte schaffen würde, ist voraussehbar. Den potentiell Betroffenen wird das selbstverständlich nicht klar gemacht. Da wird auf unzulässige Weise verharmlost. Und manche Musliminnen und Muslime, die im Westen leben, leisten solchen Verharmlosungen leider Vorschub. ■

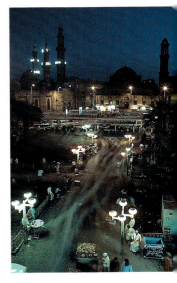

Al-Azhar in Kairo, Zentrum islamischer Gelehrsamkeit. Wie kann Islam mit den Anforderungen der Moderne in Übereinstimmung gebracht werden?

TECHNIK

Die Rückkehr der sanften Riesen

Ulrich Eberl

■ Warum Luftschiffe plötzlich wieder hochmodern sind. 70 Jahre lang schienen die Zeppeline ausgestorben. Jetzt feiern sie mit neuen Technologien eine triumphale Rückkehr: Sie sind ideal für Schwertransporte sowie als Forschungs- und Kommunikations-Plattformen in extremer Höhe.

Die mächtigen Stahlbögen sind bereits aus etlichen Kilometern Entfernung zu erkennen. Mühelos überragen sie die Birken und Nadelbäume am Rand des Spreewaldes, 60 Kilometer südlich von Berlin. «Auf dem Brand» – einem ehemaligen russischen Militärflughafen, wo einst in grasüberwachsenen Schutzbunkern die MIGs auf ihren Einsatz warteten – entsteht zur Zeit die grösste freitragende Halle der Welt. Mit 107 Meter Höhe, 210 Meter Breite und 360 Meter Länge ist die Werft der CargoLifter AG nicht ganz so hoch wie der Petersdom in Rom. Sie ist allerdings doppelt so lang und frei von jeglichen inneren Stützpfeilern. Ihre Aufgabe: Sie soll den Bau von jährlich vier Luftschiffen vor Witterungseinfluss schützen – Luftschiffe, die alles in den Schatten stellen werden, was sich jemals in die Lüfte erhob.

Unübersehbar hat eine Renaissance der sanften Riesen begonnen – 100 Jahre nach der Jungfernfahrt von LZ 1, dem ersten Zeppelin, am 2. Juli 1900. 63 Jahre liegt das Flammeninferno der «Hindenburg» in Lakehurst zurück. In der Folge dieses Unglücks, bei dem 36 Menschen starben, mussten die Zeppeline als reguläre Verkehrsträger den schnellen und wendigen Flugzeugen weichen. Doch nun sind sie wieder da – und keineswegs nur als die fliegenden Litfasssäulen, die seit Jahrzehnten am Himmel ihre Kreise ziehen.

Hinter den modernen Luftschiffen stehen massive wirtschaftliche Interessen. Mit neuen Technologien wollen die Nachfahren Graf Zeppelins – junge, innovative Firmen, aber auch grosse internationale Unternehmen – lukrative Märkte erobern:

● An der einstigen Geburtsstätte der Riesen in Friedrichshafen am Bodensee arbeitet die Zeppelin Luftschifftechnik GmbH seit Anfang der neunziger Jahre am «Zeppelin NT». Das 75 Meter lange Luftschiff kann zwölf Passagiere befördern und soll ausser im Tourismus vor allem für Atmosphären- und Umweltforschung eingesetzt werden.
Technische Probleme, die zeitraubende Entwicklung von Konstruktionsvorschriften zusammen mit dem Luftfahrtbundesamt sowie eine Beschädigung beim Transport aus der Halle warfen den «NT» immer wieder zurück. Immerhin hat er seit seinem Erstflug 1997 bereits 500 Flugstunden hinter sich. Die Friedrichshafener Ingenieure hoffen auf die baldige Musterzulassung für den NT (siehe Interview am Ende des Artikels).
● Telekommunikationsfirmen in aller Welt sind höchst interessiert an sogenannten Höhenplattformen. Das sind Heliumballons, die in 20 Kilometer Höhe schweben und als kostengünstige Relaisstationen für Multimedia-Daten aller Art dienen sollen. Entwickelt werden derartige Systeme von einem europäischen Forscherteam unter Federführung der Universität Stuttgart, von der DaimlerChrysler Aerospace AG, vom Unternehmen Skystation in den USA und von der japanischen Luftfahrtforschungsanstalt.
● Den Multi-Milliarden-Dollar-Markt der internationalen Schwer- und Sondertransporte hat dagegen die deutsche CargoLifter AG im Blick: Schon in zwei bis drei Jahren – so haben die Spreewälder es sich vorgenommen – soll ihr 260 Meter langes Luftschiff Lasten bis zu 160 Tonnen Gewicht Tausende von Kilometern weit transportieren und punktgenau absetzen.

Angestossen wurde die Renaissance der Luftschiffe grossenteils an der Universität Stuttgart: im Institut für Statik und Dynamik der Luft- und Raumfahrtkonstruktionen. Vor gut zehn Jahren beschloss hier Prof. *Bernd-Helmut Kröplin*, den Anregungen eines Studenten zu folgen und ihn ein neuartiges Luftschiff bauen zu lassen. Von Haus aus Bauingenieur, hatte *Kröplin* sein Institut zu einem Mekka für all diejenigen ausgebaut, die mit Hilfe von Computersimulationen, künstlicher Intelligenz und neuronalen Netzen die Materialeigenschaften, das Schwingungsverhalten oder die Lebensdauer bestimmter Konstruktionen berechnen wollten. «Für Flugzeuge besitzen wir ein weitgehendes Systemverständnis: Wir wissen, was die Veränderung eines bestimmten Parameters bewirkt», sagt *Kröplin*. «Bei Luftschiffen war dies vor zehn Jahren absolut nicht der Fall. Alle, die es gab, waren Einzelexemplare, die nicht unter wissenschaftlichen Gesichtspunkten entwickelt worden waren.»
Das reizte die Stuttgarter Forscher: Ihrem ersten Experimentalluftschiff folgte 1993 die «Lotte», ein 16 Meter langer, mit Solarenergie betriebener, sehr manövrierfähiger Zeppelin – seine Nachfolger werden heute noch für Messungen von Luftschadstoffen eingesetzt. Und 1994 sass schliesslich *Carl-Heinrich Freiherr von Gablenz* in Stuttgart *Kröplin* gegenüber: Der promovierte Jurist und Logistikexperte suchte Unterstützung beim Bau eines Luftfahrzeugs – gleich, ob Helikopter oder Luftschiff –, das schwere Lasten 10 000 Kilometer weit transportieren konnte. «Uns war schnell klar, dass als fliegender Kran

So soll der 260 Meter lange «CargoLifter» – der erste ist für 2002 geplant – seine Fracht ausladen, ohne landen zu müssen: Durch Halteseile verankert, seilt der Gigant die Ladung (im grauen Container) ab und nimmt dafür aus dem Tankwagen Ballastwasser auf.

nur ein Luftschiff in Frage kam», blickt *Kröplin* zurück. Zudem musste ein solcher CargoLifter ein einzigartiges Lastaufnahmeverfahren besitzen, das der Forscher anhand einer Mineralwasserflasche als Luftschiff, eines Bleistiftspitzers als Last und eines Fadens demonstriert: «Am Ladepunkt schwebt der CargoLifter in etwa 100 Meter Höhe. Er wird mit einem einzigen Seil festgemacht und erhält etwas Auftrieb, so dass sich das Seil straff spannt. Mit verschiedenen Winden kann dann die Last an dieser Achse heruntergelassen werden» – er senkt den Spitzer längs des Fadens auf den Tisch. «Selbst wenn oben der Zeppelin hin und her schwankt» – *Kröplin* wackelt mit der Flasche – «lässt sich auf diese Weise doch die Last zentimetergenau absetzen.»

Zwei Jahre lang rechneten und experimentierten die Forscher. Parallel erstellten Wirtschaftsfachleute Marktanalysen und Aufbauplanungen. Dann gründete *von Gablenz* die CargoLifter AG und stellte gleich etliche von *Kröplins* Studenten ein. Heute hat CargoLifter 240 Mitarbeiter – laut *von Gablenz* «mehr als alle anderen Luftschiffbauer der Welt zusammen» –, besass vor dem Börsengang am 30. Mai 2000 bereits 13 000 Aktionäre, 300 Millionen Mark Eigenkapital und eine hervorragende Marktposition. «Ob grosse landwirtschaftliche Maschinen, Baugeräte, Turbinen, Chemieanlagen oder ganze Häuser – wir sehen einen jährlichen Transportbedarf von mindestens drei Millionen Tonnen. Das entspricht der Kapazität von rund 200 Luftschiffen», sagt *von Gablenz*. «Wir werden die Schiffe sowie ihre Heimatstandorte, die beispielsweise an grossen Häfen liegen können, bauen und auch betreiben. Die CargoLifter AG mit ihren Tochterfirmen ist also sozusagen Airbus, Flughafen und Lufthansa in einem.» Zusammen mit Firmen wie Hochtief, Linde, MAN und Siemens hat CargoLifter erste Einsatzszenarien durchgerechnet. Gegenüber dem bisherigen Verfahren ergeben sich beim Transport von Dieselloks nach Kanada oder von Bergbaumaschinen nach Kasachstan Kosten- und Zeiteinsparungen von 20 bis 90 Prozent. «Die zahlreichen Verladungen vom Tieflader auf die Eisenbahn, dann aufs Schiff und wieder zurück fallen weg – ebenso wie die Sperrung von Strassen, die Stillegung von Hochspannungsleitungen und der Umbau oder Abriss von Brücken», erklärt *von Gablenz*.

Die Vereinten Nationen haben den CargoLifter sogar schon in ihr Katastrophenprogramm aufgenommen, obwohl er noch gar nicht existiert. *Von Gablenz*: «Ein einziger CargoLifter wird genug Lebensmittel in ein Überschwemmungs-, Hungersnot- oder Erdbebengebiet transportieren können, um 25 000 Menschen etwa zwei Wochen lang zu ernähren.»
Die technischen Herausforderungen sind allerdings enorm. Verglichen mit gängigen Luftschiffen ist der CargoLifter «wie eine Boeing 747, Stretched Version Cargo, gegenüber einem kleinen Sportflugzeug», sagt *von Gablenz*. Der Produktionschef *Christoph von Kessel* erläutert: «Allein das Leitwerk ist so gross wie ein achtstöckiges Wohnhaus. Dies in 70 Meter Höhe zu montieren, ist alles andere als einfach.» Auch beim Material für die Hülle stehe man vor völlig neuen Schwierigkeiten: «Die Gesamtfläche beträgt 65 000 Quadratmeter, das sind neun Fussballfelder. Mit Druck und Hitze müssen wir Nähte einer Länge von 20 Kilometern verschweissen, und das mit mindestens neun Metern pro Minute, um nicht zuviel Zeit zu verlieren.»
Bei der Reissfestigkeit des Stoffes sei den beteiligten Firmen in den letzten Jahren glücklicherweise ein richtiger «Quantensprung» gelungen, sagt *von Kessel*: Sie wurde um das Zehnfache gesteigert. Das nur einige Millimeter dünne Material ist eine Spezialanfertigung: aussen strahlungsresistent, in der Mitte ein Gewebe aus verschiedenen Kohlefasern und innen eine gasdichte Schicht, damit nicht mehr als ein Prozent jährlich des wertvollen unbrennbaren Füllgases Helium verlorengeht.

Anders als die ersten Zeppeline mit ihrem Aluminiumgerüst wurde der CargoLifter nicht als Starrluftschiff geplant, auch nicht als strukturloser Ballon («Blimp»). Statt dessen ist er ein «halbstarres Kielluftschiff», so der Ingenieurs-Slang: Der 200 Meter lange und 10 Meter hohe Kiel stellt das einzige starre Element des Schiffes dar, sozusagen das Rückgrat. In ihm sind alle Steuerungssysteme verborgen, die Crewräume, die Ladebucht mit der Last sowie die Behälter zur Aufnahme von Ballastwasser. 16 Gasturbinen-Triebwerke in der Nase, im Heck und in kurzen Tragflächen («Power-Wings») machen das Luftschiff sehr beweglich: Vier von ihnen dienen als Marschtriebwerke, zwölf zum Drehen

Ortsdurchfahrten sind Flaschenhälse für Schwertransporte. Ein Markt für Luftschiffe: Die schweben drüber.

und Manövrieren nach oben und unten. Trotz aller Vorbereitungen bleibt der Erstflug des CargoLifters, der für 2001 oder 2002 geplant ist, ein nicht hundertprozentig kalkulierbares Abenteuer. So lassen sich zwar mit dem achtmal kleineren Modell-Luftschiff «Joey» – es startete erstmals im Oktober 1999 – Flugeigenschaften, Computermodelle und das elektronische Fly-by-Wire-System testen. Aber mit seinen nur 32 Meter Länge würde Joey leicht in die 50 mal 8 mal 8 Meter grosse Ladebucht des CargoLifters passen: Sein Volumen beträgt den 512ten Teil von dem des Riesen. Weder das Lastaufnahmeverfahren noch das Trägheitsverhalten des CargoLifters sind damit überprüfbar. «Joey ist wie ein Ruderboot, während der CargoLifter einem Supertanker entspricht», sagt *Mats Backlin*, der Chef-Testpilot. Der schwedische Flugzeugbau-Ingenieur, der vor acht Jahren zum Luftschiffpiloten umstieg, erklärt: Ein Zeppelin gleicht viel eher einem Schiff als einem Flugzeug. «Wie bei einem grossen Schiff muss man immer vorausschauend agieren. Bei 90 Stundenkilometern Reisegeschwindigkeit dauert es lange, in Schwierigkeiten zu kommen – aber ebenso lange, wieder herauszukommen.» Die gefährlichsten Momente seien Start und Landung sowie die Aufnahme und das Absetzen der Last: «16 Triebwerke müssen bei schwierigen Manövern gleichzeitig bedient werden. Das wird sicher für hektische Momente sorgen», macht sich der Schwede auf einiges gefasst. Weniger kritisch seien Stürme und Gewitter: «Denen kann man meist entkommen, oder man lässt sich mit dem Wind treiben. Gegen Blitze haben wir den CargoLifter gut gesichert.» Mehrere hundert Luftschiff-Piloten werden in Zukunft benötigt – im Moment gibt es weltweit nicht einmal hundert. Doch das Interesse an der CargoLifter-Ausbildung ist gross: Vom U-Boot-Kapitän bis zum Jumbo-Piloten sind bereits Bewerbungen eingereicht worden.

Völlig ohne Pilot werden dagegen die Höhenplattformen in der eisigen Atmosphäre in 20 Kilometer Höhe auskommen müssen, die *Bernd-Helmut Kröplin* entwirft – zusammen mit einem britischen Experten für Atmosphärenforschung, einem Luftfahrt- und Photovoltaikwissenschaftler von Dornier und einem schwedischen Höhenballon-Konstrukteur. Das ursprüngliche Konzept sah heliumgefüllte Ballons vor, an deren Oberseite Solarzellen montiert sind. Tagsüber sollten sie aus Wasser Wasserstoff produzieren, der nachts durch Brennstoffzellen in Strom zum Antrieb von Motoren umgewandelt und wiederum zu Wasser wird. Dabei sollte der Wasserstoff in einer Art Blase im Inneren des Ballons aufbewahrt werden – ähnlich den sogenannten Ballonetts

360 Meter lang, 107 Meter hoch: «Auf dem Brand» bei Berlin wächst die grösste freitragende Halle der Welt in den Himmel – die CargoLifter-Werft. Im Bild: die auf Schienen laufenden Tor-Segmente.

beim CargoLifter, die im Inneren des Hauptballons für den Formerhalt und einen gewissen Ausgleich des Auftriebs sorgen.

Dank der Motoren könnte der Ballon den bis zu 120 Stundenkilometer starken Höhenwinden trotzen und drei bis fünf Jahre lang stationär über einem bestimmten Ort bleiben, mit einer Abweichung von plus/minus zwei Kilometern. Mit Sendern und Empfängern für Mobilfunk, Hörfunk und Fernsehen ausgestattet, würde die Höhenplattform nach den Ideen ihrer Erfinder ein Gebiet von 500 Kilometern Durchmesser abdecken und beispielsweise 100 000 Telefonate gleichzeitig abwickeln – zu einem Zehntel der Kosten eines Satelliten, hoffen die Forscher.

Für dieses zukunftsweisende Konzept erhielten *Kröplin* und seine Partner 1999 eine begehrte Auszeichnung: den mit 1,5 Millionen Mark dotierten «Körberpreis für die Europäische Wissenschaft». «Angesichts der technischen Schwierigkeiten deckt dies sicherlich nur einen kleinen Teil der nötigen Entwicklungskosten, aber der Preis macht Mut, auf dem Weg weiter voranzugehen», sagt *Kröplin.* «Wir fühlen uns wie *Amundsen,* der in völliges Neuland vorstösst. Auf diesem Gebiet ist nahezu alles eine Neuentwicklung: von den Materialien über die Brennstoffzellen bis hin zur automatischen Flugregelung, die es für Luftschiffe noch nicht gibt.»

Immer neue Ideen werden an *Kröplins* Schreibtischen entwickelt – derzeit beispielsweise ein Antriebssystem, das sowohl die Wärmestrahlung der Erde nutzt als auch die 70 Grad Temperaturunterschied zwischen Tag und Nacht. Oder eine neue Form für Luftschiffe: «Warum müssen sie immer wie Zigarren aussehen? Warum nicht wie Schlangen oder Räder?»

In weiterer Ferne steht ein visionäres Projekt, das vor allem Astronomen begeistern könnte: ein Luftschiff in 20 Kilometer Höhe mit bis zu 500 Meter Basislänge, das mehrere Teleskope tragen könnte und von den schwankenden Bedingungen der Erdatmosphäre unabhängig wäre.

Mit der resultierenden besseren Auflösung liessen sich vielleicht Planeten in anderen Sonnensystemen entdecken. «Eine solche Plattform in Form eines Wagenrades sähe dann aus wie eine der berühmten fliegenden Untertassen – nur dass keine Ausserirdischen, sondern wir selbst sie gebaut hätten», schmunzelt *Kröplin.*
Luftschiffe zur Himmelsbeobachtung, zur Atmosphären- und Umweltforschung, als Transportfahrzeug und für die Telekommunikation – warum begeistern sich so viele tech-

Ein Spielzeug – so wirkt der 32 Meter lange «Joey» (oben), eine Experimentalversion des Cargolifters im Massstab eins zu acht, im Vergleich zum geplanten Giganten (unten rechts: Simulation mit Halle). Leitwerk und Tragflächen bestehen aus Kohlefasern und Aluminium (unten links): Leichtbau ist hier Trumpf.

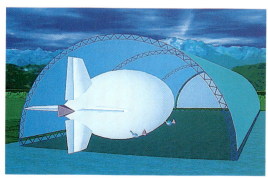

2002: CargoLifter CL 160

Länge	260 Meter
grösster Durchmesser	65 Meter
Fluggeschwindigkeit	bis zu 125 km/h
Reichweite	bis zu 10 000 km

1936: Hindenburg LZ 129

Länge	245 Meter
grösster Durchmesser	41,2 Meter
Fluggeschwindigkeit	bis zu 131 km/h
Reichweite	bis zu 12 000 km

1928: Graf Zeppelin LZ 127

Länge	236,6 Meter
grösster Durchmesser	30,5 Meter
Fluggeschwindigkeit	bis zu 110 km/h
Reichweite	bis zu 12 000 km

nische Visionäre gerade jetzt für die Nachfahren der Zeppeline?

«Ich wollte etwas Neues schaffen, ein wenig Geschichte schreiben.» So begründet *Christoph von Kessel* seine Entscheidung, die Leitung der Komponentenfertigung bei Airbus in Bremen an den Nagel zu hängen und zum «Abenteuer CargoLifter» zu wechseln. «Wir werden beweisen, dass auch in Deutschland technische Grossprojekte machbar und wirtschaftlich sinnvoll sind», beschreibt *Carl von Gablenz* seine Motivation.

Kröplin wird fast philosophisch: «Es ist kein Zufall», sagt der Mentor der deutschen Zeppelinforschung, «dass die Zeppeline nun wiederkommen. Zum einen passen die friedlichen, umweltfreundlichen Riesen genau in unsere Zeit, in der wir mit der Natur leben wollen und nicht gegen sie. Zum anderen gibt es nun mal Aufgaben, für die weder Schnelligkeit noch minutiöse Pünktlichkeit entscheidend sind – und für die wir mit den Luftschiffen die ideale Lösung haben.» © bild der wissenschaft

Ferdinand Zeppelin konstruierte das lenkbare, gasgefüllte Starluftschiff.

Jungfernfahrt der LZ 129 «Hindenburg» am 4. März 1937 in Friedrichshafen. Das Luftschiff wird aus der Halle gezogen.

MEDIZIN

Poker um Pocken

Irene Meichsner

Warum kein Land als erstes seine Virus-Vorräte vernichten will. Ein Erzfeind der Menschheit schien endgültig besiegt: 1980 erklärte die Weltgesundheitsorganisation die Pocken als ausgerottet. 20 Jahre danach erlebt die Angst vor den Erregern eine hässliche Renaissance.

Ali Maow Maalin hätte es sich nicht träumen lassen, in die Medizingeschichte einzugehen: Der 23jährige Krankenhauskoch aus dem kleinen Ort Merka in Somalia war der bislang letzte Mensch, der sich auf natürlichem Wege mit einem Pocken-Erreger infizierte. Am 26. Oktober 1977 diagnostizierten Ärzte bei ihm eine Infektion mit der Virus-Variante «Variola minor». Nach mildem Krankheitsverlauf heilten seine Pusteln aus.

Zwei Jahre vorher, im November 1975, war *Rahima Banu* genesen. Das dreijährige Mädchen aus Bangladesch hatte als letzter bekannter Mensch eine schwere, bei mindestens 30 Prozent aller Patienten tödliche «Variola major»-Infektion überstanden. Ein beispielloser Kraftakt der Weltgesundheitsorganisation WHO hatte sich offenbar ausgezahlt.

Bis in die abgelegensten Winkel der Erde waren WHO-Mitarbeiter elf Jahre lang vorgedrungen, um die Pocken auszurotten – eine Krankheit, die vor 1967 jedes Jahr noch rund zwei Millionen Menschen tötete, Unzählige das Augenlicht kostete und mit Pockennarben zeichnete.

Auf jeden neuen Ausbruch hatte die WHO mit gezielten Massenimpfungen reagiert, bis der mörderische Erreger am Ende den Kürzeren zog. Feierlich erklärte die WHO am 8. Mai 1980 die Welt für «pockenfrei» – und ein weltweites

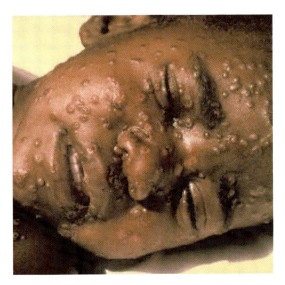
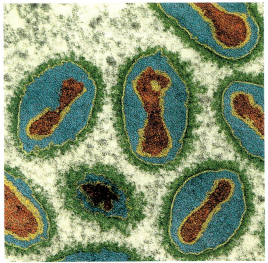

Chemie- und Biowaffen sind «Atombomben des kleinen Mannes»: ohne Milliardeninvestitionen machbar. Nicht einmal Raketen sind nötig, um mit dem Pocken-Erreger «Variola major» (links) Terror und Tod zu säen – über eine Welt ohne Impfschutz.

Pokerspiel mit hohem Einsatz begann. Die Pocken sind besiegt. Und doch wächst die Bedrohung durch dieses Virus von Jahr zu Jahr – im selben Mass, wie der Impfschutz der Menschheit abnimmt.

Alle Länder ausser den USA und der Sowjetunion hatten nach der Siegesmeldung von 1980 zugesagt, vorhandene Virus-Bestände zu zerstören. Auch der allgemeine Impfzwang wurde wenig später aufgehoben. Eine schlimme Ära schien zu Ende, glaubte damals auch Prof. *Donald A. Henderson,* der die ruhmreiche WHO-Aktion geleitet hatte. Heute gehört er zu denen, die befürchten, dass das Kapitel «Pocken» voreilig geschlossen wurde.

Henderson, inzwischen Direktor des Zentrums für zivile Verteidigung gegen Biowaffen an der Johns Hopkins School of Public Health in Baltimore, macht sich Sorgen. In einer Welt ohne Pocken-Impfung, in der Menschen immer häufiger und weiter reisen, sei «das Vernichtungspotential dieser Krankheit weitaus grösser als je zuvor», warnte er Ende 1998 anlässlich eines Workshops im Institute of Medicine, einem Ableger der Nationalen US-Akademie der Wissenschaften.

Thema des Workshops war der Umgang mit den beiden letzten offiziellen Virus-Beständen der Welt. Sie lagern in einem hermetisch abgeriegelten Hochsicherheitslabor der US-Seuchenbehörde CDC in Atlanta sowie im Staatlichen Russischen Forschungszentrum für Virologie und Biotechnologie bei Nowosibirsk.

Dreimal schon hat die WHO feste Termine zur Vernichtung dieser Vorräte angesetzt. Dreimal wurde die Aktion wieder abgeblasen. Zuletzt räumte im Mai 1999 die Generalversammlung der WHO in Genf den Pocken-Viren eine angeblich allerletzte Galgenfrist bis Juni 2002 ein, weil sich Befürworter und Gegner der Vernichtungsaktion immer noch nicht einigen konnten.

Einige Virologen – zu ihnen zählt auch Prof. *Reinhard Kurth,* Direktor des Berliner Robert-Koch-Instituts – haben moralische Bedenken. Sie fragen, ob es der Menschheit zustehe, eine Spezies vorsätzlich auszurotten. Auch ein Gutachten des Institute of Medicine plädiert für Schonung der gefrorenen Killer: Man solle das Virus erst noch besser mit neuen Methoden erforschen, bevor es – und mit ihm womöglich der Schlüssel zu Arzneimitteln, Impfstoffen und Testverfahren – unwiederbringlich verlorengehe. Gerade von den pockenauslösenden Variola-Viren versprechen sich manche Forscher tiefere Einblicke in die grundsätzliche Funktionsweise unseres Immunsystems. «Jeder kann sich Situationen vorstellen, in denen man das Virus gerne aus dem Tiefkühlschrank holen würde.» So fasst Prof. *Harold E. Varmus,* Leiter der US-Gesundheitsbehörde National Institutes of Health, die Position der Vernichtungsgegner zusammen. Die Befürworter argumentieren: Für weitere Forschungen könne man sich auch der vorliegenden Gensequenzen bedienen – oder tierischer Pocken-Viren: Mit denen liesse es sich auch im Tierversuch arbeiten – anders als bei den Variola-Erregern, die nur für Menschen infektiös sind. Die mehr als vage Hoffnung auf neuartige Therapeutika stehe in keinem vernünftigen Verhältnis zu dem Risiko, dass eines Tages doch einmal Viren aus einem der beiden Lagerbestände entweichen könnten, meint *Donald Henderson.* Er sähe die Pocken-Viren lieber heute als morgen vernichtet.

Doch ob es dazu tatsächlich in absehbarer Zeit kommen wird, erscheint zweifelhaft. Um so mehr, als sich US-Präsident *Bill Clinton* inzwischen persönlich auf die Seite der Vernichtungsgegner geschlagen hat. Denn seit Ende 1998 liegt der amerikanischen Regierung ein Geheimdienstbericht vor, demzufolge auch Nord-Korea und der Irak mit hoher Wahrscheinlichkeit über Bestände an Pocken-Viren verfügen.

Bereits im Mai 1998 hatte *Ken Alibek,* ehemals stellvertretender Direktor der sowjetischen Behörde für die Erforschung und Herstellung biologischer Waffen, vor dem US-Kongress ausgesagt: Der Kreml habe mit falschen Karten gespielt, als er sich an der WHO-Aktion zur Ausrottung der Pocken beteiligte. Moskau habe konsequent die militärische Chance nutzen wollen, dass «eine nicht länger gegen Pocken geimpfte Welt wieder anfällig für die Seuche» sei, schreibt *Alibek* in seinem brisanten Buch über Russlands Geheimpläne für den biologischen Krieg.

Schon seit 1981, so der Ex-Biowaffen-Manager weiter, sei in der Sowjetunion forciert an waffenfähigen Pocken-Viren geforscht worden. In Geheimlabors hätten tonnenweise Variola-Kampfstoffe gelagert. Davon etwas abzuzweigen, dürfte spätestens in den Wirren während der Auflösung der Sowjetunion kein unüberwindliches Problem gewesen sein. Für die Sicherheit der bei der US-Seuchenbehörde aufbewahrten Virus-Bestände garantieren die Amerikaner. Wie es um die Virus-Vorräte in Nowosibirsk bestellt ist, weiss im Westen niemand. Das Lager wurde jahrelang nicht von der WHO inspiziert. Bei einem Besuch im Herbst 1997 habe er eine «halbleere Anlage und eine Handvoll Wachtposten vorgefunden, die seit Monaten nicht bezahlt worden» seien, zitiert *Henderson* einen Augenzeugen. Niemand dort könne sagen, «wohin die Wissenschaftler verschwunden seien. Ebensowenig wisse man genau, ob es sich wirklich um das einzige Lager für Pocken-Viren» handele.

Doch selbst wenn es ausserhalb von Atlanta und Nowosibirsk noch geheime Pocken-Vorräte gäbe, würde das nicht zwangsläufig gegen die Vernichtung der letzten offiziellen Virus-Bestände sprechen – es sei denn, jemand würde mit dem Gedanken spielen, sie selber als Waffe einzusetzen.

Fest steht, dass sich das Variola-Virus wegen seiner grossen Stabilität hervorragend als Biowaffe eignen würde. Anders als das berüchtigte, ebenfalls waffentaugliche Milzbrand-Bakterium wird es von Mensch zu Mensch übertragen. Welch winzige Mengen dafür ausreichen, haben die Virologen vom letzten deutschen Pocken-Patienten gelernt.

Dieser Mann, ein Elektriker, war nach seiner Rückkehr von einer Reise nach Pakistan im Januar 1970 mit Durchfall und hohem Fieber in ein Krankenhaus in Meschede eingeliefert worden. Wegen anfänglichen Typhus-Verdachts wurde er in einem Einzelzimmer auf der ersten Etage untergebracht, wo er nur mit zwei Krankenschwestern in Berührung kam. Als sich

Drohung aus dem Eis

Kalbender Gletscher, Alaska: Durch die Klimaerwärmung schmilzt weltweit das Eis. Uralte Viren tauen mit auf.

Offenbar gibt es gigantische natürliche Kältekammern, in denen gefährliche Krankheitserreger möglicherweise jahrtausendelang schlummern. Forscher um *Tom Starmer* von der New Yorker Syracuse University haben in vier Eisbohrkernen aus Grönland, die zwischen 500 und 140 000 Jahre alt waren, Spuren des weit verbreiteten «Tomato Mosaic Tobamo-Virus» gefunden. Das stabile Pflanzen-Virus war zuvor in der Atmosphäre entdeckt worden – in Wolken- und Nebelpartikeln.

Vorsichtshalber bestrahlten die Wissenschaftler die Bohrkerne mit ultraviolettem Licht, um die Oberfläche zu desinfizieren, bevor sie mit der sogenannten Polymerase-Kettenreaktion (PCR) im Inneren nach Erbgut des Erregers fahndeten. Ob die 15 verschiedenen Virus-Stämme, die sie dabei entdeckten, wirklich noch infektiös waren, lässt sich nicht mehr beweisen: Die Untersuchungsmethode zerstört die Viren. Doch die US-Forscher halten es für sehr wahrscheinlich.

Die grosse Frage lautet nun: Ist der Fund des tiefgefrorenen Tobamo-Virus ein Einzelfall? Sollten im Eis auch Grippe-, Polio- oder Pocken-Viren lauern, könnte schon ein geringer Temperaturanstieg Folgen haben. Drohen Epidemien, wenn die Polkappen im Zuge des Klimawandels abschmelzen und dadurch tiefgekühlte Erreger freigesetzt werden?

Alvin Smith, Virologe an der University of Oregon, ist überzeugt: Dies passiert bereits. Er hatte sich schon lange gewundert, warum das Erbgut eines Durchfall-Erregers, der im Abstand von 20 Jahren an ganz verschiedenen Orten der USA auftauchte, immer absolut identisch war. Normalerweise mutieren solche Viren schnell – sie hätten sich genetisch also voneinander unterscheiden müssen.

Nach *Starmers* Entdeckung geht *Smith* davon aus: Auch die Durchfall-Erreger haben irgendwo tiefgefroren überlebt und kommen beim Tauen des Eises nach und nach wieder an die Luft. Jetzt wollen Forscher auch im bis zu 400 000 Jahre alten Eis der Antarktis nach Krankheitserregern suchen.

Bleibt zu hoffen, dass sie nicht fündig werden. Denn für *Smith* steht fest: «Gegen Viren, mit denen wir womöglich seit Jahrtausenden keinen Kontakt mehr hatten, ist unser Körper machtlos.»

Pusteln zeigten und zwei Tage später Pocken diagnostiziert wurden, verlegten die alarmierten Ärzte ihn auf eine spezielle Isolierstation. Trotzdem wurden in Meschede am Ende 19 Pocken-Patienten gezählt. Darunter waren nicht nur 9 Patienten aus der dritten Klinik-Etage. Infiziert war auch ein Besucher, der sich nicht einmal 15 Minuten in dem Gebäude aufgehalten und dabei nur einmal kurz die Tür zu dem Korridor geöffnet hatte, an dem das Zimmer des Elektrikers lag, um nach dem Weg zu fragen.

Der Pakistan-Heimkehrer hatte an starkem Husten gelitten und die Viren damit offenbar ähnlich wirksam verbreitet wie jemand, der sie in Form mikroskopisch kleiner Schwebpartikel (Aerosole) aus einem Flugzeug versprühen oder mit einer Bombe zersprengen würde.

Der Kreis derer ist nicht gross, die über das nötige Know-how verfügen, um Pocken-Viren in den nötigen Mengen heranzuzüchten und zu waffenfähigen Aerosolen zu verarbeiten. Aber staatlich gesponserten Terrorgruppen oder finanzstarken und straff geführten Organisationen – etwa der Aum-Sekte, die 1995 in der U-Bahn von Tokio einen Anschlag mit dem Nervengas Sarin verübte – wäre das nach der Meinung von Experten zuzutrauen.

Dass die Welt auf einen solchen Anschlag denkbar schlecht vorbereitet wäre, steht ausser Zweifel. Die Ärzte haben seit Jahrzehnten keinen Pocken-Kranken mehr gesehen. Sie könnten die ersten unspezifischen Symptome leicht mit einer Grippe verwechseln. Und das Ergebnis einer WHO-Bestandsaufnahme über die verfügbaren Impfstoff-Vorräte ist schlicht erschreckend. In den USA wurden allenfalls 6 bis 7 Millionen, weltweit höchstens 50 Millionen Impfportionen gezählt. Zum Vergleich: Als in Jugoslawien 1972 die letzte Pocken-Erkrankung auftrat und die Bevölkerung zur Impfung aufgerufen wurde, verabreichten die Gesundheitsbehörden allein in diesem Land 20 Millionen Impfungen. Die meisten Produktionsanlagen für Pocken-Impfstoff sind seit langem geschlossen. Es könnte bis zu drei Jahre dauern, die Produktion wieder vollständig anzukurbeln.

In den USA hat die Aussicht auf Anschläge mit biologischen Waffen erhebliche Betriebsamkeit ausgelöst. Der Etat zur Verteidigung gegen «Bioterror» wurde aufgestockt, und seit April 1999 existiert immerhin ein vorläufiger Einsatzplan für die Mitarbeiter im öffentlichen Gesundheitswesen.

Mit einem niederschmetternden Ergebnis endete ein Planspiel unter den Augen der Öffentlichkeit. Dabei hatten Dr. *Tara O'Toole* vom Zentrum für zivile Verteidigung gegen Biowaffen und ihre Kollegen die Reaktionen von Ärzten, Krankenschwestern, Politikern, Militärs und Journalisten nach einer Pocken-

Angst im Golfkrieg (oben): Im Januar 1991 bereitete sich Tel Aviv auf irakische Raketen mit biologischen oder chemischen Gefechtsköpfen vor. Attacke in Tokios U-Bahn (unten): Im März 1995 starben 12 Menschen beim Nervengas-Anschlag der Aum-Sekte

Attacke simuliert. Schon nach den ersten Krankheitsfällen brach in ihrer fiktiven mittelgrossen Stadt im Nordosten der USA das Chaos aus.

Die Wahrscheinlichkeit für jede beliebige Stadt sei zwar gering, dass ausgerechnet sie zum Ziel eines solchen Terrorakts werde, meint *Joseph F. Waeckerle,* Leiter einer Planungsgruppe der US-Gesellschaft für Notfallmedizin. Doch viele Experten seien sich inzwischen darin einig, dass es «nicht mehr darum geht, ob und wo, sondern wann ein solcher Anschlag stattfinden wird». Und das Konsenspapier einer hochrangigen Arbeitsgruppe unter Beteiligung des US-Militärs vom Juni 1999 enthält das Fazit: «Die gezielte und bewusste Wiedereinführung der Pocken wäre eine kriminelle Tat von beispiellosen Dimensionen, muss heute aber als realistische Möglichkeit betrachtet werden.»

Es wäre nicht das erste Mal, dass Pocken-Viren als Biowaffen zum Einsatz kommen. Die US-Historikerin *Elizabeth Fenn* von der Yale University hat ein solches Verbrechen aufgedeckt – als die Engländer vor 240 Jahren mit Frankreich um die Vorherrschaft in Nordamerika kämpften. «Wäre es nicht vorstellbar, die Pocken unter die Indianer zu streuen?» fragte Sir *Jeffery Amherst,* Oberbefehlshaber der britischen Truppen, 1763 in einem Brief an ein bedrohtes Fort in Pennsylvania. Aber das dortige Militär hatte schon gehandelt. Es hatte aufständischen Mitgliedern der Delaware und Shawnee – angeblich zum Zeichen der Versöhnung – Decken und Handtücher überreicht. Durch den gezielten Kontakt mit Kranken waren sie mit Pocken-Viren verseucht. «Ich hoffe, das wird den erwünschten Effekt haben», notierte der Kommandant in sein Tagebuch. Sein Wunsch ging in Erfüllung. In einigen Indianerdörfern erlagen bis zu 40 Prozent der Bevölkerung den unsichtbaren Killern.

© bild der wissenschaft

MEDIZIN

Comeback der Tuberkulose

Carola Pfeiffer

■ Die Tuberkulose breitet sich wieder weltweit aus. Fast vergessen, kehrt das wandlungsfähige Bakterium nach Europa zurück. Mit verstärkter Kraft: Vielen Erregerstämmen können herkömmliche Medikamente nichts anhaben. Auch in Deutschland steigt die Zahl der resistenten Keime.

Schwindsüchtige mit Spucknapf und Fieberthermometer zelebrieren ihre tägliche Liegekur in einer Lungenheilanstalt, husten Blut ins Taschentuch – literarisch verewigt in *Thomas Manns* «Zauberberg». Längst Vergangenheit? Mit dem Welt-Tuberkulose-Tag am 24. März 2000 wollte die Weltgesundheitsorganisation WHO Ärzte und Öffentlichkeit dieser Illusion berauben. Denn sicher ist: Zu Beginn des 21. Jahrtausends kehrt die besiegt geglaubte Tuberkulose – kurz «Tb» – ins medizinische Tagesgeschäft zurück.

Weltweit infizieren sich derzeit jedes Jahr 100 Millionen Menschen neu. Etwa acht Millionen davon erkranken. Annähernd drei Millionen Menschen sterben jährlich an den Folgen der Krankheit – mehr als an AIDS und Malaria zusammen. Besorgniserregend: Der anpassungsfähige Tb-Erreger hat sich inzwischen gegen die Angriffe der modernen Medizin gewappnet. Varianten der Keime, die gegen die meisten üblichen Antibiotika unempfindlich geworden sind, breiten sich dramatisch rasch aus. Eine Studie der Weltgesundheitsorganisation WHO wies 1997 sogenannte MDR-Erregerstämme (Multi-Drug-Resistant, mehrfach-resistent), bei denen die beiden wichtigsten Antibiotika nicht mehr greifen, in 36 Ländern nach. Anfang 2000 waren bereits 100 Länder betroffen.

M

Aus diesem Labor könnte die erste Schutzimpfung gegen Lungentuberkulose kommen: Prof. Stefan Kaufmann, Immunologe am Max-Planck-Institut für Infektionskrankheiten, will mit einem gentechnisch erzeugten Impfstoff das menschliche Immunsystem gegen die Tuberkel-Bakterien scharfmachen.

Forscherin Dr. Sabine Rüsch-Gerdes: Resistente Tuberkulose-Erreger am genetischen Fingerabdruck erkennen.

Die Anzahl der jährlichen Neuerkrankungen ist in Osteuropa seit Anfang der neunziger Jahre um ein Drittel nach oben geschnellt. «In Ländern wie Kasachstan und im Baltikum entgleitet uns die Krankheit», sagt Dr. *Sabine Rüsch-Gerdes*, Leiterin des nationalen Referenzzentrums für Mykobakterien in Borstel. Alarmierend ist: In diesen Hochrisikogebieten trägt über ein Fünftel aller Tb-Patienten die kaum noch therapierbaren multiresistenten Erreger in sich.

«Die Resistenzlage in den europäischen Hochrisikogebieten ist eine tickende Zeitbombe», warnt auch *Robert Loddenkemper*, der Generalsekretär des Deutschen Zentralkomitees zur Bekämpfung der Tuberkulose (DZK) und Chefarzt der Lungenklinik Heckeshorn in Berlin. Denn kein Land der Welt darf sich im Zeitalter globaler Mobilität als abgeschottete Insel der Seligen betrachten – auch Deutschland nicht. Hierzulande hat sich die Zahl der Patienten mit Mehrfach-Resistenzen in den letzten drei Jahren verdoppelt: Von den 1998 rund 10 500 neu an Tuberkulose Erkrankten waren rund 200 Menschen nicht mehr mit den Standardmitteln zu kurieren, berichtet *Sabine Rüsch-Gerdes*. Sie untersucht täglich Auswurf- und Blutproben von Tb-Verdächtigen aus ganz Deutschland. Die Behandlung dieser Patienten ist aufwendig und teuer. Es gibt nur noch wenige Ersatzmedikamente, zum Beispiel die Chinolone, die bis zu zwei Jahre lang eingenommen werden müssen. Die Kosten sind bis zu 100mal so hoch wie die einer normalen Tb-Therapie. Nur Kranke in den reichen Industrieländern können darauf hoffen. Weil die Verträglichkeit und die Wirkung dieser letzten Nothelfer allerdings deutlich geringer sind, kann nur die Hälfte der Patienten mit MDR-Erregern geheilt werden.

In Deutschland sterben jedes Jahr mehr als 700 Menschen an den Folgen der Tuberkulose. Und es besteht die Gefahr, dass es in Zukunft wieder mehr werden. Resistente Bakterien könnten aus der vorher kurierbaren Krankheit wieder eine tödliche Gefahr machen. Migration, wirtschaftliche Verflechtungen und zunehmender Reiseverkehr in Risikoländer begünstigen die Ausbreitung der Bakterien. Anders als exotische

Wer gefährdet ist

Auch in den modernen Industrieländern mit hochgerüsteten Gesundheitssystemen ist das Tb-Bakterium eine latente Gefahr:
- Die Zahl alter und von mehreren Krankheiten geplagter Menschen steigt. Sie sind besonders anfällig, an einer unter Umständen Jahre zuvor unbemerkt erworbenen und jetzt aufflackernden Tuberkulose zu erkranken.
- Komplizierte Operationen nehmen insgesamt zu. Patienten erhalten immer häufiger immunschwächende Medikamente, etwa gegen die Abstossung fremden Gewebes nach Transplantationen.
- Besonders gefährdete Randgruppen der Gesellschaft – beispielsweise Alkoholkranke, Obdachlose, Drogenabhängige und Strafgefangene – werden immer grösser. Ihr Risiko, an Tuberkulose zu erkranken, ist drastisch erhöht.
- Fatal ist die Situation für HIV-Infizierte, deren Erkrankung eine allgemeine Schwächung des Immunsystems hervorruft: Schon heute sterben die meisten AIDS-Kranken an Tuberkulose.

Ein Feind mit viel Geduld

Die Tuberkulose ist eine chronische bakterielle Infektion, die überwiegend durch Niesen und Husten übertragen wird. Am weitaus häufigsten befällt der Erreger, Mycobacterium tuberculosis, die Lunge – aber auch Haut, Knochen und innere Organe können erkranken.

Das Krankheitsbild ist im Anfangsstadium für Ärzte schwer einzuordnen. Die Menschen leiden zunächst unter quälendem Husten, Fieber, Nachtschweiss und Gewichtsverlust. Wird der Patient nicht mit antibakteriellen Medikamenten behandelt, führt die über Jahre fortschreitende Zerstörung der befallenen Organe meist zum Tod.

Hat das Bakterium einmal den Weg in den menschlichen Körper gefunden, kann es dort lange überleben, ohne dass die Krankheit ausbricht. Weil ein schlagkräftiges Immunsystem den Erreger zwar an der Ausbreitung hindert, ihn aber nicht vollständig zerstören kann, tragen viele Menschen den schlummernden Keim jahrelang in sich.

Um die menschliche Immunabwehr zu überlisten, benutzen die Mikroben ein besonders trickreiches Versteck: Sie nisten sich im Inneren bestimmter körpereigener Abwehrzellen ein, in den Makrophagen. Diese Fresszellen zerstören normalerweise Eindringlinge wie Bakterien oder Fremdkörper. Indem das Tuberkelbakterium die Makrophagen entert, legt es deren Abwehrkräfte lahm. So entsteht ein labiles Gleichgewicht zwischen dem Erreger und seinem Wirt, dem Menschen.

Sobald das Immunsystem schwächer wird – im Alter, nach schweren Operationen, durch akute Erkrankungen –, verlässt das Bakterium seine Deckung und geht zum Angriff über. Der Erreger breitet sich ungehindert im Körper aus – eine aktive, meistens ansteckende Tuberkulose entsteht.

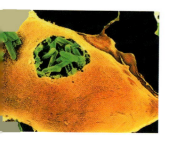

Dieser Makrophage – eine Fresszelle des menschlichen Immunsystems – ist befallen. Er ist lahmgelegt und dient den Bakterien obendrein als Versteck.

Erreger aus den Tropen wie das Lassa-Virus, das Anfang des Jahres eine aus Afrika zurückgekehrte deutsche Studentin tötete, können die Erreger der Tuberkulose sich in Europa dauerhaft einnisten.
Zwar sei die Lage hierzulande noch stabil, betont *Robert Loddenkemper* vom DZK in Berlin, die Zahl der Neuerkrankungen sinke sogar leicht: Panik wäre verkehrt. Doch der Zuwachs der Resistenzen in den benachbarten Hochrisikoländern spiegele sich – mit zeitlicher Verzögerung – auch in der deutschen Szene wider. Über 40 Prozent aller im Ausland geborenen Tb-Kranken in Deutschland sind Aussiedler und Asylsuchende aus Osteuropa. Die Rate der mehrfachresistenten Kranken aus den GUS-Staaten verdreifachte sich von 1996 bis 1998 auf 15 Prozent, wie der jährlich erstellte DZK-Informationsbericht zur Tuberkulose belegt. Kriegerische Auseinandersetzungen und Armut sind schon seit Jahrhunderten die idealen Bedingungen für Tuberkulose: Durch Hunger und schlechte hygienische Lebensbedingungen geschwächte Menschen sind anfällig.

Die WHO hoffte noch vor 15 Jahren, die Tuberkulose bis zum Jahr 2000 weltweit ausrotten zu können. Schlagkräftige antibakterielle Wirkstoffe hatten die Infektionskrankheit immer weiter zurückgedrängt. Seit dem Ende des Zweiten Weltkriegs reduzierten sich die Neuerkrankungen in Europa jährlich um etwa zehn Prozent. Der endgültige Sieg über die Seuche schien nur noch eine Frage der Zeit.

Das war eine krasse Fehleinschätzung. In den ärmsten Regionen der Erde breitet sich die Seuche wieder ungehindert aus. Rund ein Drittel der Weltbevölkerung ist mit dem Keim infiziert. Etwa zehn Prozent dieser Menschen werden im Laufe ihres Lebens an Tuberkulose erkranken. Auch in den hochentwickelten Industrieländern ist der rückläufige Trend gebremst. Zudem werden wirksame Waffen gegen die wandlungsfähigen Bakterien knapp.
«Neu entwickelte Antibiotika gegen die widerstandsfähigen MDR-Erreger wären dringend nötig», sagt *Hartmut Lode*, Chefarzt der pneumologischen Abteilung der Lungenklinik

März 1999, im Kosovo: Krieg und Armut sind die idealen Nährböden für Lungentuberkulose. Erschöpfte Menschen haben den Bakterien wenig entgegenzusetzen.

Heckeshorn in Berlin. Die Pharmaindustrie ist offenbar nicht besonders interessiert: Zur Zeit werden keine neuen Wirkstoffe erprobt. «Hier tut sich aus ökonomischen Gründen ganz klar zu wenig», meint der Lungenarzt. «Medikamenten-Studien sind aufwendig und teuer – und die meisten Tb-Kranken leben in Ländern, die sich die Mittel sowieso nicht leisten können.» Nur durch eine planvolle internationale Zusammenarbeit – ähnlich wie bei der Ausrottung der Pocken vor 20 Jahren – könnte es gelingen, die tickende Zeitbombe zu entschärfen, erklärt *Robert Loddenkemper*.

Besonders wichtig ist das medizinische und technische Wissen der Fachleute aus den Industrienationen: Damit die gefährlichen neuen Erregerstämme sich nicht weiter unkontrolliert verbreiten, müssen die wenigen verbliebenen Medikamente gegen die Bakterien schnell und gezielt eingesetzt werden. Die Grundvoraussetzung dafür ist wiederum eine möglichst zügige und genaue Beurteilung der Resistenzen.
Um die mitunter verschlungenen Übertragungswege resistenter Erreger nachzuvollziehen, setzen europäische und amerikanische Wissenschaftler seit kurzem eine neue Technik ein. Mit Hilfe von Computeranalysen legen sie detaillierte Muster der zuvor isolierten Bakterien-DNA an. Jeder resistente Stamm besitzt in seiner Erbsubstanz minimale Abweichungen, die ihn unverwechselbar machen. Die genetischen Fingerabdrücke von MDR-Erregern werden in Datenbanken erfasst und damit für Wissenschaftler und Ärzte in der ganzen Welt innerhalb von Minuten zugänglich.

Den enormen Vorteil der Methode beschreibt Dr. *Stefan Niemann*, der die Technik am nationalen Referenzzentrum einsetzt: «Die Fingerprints ermöglichen es zum Beispiel, Patienten mit einem neu in Österreich aufgetretenen Stamm, der genetisch mit einem bereits identifizierten Erreger aus Lettland übereinstimmt, ohne Zeitverzögerung mit der genau passenden Medikamentenkombination zu behandeln.»
Ein neuer Biochip soll ebenfalls eine schnelle Beurteilung der Resistenzen liefern. Der im letzten Herbst von russischen und amerikanischen Forschern gemeinsam entwickelte Diagnosehelfer wickelt mehrere tausend biochemische Reaktionen in wenigen Sekunden ab. Die bisher komplizierte Nachweis- und Sensibilitätsprüfung der Tb-Erreger verkürzt sich dadurch auf wenige Stunden.
Im Biochip dienen DNA-Basen von unterschiedlichen resistenten Erregerstämmen als Testvorlage. Ist im Auswurf eines Tb-Verdächtigen Bakterien-Erbsubstanz enthalten, so geht die entsprechende Basenhälfte des resistenten Genabschnitts aus der Auswurfprobe eine Verbindung mit dem passenden DNA-Schnipsel im Chip ein. Schon kurze Zeit später kann der Arzt ablesen, welche Resistenzen der getestete Kranke trägt.
«Mit dem Biochip können wir MDR-Patienten innerhalb kurzer Zeit eine individuelle Behandlung geben», erklärt *Sabine Rüsch-Gerdes*. Doch bis die Chiptechnik die Tests zur Marktreife durchlaufen hat, werden wohl noch Jahre vergehen. Bis dahin sind die Ärzte weiterhin auf das arbeitsintensive mehrstufige Nachweisverfahren angewiesen.

Superbakterien – selbst gezüchtet

Um das wandlungsfähige Bakterium von verschiedenen Seiten gleichzeitig anzugreifen und der gefürchteten Resistenzbildung vorzubeugen, wird als Standardtherapie eine Kombination aus mindestens drei Antibiotika eingesetzt. Zu den wichtigsten Medikamenten zählen: Isoniazid (INH), Rifampicin (RMP), Ethambutol (EMB), Pyrazinamid (PZA) und Streptomycin (SM). Die WHO rät zu einer sechs- bis achtmonatigen Behandlung, bei der die Medikamenteneinnahme von Fachpersonal überwacht wird. Das ist weltweit bei nur etwa 20 Prozent aller Tb-Kranken möglich.
In vielen Ländern fehlen das Geld für die Antibiotika und ein öffentliches Gesundheitssystem, das eine frühzeitige Diagnose und die fachgerechte Therapie sicherstellt. Ein Mangel mit fatalen Folgen: «Oft schlucken Patienten in Tb-Krisenregionen nur ein einziges Medikament – häufig sogar das falsche», weiss Dr. *Robert Küchler*, Leiter des mikrobiologischen Labors am Stadtkrankenhaus Neukölln in Berlin. «Viele brechen die Behandlung nach kurzer Zeit ab, weil die Symptome der Erkrankung verschwinden.»
Unkenntnis und mangelnde Kontrolle der Therapie machen es einzelnen, von Natur aus resistenten Erregerstämmen möglich, zu überleben und sich zu vermehren. Der Patient erleidet dann einen Rückfall und steckt möglicherweise die Menschen in seiner Umgebung an – diesmal mit den gefährlichen resistenten Bakterien. Behandelt man Erreger, die bereits gegen ein Mittel unempfindlich geworden sind, erneut falsch, kommen weitere Resistenzen hinzu: Multiresistente Superbakterien entstehen. Gegen diese Multi-Drug-Resistant-Erreger werden die alten Waffen allmählich stumpf.
Laut WHO zählen Russland, Lettland, Estland, Kenia, Thailand, Argentinien und die Dominikanische Republik zu den Haupt-Gefahrenzonen. Ohne internationale Hilfe könnte sich in den nächsten Jahren aus einem oder mehreren dieser Staaten eine globale Welle praktisch unheilbarer Tuberkulose in Gang setzen.

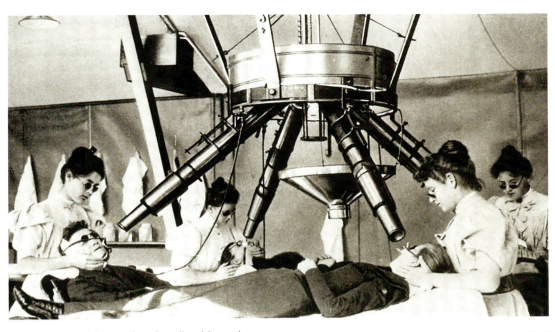

Behandlung Kranker in Kopenhagen, 1896 (links). Die Tuberkulose schien ins Reich der Historie entrückt. Ein krasser Irrtum – sogar im Karibik-Traumurlaub kann man sich inzwischen alptraumhafte Infektionen einfangen.

Viele Forscher halten überdies die altbewährte mikroskopische Untersuchung von Auswurfproben und die Aufzucht der Bakterien in Nährlösungen auch langfristig für unverzichtbar. *Sabine Rüsch-Gerdes* gibt aus ihrer Erfahrung als WHO-Beauftragte zu bedenken: «Was nützen uns in den ärmeren Regionen molekularbiologische Diagnoseverfahren, wenn keiner sie dort anwenden oder bezahlen kann?»

Einen völlig anderen Weg, um die Seuche weltweit einzudämmen, verfolgen die Immunologen am Max-Planck-Institut für Infektionskrankheiten in Berlin: Ein wirkungsvoller Impfstoff könnte die medikamentöse Behandlung Tuberkulosekranker künftig zur Ausnahme machen. Prof. *Stefan Kaufmann*, Direktor der immunologischen Abteilung, will den schon 1908 aus abgeschwächten Erregern der Rindertuberkulose hergestellten BCG-Impfstoff (Bacille Calmette-Guérin) mit gentechnischer Hilfe verbessern. Der Lebend-Impfstoff schützt bisher nur Kleinkinder vor der seltenen tuberkulösen Hirnhautentzündung – nicht aber vor der Lungentuberkulose, die am häufigsten ist. Weshalb das Immunsystem Erwachsener durch die Impfung kaum aktiviert wird, stellte die Wissenschaftler bislang vor Rätsel.

Mit modernen molekularbiologischen Methoden versucht das Team um *Stefan Kaufmann*, hinter die Schwachstellen des alten Impfserums zu kommen. Die ersten Erkenntnisse: Der BCG-Vakzine gelingt es nicht, alle für einen optimalen Schutz gegen das Tb-Bakterium nötigen Abwehrzellen des Immunsystems – die sogenannten T-Zellen – zu stimulieren.

Von den T-Zellen gibt es verschiedene Gruppen mit unterschiedlichen Aufgaben. «BCG aktiviert nur eine Gruppe ausreichend, die sogenannten CD4-T-Zellen. Wir wissen aber, dass auch eine andere Zellspezies, die CD8-T-Zellen, an der Abwehrreaktion beteiligt sein muss», erklärt

Kaufmann. CD8-T-Zellen sind spezielle Killerzellen. Sie greifen die körpereigenen Fresszellen an, in denen sich die Tb-Erreger vor der Immunabwehr verstecken (siehe Kasten «Ein Feind mit viel Geduld»). «Wir experimentieren mit verschiedenen Stimulatoren für die CD8-T-Zellen und schleusen deren Gene in den Impfstoff», sagt der Immunologe.

Versuche an Zellkulturen verliefen erfolgversprechend. Derzeit wird der gentechnisch veränderte Impfstoff von den nationalen Gesundheitsbehörden im Tierexperiment erprobt. «In ein bis zwei Jahren wissen wir, ob der neue Impfstoff besser als das BCG-Serum wirkt», sagt *Kaufmann.* Seine Hoffnung: «Eine verträgliche Variante für den Menschen könnte in zehn Jahren zu schaffen sein.»

© bild der wissenschaft

FILM

Kino im postnationalen Zeitalter

Vinzenz Hediger

Ungefähr seit Ende des ersten Weltkriegs gab es die Vorstellung, dass zu einer Nation nicht nur eine Sprache und eine Kultur, eine Hunderasse und eine Reihe von Käsesorten gehören, sondern auch eine bestimmte Art des Kinos. Es gab den russischen, den italienischen, den deutschen und den französischen Film, und jede dieser Kinokulturen, so war man sich einig, wies ganz eigene Charakteristiken auf. Im Horizont dieser Vorstellung bewegte sich auch noch der Autorenfilm der Sechzigerjahre. Das brasilianische Cinema novo oder der neue Schweizer Film definierten sich nicht nur als Alternative zum dominierenden amerikanischen Unterhaltungsfilm. Ihr Selbstverständnis bezogen sie immer auch daraus, dass sie das Kino eines bestimmten Landes, einer bestimmten (und nicht der amerikanischen) Nation repräsentierten. Mittlerweile beherrscht die amerikanische Filmindustrie den Weltmarkt zu siebzig Prozent und mehr, in einem grösseren Ausmass als selbst in den Zwanzigerjahren, und die einheimischen Filme finden auch in traditionell starken Kinoländern wie Frankreich immer weniger Publikum. Man könnte angesichts dieser Entwicklung den unaufhaltsamen Niedergang des Nationalkinos beklagen. Man kann aber auch das Positive daran sehen und sich an die Feststellung halten, dass jenseits des traditionellen Länderkinos sich ein Weltkino entwickelt, in dem kulturelle Identitäten zwar immer noch eine wichtige Rolle spielen, in dem die verschiedenen Kulturen aber in einen engeren Bezug zueinander treten, als dies die oft auch künstlichen Unterscheidungen zwischen den Länderkinos vormals möglich erscheinen liessen.

Aufmerksame Kung-Fu-Schülerin: Ziyi Zhang mit Chow Yun in Ang Lees «Crouching Tiger, Hidden Dragon».

Beamtentochter in Aktion: Ziyi Zhang als Jen in «Crouching Tiger, Hidden Dragon».

«Crouching Tiger, Hidden Dragon» des Taiwanesen *Ang Lee* ist ein Musterbeispiel für diese neue Art des Weltkinos. Gedreht in Volkschina mit Schauspielern aus Hongkong und Malaysia, basiert der fünfte Langspielfilm des in den USA ausgebildeten Regisseurs auf einem Drehbuch des amerikanischen Produzenten *James Schamus*, der auch die Liedtexte für den Soundtrack beisteuerte. *Ang Lee*, der jeden seiner Filme in einem anderen Genre drehte, nimmt in «Crouching Tiger, Hidden Dragon» die Konventionen des Kung-Fu-Films mit historischem Hintergrund auf und erzählt in selbst für dieses Genre atemberaubend virtuosen Szenen und Bildern die Geschichte einer jungen Beamtentochter, die sich zu Zeiten des Kaiserreichs als Schwertkämpferin gegen männliche Gegner zu behaupten weiss. Ein geglückter Fall einer west-östlichen Zusammenarbeit und ein Film, der einem westlichen Publikum nicht nur deshalb nicht fremd erscheint, weil über das Medium Heimvideo in den letzten zwanzig Jahren ganze Werkkataloge des asiatischen Kinos auch im Westen Verbreitung gefunden haben.

Ein anderes Beispiel ist die romantische Komödie «Pane e tulipani» des Italo-Schweizers *Silvio Soldini*. Gedreht mit dem Schweizer *Bruno Ganz* in der Hauptrolle in Venedig, wurde der Film in Italien wie in der Schweiz zum Kassenerfolg. Nicht nur das: Die Geschichte einer vernachlässigten Hausfrau, die von ihrem Gatten und ihren Söhnen auf einer Autobahnraststätte zurückgelassen wird, per Autostopp nach Venedig weiterreist und in einem literaturkundigen Kellner den Mann ihres Lebens findet, wurde sowohl in der Schweiz wie in Italien als einheimische Produktion vermarktet und in beiden Ländern für den nationalen Filmpreis nominiert.

Der Schein der Verdrossenheit trügt: Bruno Ganz als venezianischer Kellner in Silvio Soldinis «Pane e tulipani».

Ungewöhnlicher Weg aus dem Ghetto: Jamie Bell in «Billy Elliot».

Hennen planen den Ausbruch: «Chicken Run» von Nick Park.

Auf die nationale Herkunft ihrer Filme weiterhin grossen Wert legen die Briten. Gerade der publikumswirksamste britische Film des Jahres, das Tanzdrama «Billy Elliot», zeigt aber, dass das Herkunftslabel vorab rhetorischen Wert hat. Die Geschichte eines Arbeiterjungen, der dem Elendsviertel entflieht, um klassischer Tänzer zu werden, hat alle Merkmale einer amerikanischen Success story und macht in diesem Sinn einen Spagat zwischen britischem Lokalkolorit und amerikanischen Unterhaltungsformaten, ähnlich wie vor wenigen Jahren der britische (mit amerikanischen Mitteln produzierte) Welterfolg «The Full Monty».

Einen solchen Spagat unternimmt auch der Animationsfilmer *Nick Park* mit seinem Plastilinfiguren-Drama «Chicken Run». Mit seinen Kurzfilmen über den Käseliebhaber Wallace und seinen treuen Hund Gromit gewann *Park* in den Neunzigerjahren alle möglichen Preise. Von *Steven Spielbergs* Dreamworks-Studio erhielt er schliesslich das Angebot, einen abendfüllenden Film zu realisieren. «Chicken Run» erzählt von den Fluchtversuchen einer Kolonie von Hennen in Yorkshire, die der drohenden Verarbeitung zu Hühnerpastete rechtzeitig zu entkommen versuchen – eine Art Remake von «The Great Escape», realisiert mit Plastilin-Hühnern mit eigentümlichen englischen Akzenten. Dass es da noch einen Hahn mit amerikanischem Idiom gibt, kommt nicht von ungefähr: schliesslich will man ja auch beim US-Pubikum Erfolg haben.

Amerika im Visier hat auch der Däne *Lars von Trier* mit seinem neuen Film, wenn auch auf eine andere Weise. «Dancer in the Dark» ist eine eigenwillige Mischung aus Melodrama und Musical, mit der von Trier nach mehreren Anläufen endlich die goldene Palme von Cannes gewinnen konnte. Realisiert mit der isländischen Sängerin *Björk* in der Hauptrolle und mit einem Soundtrack von *Björk,* handelt «Dancer in the Dark» von einer tschechischen Gastarbeiterin in den USA der Fünfzigerjahre, die langsam erblindet. Weil ihr kleiner Sohn an der gleichen Krankheit leidet, spart sie Geld für eine Augenoperation. Als ihr Nachbar das Geld an sich bringt, wird die junge Frau zur Mörderin. «Dancer in the Dark» ist mit der Handkamera gedreht und lebt wie alle jüngeren Filme von *Lars von Trier* von der Intensität der Schauspieler, spaltet aber sein Publikum – besonders in den USA, wo *von Triers* Kritik am amerikanischen Justizsystem wenig goutiert wurde.

Umsorgt und doch verloren: Björk als Fabrikarbeiterin Selma in Lars von Triers «Dancer in the Dark».

Das amerikanische Unterhaltungskino konnte 2000 den Auftritt eines neuen Stars feiern. Mit dem Sandalenfilm «Gladiator» schaffte *Russell Crowe* den Durchbruch zum Status eines Kassenmagnets. Regisseur *Ridley Scott* liess mit seinem Film das Antiken-Genre neu aufleben und bot dem Mittdreissiger aus Australien eine Paraderolle. Crowe mimt einen römischen General, der nach einem gewonnenen Krieg Opfer einer Intrige am Kaiserhof wird und sich schliesslich als Gladiator in einem Direktduell mit seinem Feind, dem neuen Kaiser, im Circus Maximus in Rom Genugtuung verschaffen kann.

Links: Muskelmann im Circus Maximus: Russell Crowe in Ridley Scotts «Gladiator».

Das Wissen um den Schatten auf der Lunge: Russel Crowe als Jeffrey Wigand in «The Insider».

Crowes grosser Durchbruch kam unmittelbar nach seiner ersten Nomination für einen Hauptdarsteller-Oscar. In *Michael Manns* Dokudrama «The Insider» spielt *Crowe* einen Forscher, der für einen Tabakkonzern arbeitet und einen Fernsehjournalisten, gespielt von *Al Pacino*, mit der Schlüsselinformation versorgt, dass die amerikanischen Zigarettenhersteller schon seit den Sechzigerjahren um den Zusammenhang von Nikotinkonsum und Lungenkrebs wussten. Konstruiert wie ein Hitchcock-Thriller, in dem ein Unschuldiger von dunklen Mächten gejagt und verfolgt wird, aber gefilmt wie ein – wenn auch hochgradig durchstilisierter – Dokumentarfilm, zählt «The Insider» zu den formal interessantesten amerikanischen Filmen der letzten Jahre.

Cooler Kommissar: Samuel L. Jackson als Lieutenant in John Singletons «Shaft».

Drei Musketierinnen: Drew Barrymore, Cameron Diaz und Lucy Liu in «Charlie's Angels».

Ähnlich wie der Sandalenfilm erlebte auch der sogenannte «Blaxploitation»-Film der Siebzigerjahre ein Revival. *Samuel L. Jackson* mimt in *John Singletons* Film «Shaft» den gleichnamigen Polizeidetektiv, gemäss Plot ein Neffe jenes coolen Kommissars, der im Originalfilm aus dem Jahr 1972 den unterprivilegierten Schwarzen in den amerikanischen Grossstadtghettos eine willkommene Identifikationsfigur lieferte. Im Unterschied zum Originalfilm war die Folgeproduktion von vornherein auf ein gemischtes und internationales Publikum angelegt, was man als Beleg für die fortschreitende Akzeptanz schwarzamerikanischer Populär- und Subkultur durch ein weisses amerikanisches und europäisches Publikum lesen kann.

Nur wenige erfolgreiche Fernsehserien der Fünfziger- bis Siebzigerjahre sind noch nicht in Filmfassungen der Neunziger umgearbeitet worden. «Charlie's Angels» war einer dieser Klassiker, doch auch zu dieser Serie gibt es nun einen neu aufgelegten Kinofilm. *Drew Barrymore, Cameron Diaz* und *Lucy Liu* spielen die drei Actionheldinnen, die mit Sexappeal, Charme und Fusstritten das Verbrechen in allen seinen Formen bekämpfen. «Charlie's Angels» reiht sich ein in eine ganze Folge von Filmen, die um aktive, erlebnishungrige junge Frauenfiguren aufgebaut sind, die sich auch ohne die Männer ganz gut zu helfen wissen. Der Rückgriff aufs Fernsehformat der Siebzigerjahre lässt sich also durchaus auch als Anzeichen eines gewissen Fortschritts verstehen.

In die Reihe der eigenständigen Heldinnen gehört auch Erin Brockovich, die Hauptfigur des gleichnamigen Starvehikels mit *Julia Roberts*. Basierend auf realen Ereignissen, erzählt der Film die Geschichte einer alleinerziehenden Mutter, die sich mit List und Charme eine Stelle als Anwaltssekretärin verschafft und in einem Schadenersatzfall fast im Alleingang einen Chemiegiganten in die Knie zwingt. Regie führte *Steven Soderbergh*, der einst mit «sex, lies & videotape» das Festival von Cannes gewann, mittlerweile seine Karriere aber, und das mit Erfolg, auf grosse Hollywoodfilme ausgerichtet hat. «Erin Brockovich» gibt *Julia Roberts* die Gelegenheit für den bisher besten Auftritt ihrer Karriere. Aus dem verletzlich wirkenden, Schutzreflexe weckenden Mädchen der «Pretty Woman»-Zeit wird in «Erin Brockovich» eine Frau, die ihre Welt (und den Film) dominiert wie vor ihr nur die grossen Stars der Vierzigerjahre wie *Katharine Hepburn* oder *Barbara Stanwyck*.

Zu den Grossstadtneurosen, mit denen er sich schon mit «Taxi Driver» befasste, kehrt Starautor *Martin Scorsese* in seinem Film «Bringing Out the Dead» zurück. Er erzählt die Geschichte eines Ambulanzfahrers, der sich durch die gewaltschwangeren Nächte New Yorks plagt und die Hölle auf Erden durchlebt, bis er in der Person einer ehemaligen Drogensüchtigen die Frau findet, von der er sich Heilung und Ausweg verspricht. Eindringlich gefilmt, aber mit religiöser Symbolik etwas gar überfrachtet, ist *Scorseses* Film nicht zuletzt ein Nachtrag zum amerikanischen Autorenfilm der Siebzigerjahre.

Alleinerziehende Mutter lehrt Chemiebonzen das Fürchten: Julia Roberts als Erin Brockovich.

Retter auf der Suche nach dem Heil: Nicholas Cage in Martin Scorseses «Bringing Out the Dead».

Ein weiterer Regisseur, der sich als Autor versteht und seinen Obsessionen auch nach zwanzig Jahren im Filmgeschäft noch mit unverminderter Intensität nachgeht, ist *Oliver Stone*. Nach Filmen über Vietnam und die amerikanische Präsidentschaft wendet er sich in «Any Given Sunday» einem weiteren typischen Americanum zu, dem professionellen Football-Sport. *Al Pacino* mimt einen Trainer, der einen jungen Schwarzen zum Schlüsselspieler seiner Mannschaft macht und dafür mit dem Besitzer des Teams in Clinch gerät. Ein stupende realisierter Tribut an diese gewalttätigste aller Mannschaftssportarten, ein Film, der nicht zuletzt aufgrund seiner zahlreichen weltanschaulichen Widersprüche Interesse weckt, schwankt er doch zwischen fortschrittlichen und reaktionären Elementen ebenso hin und her wie er bald einen feministischen, bald einen sexistischen Ton anschlägt.

Harte Männer, hartes Geschäft: Al Pacino als Footballtrainer in Oliver Stones «Any Given Sunday».

In den Fängen der Sirenen: John Turturro, George Clooney und Tim Blake Nelson in Joel und Ethan Coens «O Brother, Wher Art Thou?».

Die innovationsfreudigsten und gerissensten Regisseure des jüngeren amerikanischen Autorenkinos sind die Gebrüder *Joel* und *Ethan Coen,* die ihre Drehbücher gemeinsam schreiben, ihre Filme gemeinsam produzieren und auch gemeinsam Regie führen. «O Brother, Where Art Thou?» ist ihre Neuverfilmung der Odyssee, angesiedelt im tiefsten amerikanischen Süden während der Depression der Dreissigerjahre. Frauenschwarm *George Clooney* spielt einen Kettensträfling, der zwei Mithäftlinge zur Flucht überredet, mit dem Versprechen, mit ihnen die gut versteckte Beute seines letzten Coups teilen zu wollen. In der nachfolgenden Odyssee begegnen die drei einem Zyklopen, einem Trio von Sirenen, und am Ende kehrt der Südstaaten-Odysseus natürlich unversehrt zu seiner Penelope (und seinen drei kleinen Mädchen) zurück, nicht ohne vorher noch durch List und Talent diverse Konkurrenten aus dem Feld geschlagen zu haben.

Vom asiatischen Kino gehen seit mehr als zehn Jahren die wichtigsten Impulse fürs Hollywoodkino, aber auch für europäische Filmschaffende aus. Einer der Schrittmacher des asiatischen Films ist der Hongkong-Chinese *Wong Kar-Wai*, im Westen bekannt geworden durch «Chungking Express». In seinem neusten Film «In the Mood for Love» bringt *Wong Kar-Wai* zwei grosse Stars des asiatischen Kinos zusammen, *Tony Leung* und *Maggie Cheung*, die beide sowohl in Actionfilmen wie in psychologischen Dramen auftreten. «In the Mood for Love» ist ein Melodrama und erzählt von der Annäherung zweier Nachbarn in Hongkong, die eines Tages herausfinden, dass ihre jeweiligen Partner längst schon miteinander eine Affäre haben. Der Film lebt von der Kunst der Darsteller und von *Wong Kar-Wais* Fähigkeit, Begehren über kleine Gesten und einzelne Blicke zu inszenieren.

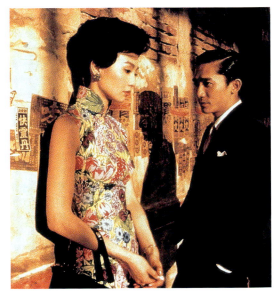

Begehren und Betrug: Maggie Cheung und Tony Leung in Wong Kar-Wais «In the Mood for Love».

Mit seinen explizit erotischen Filmen «Im Reich der Sinne» und «Im Reich der Leidenschaft» erregte *Nagisa Oshima* in den Siebzigerjahren in seiner japanischen Heimat wie im Westen grosse Aufmerksamkeit. Mit «Gohatto» meldet sich der namhafteste Vertreter der japanischen Nouvelle vague nun nach mehreren Jahren Leinwandabsenz zurück, mit einem Film, der wiederum einen ausgeprägten Sinn für die Erzähl- und Darstellungstraditionen des japanischen Kinos verbindet mit einer Lust an der Provokation. *Takeshi Kitano* spielt in «Tabu» einen Samurai-Kämpfer, der gemeinsam mit einem jungen Kämpfer im 17. Jahrhundert für eine besondere Mission ausersehen wird. Von den Konventionen des Samurai-Films weicht «Gohatto» ab, weil in seinem Zentrum letztlich eine auch homosexuelle Liebesgeschichte steht.

Erkämpfte Liebe zwischen Samurai: «Gohatto» von Nagisa Oshima.

Mit «Lola rennt» gelang dem Berliner Kinobesitzer und Regisseur *Tom Tykwar* 1998 der grösste internationale Erfolg des deutschen Kinos seit *Wolfgang Petersens* «Das Boot» von 1981. In *Tykwars* neuem Film «Der Krieger und die Kaiserin» spielt wiederum seine Lebensgefährtin *Franka Potente* die Hauptrolle. *Potente* mimt eine Psychiatrie-Krankenschwester, die bei einem Unfall von einem mysteriösen Mann gerettet wird, der danach spurlos verschwindet. Sie macht sich auf die Suche nach dem Mann, doch um seine Liebe zu gewinnen, muss sie grosse Risiken auf sich nehmen. Mit einem sicheren Sinn für wirkungsstarke Bilder inszeniert *Tykwar* eine Liebesgeschichte von einiger Dramatik, aber auch von einigem Pathos.

Auf der Suche nach dem grossen Glück: Franka Potente in «Der Krieger und die Kaiserin».

Frauen mit Kanonen: «Baise-moi» von Virginie Despentes und Coralie Trinh Thi.

Das französische Kino machte über die Landesgrenzen hinaus vorab mit einem Skandalfilm auf sich aufmerksam. «Baise-moi», der gemeinsame Erstling der Romanschriftstellerin *Virginie Despentes* und der ehemaligen Pornodarstellerin *Coralie Trinh Thi*, erzählt die Geschichte einer jungen Frau, die vergewaltigt wird, einen Mord begeht und auf der Flucht eine andere junge Frau trifft, die ebenfalls schreckliches erlebt hat. Gemeinsam ziehen die beiden durch die französische Provinz, von Zwischenfall zu Zwischenfall, in einem Film, der in einigem an «Bonnie and Clyde» erinnert, in der Darstellung von Sex und Gewalt aber deutlich darüber hinaus geht. Eine rechtslastige Bürgerbewegung erwirkte in Frankreich ein vorübergehendes Verleihverbot für den Film, und in den Feuilletons französischer wie deutschsprachiger Zeitungen konnte man sich nie so richtig einigen, ob «Baise-moi» nun ein spekulatives Stück Schund sei oder doch ein wichtiger Beitrag zur Denunziation der alltäglichen Gewalt, der Frauen auch in westlichen Gesellschaften immer noch ausgesetzt sind.

Fitnesstraining in der Wüste: «Beau Travail» von Claire Denis.

Der Faszination geschlossener Männerwelten geht die französische Regisseurin *Claire Denis* in ihrem Film «Beau Travail» nach. *Denis Lavant* spielt einen Leutnant der französischen Fremdenlegion, der in Djibouti stationiert ist und in ein homoerotisches Eifersuchtsdrama um einen neu ankommenden Rekruten verwickelt wird. Basierend auf *Herman Melvilles* Erzählung «Billy Budd, Sailor», handelt dieser äusserst präzise inszenierte Film von den Mechanismen des Militärs und den eigentümlichen Zugehörigkeits- und Freundschaftsgefühlen, die sich zwischen Soldaten entwickeln, aber auch von der Faszination der Regisseurin für die Körperrituale, die einen wesentlichen Teil des Militäralltags ausmachen.

Häusliche Wärme: «Gouttes d'eau sur pierres brûlantes» von François Ozon.

Zu den auffälligsten Figuren des jungen französischen Kinos zählt der Regisseur *François Ozon*, der an der Berlinale 2000 mit seinem Kammerspiel «Gouttes d'eau sur pierres brûlantes» von sich reden machte, einer eindringlichen Verfilmung von *Rainer Werner Fassbinders* Stück «Tropfen auf heisse Steine». Der Film erzählt die Beziehungsgeschichte eines jungen Mannes, der einem zynischen älteren Mann verfällt, mit diesem eine eheähnliche Gemeinschaft eingeht und von ihm zugrundegerichtet wird, als er zu seiner Verlobten zurückkehren und sie heiraten will.
In der Hauptrolle des älteren Mannes gibt der einstige «jeune premier» *Bernard Giraudeau* ein brillantes Comeback.

Würdenträger trifft spätere Königin Helvetiens: «Beresina oder die letzten Tage der Schweiz» von Daniel Schmid.

Einen satirischen Blick auf eine einigermassen durchmilitarisierte Gesellschaft wirft der Schweizer *Daniel Schmid* in «Beresina», der ersten Komödie dieses Regisseurs, der mit seinen rätselhaften und tranceartigen Melodramen in den Siebzigerjahren zu den interessantesten Vertretern des neuen deutschen und des neuen Schweizer Films gehört hatte. Was würde geschehen, wenn in der Schweiz ein Staatsstreich stattfände? lautete die Ausgangsfrage für *Schmid* und seinen Drehbuchautor *Martin Suter,* und ihre Antwort fiel einigermassen überraschend aus: Eine russische Prostituierte wird am Ende von einer Militärjunta zur Königin der Schweiz gekrönt, eines Landes, das eigentlich so republikanisch ist, insgeheim sich aber doch auch irgendwo nach Adel und wahrer Prominenz sehnt.

Fast schon von den Antipoden kommt «Mondo Grua», eine mit minimalen Mitteln realisierte Charakter- und Milieustudie des Argentiniers *Pablo Trapero.* Es geht um Rulo, den rundlich gewordenen ehemaligen Bassisten einer Rockband, der sich in Buenos Aires auf seine Prüfung als Kranführer vorbereitet und sich in die Sandwichverkäuferin Adriana verliebt, die einst zu den Fans seiner Band zählte. Als Rulo die Kranführerprüfung nicht besteht, muss er eine Stelle in Patagonien antreten, Tausende von Kilometern von Buenos Aires entfernt. Ein Film, der an die Werke des italienischen Neorealismus erinnert und ein Kino der Sozialkritik in einem Land vertritt, das sich seit Mitte der Neunzigerjahre in einer Dauerkrise befindet.

Antiheld aus Buenos Aires' Arbeiterklasse: Luis Margani in «Mondo Grua» von Pablo Trapero.

Biografische Notizen

Noch in den letzten Tagen des letzten Jahres, am 22. Dezember 1999, starb in Paris im Alter von 93 Jahren der Regisseur *Robert Bresson*. Geboren im ländlichen Zentralmassiv, schuf sich *Bresson* in den Vierziger- und Fünfzigerjahren mit seinen streng komponierten und oft mit Laiendarstellern inszenierten Filmen wie «Pickpocket» und «Journal d'un curé de campagne» seinen eigenen Stil und bald auch einen internationalen Ruf als einer der eigenwilligsten Regisseure der Filmgeschichte. Sein Werk war geprägt vom Weltbild des Jansenismus, einer volksreligiösen Abspaltung des romtreuen Katholizismus aus dem 17. Jahrhundert, in deren Zentrum die Idee steht, dass Gott wohl existiert, sich in der Welt aber nicht zeigt und die Menschen auf sich zurückgeworfen leben lässt. Das Thema, wie man sich in einer Welt zurechtfindet, von der Gott sich abgewandt hat, durchzieht denn auch noch die späten Filme eines Œuvres, das mit «L'argent» bereits 1983 zum Abschluss gekommen war.

Jean-Luc Godard feiert seinen 70. Geburtstag: Am 3. Dezember 2000 wurde der Schweizer Filmregisseur *Jean-Luc Godard* siebzig Jahre alt. Geboren als Sohn eines Arztes aus der Schweiz in Paris und aufgewachsen am Genfersee, veränderte *Jean-Luc Godard* gleich mit seinem ersten Film «A bout de souffle» von 1959 das Gesicht des Kinos grundlegend. Der spielerische Tribut an die amerikanischen Gangsterfilme der Vierziger mit *Jean-Paul Belmondo* und *Jean Seberg* in den Hauptrollen begründete die «Nouvelle Vague», die einflussreichste filmische Erneuerungsbewegung der zweiten Jahrhunderthälfte. Nach einer Reihe weiterer Kinofilme zog sich *Godard* nach den Maiunruhen 1968 in ein selbstauferlegtes inneres Exil nach Grenoble zurück und drehte für einige Jahre vorab politische Videofilme. Anfang der Achtzigerjahre

Mit dem Zusammenschluss des zweitgrössten Medienkonzerns Time Warner und des weltgrössten Internetanbieters America Online erreichte die Konsolidierung der globalen Medienindustrie Ende 1999 eine neue Stufe. Wer nun aber gedacht hatte, dass sich die Konzentration der Medienmacht auf die USA beschränken würde, sah sich bereits im Frühjahr getäuscht, als der französische Konzern Vivendi in einem überraschenden Schachzug den US-amerikanischen Mediengiganten Seagrams Universal aufkaufte, der neben den Universal-Studios auch den weltgrössten Musikverlag umfasst. Hervorgegangen aus der Infrastrukturgesellschaft Compagnie Générale des Eaux, die in Frankreich in der Wasserversorgung tätig war, ist Vivendi die Muttergesellschaft von Canal Plus, dem wichtigsten europäischen Pay-TV-Anbieter, der auch ein Filmstudio unterhält. Aus der Fusion von Vivendi und Universal, die von der europäischen Kommission erst noch gebilligt werden muss, wird der erste transatlantische Medienkonzern hervorgehen. Von diesem Firmengebilde sind nicht zuletzt wichtige Impulse für die Filmproduktion in Europa zu erwarten, ist Canal Plus doch schon seit mehreren Jahren mit dem Aufbau eines gesamteuropäischen Filmverleihnetzes befasst, getreu der von Hollywood erlernten Maxime, dass den Markt kontrolliert, wer den Vertrieb kontrolliert.

Links:
Der französische Filmemacher Robert Bresson starb am 22. Dezember 1999 in Paris, im Alter von 93 Jahren.

Am 3. Dezember 2000 wurde der Schweizer Filmregisseur Jean-Luc Godard siebzig Jahre alt.

kehrte er auf die grosse Leinwand zurück und drehte Filme, die durch ihre Komplexität und ihren Anspielungsreichtum Ausnahmeerscheinungen darstellten, ein breiteres Publikum aber oft überforderten. In den Neunzigerjahren arbeitete *Godard* immer öfter fürs Fernsehen und widmete sich seinem Projekt «Historie(s) du cinéma», einer multimedialen Geschichte des Kinos, realisiert in Bild und Ton, also mit den Mitteln des Kinos selbst.

KUNST

Ein Jahrhundert Kunst 1900–2000
Die Entstehung der Moderne

Erika Billeter

Es ist das rasanteste Jahrhundert gewesen, das die Kunst bis anhin erlebt hat. Die Stile und Kunstbewegungen folgten sich im industriellen Zeitalter in einem Rhythmus von gerademal zehn Jahren. Was sich in früheren Jahrhunderten massvoll veränderte, sich manchmal über Jahrhunderte hinzog – Gotik – Barock – Renaissance – unterlag im beginnenden Industriezeitalter schnellerem Wechsel. Das 19. Jahrhundert kannte bereits Romantik, Klassizismus, Realismus, Impressionismus , Symbolismus. Das 20. Jahrhundert – wir werden es in dieser zusammenfassenden Übersicht sehen – überschlug sich in der ersten Hälfte mit Ismen und besiedelte die zweite Hälfte mit einer Variation von «Art»- Etablierungen – von der Pop Art bis zu Minimal- und Landart. Wobei das englische «Art» den bis anhin in Europa gebräuchlichen «Ismus» ersetzte. Beispiel: die Pop Art hiess in Europa zuerst einmal «Nouveau Réalisme». Aber gerade dieser rapide Wechsel der künstlerischen Erscheinungsformen macht die Faszination dieses Jahrhunderts aus und belegt seine agile Vitalität, mit dem es auf die Ereignisse dieser turbulenten Epoche reagierte. Jedes Jahrzehnt antwortete darauf mit eigenen Stilentwürfen. Sie alle aber entwarfen das, was wir heute «die Moderne» nennen.

Die Übergänge ins 20. Jahrhundert sind fliessend. Impressionismus, Neo-Impressionismus, Symbolismus bestimmen sie. Geniale Einzelgänger wie *Paul Gauguin, Paul Cézanne, James Ensor* weisen in die Richtung, in die sich der moderne Künstler entwickeln wird.

Ganz eindeutig dem 20. Jahrhundert zugehörend sind der französische FAUVISMUS

K

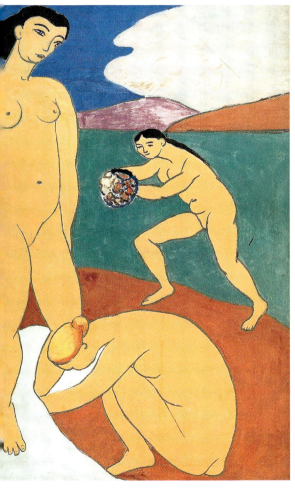

*Henri Matisse,
Le Luxe II,
ca. 1907–1908
Tempera auf Leinwand,
209,5 × 139 cm
Statenmuseum for Kunst, Kopenhagen.*

*Ernst Ludwig Kirchner
Postdamer Platz, 1914
Öl auf Leinwand,
200 × 150 cm
Nationalgalerie,
Staatliche Museen zu Berlin – Preussischer Kulturbesitz.*

und der deutsche EXPRESSIONISMUS. 1905 stellte die um *Henri Matisse* versammelte Malergruppe , zu der u. a. *André Derain, Georges Rouault* und *Maurice de Vlaminck* gehörten, zum ersten Mal im Pariser Salon aus. Das Publikum sah sich einer entfesselten, in Farben schwelgenden Malerei gegenüber. Das «Sujet», jahrhundertelang das eigentlich Wesentliche des Bildes, wird bedeutungslos und Farbe zum eigentlichen Träger der Aussage. Das hatte es noch nie gegeben! Es war der Beginn der «Moderne», die dem Künstler seine definitive Freiheit zusicherte und in der die Kunst nur noch sich selbst verpflichtet war. Der Schock im Publikum ging tief. Ein Kritiker nannte die Maler dieses neuen, mit allen Taditionen brechenden Stils «Les Fauves», die wilden Tiere. Was hämisch gemeint war, ist als Stilbezeichnung der ersten modernen Kunstbewegung des 20. Jahrhunderts in die Kunstgeschichte eingegangen!
Der EXPRESSIONISMUS ist die deutsche Version dieses Phänomens und vom Fauvismus so verschieden, wie es die Mentalität französisch-

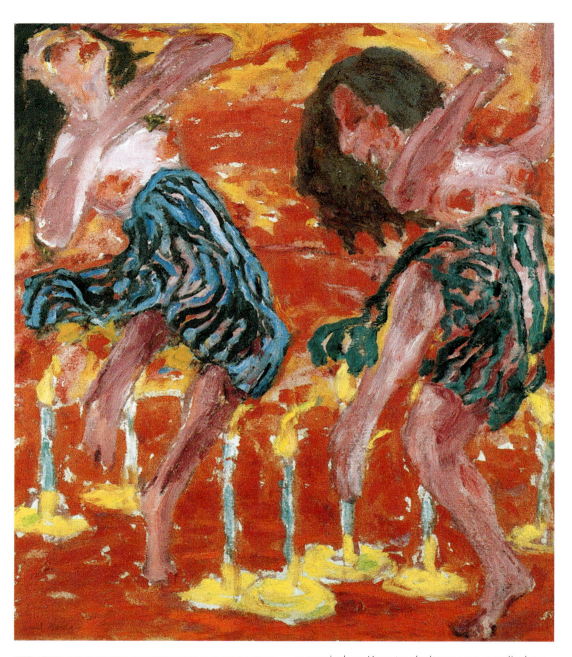

*Emil Nolde
Kerzentänzerinnen,
1912
Öl auf Leinwand,
100,5×86.5 cm
Stiftung Seebüll
Ada und Emil Nolde.*

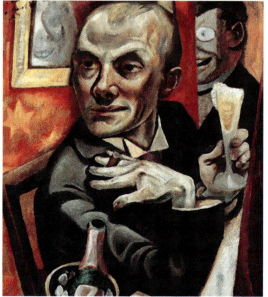

*Max Beckmann,
Selbstbildnis mit Sektglas, 1919
Öl auf Leinwand,
65×55 cm
Privatsammlung.*

romanischen Kunstverhaltens zum nordischen Temperament ist. Es ist der Gegensatz von französischem subtilem Ästhetizismus und Kolorismus zur Emotion und Expression der deutschen Kunst. Dass der Norweger *Edward Munch* Wegbereiter des deutschen Expressionismus ist, erstaunt durchaus nicht. Trotzdem verbindet beide Varianten dieselbe Vision. Der Künstler tritt als frei hervor. Er erlebt die Welt seinen eigenen Empfindungen entsprechend. Das kann durch die Macht der Farbe geschehen oder durch überspitzte Expressivität. In Deutschland bilden sich verschiedene Zentren heraus im Gegensatz zu den Fauves, die sich auf Paris konzentrierten und *Matisse* als die grosse Integrationsfigur feierten. Die «Brücke»-Maler schliessen sich in Dresden zu einer Gemeinschaft zusammen. Unter ihnen ist *Ernst Ludwig Kirchner* der genialste, aber eng dazu gehören *Erich Heckel* und *Karl-Schmidt Rottluff*. Im Norden malt *Emil Nolde* seine aus der emotionsgeladenen Aussagekraft der Farbe lebenden Bilder. Wie für die Fauves ist die Auseinandersetzung mit der Welt für die deutschen Expressionisten – ob als Akt und Portrait im Atelier oder in freier Natur – direkt und wird in ungebrochenen Farben und einer kraftvollen Liniensprache geführt.

Es kommt ein weiteres Zentrum der neuen Bildvorstellungen hinzu: der junge *Wassily Kandinsky* bringt mit seiner russischen Kultur eine weitere Klangart in die Fauves-Ästhetik ein. 1909 bildet sich um *Kandinsky* die «Neue Künstlervereinigung München», zu der *Alexej von Jawlensky* und *Gabriele Münter* gehören. Auch für diese Künstler liegt in der Farbe das eigentliche Gestaltungselement. Farbe ist «Mittel des Ausdrucks». Farbe ist «Mittel der Komposition». Mit dieser Erfahrung wird *Kandinsky* ein neues Kapitel der Malerei des 20. Jahrhunderts aufschlagen: die Abstraktion. Bis er um 1910 das erste abstrakte Bild malt, hat sich in Paris eine nächste Revolution der Bildvorstellungen ereignet: der KUBISMUS.

Zwei Maler sind es gewesen, die das neue Bildsehen erschaffen: *Pablo Picasso* und *Georges Braque*. Jetzt taucht zum ersten Mal der Name auf, der ein halbes Jahrhundert überstrahlt hat und der in die Kunst des 20. Jahrhunderts als das grosse, überragende Genie eingegangen ist: *Picasso*. Mit *Braque* zusammen entwickelt er aus dem Geiste *Cézannes* die neue Bildoptik. Das Motiv, d. h. die Wirklichkeit, wird zerlegt in Kuben, der Bildgegenstand auf elementare Formen wie Kugel, Kegel, Zylinder reduziert. Sie entwickeln das Prinzip der Simultanität, d. h. die gleichzeitige Sichtbarmachung verschiedener Seiten eines Gegenstandes. Die geometrischen Formen konstruieren das Bild. Das Motiv wird als ganzheitliches Vorstellungsbild erlebt, ist aber zugleich auch ein Schritt zur

Georges Braque,
Stilleben mit Mandoline und Metronom,
1909
Öl auf Leinwand,
81×54 cm
Privatsammlung.

Pablo Picasso
Die Bass-Flasche, 1913
Öl auf Leinwand,
108×65,5 cm
Civico Museo dArte
Contemporanea,
Mailand.

*Umberto Boccioni
Einzigartige Formen
der Kontinuität im
Raum, 1913, Bronze
114×84×37 cm
Civico Museo dArte
Contemporanea,
Mailand.*

Abstraktion vom Gegenständlichen.
Aus den Ergebnissen des Kubismus entwickelt sich einige Jahre später der FUTURISMUS. Dieser nächste Schritt kam aus Italien, das während des 19. Jahrhunderts in eine Art Dornröschenschlaf versunken war, um nun durch eine Reihe radikaler Künstler den Anschluss an die europäische Avantgarde zu finden. Anführer der neuen geistigen Revolution war der Dichter *Filippo Tommaso Marinetti*. 1909 erscheint sein erstes futuristisches Manifest. Eine der Grundthesen lautet «die Pracht der Welt hat sich um eine neue Schönheit bereichert: die Schönheit der Geschwindigkeit. Ein Rennwagen ist schöner als die Nike von Samothrake». Die Folge ist ein bildnerischer Dynamismus, der Malerei und Skulptur in Bewegungsabläufe auflöst und inhaltlich die Errungenschaften des technischen Zeitalters preist. Das berühmteste Bild des Futurismus aber hat kein Italiener gemalt, sondern ein Franzose, der die Kunstwelt auf den Kopf stellen wird: *Marcel Duchamp*. Sein 1912 entstandener «Akt, eine Treppe heruntersteigend» ist das hervorragendste Beispiel eines Zeitablaufs im Bild, den es bis dahin nur in der Fotografie gab!

Aber bevor 1912 *Duchamps* sensationeller «Akt» die Treppen herunterstieg, hatte *Kandinsky* bereits sein erstes abstraktes Bild gemalt und den grossen Stilentwurf des Jahrhunderts initiiert: die ABSTRAKTE KUNST. Ein Russe in München tat den Schritt in jene malerische Welt der Farben und Zeichen, die dem 20. Jahrhundert seine künstlerische Identität verlieh. Der Bildinhalt drückt sich nun als Farbklang, als Farb- und Formenharmonie aus. Generationen von Malern werden von diesem Ereignis profitieren. Die Variationen des Abstrakten werden zu ungeahnten Bildkompositionen führen. Schon kurz nach den ersten abstrakten Bildern *Kandinskys* entsteht in Russland der «RAYONISMUS *Larionoffs,* der SUPREMATISMUS von *Malewitsch*. In Frankreich entwickelte *Robert Delaunay* die abstrakte Malerei aus einer Auflösung des Kubismus und leitet 1912 in den «Disques simultanées» den französischen RAYONNISMUS ein. Holländische Künstler kreierten gleichzeitig eine ganz andere Form abstrakter Malerei, die mathematisch genau, logisch, ja emotionslos war und von einer Gruppe von Künstlern – Malern, Bildhauern, Designern, Architekten – vorgestellt wurde, die sich in der «STIJL-Bewegung» zusammengeschlossen hatten. *Piet Mondrian* und *Theo van Doesburg* waren die führenden Köpfe. Die bildnerischen Elemente wurden auf die Grundelemente geometrischer Formalisierung reduziert. Farben beschränkten sich auf die drei Primärfarben Rot, Blau, Gelb. Das Bild wird zur Demonstration reiner, «puristischer», im Gleichgewicht gehaltener Grundformen. Gleichzeitig bildete sich in Russland mit Künstlern wie *El Lessitzky, Kasimir Malewitsch* und *Wladimir Tatlin* eine abstrakte Kunst aus, die als KONSTRUKTIVISMUS in die Kunstgeschichte eingegangen ist und als eine der ersten bedeutenden Avantgarden verstanden wird.

*Robert Delaunay
Erste Scheibe, 1912
Öl auf Leinwand
Durchmesser 135 cm
Privatsammlung
Schweiz.*

Wassily Kandinsky
Komposition VII, 1913
Öl auf Leinwand,
200×300 cm
Staatliche Tretjakow-
galerie, Moskau.

Piet Mondrian
Komposition mit Rot,
Gelb und Blau, 1927
Öl auf Leinwand,
38×35 cm
Courtesy Annely Juda
Fine Art, London.

Kasimir Malewitsch
Suprematismus, 1915
Öl auf Leinwnd
66,5×57 cm
Stedelik Museum,
Amsterdam.

Wladimir Tatlin
Blaues Konterrelief,
1914
Verschiedene Mate-
rialien,
79,5×44×7,5 cm
Privatsammlung.

*Marcel Duchamp
Fahrrad, 1913/1964
Höhe 126 cm
Hessisches Landesmuseum, Darmstadt.*

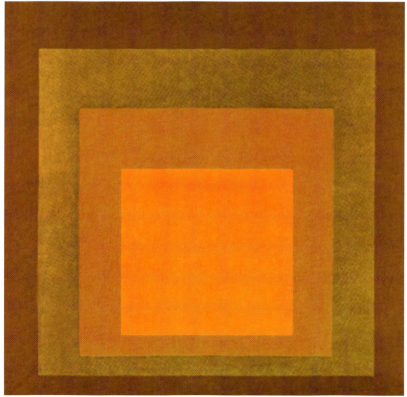

*Josef Albers
Homage to the square, 1963,
Öl auf Leinwand,
76,2×76,2 cm
Galerie Müller, Stuttgart.*

Ein nächster folgenschwerer Akt der Kunstgeschichte vollzieht der DADAISMUS. Er begann in Zürich 1916 als kabarettistische Vereinigung von Künstlern und Literaten, die mit Ironie und Clownerie auf die Ereignisse des ersten Weltkrieges antworteten. *Tristan Tzara, Hans Arp, Sophie Täuber* gehörten dieser Gruppe im «Cabaret Voltaire» an, die sich den Namen «Dada» gegeben hatte, indem ein deutsch-französisches Lexikon willkürlich aufgeschlagen wurde und der Blick auf das Wort «Dada» fiel – kindliche Bezeichnung für ein Spielpferdchen. Zum ersten Mal vertrauen Künstler auf den Zufall, der im Surrealismus zum künstlerischen Prinzip erhoben werden sollte. Der Zeitgeist, der so häufig an verschiedensten Orten der Welt gleichzeitig zum Tragen kommt, verhalf DADA durch *Marcel Duchamp* und *Francis Picabia* zum weltweiten Phänomen. Beide Künstler waren aus Paris nach New York gekommen und hier auf ähnliche Ideen gekommen wie die Dada-Gruppe in Zürich. Es war *Marcel Duchamp*, der 1914 einen Prozess ins Rollen brachte, der die Kunst für alle Zeiten veränderte und ihren Begriff ausweitete. Er nahm einen gewöhnlichen Gegenstand, montierte ihn auf einen Sockel, signierte ihn und stellte ihn in eine Kunstgalerie. Das «Ready made» war geboren, ein bestehendes Ding, dem der Künstler durch seine Auswahl den Charakter des Besonderen verlieh. Damit hatte *Duchamp* den klassischen Kunstbegriff in Frage gestellt.

Kunst sollte von diesem Zeitpunkt an nie mehr die Eindeutigkeit haben wie sie es über Jahrtausende gehabt hatte. Von jetzt an war alles möglich und alles offen. Auf den Krieg und seine verheerenden Folgen reagierten auch deutsche Maler wie *George Grosz, Otto Dix*, die wie *Max Beckmann* aus dem deutschen Expressionismus heraus zu einer neuen versachlichten Erfahrung der Realität fanden. Vom Ringen um ein neues Bild der Realität nach den Erfahrungen der abstrakten Malerei waren auch die Künstler des BAUHAUSES bestimmt. Die grossen Einzelpersönlichkeiten – *Kandinsky, Klee, Oskar Schlemmer* usw. – haben in der Malerei einen der gewichtigsten Anteile am Gesamtbild der Moderne.

Auf der Erfahrungsebene des Dadaismus entsteht der SURREALISMUS. Jetzt tut sich in der Welt der Malerei ein Kosmos aus Träumen und Phantasmen auf. Begründer und Zentrum ist ein Literat und Kunsttheoretiker: *André Breton*. Vernunft, Logik, Wirklichkeit sind Vokabeln, die *Breton* und seinem Kreis widerwillige Fremdwörter sind. Sie werden durch neue Worte ersetzt wie Traum, das Unbewusste, Zufall, Halluzination, Vision. Grosse Namen verbinden sich mit dieser Kunstrichtung, die bis heute nicht aufgehört hat, Anhänger zu finden: *Max Ernst, Salvador Dalí, Yves Tanguy* – Maler,

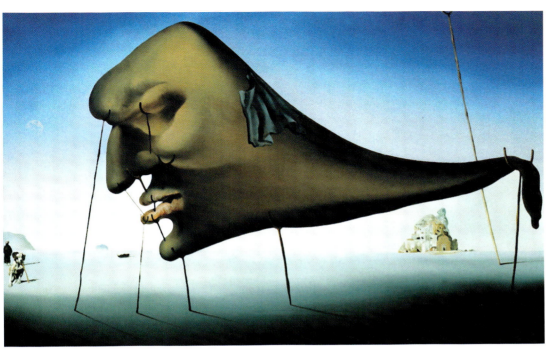

K

*Salvador Dalí
Der Schlaf, 1937
Öl auf Leinwand
51×78 cm
Privatsammlung.*

die dem veristischen Surrealismus angehören. Maler also, die die Wirklichkeit benutzten, um sie durch Bilder aus Traum und Unbewusstem ad absurdum zu führen. Mit einer geradezu fotografischen Manie zur Wirklichkeit werden die Dinge in einem illusionistischen Raum dargestellt und wild miteinander kombiniert getreu der Devise, die die Surrealisten dem Dichter *Lautréamont* verdankten: schön wie «die Begegnung einer Nähmaschine und eines Regenschirmes auf einem Operationstisch». Neben dem gegenständlich – veristischen – Surrealismus entwickelte sich ein zeichenhafter Surrealismus, dem das Abbildhafte fehlt. Er ist mit Malern wie *André Masson, Joan Miró* besetzt.

*Joan Miró
Ohne Titel, 1925
Öl auf Leinwand
130×97 cm
Sammlung Ula und
Heiner Pietsch, Berlin.*

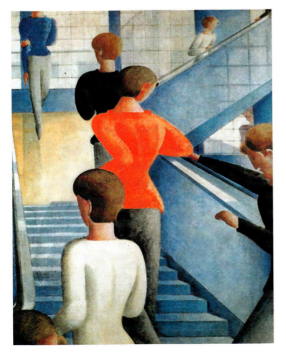

Der Surrealismus ist der letzte grosse Stilentwurf vor dem Krieg. Nach 1945 beginnt ein neues Kapitel, das die grossen Leistungen der ersten Jahrhunderthälfte umsetzt, verwandelt, neu interpretiert. In allen Stilrichtungen steckte ein gemeinsamer Kern: die Erkenntnis, dass eine naturalistische, abbildhafte Malerei der modernen Welterfahrung nicht entsprechen konnte. Alle Bemühungen der Maler kreisen um diese Gewissheit. Im Werk einer einzigen Künstlerpersönlichkeit spiegelten sie sich auf geniale Weise: *Pablo Picasso*. Nach seinem pionierhaften Einstieg in die moderne Kunst mit dem Kubismus entgeht ihm nicht ein einziger Stil, den er für sich abwandelt und für sich neu definiert. Nur abstrakt ist er nie geworden. Die Lesbarkeit des Bildes blieb für ihn unangetastet.

*Links:
Oskar Schlemmer
Bauhaus –
Treppenhaus
1932,
Öl auf Leinwand
162×114
The Museum of
Modern Art,
New York.*

*Jackson Pollock
Cathedral, 1947
Lackfarbe auf Leinwand
181,6 × 89,1 cm
Dallas Museum of Art.*

1945 – der 2. Weltkrieg ist beendet. Die Zäsur, die er in der Kunst bewirkt, ist gewaltig. Trotzdem kann man nicht sagen, dass die Kunst nach 1945 aus dem Nichts kommt. Sie ist tief verwurzelt in der «Moderne», aus der Ideen und Konzepte abgewandelt wieder auftauchen. Neu ist die schnelle Folge der Stile und Bewegungen, die die 2. Jahrhunderthälfte markieren. Die erste bedeutende Kunstrichtung nach dem Krieg kommt aus den USA. Auch das ist neu. New York wird zu Kunstmetropole unserer Gegenwart. Von hier gehen die Impulse eines künstlerischen Wandels aus. Grandios erobern amerikanische Künstler zum ersten Mal den Kunstmarkt und bestimmen das künstlerische Klima auch in Europa. Der ABSTRAKTE EXPRESSIONISMUS wird die erste grosse malerische Sensation nach dem Krieg. Er verbindet sich mit Malern wie *Mark Rothko, Jackson Pollock, Willem de Kooning, Clifford Still, Franz Kline.* Sie alle arbeiten mit grossen Bildformaten. Eine gestische Pinselschrift, vibrierende Linienzüge (etwa bei *Pollock*) oder kontemplative grosse Farbräume (bei *Rothko*) verändern die Bildfläche grundlegend. Die Malerei dieser neuen «New Yorker Schule» erscheint so untraditionell, dass man vergisst, dass die Anregung zu dieser Malerei im Surrealismus lag, der durch europäische Künstler, die nach den USA emigrierten, in New York ein neues Zentrum fand. Dem in jeder Beziehung grossartigen abstrakten Expressionismus folgte um 1960 eine nicht weniger revolutionäre Stilrichtung: POP ART. Sie war eine Gegenaktion auf die Informelle Malerei und über Nacht populär. Aber auch die so avantgardistisch auftretende Pop Art hatte ihre Vorläufer.

*Willem de Kooning
Frau und Fahrrad
1952-1953
Öl auf Leinwand
194 × 124 cm
Whithney Museum of Amercican Art, New York.*

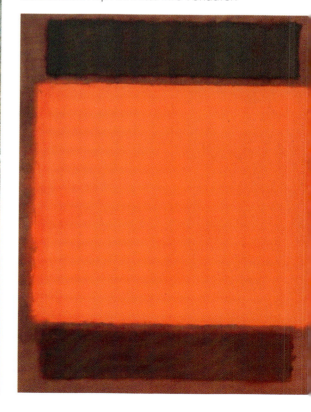

*Rechts:
Mark Rothko
Orange, Braun, 1963
Öl auf Leinwand
226 × 178 cm
Detroit Institute of Arts.*

256

Duchamp und der Dadaismus hatten bereits zwei Generationen früher die Basis geschaffen für das, was *Robert Rauschenberg, Jasper Johns, Andy Warhol, Roy Lichtenstein, James Rosenquist* ungeheuer frisch und unkonventionell inszenierten. Die Assemblage, bereits von *Picasso* in seiner kubistischen Zeit erfunden, wurde zum wichtigen Stilmittel, um «Kunst und Leben» einander anzunähern. Es entstehen die berühmten «Combine Paintings», bei denen auf einer gemalten Fläche «Objets trouvés» angebracht werden. Europäische Künstler dieser Richtung werden von den Kunstkritikern als «Nouveaux Réalistes» bezeichnet. In Zusammenhang mit der Pop Art entstehen die HAPPENINGS.

Das Spektakulärste veranstaltete ein Schweizer in New York: 1962 liess *Jean Tinguely* eine seiner mobilen Maschinen sich selbst zerstören. Parallel dazu entwickelte sich FLUXUS, dessen Künstler wie im Happening Aktionen veranstalteten, die nach festgelegten Vorstellungen inszeniert wurden. *Joseph Beuys* war einer der führenden Vertreter. Relikte seiner Aktionen demonstrieren als Installation die zugrundeliegende Idee.

*Jasper Johns
Drei Flaggen, 1958
Wachsbrandmalerei
78,4 × 115,6 × 12,7 cm
Withney Museum
of American Art,
New York.*

*Andy Warhol
Goldene Marilyn
Monroe, 1962
Silkscreen und Öl
auf Leinwand
212 × 145 cm
The Museum of
Modern Art, New York.*

*Robert Rauschenberg
Odalisk, 1955–1958
210,8 × 64,8 × 63,8 cm
Museum Ludwig Köln.*

Roy Lichtenstein
Blam, 1962
Öl auf Leinwand
172×203 cm
Yale University Art Gallery.

Yves Klein
Die Krone, 1960
Schwamm, bemalt
17×28×6,7 cm
Privatbesitz.

Jean Tinguely
Heureka, 1964
Eisenstangen, Stahlbänder, Metallröhren, Holzräder, verschiedene Motoren
780×410 cm
Zürich.

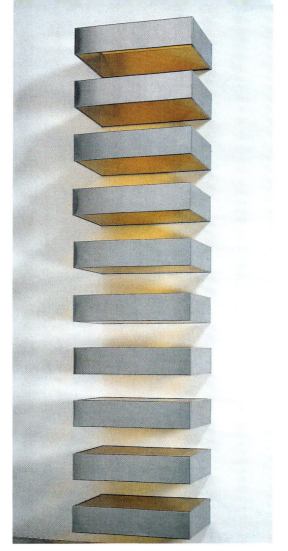

mehr Bedeutungsträger ist, sondern in sich selbst, in der reinen Form ihren Wert findet. Zugleich wird damit der Objektcharakter der Kunst deutlich, der sich auch in den ENVIRONMENTS findet, die in den sechziger Jahren von sich reden machen. Aber auch dieser Begriff ist nicht neu. *Kurt Schwitters*, herausragender Vertreter des deutschen Dadaismus, hatte in seinen berühmten Merzbauten – den ersten begann er in Hannover 1920 – bereits die Idee des Environments lanciert, und auch die grossen Surrealisten-Ausstellungen im Paris der dreissiger Jahre kann man bereits als Environments definieren. Die Schöpfer des Environments der sechziger Jahre waren *Ed Kienholz* und *George Segal*. Kunst bildete nun einen mit Objekten besetzten Raum, in den der Beschauer mit einbezogen war.

Links:
Donald Judd
Untitled,
1968
Plexiglas und Edelstahl,
10 Einheiten,
je 23×101,5×79 cm
Gesamthöhe 437 cm
Sammlung Froehlich,
Stuttgart.

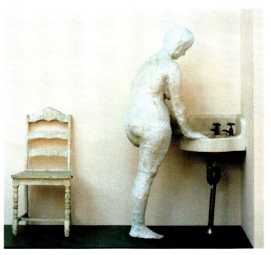

George Segal
Frau wäscht ihre Füsse in einem Waschbecken, 1964/1965
Höhe 152 cm
Museum Ludwig Köln.

Joseph Beuys
Blitzschlag mit Lichtschein auf Hirsch
1958–1987
Bronze, Aluminium, Eisen,
Privatsammlung.

Gleichzeitig passieren in der Kunst aber noch ganz andere Dinge. Während die Pop Art sich mit den gewöhnlichen Dingen des Alltags beschäftigt und der Kunst zu einem unerwarteten Realitätscharakter verhalf, entfernten sich all jene Maler von ihr, die man der «HARD-EDGE-Abstraktion» zurechnet.
In Verbindung bringen wir mit ihr etwa *Al Held, Ellsworth Kelly, Barnett Newman, Morris Louis* etc. Diese auf die reine Farbe reduzierte Malerei greift weit zurück auf die Maler des «Stijl» und auf Maler des Bauhauses, die vor allem durch *Josef Albers* in den USA den Künstlern präsent waren.

In naher Beziehung steht zu *Albers* auch die OP-ART. Die KINETISCHE KUNST hat Vorläufer in den Arbeiten eines *Moholy-Nagy* oder *Naum Gabo*. Diese verschiedenartigsten Strömungen laufen in den sechziger Jahren parallel. Sie erleben die Geburtsstunde noch einer weiteren Kunstbewegung, der MINIMAL ART. Sie entfaltet sich vor allem in der Plastik und arbeitet mit reduziertesten, «minimalsten» Formvorstellungen. *Carl Andre, Dan Flavin, Robert Morris, Sol Lewitt* und vor allem *Donald Judd* haben sie bekannt gemacht. Es geht ausschliesslich um eine strenge Formgebung, um die «Einfachheit der Form», um Proportionen und Ordnungsprinzipien. Eine Kunst ohne Emotion, die nicht

Mario Merz
Doppelter Iglu, 1979
Installation, 3×6 m
Sperone Westwater
Gallery, New York.

Robert Smithson
Spiral Jetty
April 1970
Schwarzer Basalt und
Kalkstein
Länge 457,2 m
Great Salt Lake, Utah.

Gilbert and George
Gute Nacht, 1982
Foto
420×400 cm
Anthony d'Offay,
London.

Damit aber nicht genug! Die sechziger Jahre waren auch der Schauplatz der «ARTE POVERA» und der «KONZEPT-KUNST». Sie waren eine Antwort auf die realitätsbezogene Pop Art und suchten nach anderen vergeistigten Werten. Aus dem Nichts kam auch sie nicht. Die rigorose Absage von *Marcel Duchamp* an jede Art des Kunstmachens, aber auch die konsequente Reduktion des Bildes im russischen Konstruktivismus haben sicherlich zu den Denkprozessen geführt, in die die Künstler ihre Arbeit hineinführten. Konzeptuelle Malerei wurde demonstriert von *Daniel Buren, Ad Reinhardt, Robert Ryman*, dem in New York lebenden Japaner *On Kawara*. *Mario Merz* und *Jannis Kounellis* haben die europäische Variante der Konzeptkunst angeführt. In enger Beziehung zu ihr stehen jene Künstler, die Anfang der siebziger Jahre ihre Werke in Zusammenhang mit der Natur schufen. Auch diese als LAND ART bezeichnete Bewegung entstand in Amerika. Aktionsfelder wurden weit von der Zivilisation abgelegene Landstriche. Die Besucher haben sich nun auf die Wanderschaft zu begeben, um die künstlerischen Konzepte eines *Michael Heizer* in der Wüste von Arizona oder die berühmte Spirale von *Robert Smithson* in einem Salzsee in Utah zu besichtigen. Auch die Verpackungsarbeiten von *Christo* gehören in diesen Bereich einer Kunst, die die kommerzielle Vermarktung der Kunst zu unterlaufen suchte.

Die turbulenten siebziger Jahre gaben auch noch anderen Kunstrichtungen Chancen. So arbeiteten Künstler etwa mit ihrem eigenen Körper und kreieren die BODY ART. Hauptvertreter sind die Engländer *Gilbert* and *George,* die «lebenden Skulpturen». In der TRANSFORMER-Kunst werden die Künstler durch Verkleidung und Maskierung selbst zu Akteuren. Und schliesslich sind die siebziger Jahre auch noch besetzt mit dem HYPER- oder FOTOREALISMUS, bei dem die Maler Diapositive benutzen, um möglichst ohne persönlichen erkennbaren Duktus die Motive in exakter fotografischer Genauigkeit wiederzugeben. Ihre Gegenbewegung erfuhr diese überrealistische Malerei Ende der siebziger Jahre. Eine geradezu überwältigende Hinwendung einer ganzen Generation zur Malerei fand statt. In Italien sprach man von der TRANSAVANTGARDE und verstand darunter die Malerei von *Chia, Clemente, Cucchi, Paladino* etc.
Sie war eine Antwort auf Minimal- und Concept Art und suchte wieder Sinnlichkeit und Emotion in die Malerei zurückzubringen. In Deutschland spricht man von den JUNGEN WILDEN.

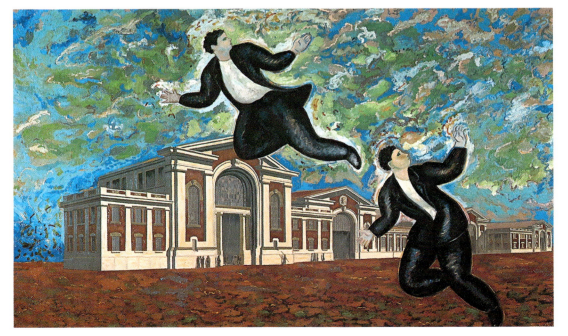

Oben:
Franz Gertsch
Marina schminkt Luciano, 1975
234×346,5 cm
Ludwig Museum Köln.

Mitte:
Enzu Cucchi
Der heilige Gesang des roten Berges, 1980
180,5×205,5 cm
Privatbesitz.

Sandra Chia
Genua, 1980
Öl auf Leinwand
226×396 cm
Privatbesitz.

Rainer Fetting
Self with Red Hat
1986
Öl auf Leinwand
175×140 cm
Museum Würth,
Künzelsau.

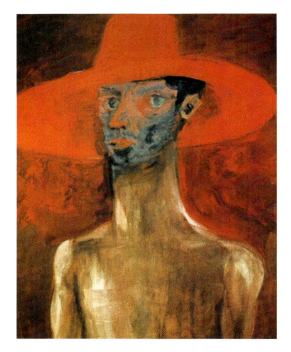

Rechts:
Julian Schnabel
Gemälde ohne Gnade
1981
Teller, Kitt, Ölfarbe,
Wachs und Eposey
auf Holz
300×420 cm
Museum Ludwig,
Wien.

Georg Baselitz
Schlafzimmer
(Elke und Georg)
1975
Öl auf Leinwand
350×250 cm
Museum Ludwig
Köln.

Eric Fischel
Portrait eines Hundes
1987
Öl auf Leinwand
286×491 cm
Privatbesitz.

Dieser «Hunger nach Bildern», wie der deutsche Kunsttheoretiker *W. M. Faust* es treffend ausdrückte, entfacht eine neue Diskussion um die Bedeutung der Malerei, die durch Konzeptkunst, Minimal Art, Landart, Aktionen und Performance stark in den Hintergrund getreten war. Die nun überall gefeierte Wiederentdeckung der Malerei kommt auch einer um eine Generation älteren Generation zugute, die sich auch in den siebziger Jahren mit Malerei zentral beschäftigt hatte und die heute als die grossen Klassiker gelten: *Georg Baselitz, Jörg Immendorf, Markus Lüpertz, Gerhard Richter, Sigmar Polke, A. R. Penck* und nicht zuletzt *Anselm Kiefer*. Es prallen nun zwei Malergenerationen aufeinander und lassen dieses Jahrzehnt noch einmal zu einem Jahrzehnt der Maler werden. Auch amerikanische Maler gehören dazu: *Eric Fischl, Julian Schnabel, Roberto Longo, David Salle, Jonathan Borrofsky* z. B. *Borofsky* war es, der den GRAFFITI durch Installationen aus Zeichnung und Malerei zum Durchbruch verhalf. Zwei Namen tauchen auf,

junge, unakademische Künstler, die die Strasse und die Subway als ihren «lieu sacre» angenommen haben: *Keith Haring* und *Jean-Michel Basquiat*. Über Nacht zu Stars und Leitfiguren geworden, wurden sie zu Repräsentanten der Jugendkultur des ausgehenden Jahrhunderts. In der aktuellen Kunstszene, die uns seit den neunziger Jahren stürmisch ins 21. Jahrtausend katapultiert, wird es schwierig, nach Kunstströmungen zu suchen. Es sind vielmehr Einzelpersönlichkeiten, die die Positionen der Gegenwartskunst beschreiben. Generell lässt sich sagen, dass Fotografie, Computer, Internet als Medien für die Kunst eingesetzt werden und man von DIGITALER KUNST als einem der jüngsten Phänomene sprechen kann. VIDEOS sind längst zum Träger künstlerischer Botschaften geworden. *Bill Viola* ist einer ihrer internationalen Stars. Aber es ist auch von TRASH-ART die Rede, in der ästhetische Werte ironisch und bewusst abgelehnt werden. Rauminstallationen mit den unerwartetsten Objekten der Konsumgesellschaft suchen sich dem Betrachter neu zu präsentieren. Es hat den Anschein der Banalität – aber sagt Entscheidendes über die Gesellschaft, über das Mensch-Sein an der Wende ins 21. Jahrhundert aus.

K

Keith Haring
Aids, 1985
Acryl und Öl auf
Leinwand
296×303 cm
Ludwig Forum für
Internationale Kunst,
Sammlung Ludwig,
Aachen.

Jean-Michel Basquiat
Junge und Hund in
einer Johnny-Pumpe
1982
Farbkleber und Spray
auf Leinwand
240×420 cm
Nachlass J. M. Basquiat.

Bill Viola
Videoinstallation
«Science of heart»
1983
Messingbett, Video
365×700×885 cm.

Nam June Paik
TV-Buddha, 1974
Hölzerne Buddhasta-
tue, Kamera, Monitor
Stedelijk Museum,
Amsterdam.

Kcho
Die Regatta
1964
Installation
Museum Ludwig
Köln.

263

MODE

Das Jahr 2000 – zwischen Bourgeoisie und Glamour

Elisabeth Paillié

Die Mode wird seit je von den aktuellen Ereignissen beeinflusst, vor allem vom Geschehen auf den Finanzmärkten. Wie sehen die Rahmenbedingungen im Jahr 2000 aus? Eindeutig verlässt die Mode nun die minimalistischen Strömungen, die in den letzen Jahren die allgemeine Krisenstimmung betont haben. Die Wirtschaft erholt sich langsam, und in der Mode spiegelt sich das in verführerischen bis extravaganten Tendenzen wieder. Es ist das Jahr der Neo-Bourgeoisie und der Vamps. Der Körper wird betont, und fliessende Materialien und ausgearbeitete Details betonen leichte Erotik und Sinnlichkeit. Überall, bis zu den Strümpfen, sieht man Logos. Festliches Gold und Silber sind Zeichen für die Rückkehr des Konsums. Die Accessoires sind überschwenglich: bestickte Handschuhe, mit Pelz gesäumt; paillettenbesetzte Handtaschen; luftige, luxuriöse Schals; schelmische Stöckelschuhe mit einer Blume auf dem Absatz; fesche Mützen und freche Hütchen; bedruckte Strümpfe; erotische Netzstrümpfe, mit oder ohne Strumpfhalter. Die Damenwäsche zeigt eine einheitliche Tendenz. Sie ist sehr sexy: Strings, Slips, Büstenhalter, Bustiers und Strumpfhalter in allen Farben sind mit feinen Spitzen, zartem Tüll und edlen Bändern besetzt. Die Haute Couture war noch nie so innovativ und provozierend. Ist ihr einziges Ziel, dass die exklusiven Modelle von den wenigen Dutzend «happy few» gekauft und getragen werden oder dass sie in den Sammlungen von einigen Reichen landen, Kunstobjekte, die das Können der Modemacher von Paris ausdrücken? Ja, auch, aber nicht nur. Das Hauptziel ist eindeutig, dass man in über zweitausend Zeitschriften und in allen Fernsehkanälen darüber berichtet. Ein weiteres Ziel ist sicher auch, dass sich viele Frauen ein Stück Traum erfüllen können, indem sie ein Accessoire, ein Parfüm oder einen Kosmetikartikel kaufen. Und die diesjährige Konfektionskleidung? Einige kritische Stimmen empfinden die extrabreiten Hosen aus transparentem Tüll von *Alexander McQueen* für Givenchy oder die «Edelnutten» von *Galliano* für Dior als übertrieben. Auch dieses Jahr verkörpert *Yves Saint Laurent* die zeitlose Eleganz. Die «einfachen» Tweedzweiteiler von *Chanel,* die mit Gold- und Silberfäden aufgehellt und zu transparenten Plastikstiefeln getragen werden, veranlassten *Karl Lagerfeld* zu folgender Frage: «Ist es wirklich so lächerlich, wenn man tragbare Mode kreiert?»

Die wichtigsten Ereignisse des Jahres

Bravo Armani
Der Meister aus Mailand feiert sein 25jähriges Jubiläum in der Modebranche mit einer brillanten Retrospektive im Guggenheim-Museum von New York. Später wird die Ausstellung auch in Bilbao, London, Paris und Berlin gastieren. *Robert Wilson* hat über fünfhundert Modelle in Szene gesetzt und illustriert mit ihnen, wie sich im Laufe der Jahre die Idee des «Wesentlichen» immer mehr durchgesetzt hat. Im Weiteren hat *Armani* an der Rue Manzoni 31 ein Geschäft mit einer Fläche von 8000 Quadratmetern eröffnet. *Armani* ist eine Ausnahmeerscheinung in der Modebranche, denn er ist nicht nur Modeschöpfer sondern auch Inhaber seiner Gesellschaft.

Haute Couture Kosmetika
Es ist erst der Anfang des neuen Luxus... Man stelle sich eine Welt vor, in der auch das Schminken eine Schöpfung nach Mass wird, wie in der Haute Couture. Viele haben davon

*Yohij Yamamoto
Sinnliche Eleganz aus dem kalten Norden*

*Dries van Noten
Jugendliche Frische*

*Chanel
Haute Couture
Zeitgenössische
Amazonen*

schon geträumt. *Terry Gunzburg*, die ehemalige Marketing- und Kosmetikdirektorin bei *Yves Saint Laurent,* hat es realisiert. «By Terry» heisst ihre Boutique an der eleganten Galerie Vero-Dodat. In ihrem Ausstellungsraum und im Vorführsalon empfängt *Terry* Kunden persönlich auf Rendezvous. Zusammen mit ihren Chemikern entwirft sie exklusive Kosmetika. Farbe, Textur, Feinheit, kurz die ganze Zusammensetzung ist einmalig. Puder, Lippenstifte, Fonds de Teint usw. werden in kostbaren Objekten aufbewahrt. Intelligenterweise werden gewisse Produkte auch als «Prêt-à-Porter» angeboten.

Castelbajac betritt die Modeszene
Jean-Charles de Castelbajac ist ein grosser Sammler von Gemälden und Photographien. Er geht auch in der Modebranche nach dem gleichen Rezept vor wie in der Dekoration. Alles

wird neu zugeschnitten und neu überdacht. Seinen ersten Mantel hatte *Castelbajac* aus einer Internatsdecke hergestellt. Dieses Jahr hat er zwei Geschäfte eröffnet. Seine «Concept store» sind an der Rue Madame und am Place du Marché Saint Honoré zu finden. In den Büroräumen in seinem privaten Wohnsitz hat er seine erste Modeschau organisiert. Seine Kreationen sind verspielt, naiv und fröhlich und werden mit wundehübschen Hütchen und Handtäschchen verschönert.

Mode und Design
In London hat der Zypriot *Hussein Chalayan* an seiner Winterschau einmal mehr Mode und Design auf gelungene Art vereint. Vier nur leicht bekleidete Models entfernten die Polster von Sesseln und bekleideten sich mit diesen zweidimensionalen Hüllen mittels Velcro und Druckknöpfen. Der Höhepunkt war, als ein Model sich einen runden Holztisch an der Taille befestigte und die beweglichen Teile aufklappte bis daraus ein Rock entstand. *Hussein Chalayan* hat für Ramosport eine erfolgreiche Kleiderlinie entworfen.

Die Exzentriker
Die Modehistorikerin *Florence Muller* hat für das Warenhaus Le Printemps eine Ausstellung organisiert mit der Absicht, unter das Jahrzehnt der strengen, dunklen Uniformen endlich einen Schlussstrich zu ziehen und der Phantasie und der Kreativität der Frauen freien Raum zu lassen. Wer erinnert sich nicht an die Dandies, die Zazous, die Punks usw.?

Anti-Parfum
Die Kreationen von *Rei Kawakubo*, Modeschöpferin bei Comme des Garçons, tragen das Etikett Concept-art. In der Parfümerie geht sie auf genau gleiche Art und Weise vor. Schon 1998 hat sie Pionierarbeit geleistet mit ihrem Parfum Odeur 53, das, wie sein Name sagt, 53 verschiedene abstrakte Gerüche miteinander verbindet, von Gletscherträumen bis zu Aluminiumflüssen. Dieses Jahr geht sie noch weiter. Dank der Mitarbeit der I.F.F. Laboratorien und der «solid phase micro technology» klont sie natürliche Elemente und urbanistische Gerüche, das Spektrum geht vom Geruch eines Toasters bis zum Moosgeruch. Das neue Parfüm heisst Odeur 71. Es ist rosa gefärbt und wird in einen gleichfarbigen Flakon abgefüllt. Die Flasche war im Centre Pompidou in der Ausstellung von Gegenständen des 21. Jahrhunderts zu besichtigen.

Erwähnenswert
Die Sommerkollektion 2001, Fortsetzung der Reihe «Cacharel, le retour», wird vom Londoner Duett *Clements* und *Ribeiro* erarbeitet.
Marc Audibet zeichnet die Kollektion von Ferragamo. Sie steht unter dem Motto der eleganten, pikanten Pariserin.
Alber Elbaz hat von *Yves Saint Laurent* zu Krizia gewechselt.
Nachdem *Hedi Slimane* für *Yves Saint Laurent* unter der Bezeichnung Rive Gauche eine androgyne Männermode geschaffen hat, arbeitet sie nun an der Männerkollektion von Dior.
Tom Ford, der auch weiterhin für die Vermarktung des Image von Gucci zuständig ist, ist neu nun auch noch schöpferischer Leiter und Kommunikationschef der Konfektionsabteilung von *Yves Saint Laurent*, die jetzt Gucci angeschlossen ist. Seine Sommerkollektion 2001 wird von der Mode- und auch von der Finanzwelt mit Spannung erwartet.

Ferragamo
Die moderne Pariserin

Lacroix Haute Couture
Graphik und gerade Linien

A.F. Vandevorst
Ritterliche Einflüsse

Lanvin
Einfach damenhaft

Martine Sitbon
Ehrung der Op'Art

Missoni
Bewegte Geometrie

Jean-Paul Gaultier
Haute Couture
Unvergleichliches Paris

*Ann Demeulemeester
Sportliche Romantik*

*Junya Watanabe
Poetische Architektur*

Gucci
Starlet

Vuitton
Logos an der Macht

*Yves Saint Laurent
Rive Gauche
(Alber Elbaz)
Im Gleichgewicht*

*Calvin Klein
Reinheit*

TRENDS

Medien: Vulgär-Phänomen «Big Brother»

Erich Gysling

Kreuz und quer durch Europa und durch die USA stürzten sich die privaten TV-Sender auf eine neue Form von sogenanntem Reality-TV und lockten damit in sämtlichen Ländern Rekordzahlen von Zuschauern vor den Bildschirm. «Big Brother» oder beispielsweise in Spanien «Gran Hermano», in Italien «Grande Fratello» hiess die Form, die sich wie ein Lauffeuer ausbreitete.
Die Sendeform befriedigte die Selbstdarsteller ebenso sehr wie die voyeuristischen Zuschauermassen, kostete nicht sehr viel und brachte den kommerziellen Sendern gewaltige Werbe-Einnahmen. Das Grundmuster war auf allen Sendern etwa das gleiche: Zehn oder zwölf Männer und Frauen (ausgewählt aus jeweils Tausenden oder gar Zehntausenden von Kandidaten) liessen sich in einen Wohncontainer sperren. Sie sollten dort rund drei Monate verbringen, die gegenseitige Nähe aushalten, sich beschäftigen, das Gemeinschaftsleben organisieren und allenfalls die Zuschauer ein wenig unterhalten. Jederzeit wurden sie von Kameras beobachtet. Daher der Titel «Big Brother», in Anlehnung an den vor mehr als einem halben Jahrhundert vom Engländer *George Orwell* verfassten Roman, der eine total überwachte Zukunft und damit den Verlust der Privatsphäre vorausgesagt hatte.
Die Zuschauermassen konnten die Darsteller vom Schlaf über's Zähneputzen bis zu Liebes- und Streitszenen hautnah verfolgen. Mehr noch: sie konnten an Abstimmungen teilnehmen, bei denen entschieden wurde, wer den Wohncontainer zu welchem Zeitpunkt verlassen musste, wer, mit anderen Worten, im

«Big Brother» in der Schweiz (links) und in Deutschland.
Ganz unten der «Big Brother»-Wohncontainer – freiwilliges Gefängnis für Selbstdarsteller.

Gesellschaftsspiel verloren hatte und ausgestossen werden sollte. Dem Gewinner respektive der Gewinnerin, die als letzte noch im Container lebte, winkten Prämien von (je nach Land verschieden) 90 000 bis weit über 100 000 $. Den Prozess des Verstossens hätte man auch als Mobbing bezeichnen können – aber das ganze Big-Brother-Ritual hatte jederzeit auch seinen Unterhaltungswert. Ausgestossene und Ausstossende fühlten sich oft als Helden, schrieben für neu entstandene Magazine ihre Erlebnisberichte und hofften darauf, zu Stars im Mediensektor zu werden.
Erfunden hatte «Big Brother» der Holländer *John de Mol*. Als er seine Idee vermarkten wollte, begegneten ihm anfänglich die TV-Bosse mit Distanz. Dann liessen sie sich durch die hohen Einschaltquoten eines Besseren belehren, und ein kommerzieller Sender nach dem anderen führte seinen «Big Brother» ein. Politiker und Medien-Ethiker liefen erst gegen die als unmoralisch empfundene Sendeform Sturm, aber schliesslich kapitulierten sie überall. «Big Brother» schien einem einfachen, etwas vulgären Bedürfnis der Gesellschaft der Zeit nach der Jahrhundertwende zu entsprechen.

Der Schweizer Wim Oubouter, der Erfinder des klassischen Micro Scooter.

Modern mit neu-altem Trottinett

Wer hätte das gedacht: das alte Trottinett, bis vor ein, zwei Jahrzehnten allenfalls als Fortbewegungs-Spielzeug für Kinder betrachtet, wurde im Jahr 2000 zum weltweiten Kultgerät. Berühmtheiten aus dem Showgeschäft wie *Robbie Williams* oder Alt-Star *Kirk Douglas* flitzten mit dem «Micro Skate Scooter» durch die Strassen der Städte; man sah Manager in grauen Anzügen auf dem neu entwickelten Trottinett, Kinder, Jugendliche, kurz: alle.

Die modernisierte Version des alten Geräts hatte der Schweizer *Wim Ouboter* entwickelt. Der «Micro» war handlich, wirkte spielerisch, konnte zusammengeklappt und ohne Probleme überall hin mitgetragen werden. Er war für rund 100 $ zu haben – und im Verlauf des Jahrs wurde er bereits millionenfach abgesetzt.

Das Ende der Krawatte

Noch vor ein, zwei Jahren waren die Manager und die Politiker öffentlich immer mit Krawatte aufgetreten – plötzlich kam das traditionelle männliche Schmuckstück ausser Mode. US-Präsident *Bill Clinton*, der deutsche Aussenminister *Joschka Fischer* und sein Chef, Bundeskanzler *Gerhard Schröder*, der Chef von Daimler-Chrysler *Jürgen Schrempp* oder Bertelsmann-Boss *Thomas Middelhoff*, sie alle zeigten sich jetzt «oben ohne». Einzelne Manager sprachen von der Befreiung von der Krawatte als «Zeichen des Wandels unseres Unternehmens».
Die Krawatte hatte also «nur» 330 Jahre lang überdauert. Der Name geht auf eine kroatische Söldnertruppe namens «Croatta» zurück, die sich in Paris mit ihrem Halstuch präsentierte. Der französische König *Louis XIV* liebte die Krawatte besonders – er hatte einen eigenen Cravatier, der ihm jeden Morgen einige Exemplare zur Auswahl präsentierte.

Mobilität

Mobilität lautete das Motto des Jahres: mit Inline Roller Skates konnte man noch schneller als auf dem modernisierten Trottinett durch die Strassen oder die langen Gänge in den Bürogebäuden flitzen. Zum Outfit gehörte das mobile Telefon (in einigen europäischen Ländern hatte schon jede dritte Frau, jeder dritte Mann ein «Handy»), und je länger, desto eindeutiger wurde das mobile Telefon oder Cell-phone auch zum Designer-Artikel. Alle paar Monate kamen neue Geräte auf den Markt. Sie konnten immer mehr und kosteten fast immer weniger.

Pokémon: für Kinder unwiderstehlich

Der Japaner *Sasoshi Tajiri* hatte für das Unternehmen Nintendo im Jahr 1996 die Welt der Gruppe «Pokémon» mit 151 Figuren kreiert – bis zum Jahr 2000 zirkulierten weltweit schon 32 Millionen «Pokémon»-Karten, von denen einige einen derartigen Seltenheitswert hatten, dass Kinder dafür auf dem «schwarzen Markt» bis zu 400 $ zahlten. Jetzt kamen auch noch ein «Pokémon»-Film und eine animierte Serie fürs Fernsehen. «Pokémon» wurde zum grössten Phänomen im Bereich der industriell hergestellten Spielzeuge und wurde zur grössten Multimedia-Spielzeugproduktion. In den USA gab es Schulen, wo «Pokémon» verboten wurde – weil die Kinder sich förmlich um die Karten schlugen. Im kalifornischen San Diego reichte ein Elternpaar eine Klage gegen das Unternehmen Nintendo ein – weil es mit seinen Produkten die Kinder verderbe.

*Oben: «Pokémon»-Verkaufsgestell in einem Geschäft in Paris.
Rechts: «Pokémon»-Manie in New York.*

Und jetzt auch noch Digimon!

Neu für Europa war im Jahr 2000 die Serie «Digimon», ebenfalls eine japanische Erfindung. Vorerst gab es die «Digimon»-Figuren dreidimensional, die Kartenversion aber war auch schon in Vorbereitung. Die «Digimon» konnten durch Computer bewegt werden. Sie hatten immer mit Attacken von einem mächtigen Feind zu rechnen, einem fliegenden Monster. Mit seiner «schwarzen Macht» drohte es, den Körper und auch die Seele der «Digimon» zu zerstören. Die «Digimon» aber hatten ihre Abwehrwaffen.

Harry Potter

Joanne K. Rowling (rechts), aus dem schottischen Edinburgh stammend, lebte in Armut als allein erziehende Mutter eines Mädchens namens *Jessica*. Bis sie ihr erstes Buch für Kinder mit dem von ihr erfundenen «Helden» Harry Potter geschrieben hatte. Da plötzlich wurde sie reich und so berühmt, dass sie sich manchmal scheu vor ihren Fans zu verstecken versuchte. Die stürmten mancherorts förmlich die Buchhandlungen, wenn dort ein neues Harry-Potter-Buch vorgestellt wurde. Bis Ende 2000 gab es Harry-Potter-Bücher in 37 Ländern, überall führten sie die Bestseller-Listen an und erreichten Millionen-Auflagen.

Harry Potter ist eine Kinderfigur. Er kann zaubern und verkörpert in sich eine Mischung von Science-fiction, Witz und Humor. Er hat gefährliche Abenteuer zu bestehen und kommt immer gerade noch davon. Mit seinem Äusseren (schmächtige Figur, etwas unbeholfen wirkende Brille) können sich Millionen von Kindern identifizieren.

Bis zum Jahr 2000 erschienen vier Harry-Potter-Bücher:
Harry Potter und der Stein der Weisen;
Harry Potter und der Feuerkelch;
Harry Potter und der Gefangene von Askaban;
Harry Potter und die Kammer des Schreckens.

Yair und Dian, die aus Israel nach London gereist waren, um die Autorin, Joanne K. Rowling in der King Cross-Station bei einer der relativ wenigen Begegnungen mit ihrem Publikum live zu erleben.

Immer spektakulärer

Immer perfekter und verrückter wurde die Kunst des Surfens. Wakeboarden das ist Wellenreiten, Snowboarden und Waseski in einem. Die Trendsportart kommt aus den USA und ist zum absoluten Kult-Sport geworden. Hinter einem Boot oder einer Liftanlage nutzt der Wakeboarder die Heckwelle (Wake) um seine Tricks und Airs zu springen. An den Liftanlagen wird das um einen Wendepunkt laufende Seil als Katapult-Efekt genutzt. Bild unten: Ein Wakeboarder vor der Skyline an der «Gold-Coast» von Australien.

Das Idol: Britney Spears

In den USA wurden Teenager gefragt: Mit wem möchtest Du Dein Aussehen tauschen? 68% antworteten: Mit *Britney Spears*.
Die 19jährige «Queen of Pop» publizierte in diesem Jahr ein Album in einer Auflage von sage und schreibe 18 Millionen. Überall gerieten die Teenager in Ekstase, wenn *Britney Spears* ihre mit Sex-Appeal und Weisheiten über die Liebe angereicherten Songs vorführte. Dass sie das mit viel Liebenswürdigkeit und dem Anschein von Unschuld tat, verstärkte nur noch die Wirkung. Ihrer Präsentation zuzuschauen und zuzuhören sei wie eine Vergnügungsfahrt durch Disneyland, schrieb ein Rezensent nach dem Auftritt des Idols der jungen Fans in Zürich. Dort, wie kurz nachher in Paris und in vielen anderen Städten, bezauberte sie mit der perfekten Mischung von Songs und Show. Die Songs: «Don't let me be the last to know» oder «Born to make you happy». Dazu gab es überall noch ein kleines Spiel unter der Frage «What would you do to meet *Britney Spears*?» Dann durften jeweils vier Fans zu ihr auf die Bühne und bekamen die Aufgabe: «Belle wie ein Hund» oder «Sing your favourite Britney-Spears-Song». Der Sieger / die Siegerin durfte dann zwei Sätze mit dem Idol wechseln und bekam dazu ein Erinnerungsfoto.

SPORT

Der Winter des «Herminators»

Peter Birrer, Rolf Leeb

■ Es war Ende November des letzten Jahres, als *Hermann Maier* nach Beaver Creek (USA) für drei Einsätze im Weltcup an jene Stätte zurückkehrte, an der er Doppelweltmeister geworden war und vor dem ersten Start folgendes von sich gab: «Ich kann mich eigentlich nur selber schlagen.» Überheblichkeit? Oder schlicht Realität? Vier Weltcuprennen hatte der Ausnahmeathlet aus Österreich bestritten, viermal hatte er gesiegt, er hatte seine Konkurrenten geradezu deklassiert und gab als Erklärung für seine unheimliche Dominanz an: «Wenn andere Fahrer von Unebenheiten auf der Piste durchgerüttelt werden, federn meine Beine die Schläge ab.» Und: «Es gelingt mir einfach alles – und alles läuft von selbst.» Übrigens: Wer gewann in Beaver Creek Riesenslalom, Abfahrt und Super-G? Raten Sie…

Als die Weltcup-Saison 1999/2000 im März ausklang, hatte *Hermann Maier* den anfänglichen Schwung durchgezogen, war er der unumstrittene Star geworden, hatte er sich vom dritten auf den ersten Gesamtplatz verbessert. Und seine krasse Überlegenheit liest sich in Zahlen folgendermassen: Sieger der Gesamtwertung mit 2000 Punkten (und 560 Punkten Vorsprung auf den Norweger *Kjetil André Aamodt* und bereits 1006 auf Landsmann *Josef Strobl*); zehn Siege, sieben zweite Plätze, fünfmal auf Rang drei; Gewinner der Abfahrt-, Super-G- und Riesenslalom-Wertung. *Maier* war damit gelungen, was vor ihm nur dem Walliser *Pirmin Zurbriggen* (1987) und dem Franzosen *Jean-Claude Killy* (1967) geglückt war. In einem einzigen Winter räumte er nicht weniger als vier (von fünf möglichen) Kristallkugeln ab.

Einzig der Slalom erwies sich nicht als klassische *Maier*-Disziplin und wurde eine Sache für *Aamodt*. Besondere Bedeutung hatte für *Maier* der Titel, weltbester Abfahrer zu sein. «Ich habe die Rangliste vom ersten Rennen an angeführt, und darauf darf ich wirklich stolz sein.» *Hermann Maier*. Was für ein Modellathlet, was für ein Skifahrer, was für eine überragende, fast unantastbare Figur, gegen die die Konkurrenz nie in der Lage war, ein wirksames Rezept anzuwenden. Als erster der Geschichte erreichte der Österreicher in einer Saison die magische Gesamtpunktzahl von 2000, fand scheinbar mühelos in jedem Rennen die ideale Mischung aus Kraft und Technik und bestach mit einer bemerkenswerten Konstanz. Durchschnittlich gewann *Maier* pro Wettkampf nicht weniger als 68,966 Punkte. Unter Berücksichtigung der Tatsache, dass für einen dritten Rang bei Weltcuprennen 60 Punkte gutgeschrieben werden, ist das eine kaum fassbare Quote. «Es ist zweifellos verrückt», gestand selbst *Maier* Ende Saison und dachte wohl an den Winter 1996/97 zurück, als er es nicht geschafft hatte, 400 Punkte zu erreichen. Allein das verdeutlicht, wie kometenhaft der Stern von *Maier* aufging.

Dabei hatte es in noch jüngeren Jahren überhaupt nicht danach ausgesehen, als würde der vielseitige *Maier* eines Tages zur praktisch unerreichbaren Nummer eins bei den Alpinen aufsteigen und neue Massstäbe setzen. Der mittlerweile 28jährige, der in Altenmarkt geboren wurde und in Flachau lebt, litt in der

Konzentriert am Start und auf zum nächsten Sieg: Der österreichische Überflieger Hermann Maier kurz vor seinem Einsatz in Kitzbühl.

Hermann Maier während dem Rennen in Hinterglemm.

Renate Götschel und Hermann Maier, die überragenden Gesamweltcupsieger.

Jugend an Wachstumsstörungen, hörte deswegen vorübergehend mit dem Skisport auf und begann eine Maurerlehre. Erst Jahre danach, als *Maier* nicht mehr mit den hartnäckigen körperlichen Problemen zu kämpfen hatte, kehrte er zum Skifahren zurück, nahm das Training wieder auf, liess sich zum Skilehrer ausbilden und teilte fortan das Jahr in zwei Hälften. Im Sommer arbeitete er als Maurer, im Winter unterrichtete er in der Skischule seiner Eltern *Hermann* und *Gertraud*. Und 1996, als seine Dienste noch immer auf Baustellen gefragt waren, hatte er wohl keinen einzigen Gedanken an eine baldige steile Karriere verschwendet. Dem Zürcher «Tages-Anzeiger» verriet er, als er bereits von Sieg zu Sieg fuhr: «Es wäre mir nicht im Traum eingefallen, dass ich dereinst Preisgelder in Dollar verdienen würde, die ich dann auch noch doppelt versteuern muss...»

Ab 1997 war der Vormarsch von Spätzünder *Maier* endgültig nicht mehr zu stoppen. Er gewann die Rennen gleich serienweise, liess seine Konkurrenten mehrfach mit horrendem Rückstand von mehr als einer Sekunde hinter sich, und zwangsläufig jagten sich in den Zeitungen auch die Schlagzeilen. Er erhielt den Übernamen «Herminator», die «Neue Zürcher Zeitung» beschrieb ihn als «Urgewalt auf Ski», es war aber auch vom «Monster Maier» oder dem «Ausserirdischen» die Rede. Der Schweizer *William Besse* sagte einmal über ihn: «*Maier* traue ich es zu, dass er auch nur mit einem Ski Rennen gewinnt.» Für andere bedeutete ein zweiter Rang das Höchste aller Gefühle. Der Österreicher *Andreas Schifferer* liess sich jedenfalls einmal so zitieren: «Eigentlich bin ich ja Erster geworden, denn der *Maier* ist nicht von dieser Welt...» Und ein durchaus nennenswertes Lob gab es vom einstigen österreichischen Routinier *Günther Mader*, der konstatierte: «Einen wie *Maier*, der sein Handwerk so perfekt beherrscht, habe ich noch nie gesehen.» *Maier* hatte im letzten Winter logischerweise auch massgeblichen Anteil daran, dass es Österreich als Skination auf insgesamt 40 Saisonsiege brachte. Und es ist im Grunde überflüssig anzufügen, wer die Nationenwertung für sich entschied. Durchaus bemerkenswert ist der Vorsprung der Österreicher auf die zweitplazierten Italiener. Die Gewinner wiesen über 13 000 Punkte mehr auf als die ersten Verfolger... In dieser Wertung belegten die Schweizer übrigens den dritten Platz, immerhin. Und ein kleiner Trost blieb ihnen auch noch: Ihnen gehört nach wie vor die Rekordmarke punkto Erfolge in einem Winter. 1986/87 gewannen sie insgesamt 41 Rennen.

Bei den Frauen war kein weiblicher *Hermann Maier* auszumachen, keine Athletin, die alle andern um Welten hinter sich gelassen hätte. Weniger überraschend mutet indes an, dass es sich bei der Weltbesten ebenfalls um eine Athletin aus Österreich handelt: *Renate Götschl*. Sie räumte zwar nicht ab wie *Maier*, war in den Spezialwertungen einzig in der Disziplin Super-G die Beste, und doch hatte sie am Ende auf ihre Landsfrau *Michaela Dorfmeister* ein Polster von 325 Punkten. Belohnt wurde die 25-Jährige aus dem obersteirischen Ort Obdach-Schwarzenbach für ihren immensen Fleiss. Sie war die einzige im ganzen Zirkus, die zu sämtlichen 40 Wettbewerben antrat. Sechs Mal stand sie dabei zuoberst auf dem Podest, wurde zweimal Zweite und dreimal Dritte. Für eine Rekordmarke der besonderen Art sorgte übrigens *Regina Häusl*. Die Deutsche sicherte sich zwar keinen einzigen Weltcuperfolg und holte dank fünf zweiten Rängen trotzdem die Kugel in der Abfahrt. Dieses Kunststück war vor ihr noch keiner anderen Athletin gelungen. Bei *Renate Götschl* handelt es sich um eine durchaus sympathische Erscheinung. Aufgewachsen in einfachen Verhältnissen, gilt sie heute als Familienmensch, der aus einem Grund besonders gerne siegt: «Ich mache das für meine Eltern, weil sie sich freuen, wenn ich Erfolg habe. Ihnen habe zu verdanken, dass ich es im Skisport so weit gebracht habe.» *Götschl*, die als Gesamt-Weltcupsiegerin die Nachfolge von *Alexandra Meissnitzer* (Ö) antrat (sie fiel wegen eines Kreuzbandrisses aus), kam letztlich ihre gegenüber *Dorfmeister* ausgeprägtere Nevernstärke zugute. Ende Februar wars, als sie in Innsbruck den entscheidenden Schritt Richtung Gesamtsieg vollzog und *Dorfmeister* mit dem Wirbel, der um diesen Zweikampf veranstaltet wurde, offensichtlich nicht mehr fertig wurde. *Götschl* dafür, die 1993 als 18jährige in Hafjell mit einem Slalom ihr erstes Weltcuprennen gewonnen hatte, erwies sich erstens als Vielseitigere des Duos, und sie erlebte in Innsbruck das, was sie später als «Traumwochenende» und «das erfolgreichste Wochenende meiner Karriere» bezeichnete. Sie war in der Abfahrt und im Super-G Schnellste gewesen und hatte in einem weiteren Super-G, der zwischen den beiden anderen Rennen lag, einen zweiten Rang herausgefahren. Das veranlasste *Dorfmeister* vorzeitig die Niederlage einzugestehen: «Das wars, ich kämpfe nicht mehr um den Gesamtweltcup, es ist aussichtslos.» Auf ihrer Homepage bedankte sich *Renate Götschl* am Ende des Winters auf ihre Weise bei ihren Anhängern, als sie schrieb: «Ich habe eine gute Ausgangslage für die nächste Saison, wobei es sicher nicht leicht ist, sie zu wiederholen. Aber ich verspreche Euch, dass ich wieder mein Bestes probieren werde, und hoffe, ich enttäusche Euch und mich nicht.»

Renate Götschel trat als einzige des Skizirkus zu allen 40 Rennen an.

Fussball-EM: Frankreich erobert auch Europa

Trézéguet? Trézéguet! Er musste sich, als der Ball zu ihm unterwegs war, gesagt haben: Alles oder nichts, Treffer oder meterweit über das Tor. Sekunden danach. Seine Risikofreudigkeit sollte sich lohnen. Dieser *Trézéguet, David* mit Vorname, riss sich Sekunden danach sein Trikot vom Oberkörper, lief Richtung Cornerflagge, verfolgt von Kollegen, und als einer der ersten Gratulanten traf *Roger Lemerre* ein. Er ist der Chef, und *Trézéguet*, einer seiner Spieler, hatte mit seinem Schuss zum 2:1 dafür gesorgt, dass Frankreich zwei Jahre nach dem WM-Titel von Paris einen nächsten Höhepunkt erlebte. «Les Bleus», der Übername für die Franzosen, hatten dank einem unfassbaren Finale im Endspiel gegen Italien aus einem 0:1-Rückstand zuerst ein 1:1 gemacht, und später hatte *Trézéguet,* der 22jährige, mit dem Golden Goal nach 103 Minuten die endgültige Wende besorgt. *Trézéguet,* der seit Sommer pikanterweise in Italien bei Juventus Turin sein Geld verdient, sagte später: «Es war vielleicht nicht mein schönstes Tor, aber mein wichtigstes.» Und *Lemerre*, vor zwei Jahren vom Assistenten *Aimé Jacquets* zum Cheftrainer erhoben, hatte alles richtig gemacht. *Sylvain Wiltord*, Schütze des Ausgleichstreffers Sekunden vor Ablauf der regulären Spielzeit, hatte er eingewechselt wie *Trézéguet* und auch *Robert Pires*, der das 2:1 mit einer wunderbaren Flanke vorbereitete. Und die Italiener? Die Bilder bleiben in ewiger Erinnerung, wie sie überall auf dem Rasen des «De Kuip»-Stadions in Rotterdam lagen, wie *Alessandro Del Piero* mit den Tränen ringt, wie *Massimo Ambrosini* sein Gesicht gegen den

Rasen drückt, wie Coach *Dino Zoff* seine Fussballer zusammentrommelte und sie aufforderte, die Silbermedaillen abzuholen. Das forsche Italien war erst kurz vor Ende gestoppt worden, wegen einer «Verfluchten Minute» («Il Messaggero»). Aber sie haben die Geschichte mitgeschrieben an einer EM, die gelebt hat von prächtigem Fussball, von sehenswerten Toren und Emotionen

Gut waren die Franzosen, keine Frage, komplett wie keine andere Mannschaft, offensiv ausgerichtet, mit der idealen Mischung aus technischer Brillanz und kompromissloser Abwehrarbeit, oder wie es ihr Coach *Roger Lemerre* ausdrückte: «Ich denke, Frankreich verfügt jetzt über die beste Nationalmannschaft seiner Geschichte.» Über eine auch mit einem Kopf, der dominant war wie schon am 12. Juli 1998, als er Brasilien im WM-Final vorführte: *Zinedine Zidane*, 28. Was der Franzose aufführte, war schlicht begeisternd, wie subtil er mit dem Ball umging, wie er es fertigbrachte, in grösster Bedrängnis intuitiv das Richtige zu machen, den Körper korrekt einzusetzen und mit einer überragenden Technik eine Eleganz zu demonstrieren, die jeden Zuschauer begeisterte. «Wir sind in den letzten zwei Jahren reifer geworden», sagte *Zidane*, «wir sind als Mannschaft noch besser, noch erfahrener.» Und von sich behauptete er: «Ich befinde mich gegenwärtig auf dem Zenit meines Leistungsvermögens.» *Zidane* hatte zur richtigen Zeit zur Form zurückgefunden. Während acht Monaten hatte er bis ins neue Jahrtausend hinein weder für Juventus Turin, seinen gegenwärtigen Arbeitgeber, noch für die Nationalmannschaft getroffen. In Belgien und Holland aber führte er «Les Bleus» zum Triumph.

Das Golden Goal: In der 103. Minute führte David Trézéguet Frankreich zum Europameister-Titel.

Sylvain Wiltord (oben) erzielte kurz vor Schluss der regulären Spielzeit den Ausgleichstreffer für die Franzosen. Zinedine Zidane (rechts) war der Denker und Lenker im Europameisterteam.

Baumeister des Erfolges war ihr Trainer Roger Lemerre, der von seinen Spielern auf den Schultern getragen wurde.

Wie immer vermochten sich auch an dieser Europameisterschaft wiederum zahlreiche Stars in Szene zu setzen: Der Holländer Edgar Davids (8) war einer der Stars.

S

Der Franzose Laurent Blanc (oben links) war der grosse Abwehrstratege und Predrag Mijatovic (oben rechts) der Star der jugoslawischen Mannschaft.

Der holländische Topskorer Patrick Kluivert erzielt sein erstes Goal gegen Jugoslawien.

Sydney 2000 – «The best games ever»

Man schrieb den 1. Oktober 2000, und es war 21.14 Uhr Ortszeit im prachtvollen «Stadium Australia» in Sydney geworden, als die Olympischen Spiele ihr Ende fanden: Ein Düsenjet der australischen Luftwaffe holte das Feuer symbolisch ab, um es nach Athen, der Olympiastadt 2004, zu bringen. Minuten zuvor hatte IOC-Präsident *Juan Antonio Samaranch* 110 000 Zuschauern und gegen 7000 noch anwesenden Athletinnen und Athleten eine Mitteilung zu machen, auf die sie «down under» so sehr gewartet hatten und auf die sie so stolz waren. «Sydney hat der Welt die besten Olympischen Spiele aller Zeiten präsentiert», sagte *Samaranch*. Oder um es mit den Worten auszudrücken, die von Einheimischen längst vor der Schlussfeier gebraucht wurden: «The best games ever.» 16 Tage feierte Australien mit der Welt; 16 Tage dauerte das gigantische Spektakel mit weit über 10 000 Sportlern, für das sich mehr als 17 000 Medienvertreter akkreditiert hatten; 16 Tage lieferte Sydney eine Fülle vorwiegend wunderbarer Schlagzeilen. Verschiedene Fälle von Dopingmissbrauch waren allerdings auch diesmal nicht zu verhindern. Zum Schluss stellte man fest: «Sydney war keine Stadt, in der Olympia stattfand, als wären die Spiele einer von vielen Anlässen. Sydney war eine olympische Stadt.»

Bloss: Wo rückblickend anfangen? Welche Leistungen hervorheben? Welche Namen ausdrücklich erwähnen? Die erste Hälfte der Spiele fanden für viele Australier vor allem im Schwimmbecken des Aquatic Centre statt. Dort feierten jeweils 17 000 schwimmfanatische

S

Der Australier Ian Thorpe holte als 18jähriger insgesamt drei Goldmedaillen.

Besucher vor allem einen Mann: *Ian Thorpe*, den 18-Jährigen mit Schuhgrösse 52. Er holte die erwartete Goldmedaille über 400 m Crawl, zwei weitere in den Staffelrennen und bedankte sich für die eindrückliche Unterstützung so: «Es war grossartig mit diesen Zuschauern. Thank you Sydney, thank you Australia.» *Thorpe*, ein echter Sydneysider mit dem Übernamen «Torpedo», sorgte mit seinen Triumphen auch privat vor: In den nächsten Jahren dürften ihm Werbegelder bis zu zehn Millionen Franken eintragen. Übrigens gilt der Sohn eines Gärtners und einer Lehrerin als Mensch mit ausgeprägtem Gerechtigkeitssinn. Als er bei den Pazifik-Spielen rund 25 000 Franken Weltrekordprämie einnahm, spendete er das Geld für ein Kinderkrebsinstitut. Nur, sämtliche australische Träume vermochte auch der Jungstar nicht zu erfüllen. Vor der Sonne stand ihm diesbezüglich ein holländischer Schwimmer: *Pieter van den Hoogenband*. Der sechsfache Europameister von 1999, kurz «VDH», bezwang *Thorpe* über 200 m Crawl. Und in der Königsdiziplin der Schwimmer, 100 m Crawl, liess der Holländer seinem Weltrekord im Halbfinal Gold im Final folgen. Die «FAZ» hatte schon ein Jahr zuvor festgestellt: «Für Olympia 2000 gilt *van den Hoogenband*, der Mann ohne Schwächen, nun in der Branche als grosser Favorit.»

Die Rolle von «Hoovercraft» bei den Männern interpretierte *Inge de Bruijn* bei den Frauen. Sie, Landsfrau von *van den Hoogenband*, siegte über 100 m Delphin in Weltrekordzeit, sie holte über die gleiche Distanz auch im Freistil die goldene Auszeichnung, und als Abrundung

Der Holländer Pieter van den Hoogenband holte über 100 m sowie 200 m Crawl die höchste Auszeichnung.

entschied die Holländerin die 50-m-Crawl-Konkurrenz zu ihren Gunsten.

Die Schwimmtage von Sydney wurden nach einer Woche von den Leichtathleten abgelöst, und in der Paradesportart war im Vorfeld in erster Linie davon die Rede gewesen, dass die US-Amerikanerin *Marion Jones* neue Massstäbe setzen könnte. Fünf Goldmedaillen peilte die 25jährige aus Los Angeles an, drei wurden es schliesslich: Sie gewann über 100 und 200 m, wurde mit der Staffel über 4×400 m Olympiasiegerin, musste sich aber sowohl in der Staffel über 4×100 m und im Weitsprung mit Bronze begnügen. Der totale Triumph blieb also aus, und in Zusammenhang gebracht wurde das Verpassen unter anderem damit, dass *Jones'* Ehemann *Cottrell John Hunter* während der Spiele als Dopingsünder entlarvt wurde. «Nein», entgegnete *Jones* diesen Gerüchten, «das hat damit nichts zu tun. Wenn ich auf der Bahn bin, laufe ich und vergesse, was rund um mich herum geschieht.» Die Weltsportlerin des Jahres 1999 hatte *Hunter* beigestanden, als der Kugelstösser unter Tränen in Sydney der Welt weismachen wollte, er habe nie unerlaubte Mittel zu sich genommen, lediglich ein Nahrungsmittelpräparat zum Muskelaufbau. «Woher», fragte der 150-Kilo-Koloss *Hunter*, «woher soll ich wissen, was drin war?»

In den USA reagierten die Zeitungen ungehalten über den Vorfall im fernen Sydney. Die «USA Today» etwa fragte auch in Anspielung auf die Ausnahmeleistungen von Hunters Frau *Marion Jones*: «Was ist im Arzneimittelschrank der Familie?» Und die «Los Angeles Times» forderte sogar: «Macht die Flamme aus, die Party ist vorüber.» *Hunter* indes war nur ein Sünder. Es gab in Sydney auch andere, die sich mit Missbrauch von Doping Ruhm und Ehre zu erschleichen versuchten. *Andrea Raducan*, die 17jährige Turnerin aus Rumänin, war eine. Sie allerdings wurde in Schutz genommen und der Arzt ihres Verbandes vorübergehend gesperrt. Er darf bis zu den nächsten Olympischen Spielen nicht mehr praktizieren…

Neben *Jones* sorgte eine Einheimische für das positive Highlight schlechthin. *Cathy Freeman* hiess die Frau, die am Abend des 25. September eine Nation vereinte. Die 27jährige, die von den australischen Ureinwohnern abstammt und an der glanzvollen Eröffnungsfeier das Olympische Feuer entzündete, holte über 400 m die Goldmedaille, die zwar alle erwartet hatten, die aber in Australien gefeiert wurde, als wäre es nicht eine von insgesamt 58 Medaillen, sondern die einzige. *Freeman* setzte sich nach ihrem phänomenalen Lauf hin, schien in eine eigene Welt abzutauchen, derweil die Rekordmasse von 112 000 Zuschauern im «Stadium Australia» tobte, Millionen vor den Fernsehgeräten feierten und das ganze Land für Sekunden in den

Ausnahmezustand versetzt zu sein schien. «Ich weiss, dass ich viele Leute glücklich gemacht habe», sagte *Freeman*, und «The Sydney Morning Herald», die grösste Tageszeitung der Olympiastadt, widmete dem Star noch am gleichen Abend in seiner Ausgabe mehrere Seiten. Das Blatt hatte am Tag, der für viele Australier der wichtigste der Spiele sein sollte, vom «Rennen unseres Lebens geschrieben». Enttäuscht wurde niemand.

Ebenfalls bemerkenswert war das, was die Deutsche «Seniorin» *Heike Drechsler* zu leisten imstande war. Die 36jährige, die 1983 in Helsinki als jüngste Weitsprung-Weltmeisterin in die Geschichte einging, konnte ihr Glück von Sydney kaum fassen. Viel hatte sie erreicht in ihrer langen Karriere, aber der Olympiasieg im Weitsprung war für sie der aussergewöhnlichste Moment ihrer Laufbahn: «Das ist das Grösste, was ich als Sportlerin erleben durfte.»

Bei den Männern taten sich in der Leichtathletik insbesondere die US-Amerikaner hervor. *Maurice Greene*, nicht eben ein kleinlauter Athlet, eröffnete den zweiten Olympia-Teil mit einem grandiosen Sieg in 9,87 Sekunden über 100 m. Überlegen verwies er *Ato Boldon* und *Obadele Thompson* auf die Ehrenplätze. «Meine Zeit beweist, wie stark ich gelaufen bin», sagte der 26-jährige aus Kansas. Und angesprochen auf sein Erfolgsrezept, antwortete er: «Es gibt nur eins: Du musst deinen Sport lieben.» Ebenfalls von sich reden machte *Greenes* Landsmann *Michael Johnson*. Mit seinen 33 Jahren gehört er zwar nicht mehr zur jugendlichen Abteilung des Leichtathletik-Zirkus, mit seinem Können aber nach wie vor zur absoluten Weltspitze. Der Texaner holte Gold über 400 m und mit der Staffel über 4×400 m und rückte

Fünfmal Gold strebte sie an, dreimal Gold bekam sie: Die US-Amerikanerin Marion Jones siegte über 100 m (links), mit der Staffel über 4×400 m und dazu über 200 m. Sie fand daneben Zeit, ihren Ehemann C. J. Hunter (oben) zu trösten, von dem während Olympia bekannt wurde, dass der Kugelstösser unerlaubte Mittel zu sich genommen hatte.

Michael Johnson, 33-jährig, liess sich von der Jugend nicht bezwingen. Die 400-m-Distanz gehört noch immer dem kraftvollen Athleten aus den USA.

damit zu den erfolgreichsten Olympiateilnehmern aller Zeiten auf. Seit 1992 sammelte *Johnson* nicht weniger als fünf Erfolge und gehört damit zu den «Unsterblichen» seiner Sportart. Nur seine Landsleute *Raymond Ewry* und *Carl Lewis* sowie der Finne *Paavo Nurmi* mit je neun Olympiasiegen waren noch erfolgreicher. Abstriche muss sich die Sparte Leichtathletik allerdings gefallen lassen. Wer vermutete, die Athletinnen und Athleten würden sich für den Höhepunkt der Saison schonen und leistungsmässig explodieren, sah sich getäuscht. Zum ersten Mal seit 1948 und der Austragung in London gab es keinen einzigen Weltrekord zu verzeichnen. Sydney musste sich mit zwölf Jahresweltbestleistungen sowie zehn olympischen Rekorden begnügen. Gold verdiente sich dafür das australische Publikum: An den acht Wettkampftagen wurden in der Arena nicht weniger als 1 580 612 Zuschauer gezählt.

S

Der Goldlauf der strahlenden Cathy Freeman bewegte nicht nur Australien, sodern die ganze Sportwelt: Die Leichtathletin mit Aboriginal-Wurzeln hatte am 15. September das Olympische Feuer entzündet (unten) und holte über 400 m in einem begeisternden Rennen den hochverdienten Olympiasieg.

Maurice Greene eröffnete die Leichtathletikwoche mit seinem Triumph über 100 m (oben). Mit der 4×400-m-Staffel gewann der Amerikaner ebenfalls Gold.

Heike Drechsler holte Gold im Weitsprung. Die 36jährige nach ihrem Olympiasieg: «Das ist das Grösste, was ich als Sportlerin erleben durfte.»

Euphorie war sogar auszumachen, als sich im Final der Fussballer, die bei Olympia ein untergeordnetes Interesse geniessen, Kamerun und Spanien gegenüberstanden. Die Afrikaner holten vor 100 000 Zuschauern zuerst einen 0:2-Rückstand auf, gingen in die Verlängerung und siegten schliesslich im Penaltyschiessen 5:3. In ihrem Tor stand mit dem erst 16jährigen *Carlos Indriss Kameni* ein Talent, das schon nach vier Minuten einen Elfmeter des Spaniers *Angulos* abgewehrt hatte. Während die Kameruner mit Herz und Engagement bei der Sache waren, hinterliessen die US-Amerikanischen Basketballer einen zweispältigen Eindruck. Das «Dream Team» war keines, der Zauber wie 1992 in Barcelona war nirgends zu sehen, und letztlich war der Gewinn der Goldmedaille keine Kürsache geworden, sondern nichts als eine Erfüllung der Pflicht. «Ich habe es euch allen gesagt», liess sich Vince Carter von den Toronto Raptors vernehmen, «wir holen hier Gold, wir habens getan.» Über die Art und Weise schwieg er sich aus. Und das war besser so.
Die Sportbegeisterung des gastgebenden Landes liess sich dafür wieder an anderen Stätten und anderen Sportarten deutlicher ausmachen. Besonders ausgelassen ging es am berühmten Bondi Beach zu und her, beim Beachvolleyball im eigens für das Turnier und für 10 000 Zuschauer errichteten Stadion am Sandstrand. Die Arena, im Osten der Stadt gelegen, war im Vorfeld eine der umstrittensten Anlagen gewesen. Als Anfang Jahr Bagger auffuhren, um mit dem Bau der Stahlrohrkonstruktion zu beginnen, gruben sich Protestierende in den Sand ein. Die Einwände und die Opposition nahmen aber täglich ab, bis zum Schluss der Eindruck entstand, dass es um das Beachvolleyball-Stadion am Bondi Beach nie die leiseste Diskussion gegeben hätte. Und vor allem fand dort, am Sandstrand, ein Event statt, der die Massen in den Bann zog, der mit viel Show aufgezogen worden war – und den letztlich die Australierinnen und die Amerikaner gewannen.

Mit Ambitionen waren «down under» viele an den Start gegangen, zum Beispiel auch *Jan Ullrich*, der deutsche Radprofi, dessen Hang zu Übergewichtigkeit des öftern die Runde machte. In Sydney war davon aber nichts sichtbar, war *Ullrich* ein Leichtgewicht und im Strassenrennen von der Konkurrenz nicht zu bremsen. Der 27jährige aus Rostock löste damit den Schweizer *Pascal Richard*, den Sieger von Atlanta 1996, ab.
Brigitte McMahon, die Triathletin aus Baar, eröffnete die Spiele mit einem triumphalen Wettkampf, holte vor einer traumhaften Kulisse Gold und erklärte ihre Kraft für den imposanten Schlusssport: «Das haben wir im Training spezifisch trainiert. Diese Situation, den Kampf auf den letzten Metern, habe ich im Training mehrfach visualisiert, und das hat geholfen.» Für die 33jährige *McMahon* war es der grösste sportliche Erfolg, aber nicht der erhebendste Moment in ihrem Leben: «Das grösste Glücksgefühl empfand ich bei der Geburt unseres Sohnes *Dominic*.»

Die Schweizer Triathletinnen eröffneten Sydney 2000 mit grossartigen Leistungen: Brigitte McMahon (links) wurde Olympiasiegerin, und Magali Messmer (oben) rundete den triumphalen Auftakt mit Bronce ab.

S Kamerun (Patrick Mboma, 10) holte gegen Spanien (Angulos, 7) einen 0:2-Rückstand auf und siegte im Fussball-Final vor 100 000 Zuschauern 5:3 nach Penalties.

Gold war den US-Basketballern nicht streitig zu machen, aber die spektakulären Momente in ihrem Spiel waren rar. Vince Carter (9) machte in der Partie gegen Frankreich eine Ausnahme.

S

Beachvolleyball gehörte am berühmten Bondi Beach (ganz links) zu den grossen Attraktionen. Zumeist 10 000 Zuschauer kamen in den Genuss von Spass und Show.
Im Sand setzten sich die Australierinnen (unten) Natalie Cook und Kerri Pottharst sowie die Amerikaner (links) Dain Blanton und Eric Fonoimona durch.

Der Russe Alexei Nemow erwies sich einmal mehr als «König der olympischen Ringe» und holte nicht nur den Sieg im Mehrkampf, sondern auch am Reck.

Die Arme ausgestreckt als Zeichen des Triumphes: Der Deutsche Jan Ullrich fuhr im Strassenrennen als Erster über die Ziellinie.

Die Formel-1-Welt sieht Rot

■ Rot dominierte, Rot am Anfang, Rot mittendrin, Rot am Ende, und daneben verblasste alles, was sonst noch zum Zirkus gehörte: Die Automobilbühne gehörte Ferrari allein, dem so stolzen Rennstall aus Italien. Und sie gehörte im speziellen vor allem einem, der seit Jahren zum Business gehört wie die Boliden: *Michael Schumacher*, dem deutschen Piloten, der seinen Beruf beherrscht, die Nerven auch behielt, als Ferrari in ein Tief zu rutschen drohte. Mit seinen erfolgbringenden Auftritten für die «Roten» ist er jedenfalls endgültig unsterblich geworden. Er bescherte Italien nicht nur den ersten WM-Titel seit 21 Jahren, sondern fuhr zusammen mit seinem brasilianischen Teamgefährten *Rubens Barrichello* (er wurde Gesamtvierter) so konstant gut, dass Ferrari auch den Titel der besten Konstrukteure einheimste.
Letzter Ferrari-Weltmeister war im übrigen 1979 der Südafrikaner *Jody Scheckter* geworden. Die Presse war überwältigt vom Können *Michael Schumachers*. «Ferrari auf dem Gipfel der Welt, die lange Nacht ist zu Ende», schrieb die italienische «Gazzetta dello Sport», und im weitern wusste sie davon zu berichten, was sich 13 Runden vor dem Ende des vorletzten Saisonrennens in Japan abseits der Strecke zugetragen haben soll. «*Luca*, bleib ruhig, es ist vollbracht», soll Ferrari-Besitzer *Giovanni Agnelli* am Telefon zu Teamchef *Luca Di Montezemolo* gesagt haben. *Gerhard Berger*, der Ex-Pilot aus Österreich, glaubte, «vor Freude würde sich *Enzo Ferrari* im Grab umdrehen.»
«France Soir» lobte *Schumacher* in eher zweifelhaften Tönen: «Ein verflixtes Mannsbild. Halb

Engel, halb Teufel. Auf der Piste fähig zu den unglaublichsten Leistungen und zu den niedrigsten Gemeinheiten.» «La Stampa» ortete die hauptsächlichen Gründe für den grossen Erfolg anderswo: «Meisterarbeit an der Boxe.» Derweil berichtete die deutsche «FAZ» von einer absoluten Meisterleistung: «Der richtige Mann.» Und die «Süddeutsche Zeitung» wusste: «Das Ende der Unvollkommenheit.»

Als *Schumacher* in Japan vorzeitig den WM-Titel sicherte und den finnischen Vorjahres-Weltmeister *Mika Häkkinen* bereits uneinholbar distanziert hatte, stellte der 31jährige aus Kerpen fest, dass ihm die höchste Auszeichnung für Arbeitgeber Ferrari mehr bedeute als die 1994 und 1995 für Benetton gewonnenen Weltmeisterschaften: «Die Geschichte von Benetton ist nicht so gross wie die von Ferrari. Deswegen ist die Bedeutung eine ganz andere, eine grössere.» Und für Ferrari hatte sich die hohe Investition in den deutschen Ausnahmepiloten endlich auch einmal gelohnt. Allein die vergangene Saison war es für die Italiener wert, *Schumacher* jährlich umgerechnet rund 55 Millionen Franken zu überweisen. Gespart haben sie ohnehin nie in den letzten 21 Jahren, um in der Formel 1 wieder ganz nach oben zu kommen. Gegen fünf Milliarden Franken wurden investiert, um den zehnten Fahrer-WM-Titel zu holen. Ferraris jährliches Rennbudget wird auf mehr als 400 Millionen Franken geschätzt. Der 8. Oktober, der Tag, an dem in Suzuka Ferraris Dominanz den vorläufigen Höhepunkt erreichte, bezeichnete Teamdirektor *Jean Todt* als «unvergesslichen Tag, der in die Sportgeschichte eingeht». «Ich fühle mich geehrt», erklärte *Todt* weiter, «mit einem so fantastischen Team und einem so aussergewöhnlichen Fahrer wie *Michael Schumacher* zusammenzuarbeiten.» Recht bekommen hatte auch *Luca Di Montezemolo*, als er sagte: «*Schumacher* ist der einzige, der es schafft, mit unserem Auto Weltmeister zu werden.» Er war es tatsächlich. *Schumacher* sorgte mit seinen Glanzleistungen im roten Rennstall aus Maranello also für grenzenlosen Jubel, und eigentlich hätte er nach Japan genügend Grund und Zeit gehabt, sich für den letzten Grand Prix der Saison zurückzulehnen und sich auszuruhen. Stattdessen fuhr er in Malaysia aber keineswegs zurückhaltend, sondern so, wie es sich für einen wahren Weltmeister gehört: Aggressiv und ehrgeizig.

Schumacher war der Star, aber dazu gemacht wurde er unter anderem von einem professionellen Team.

Ferraris Taktik-Genie Ross Brawn (ganz oben) und der Team-Chef Jean Todt (Mitte) hatten massgeblich Anteil an der triumphalen Saison von Michael Schumacher.

Beim traditonellen Saisonauftakt in Australien deutete Michael Schumacher in Melbourne (rechts) an, welche Rolle er für sich und die Roten von Ferrari reserviert hat: Er gewinnt den ersten GP vor seinem Teamkollegen Rubens Barrichello.

Die Belohnung: Er siegte auch zum Abschluss, und er wertete seine ohnehin schon imposante Saisonbilanz noch einmal auf. In mittlerweile 144 absolvierten Grand Prix holte sich der dreifache Weltmeister den 44. Sieg (und für Ferrari den 24. Erfolg). Erfolgreicher in dieser Statistik ist nur noch der Franzose *Alain Prost*, der es bis zum Abschluss seiner langen Laufbahn auf insgesamt 51 GP-Siege gebracht hatte. Und für *Schumacher* gibt es im ganzen Formel-1-Zirkus nur noch einen Rundkurs, auf dem er wettkampfmässig noch nie der Schnellste war: Spielberg in Österreich. «Aber das», sagte *Schumacher*, «sind doch bloss Statistik-Spielereien, die für mich nicht so wichtig sind.» Angefangen hatte die Formel-1-Laufbahn des

Deutschen mit Wohnsitz in der Schweiz 1991 im belgischen Spa, als er im Jordan-Ford antrat, im Rennen allerdings ausfiel. Ein Jahr später holte er das Verpasste an selber Stätte auf eindrückliche Weise nach und landete im Benetton-Ford seinen ersten GP-Erfolg. Seither ist Spa für *Schumacher* nicht irgendeine Strecke, auf der er sein Pensum abspult. Er pflegt sie gewöhnlich als sein «Wohnzimmer» zu bezeichnen.

Schumacher blieb von Rückschlägen bis 1999 weitgehend verschont. Dann aber baute er in seinem Ferrari in England beim GP von Silverstone einen folgenschweren Unfall, zog sich einen Schien- und Wadenbeinbruch zu und musste eine sechswöchige Pause einlegen.

Wo er fuhr, versetzte er die Massen in Begeisterung. Und ausgelassen freuen konnte er sich auch über jeden einzelnen seiner neun Erfolge in den 17 Rennen.

Schumachers Rückkehr war dafür um so eindrücklicher. Das Jahr 2000 sollte für ihn das erfolgreichste werden, seit er sich zum ersten Mal in einen Formel-1-Boliden gesetzt hat. In Malaysia endete die Saison für ihn mit einem aussergewöhnlichen Fest, die «Scuderia» feierte den Triumph im grossen Stil, und Schumacher sah den Zeitpunkt gekommen, Lobesworte an sein Team loszuwerden: «Barichello und ich hatten ein perfektes Auto, einfach super.»
Als die Ferrari-Crew nach dem Auftritt in Malaysia nach Italien zurückkehrte, bescherten ihr eingefleischte Fans einen triumphalen Empfang am Flughafen von Bologna. Viele der rund 80 Ingenieure, Mechaniker und sonstigen Team-Mitglieder trugen erneut die roten Perücken, mit denen Schumacher & Co. unmittelbar nach dem letzten Rennen signalisiert hatten, mit wem sie sich identifizieren. Michael Schumacher, der nicht mit der Mannschaft zurückkehrte, liess derweil verlauten, die Motivation, weiter zu siegen und weiter für Ferrari Erfolge einzufahren, werde nicht nachlassen. «In Suzuka», sagte Schumacher, «habe ich uns auf dem höchsten Niveau gesehen, das wir je hatten und auch möglich war.» Dabei war ausgerechnet dort, in Japan, kurzzeitig der Eindruck entstanden, es laufe an diesem Tag restlos alles gegen den Deutschen. Ricardo Zonta hätte mit einem reichlich ungeschickten Überholmanöver Schumacher nämlich um ein Haar den grossen Tag vermiest. «Für kurze Zeit glaubte ich wirklich, alles und alle gegen mich zu haben», sagte Schumacher, «ehe es das Schicksal doch noch gut mit mir meinte.» Michael Schumacher, für den im November

Mika Häkkinen peilte nach zwei gewonnenen Weltmeisterschaften den Hattrick an, musste aber die Überlegenheit der Roten und von Michael Schumacher anerkennen. Sein Kommentar: «Es war eine spannende Saison, und es war ein spannender Kampf. Ein guter Sieger muss auch ein guter Verlierer sein.»

eine dreimonatige Auszeit mit Ferien und Nichtstun anbrach, hatte in insgesamt 17 Rennen nicht weniger als neun Mal gewonnen. Und sein Kollege *Rubens Barrichello* feierte diese Saison in Hockenheim eine Premiere, die für seinen deutschen Ferrari-Freund schon bald ein Jahrzehnt zurückliegt: Er setzte sich zum ersten Mal gegen all seine Konkurrenten durch. Ferrari hatte bis zum Schluss viele bangen Momente überstanden, sogar jenen Tag, an dem der GP von Frankreich in Magny-Cours stattfand, *Schumacher* mit einem Motorschaden stehenblieb, *David Coulthard* siegte – und am gleichen Abend die italienischen Fussballer in Rotterdam den EM-Final gegen Frankreich verloren...

Während Ferrari auf allen Ebenen triumphierte, musste McLaren-Mercedes hinten anstehen.

Mika Häkkinen und *David Coulthard* beendeten die Saison zwar ebenfalls auf dem Podest, aber eben, den Vortritt mussten beide einem Roten lassen. *Ron Dennis*, Boss von McLaren und erfolgreichster Teamchef im Grand Prix, hatte damit am meisten Mühe. Sein erklärtes Feindbild besteht in erster Linie aus roten Autos aus Italien. *Häkkinen*, der mit 19 Punkten weniger Zweiter wurde, war selber auch nicht zufrieden mit der Saison. Er hätte zu gerne den Triumph des Vorjahres wiederholt, zum einen, um seinen Chef zufriedenzustellen, zum andern, um einen persönlichen WM-Hattrick zu feiern. Aber der zweimalige Weltmeister aus Finnland nahm die Niederlage sportlich fair hin und erklärte: «Es war eine spannende Saison, und es war ein spannender Kampf. Ein guter Sieger muss auch ein guter Verlierer sein.» ■

RANGLISTEN

Olympische Sommerspiele in Sydney

Badminton

Männer Einzel	1. Ji Xinpeng (China)	
	2. Hendrawan (Indo)	
	3. Xia Xuanze (China)	
Männer Doppel	1. Tony Gunawan/Candra Wijaya (Indo)	
	2. Lee Dong-Soo/Yoo Yong-Sung (SKor)	
	3. Ha Tae-Kwon/Kim Dong-Moon (SKor)	
Frauen Einzel	1. Gong Zhichao (China)	
	2. Camilla Martin (Dä)	
	3. Ye Zhaoying (China)	
Frauen Doppel	1. Gu Jun/Ge Fei (China)	
	2. Huang Nanyan/Yang Wei (China)	
	3. Qin Yiyuan/Gao Ling (China)	
Mixed	1. Zhang Jun/Gao Ling (China)	
	2. Kusharyanto Tri/Timur Minarti (Indo)	
	3. Simon Archer/Joanne Goode (Gb)	

Baseball

Männer Final	USA – Kuba	4:0
	3. Südkorea	
Frauen Final	USA – Japan	2:1
	3. Australien	

Basketball

Männer Final	USA – Frankreich	85:75
	3. Litauen	
Frauen Final	USA – Australien	76:54
	3. Brasilien	

Bogenschiessen

Männer Einzel	1. Simon Fairweather (Au)
	2. Victor Wunderle (USA)
	3. Wietse van Alten (Ho)
Männer Mannschaften	1. Südkorea
	2. Italien
	3. USA
Frauen Einzel	1. Mi-Jin Yun (SKor)
	2. Nam-Soon Kim (SKor)
	3. Soo-Njung Kim (SKor)
Frauen Mannschaften	1. Südkorea
	2. Ukraine
	3. Deutschland

Boxen

Halbfliegen (bis 48 kg)	1. Brahim Asloum (Fr)
	2. Rafael Lozano (Sp)
	3. K. Un-Chol (NKor) u. M. Romero (Kuba)
Fliegen (bis 51 kg)	1. Wijan Ponlid (Thai)
	2. Bolat Schumadilow (Kas)
	3. J. Thomas (Fr) u. W. Sidorenko (Ukr)
Bantam (bis 54 kg)	1. Gilberto Rigondeaux-Ortiz (Kuba)
	2. Raimkul Malachbekow (Russ)
	3. C. Vinson (USA) u. S. Daniltschenko (Ukr)
Feder (bis 57 kg)	1. Beksat Sattarchanow (Kas)
	2. Ricardo Juarez (USA)
	3. Dsamalutdinow (Russ) u. Tamsamani (Mar)
Leicht (bis 60 kg)	1. Mario Kindelan (Kuba)
	2. Andri Kotelnik (Ukr)
	3. A. Maletin (Russ) u. C. Benitez (Mex)
Halbwelter (bis 63,5 kg)	1. Mahamed Abdullajew (Usb)
	2. Ricardo Williams (USA)
	3. D. L. Martinez (Kuba) u. M. Allalou (Alg)
Welter (bis 67 kg)	1. Oleg Saitow (Russ)
	2. Sergej Dozenko (Ukr)
	3. D. Simion (Rum) und W. Grusac (Mold)

Halbmittel (bis 71 kg)	1. Jermachan Ibraimow (Kas) 2. Marian Simion (Rum) 3. P. Thongburan (Thai) u. J. Taylor (USA)	
Mittel (bis 75 kg)	1. Jorge Gutierrez (Kuba) 2. Gaidarbek Gaidarbekow (Russ) 3. Z. Erdei (Un) u. W. Alekperow (Aser)	
Halbschwer (bis 81 kg)	1. Alexander Lesidak (Russ) 2. Rudolf Kraj (Tsch) 3. A. Tedtschuk (Ukr) u. S. Michailow (Usb)	
Schwer (bis 91 kg)	1. Felix Savon (Kuba) 2. Sultanahmed Ibzagimow (Russ) 3. S. Köber (De) u. W. Tschanturja (Geo)	
Superschwer (über 91 kg)	1. Audley Harrison (Gb) 2. Muchtarchan Dildabekow (Kas) 3. R. Saidow (Usb) u. P. Vidoz (It)	

Fechten
Männer

Degen Einzel	1. Pawel Kolobkow (Russ) 2. Hugues Obry (Fr) 3. Sang-Ki Lee (SKor)
Mannschaften	1. Italien 2. Frankreich 3. Kuba
Florett Einzel	1. Kim Young-Ho (SKor) 2. Ralf Bissdorf (De) 3. Dimitri Tschewtschenko (Russ)
Mannschaften	1. Frankreich 2. China 3. Italien
Säbel Einzel	1. Mihai Covaliu (Rum) 2. Mathieu Gourdain (Fr) 3. Wiradech Kothny (De)
Mannschaften	1. Russland 2. Frankreich 3. Deutschland

Frauen

Degen Einzel	1. Timea Nagy (Un) 2. Giann Hablützel-Bürki (Sz) 3. Laura Flessel-Colovic (Fr)
Mannschaften	1. Russland 2. Schweiz 3. China
Florett Einzel	1. Valentina Vezzali (It) 2. Rita König (De) 3. Giovanna Trillini (It)
Mannschaften	1. Italien 2. Polen 3. Deutschland

Fussball

Männer Final	Kamerun – Spanien 3. Chile	2:2 (5:3 n. P.)
Frauen Final	Norwegen – USA 3. Deutschland	3:2

Gewichtheben
Männer

Klasse bis 56 kg Zweikampf	1. Halil Mutlu (Tür) 2. Wenxiong Wu (China) 3. Xiangxiang Zhang (China)
Klasse bis 62 kg Zweikampf	1. Nikolai Peschalov (Kro) 2. Leonidas Sabanis (Grie) 3. Gennadi Oleschtschuk (WRuss)
Klasse bis 69 kg Zweikampf	1. Galabin Bojevski (Bul) 2. Georgi Markov (Bul) 3. Sergej Lawrenow (WRuss)
Klasse bis 77 kg Zweikampf	1. Xugang Zhan (China) 2. Viktor Mitrou (Grie) 3. Arsen Melikjan (Arm)
Klasse bis 85 kg Zweikampf	1. Pyrros Dimas (Grie) 2. Marc Huster (De) 3. George Asanidse (Geo)
Klasse bis 94 kg Zweikampf	1. Akakios Kakiasvilis (Grie) 2. Szymon Kolecki (Pol) 3. Alexej Petrow (Russ)
Klasse bis 105 kg Zweikampf	1. Hossein Tavakoli (Iran) 2. Alan Tsagajev (Bul) 3. Said Saif Asaad (Katar)
Klasse über 105 kg Zweikampf	1. Hossein Rezazadeh (Iran) 2. Ronny Weller (De) 3. Aschot Danieljan (Arm)

Frauen

Klasse bis 48 kg Zweikampf	1. Tara Nott (USA) 2. Raema Rumbewas (Indo) 3. Sri Indriyani (Indo)
Klasse bis 53 kg Zweikampf	1. Yang Xia (China) 2. Feng-Ying Li (Taiwan) 3. Winami Binti Slamet (Indo)
Klasse bis 58 kg Zweikampf	1. Soraya Jimenez Mendivil (Mex) 2. Ri Song Hui (NKor) 3. Suta Khassaraporn (Thai)
Klasse bis 63 kg Zweikampf	1. Xiaomin Chen (China) 2. Walentina Popowa (Russ) 3. Ioanna Chatziioannou (Grie)
Klasse bis 69 kg Zweikampf	1. Weining Li (China) 2. Erzsebet Markus (Un) 3. Karnam Malleswari (Indien)
Klasse bis 75 kg Zweikampf	1. Maria Urrutia (Kol) 2. Ruth Ogbeifo (Nigeria) 3. Yi-Hang Kuo (Taiwan)
Klasse über 75 kg Zweikampf	1. Meiyuan Ding (China) 2. Agata Wrobel (Pol) 3. Cheryl Haworth (USA)

Handball

Männer Final	Russland – Schweden 3. Spanien	28:26
Frauen Final	Dänemark – Ungarn 3. Norwegen	31:27

Hossein Rezazadeh, Iran

David Douillet, Frankreich gegen Shinichi Shinohara, Japan

Judo

Männer

bis 60 kg	1. Tadahiro Nomura (Jap) 2. Jung Bu-Kyung (SKor) 3. A. Smagulow (Kir) u. M. Poulot (Kuba)
bis 66 kg	1. Husein Ozkan (Tür) 2. Larbi Benboudaoud (Fr) 3. Giovinazzo (It) u. Waschagaschwili (Geo)
bis 73 kg	1. Giuseppe Maddaloni (It) 2. Tiago Camilo (Br) 3. W. Zelonijs (Lett) u. A. Larjukow (WRuss)
bis 81 kg	1. Makoto Takamoto (Jap) 2. In-Chul Cho (SKor) 3. N. Delgado (Por) u. A. Badolin (Est)
bis 90 kg	1. Mark Huizinga (Ho) 2. Carlos Honorato (Br) 3. Ruslan Maschurenko (Ukr) u. Frédéric Demontfaucon (Fr)
bis 100 kg	1. Kosei Inoue (Jap) 2. Nicolas Gill (Ka) 3. Stéphane Traineau (Fr)
über 100 kg	1. David Douillet (Fr) 2. Shinichi Shinohara (Jap) 3. I. Pertelson (Est) u. T. Timenow (Russ)

Frauen

bis 48 kg	1. Ryoko Tamura (Jap) 2. Ljubow Bruletowa (Russ) 3. A.-M. Gradante (De) u. Ann Simons (Be)
bis 52 kg	1. Legna Verdecia (Kuba) 2. Noroko Narazaki (Jap) 3. Sun Hui Kye (NKor) u. Yuxiang Liu (China)
bis 57 kg	1. Isabel Fernandez (Sp) 2. Driulys Gonzales (Kuba) 3. Maria Pekli (Au) u. Kie Kusakabe (Jap)
bis 63 kg	1. Sèvèrine Vandenhende (Fr) 2. Shu-Jung Li (China) 3. G. Vandecaveye (Be) u. S. S. Jung (SKor)
bis 70 kg	1. Sibelis Veranes (Kuba) 2. Kate Howey (Gb) 3. Y. Scapin (It) u. Cho Min-Sun Cho (SKor)
bis 78 kg	1. Lin Tang (China) 2. Cèline Lebrun (Fr) 3. Emanuela Perantozzi (It)
über 78 kg	1. Huan Yuan (China) 2. Daima Mayelis Beltran (Kuba) 3. M. Yamashita (Jap) u. K. Seon-Young (SKor)

Kanu

Slalom Männer

Kajak-Einer	1. Thomas Schmidt (De) 2. Paul Ratcliffe (Gb) 3. Pierpaolo Ferrazzi (It)
Canadier-Einer	1. Tony Estanguet (Fr) 2. Michal Martikan (Slk) 3. Juraj Mincik (Slk)
Canadier-Zweier	1. P. Hochschorner/P. Hochschorner (Slk) 2. K. Kolomanski/M. Staniszewski (Pol) 3. M. Jiras/T. Mader (Tsch)

Slalom Frauen

Kajak-Einer	1. Stepanka Hilgertova (Tsch) 2. Brigitte Guibal (Fr) 3. Anne-Lise Bardet (Fr)

Regatta Männer

Kajak-Einer 500 m	1. Knut Holmann (No) 2. Petar Merkov (Bul) 3. Michael Kolganov (Isr)
1000 m	1. Knut Holmann (No) 2. Petar Merkov (Bul) 3. Tim Brabants (Gb)
Kajak-Zweier 500 m	1. Zoltan Kammerer/Botond Storcz (Un) 2. Daniel Collins/Andrew Trim (Au) 3. Ronald Rauhe/Tim Wieskötter (De)
1000 m	1. Beniamino Bonomi/Antonio Rossi (It) 2. Henrik Nilsson/Markus Oscarsson (Sd) 3. Krisztian Bartfai/Krisztian Vereb (Un)
Kajak-Vierer 1000 m	1. Ungarn 2. Deutschland 3. Polen
Canadier-Einer 500 m	1. György Kolonics (Un) 2. Maxim Opalew (Russ) 3. Andreas Dittmer (De)
1000 m	1. Andreas Dittmer (De) 2. Ledys Frank Balceiro (Kuba) 3. Steve Giles (Ka)
Canadier-Zweier 500 m	1. Ferenc Novak/Imre Pulai (Un) 2. Pawel Baraszkiewicz/ Daniel Jedraszko (Pol) 3. Florin Popescu/Mitica Pricop (Rum)
1000 m	1. Florin Popescu/Mitica Pricop (Rum) 2. Leobaldo Pereira/Ibrahin Rojas (Kuba) 3. Lars Kober/Stefan Utess (De)

Regatta Frauen

Kajak-Einer 500 m	1. Josefa Idem Guerrini (It) 2. Caroline Brunet (Fr) 3. Katrin Borchert (Au)
Kajak-Zweier 500 m	1. Birgit Fischer/Katrin Wagner (De) 2. Katalin Kovacs/Szilvia Szabo (Un) 3. Aneta Pastuszka/Beata Sokolowska (Pol)
Kajak-Vierer 500 m	1. Deutschland 2. Ungarn 3. Rumänien

Landhockey

Männer Final   Holland – Südkorea   3:3 (5:4 n. P.)
3. Australien

Frauen Final   Australien – Argentinien   3:1
3. Holland

Leichtathletik

Männer

Disziplin	Platzierung	Zeit/Weite
100 m	1. Maurice Greene (USA)	9,87
	2. Ato Boldon (Tri)	9,99
	3. Obadele Thompson (Bar)	10,04
200 m	1. Konstantinos Kenteris (Grie)	20,09
	2. Darren Campbell (Gb)	20,14
	3. Ato Boldon (Tri)	20,20
400 m	1. Michael Johnson (USA)	43,84
	2. Alvin Harrison (USA)	44,40
	3. Gregory Haughton (Jam)	44,70
800 m	1. Nils Schumann (De)	1:45,08
	2. Wilson Kipketer (Ken)	1:45,14
	3. Djabir Said-Guerni (Alg)	1:45,16
1500 m	1. Noah Ngeny (Ken)	3:32,07
	2. Hicham El Guerrouj (Mar)	3:32,32
	3. Bernard Lagat (Ken)	3:32,44
5000 m	1. Millon Wolde (Aeth)	13:35,49
	2. Ali Saidi-Sief (Alg)	13:36,20
	3. Brahim Lahlafi (Mar)	13:36,47
10 000 m	1. Haile Gebreselassie (Aeth)	27:18,20
	2. Paul Tergat (Ken)	27:18,29
	3. Assefa Mezgebu (Aeth)	27:19,75
Marathon	1. Gezahgne Abera (Aeth)	2:10:11
	2. Eric Wainaina (Ken)	2:10:31
	3. Tesfaye Tola (Aeth)	2:11:10
110 m Hürden	1. Anier Garcia (Kuba)	13,00
	2. Terrence Trammell (USA)	13,16
	3. Mark Crear (USA)	13,22
400 m Hürden	1. Angelo Taylor (USA)	47,50
	2. Had Souan Somayli (Saudi-Arab.)	47,53
	3. Llewellyn Herbert (SA)	47,81
3000 m Steeple	1. Reuben Kosgei (Ken)	8:21,43
	2. Wilson Boit Kipketer (Ken)	8:21,77
	3. Ali Ezzine (Mar)	8:22,15
Hoch	1. Sergej Kljugin (Russ)	2,35
	2. Javier Sotomayor (Kuba)	2,32
	3. Abderrahmane Hammad (Alg)	2,32
Stab	1. Nick Hysong (USA)	5,90
	2. Lawrence Johnson (USA)	5,90
	3. Maxim Tarasow (Russ)	5,90
Weit	1. Ivan Pedroso (Kuba)	8,55
	2. Jai Taurima (Au)	8,49
	3. Roman Schurenko (Ukr)	
Drei	1. Jonathan Edwards (Gb)	17,71
	2. Yoel Garcia (Kuba)	17,47
	3. Denis Kapustin (Russ)	17,46
Kugel	1. Arsi Harju (Fi)	21,29
	2. Adam Nelson (USA)	21,21
	3. John Godina (USA)	21,20
Diskus	1. Virgiljus Alekna (Lit)	69,30
	2. Lars Riedel (De)	68,50
	3. Frantz Kruger (SA)	68,19
Hammer	1. Szymon Ziolkowski (Pol)	80,02
	2. Nicola Vizzoni (It)	79,64
	3. Igor Astapkowitsch (WRuss)	79,11
Speer	1. Jan Zelezny (Tsch)	90,17
	2. Steve Backley (Gb)	89,85
	3. Sergej Makarow (Russ)	88,67
Zehnkampf	1. Erki Nool (Est)	8641 P.
	2. Roman Sebrle (Tsch)	8606 P.
	3. Chris Huffins (USA)	8595 P.
4 x 100 m	1. USA	37,61
	2. Brasilien	37,90
	3. Kuba	38,04
4 x 400 m	1. USA	2:56,35
	2. Nigeria	2:58,68
	3. Jamaika	2:58,78
Gehen 20 km Strasse	1. Robert Korzeniowski (Pol)	1:18:58
	2. Noe Hernandez (Mex)	1:19:03
	3. Wladimir Andrejew (Russ)	1:19:27
50 km Strasse	1. Robert Korzeniowski (Pol)	3:42:22
	2. Aigars Fadejevs (Lett)	3:43:40
	3. Joel Sanchez (Mex)	3:44:36

Cathy Freeman, Australien

Frauen

Disziplin	Platzierung	Zeit
100 m	1. Marion Jones (USA)	10,75
	2. Ekaterini Thanou (Grie)	11,12
	3. Tanya Lawrence (Jam)	11,18
200 m	1. Marion Jones (USA)	21,84
	2. Pauline Davis-Thompson (Baham.)	22,27
	3. Susanthika Jayasinghe (Sri Lanka)	22,28
400 m	1. Cathy Freeman (Au)	49,11
	2. Lorraine Graham (Jam)	49,58
	3. Katharine Merry (Gb)	49,72
800 m	1. Maria Mutola (Moz)	1:56,15
	2. Stephanie Graf (Oe)	1:56,64
	3. Kelly Holmes (Gb)	1:56,80

1500 m	1. Nouria Merah-Benida (Alg)	4:05,10	
	2. Violeta Szekely (Rum)	4:05,10	
	3. Gabriela Szabo (Rum)	4:05,27	
5000 m	1. Gabriela Szabo (Rum)	14:40,79	
	2. Sonia O'Sullivan (Irl)	14:41,02	
	3. Gete Wami (Aeth)	14:42,23	
10 000 m	1. Derartu Tulu (Aeth)	30:17,49	
	2. Gete Wami (Aeth)	30:22,48	
	3. Fernanda Ribeiro (Por)	30:22,88	
Marathon	1. Naoko Takahashi (Jap)	2:23:14	
	2. Lidia Simon (Rum)	2:23:22	
	3. Joyce Chepchumba (Ken)	2:24:45	
100 m Hürden	1. Olga Schischigina (Kas)	12,65	
	2. Glory Alozie (Nig)	12,68	
	3. Melissa Morrison (USA)	12,76	
400 m Hürden	1. Irina Priwalowa (Russ)	53,02	
	2. Deon Hemmings (Jam)	53,45	
	3. Nezha Bidouane (Mar)	53,57	
Hoch	1. Jelena Jelesina (Russ)	2,01	
	2. Hestrie Cloete (SA)	2,01	
	3. K. Bergqvist (Sd)/O.M. Pantelimon (Rum)	1,99	
Stab	1. Stacy Dragila (USA)	4,60	
	2. Tatjana Grigorjewa (Au)	4,55	
	3. Vala Flosadottir (Isl)	4,50	
Weit	1. Heike Drechsler (De)	6,99	
	2. Fiona May (It),	6,92	
	3. Marion Jones (USA)	6,92	
Drei	1. Tereza Marinova (Bul)	15,20	
	2. Tatjana Lebedjewa (Russ)	15,00	
	3. Olena Goworowa (Ukr)	14,96	
Kugel	1. Janina Koroltschik (WRuss)	20,56	
	2. Larissa Peleschenko (Russ)	19,92	
	3. Astrid Kumbernuss (De)	19,62	
Diskus	1. Jelena Zwerewa (WRuss)	68,40	
	2. Anastasia Kelesidou (Grie)	65,71	
	3. Irina Jatschenko (WRuss)	65,20	
Hammer	1. Kamila Skolimowska (Pol)	71,16	
	2. Olga Kusenkowa (Russ)	69,77	
	3. Kirsten Münchow (De)	69,28	
Speer	1. Trine Hattestad (No)	68,91	
	2. Mirella Manini-Tzelili (Grie)	67,51	
	3. Osleydis Menendez (Kuba)	66,18	
Siebenkampf	1. Denise Lewis (Gb)	6584 P.	
	2. Jelena Prochorowa (Russ)	6531 P.	
	3. Natalja Sassanowitsch (WRuss)	6527 P.	
4 x 100 m	1. Bahamas	41,95	
	2. Jamaika	42,13	
	3. USA	42,20	
4 x 400 m	1. USA	3:22,62	
	2. Jamaika	3:23,25	
	3. Russland	3:23,46	
Gehen 20 km Strasse	1. Wang Liping (China)	1:29:05	
	2. Kjersti Plaetzer (No)	1:29:33	
	3. Maria Vasco (Sp)	1:30:23	

Heike Drechsler, Deutschland

Rad Strasse
Männer
Einzel
1. Jan Ullrich (De)
2. Alexander Winokurow (Kas)
3. Andreas Kloeden (De)

Zeitfahren (46,8 km)
1. Wjatscheslaw Jekimow (Russ)
2. Jan Ullrich (De)
3. Lance Armstrong (USA)

Frauen
Einzel
1. Leontien Zijlaard-van Moorsel (Ho)
2. Hanka Kupfernagel (De)
3. Diana Ziliute (Lit)

Zeitfahren (31,2 km)
1. Leontien Zijlaard-van Moorsel (Ho)
2. Mari Holden (USA)
3. Jeannie Longo (Fr)

Rad Bahn
Männer
1 km-Zeitfahren
1. Jason Queally (Gb)
2. Stefan Nimke (De)
3. Shane Kelly (Au)

Punktefahren
1. Juan Llaneras (Sp)
2. Milton Wynants (Uruguay)
3. Alexej Markow (Russ)

Sprint
1. Marty Nothstein (USA)
2. Florian Rousseau (Fr)
3. Jens Fiedler (De)

4 km-Einzelverfolgung
1. Robert Bartko (De)
2. Jens Lehmann (De)
3. Brad McGee (Au)

Mannschaftsverfolgung
1. Deutschland
2. Ukraine
3. Grossbritannien

Madison
1. Scott McGrory/Brett Aitken (Au)
2. Etienne de Wilde/Matthew Gilmore (Be)
3. Marco Villa/Silvio Martinello (It)

Keirin
1. Florian Rousseau (Fr)
2. Gary Neiwand (Au)
3. Jens Fiedler (De)

Olympischer Sprint
1. Frankreich (Ganè/Tournant/Rousseau)
2. Grossbritannien (MacLean/Queally/Hoy)
3. Australien (Hill/Neiwand/Eadie)

Frauen
500 m-Zeitfahren
1. Félicia Ballanger (Fr)
2. Michelle Ferris (Au)
3. Cuihua Jiang (China)

Punktefahren
1. Antonella Belluti (It)
2. Leontien Zijlaard-van Moorsel (Ho)
3. Olga Sliussarewa (Russ)

Sprint
1. Félicia Ballanger (Fr)
2. Oxana Grischina (Russ)
3. Irina Janowisch (Ukr)

Einzelverfolgung
1. Leontien van Moorsel (Ho)
2. Marion Clignet (Fr)
3. Yvonne McGregor (Gb)

Mountain Bike

Männer Cross-Country
1. Miguel Martinez (Fr)
2. Filip Meirhaeghe (Be)
3. Christoph Sauser (Sz)

Frauen Cross-Country
1. Paola Pezzo (It)
2. Barbara Blatter (Sz)
3. Margarita Fullana (Sp)

Reiten

Springen Einzel
1. Jeroen Dubbeldam (Ho), De Sjiem
2. Albert Voorn (Ho), Lando
3. K. Al Eid (Saudi-Arab.), Khashm al Aan

Mannschaften
1. Deutschland
2. Schweiz
3. Brasilien

Dressur Einzel
1. Anky van Grunsven (Ho), Bonfire
2. Isabell Werth (De), Gigolo
3. Ulla Salzgeber (De), Rusty

Mannschaften
1. Deutschland
2. Holland
3. USA

Military Einzel
1. David O'Connor (USA), Custom Made
2. Andrew Hoy (Au), Swizzle In
3. Mark Todd (Neus) Eyespy

Mannschaften
1. Australien
2. Grossbritannien
3. USA

Rhythmische Sportgymnastik

Einzel
1. Julia Barsukowa (Russ)
2. Julia Raskina (WRuss)
3. Alina Kabajewa (Russ)

Mannschaften
1. Russland
2. Weissrussland
3. Griechenland

Ringen

Freistil bis 54 kg
1. Namig Abdullajew (Aser)
2. Samuel Henson (USA)
3. Amiran Karntanov (Grie)

bis 58 kg
1. Alireza Dabir (Iran)
2. Jewgeni Buslowitsch (Ukr)
3. Terry Brands (USA)

bis 63 kg
1. Murad Umachanow (Russ)
2. Serafim Barsakov (Bul)
3. Jang Jae-Sung (SKor)

bis 69 kg
1. Daniel Igali (Ka)
2. Arsen Gitinow (Russ)
3. Lincoln McIlravy (USA)

bis 76 kg
1. Brandon Slay (USA)
2. Moon Eui-Jae (SKor)
3. Adem Bereket (Tür)

bis 85 kg
1. Adam Saitjew (Russ)
2. Yoël Romero (Kuba)
3. Mogamed Ibragimow (Maz)

bis 97 kg
1. Sachid Murtasalijew (Russ)
2. Islam Bairamukow (Kas)
3. Eldar Kurtanidze (Geo)

bis 130 kg
1. David Mussubles (Russ)
2. Artur Taimasow (Usb)
3. Alexis Rodriguez (Kuba)

Greco bis 54 kg
1. Kwon Ho Sim (SKor)
2. Lazaro Rivas (Kuba)
3. Yong Gyun Kang (NKor)

bis 58 kg
1. Armen Nasarian (Bul)
2. In-Sub Kim (SKor)
3. Zetian Sheng (China)

bis 63 kg
1. Warteres Samurgaschew (Russ)
2. Juan Luis Maren (Kuba)
3. Akaki Chachua (Geo)

bis 69 kg
1. Filiberto Azcuy (Kuba)
2. Katsuhiko Nagata (Jap)
3. Alexej Gluschkow (Russ)

bis 76 kg
1. Murat Kardanow (Russ)
2. Matt James Lindland (USA)
3. Marko Yli-Hannuskela (Fi)

bis 85 kg
1. Hamza Yerlikaya (Tür)
2. Sandor Istvan Bardosi (Un)
3. Muchran Wachdangadse (Geo)

bis 97 kg
1. Mikael Ljungberg (Sd)
2. David Saldadse (Ukr)
3. Garrett Lowney (USA)

bis 130 kg
1. Rulon Gardner (USA)
2. Alexander Karelin (Russ)
3. Dimitri Debelka (WRuss)

Rudern

Männer

Skiff
1. Rob Waddell (Neus)
2. Xeno Müller (Sz)
3. Marcel Hacker (De)

Zweier-ohne
1. Michel Andrieux/J.-C. Rolland (Fr)
2. Ted Murphy/Sebastian Bea (USA)
3. Matthew Long/James Tomkins (Au)

Doppelzweier
1. Luka Spik/Iztok Cop (Sln)
2. Olaf Tufte/Fredrik Raaen Bekken (No)
3. Giovanni Calabrese/Nicola Sartori (It)

Vierer-ohne
1. Grossbritannien
2. Italien
3. Australien

Doppelvierer
1. Italien
2. Holland
3. Deutschland

Achter
1. Grossbritannien
2. Australien
3. Kroatien

Leichtgewicht

Doppelzweier
1. Tomasz Kucharski/Robert Sycz (Pol)
2. Elia Luini/Leonardo Pettinari (It)
3. Pascal Touron/Thibaud Chapelle (Fr)

Xeno Müller, Schweiz

Vierer-ohne	1. Frankreich 2. Australien 3. Dänemark		**Laufende Scheibe Einzel**	1. Yang Ling (China) 2. Oleg Moldowan (Mold) 3. Niu Zhingyuan (China)

Frauen

Skiff	1. Jekaterina Karsten-Chodotowitsch (WRuss) 2. Rumjana Nejkova (Bul) 3. Kathrin Rutschow (De)		**Kleinkaliber Sportgewehr 3 x 20 Einzel**	1. Renata Mauer (Pol) 2. Tatjana Goldobina (Russ) 3. Maria Feklistowa (Russ)
Zweier-ohne	1. Georgeta Damian/Doina Ignat (Rum) 2. Rachael Taylor/Kate Slatter (Au) 3. Melissa Ryan/Karen Kraft (USA)		**Luftgewehr Einzel**	1. Nancy Johnson (USA) 2. Kang Cho-Hyun (SKor) 3. Jing Gao (China)
Doppelzweier	1. Jana Thieme/Kathrin Boron (De) 2. Pieta van Dishoeck/Eeke van Nes (Ho) 3. B. Sakickiene/K. Poplawskaja (Lit)		**Sportpistole Einzel**	1. Maria Grozdeva (Bul) 2. Tao Luna (China) 3. Lolita Jewlewskaja (WRuss)
Doppelvierer	1. Deutschland 2. Russland 3. Grossbritannien		**Luftpistole Einzel**	1. Luna Tao (China) 2. Jasna Sekaric (Jug) 3. Annemarie Forder (Au)
Achter	1. Rumänien 2. Holland 3. Kanada		**Wurftauben- schiessen Trap Einzel**	1. Daina Gudzineviciute (Lit) 2. Délphine Racinet (Fr) 3. E Gao (China)
Leichtgewicht			**Doppel-Trap Einzel**	1. Pia Hansen (Sd) 2. Deborah Gelisio (It) 3. Kimberley Rhode (USA)
Doppelzweier	1. Constanta Burcica/Angela Alupei (Rum) 2. Valerie Viehoff/Claudia Blasberg (De) 3. Christine Collins/Sarah Garner (USA)		**Skeet Einzel**	1. Semfira Meftachedtinowa (Aser) 2. Swetlana Demina (Russ) 3. Diana Igaly (Un)

Schiessen

Männer

Olympischer Liegendmatch Einzel	1. Jonas Edman (Sd) 2. Torben Grimmel (Dä) 3. Sergej Martinow (WRuss)
Dreistellungsmatch Einzel	1. Rajmond Debevec (Sln) 2. Juha Hirvi (Fi) 3. Harald Stenvaag (No)
Luftgewehr Einzel	1. Yalin Cai (China) 2. Artem Kadschibekow (Russ) 3. Jewgeni Aleinikow (Russ)
Freipistole Einzel	1. Tanyu Kirjakov (Bul) 2. Igor Basiniski (WRuss) 3. Martin Tenk (Tsch)
Schnellfeuerpistole Einzel	1. Sergej Alifirenko (Russ) 2. Michel Ansermet (Sz) 3. Iulian Raicea (Rum)
Luftpistole Einzel	1. Franck Dumoulin (Fr) 2. Yifu Wang (China) 3. Igor Basinski (WRuss)
Wurftauben- schiessen Trap Einzel	1. Michael Diamond (Au) 2. Ian Peel (Gb) 3. Giovanni Pellielo (It)
Doppel-Trap Einzel	1. Richard Faulds (Gb) 2. Mark Russel (Au) 3. Fehaid Al Deehani (Kuwait)
Skeet Einzel	1. Mykola Miltschew (Ukr) 2. Petr Malek (Tsch) 3. James Graves (USA)

*Michel Ansermet,
Schweiz*

Schwimmen

Männer

Crawl 50 m	1. Gary Hall Jr. (USA) u. Anthony Ervin (USA) 3. Pieter van den Hoogenband (Ho)	je 21,98 22,03
Crawl 100 m	1. Pieter van den Hoogenband (Ho) 2. Alexander Popow (Russ) 3. Gary Hall Jr. (USA)	48,30 48,69 48,73
Crawl 200 m	1. Pieter v. d. Hoogenband (Ho) 2. Ian Thorpe (Au) 3. Massimiliano Rosolino (It)	1:45,35 1:45,83 1:46,65
Crawl 400 m	1. Ian Thorpe (Au) 2. Massimiliano Rosolino (It) 3. Klete Keller (USA)	3:40,59 3:43,40 3:47,00
Crawl 1500 m	1. Grant Hackett (Au) 2. Kieren Perkins (Au) 3. Chris Thompson (USA)	14:48,33 14:53,59 14:56,81
Brust 100 m	1. Domenico Fioravanti (It) 2. Ed Moses (USA) 3. Roman Sludnow (Russ)	1:00,46 1:00,73 1:00,91
Brust 200 m	1. Domenico Fioravanti (It) 2. Terence Parkin (SA) 3. Davide Rummolo (It)	2:10,87 2:12,50 2:12,73
Rücken 100 m	1. Lenny Krayzelburg (USA) 2. Matthew Welsh (Au) 3. Stev Theloke (De)	53,72 54,07 54,82
Rücken 200 m	1. Lenny Krayzelburg (USA) 2. Aaron Peirsol (USA) 3. Matthew Welsh (Au)	1:56,76 1:57,35 1:57,59

Delfin 100 m	1. Lars Frölander (Sd)	52,00		**Delfin 200 m**	1. Misty Hyman (USA)	2:05,88
	2. Michael Klim (Au)	52,18			2. Susie O'Neill (Au)	2:06,58
	3. Geoff Huegill (Au)	52,22			3. Petria Thomas (Au)	2:07,12
Delfin 200 m	1. Tom Malchow (USA)	1:55,35		**Lagen 200 m**	1. Jana Klochkowa (Ukr)	2:10,68
	2. Denis Silantjew (Ukr)	1:55,76			2. Beatrice Caslaru (Rum)	2:12,57
	3. Justin Norris (Au)	1:56,17			3. Cristina Teuscher (USA)	2:13,32
Lagen 200 m	1. Massimiliano Rosolino (It)	1:58,98		**Lagen 400 m**	1. Jana Klochkowa (Ukr)	4:33,59
	2. Tom Dolan (USA)	1:59,77			2. Yasuko Tajima (Jap)	4:35,96
	3. Tom Wilkens (USA)	2:00,87			3. Beatrice Caslaru (Rum)	4:37,18
Lagen 400 m	1. Tom Dolan (USA)	4:11,76		**Staffeln Crawl 4 x 100 m**	1. USA	3:36,61
	2. Erik Vendt (USA)	4:14,23			2. Holland	3:39,83
	3. Curtis Myden (Ka)	4:15,33			3. Schweden	3:40,30
Staffeln Crawl 4 x 100 m	1. Australien	3:13,67		**Staffeln Crawl 4 x 200 m**	1. USA	7:57,80
	2. USA	3:13,86			2. Australien	7:58,52
	3. Brasilien	3:17,40			3. Deutschland	7:58,64
Staffeln Crawl 4 x 200 m	1. Australien	7:07,05		**Staffeln Lagen 4 x 100 m**	1. USA	3:58,30
	2. USA	7:12,64			2. Australien	4:01,59
	3. Holland	7:12,70			3. Japan	4:04,16
Staffeln Lagen 4 x 100 m	1. USA	3:33,73				
	2. Australien	3:35,27				
	3. Deutschland	3:35,88				

Frauen

Crawl 50 m	1. Inge de Bruijn (Ho)	24,32
	2. Therese Alshammar (Sd)	24,51
	3. Dara Torres (USA)	24,63
Crawl 100 m	1. Inge De Bruijn (Ho)	53,83
	2. Therese Alshammar (Sd)	54,33
	3. D. Torres (USA) u. J. Thompson (USA)	je 54,43
Crawl 200 m	1. Susie O'Neill (Au)	1:58,24
	2. Martina Moravcova (Slk)	1:58,32
	3. Claudia Poll (Costa Rica)	1:58,81
Crawl 400 m	1. Brooke Bennett (USA)	4:05,80
	2. Diana Munz (USA)	4:07,07
	3. Claudia Poll (Costa Rica)	4:07,83
Crawl 800 m	1. Brooke Bennett (USA)	8:19,67
	2. Jana Klochkowa (Ukr)	8:22,66
	3. Kaitlin Sandeno (USA)	8:24,29
Brust 100 m	1. Megan Quann (USA)	1:07,05
	2. Leisel Jones (Au)	1:07,49
	3. Penny Heyns (SA)	1:07,55
Brust 200 m	1. Agnes Kovacs (Un)	2:24,35
	2. Kristy Kowal (USA)	2:24,56
	3. Amanda Beard (USA)	2:25,35
Rücken 100 m	1. Diana Mocanu (Rum)	1:00,21
	2. Mai Nakamura (Jap)	1:00,55
	3. Nina Schiwanewskaja (Sp)	1:00,89
Rücken 200 m	1. Diana Mocanu (Rum)	2:08,16
	2. Roxana Maracineanu (Fr)	2:10,25
	3. Miki Nakao (Jap)	2:11,05
Delfin 100 m	1. Inge de Bruijn (Ho)	56,61
	2. Martina Moravocva (Slk)	57,97
	3. Dara Torres (USA)	58,20

Segeln
Männer

Finn	1. Ian Percy (Gb)	
	2. Luca Devoti (It)	
	3. Fredrik Lööf (Sd)	
470	1. Tom King/Mark Turnbull (Au)	
	2. Paul Foerster/Bob Merrick (USA)	
	3. Javier Conte/Juan de la Fuente (Sp)	
Star	1. Mark Reynolds/Magnus Liljedahl (USA)	
	2. Ian Walker/Mark Covell (Gb)	
	3. Torben Grael/Marcelo Ferreira (Br)	
Tornado	1. Roman Hagara/Hans-P. Steinacher (Oe)	
	2. Darren Bundock/John Forbes (Au)	
	3. Roland Gäbler/Rene Schwalle (De)	
Soling	1. Dänemark	
	2. Deutschland	
	3. Norwegen	

Inge de Bruijn, Holland

Laser	1. Ben Ainslie (Gb) 2. Robert Scheidt (Br) 3. Michael Blackburn (Au)		**Tischtennis**	
			Männer Einzel	1. Kong Linghui (China) 2. Jan-Ove Waldner (Sd) 3. Liu Guoliang (China)
49-er	1. Thomas Johanson/Jyrki Jarvi (Fi) 2. Ian Barker/Simon Hiscocks (Gb) 3. Jonathan McKee/Charlie McKee (USA)		**Männer Doppel**	1. Wang Liqin/Yan Sen (China) 2. Kong Linghui/Liu Guoliang (China) 3. Jean-Philippe Gatien/Patrick Chila (Fr)
Frauen			**Frauen Einzel**	1. Wang Nan (China) 2. Li Ju (China) 3. Chen Jing (Taiwan)
470	1. Jenny Armstrong/Belinda Stowell (Au) 2. JJ Isler/Pease Glaser (USA) 3. Ruslana Taran/Olena Pacholtschik (Ukr)		**Frauen Doppel**	1. Li Ju/Wang Nan (China) 2. Yang Ying/Sun Jun (China) 3. Kim Moo-Kyo/Riu Ji-Hye (SKor)
Europe	1. Shirly Robertson (Gb) 2. Margriet Matthijsse (Ho) 3. Serena Amato (Arg)		**Trampolin**	
			Männer Einzel	1. Alexander Moskalenko (Russ) 2. Ji Wallace (Au) 3. Mathieu Turgeon (Ka)
Synchronschwimmen			**Frauen Einzel**	1. Irina Karawajewa (Russ) 2. Oksana Tsyguljewa (Ukr) 3. Karen Cockburn (Ka)
Duett	1. Olga Brusnikina/Maria Kisselewa (Russ) 2. Miya Tachibana/Miho Takeda (Jap) 3. Virginie Dedieu/Myriam Lignot (Fr)			
Gruppen	1. Russland 2. Japan 3. Kanada		**Triathlon**	
			Männer	1. Simon Whitfield (Ka) 1:48:24 2. Stephan Vuckovic (De) 1:48:37 3. Jan Rehula (Tsch) 1:48:46
Taekwondo			**Frauen**	1. Brigitte McMaho (Sz) 2:00:40 2. Michellie Jones (Au) 2:00:42 3. Magali Messmer (Sz) 2:01:08
Männer				
bis 58 kg	1. Michail Mouroutsous (Grie) 2. Gabriel Esparza (Sp) 3. Huang Chih-Hsiung (Tai)		**Turnen**	
			Männer	
bis 68 kg	1. Steven Lopez (USA) 2. Sin Joon-Sik (SKor) 3. Hadi Saeibonehkohal (Iran)		**Mehrkampf**	1. Alexej Nemow (Russ) 2. Yang Wei (China) 3. Alexander Beresch (Ukr)
Frauen			**Boden**	1. Igor Wihrows (Lett) 2. Alexej Nemow (Russ) 3. Jordan Jovtschev (Bul)
bis 49 kg	1. Lauren Burns (Au) 2. Urbia Melendez Rodriguez (Kuba) 3. Chi Shu-Ju (Tai)		**Pferdpauschen**	1. Marius Urzica (Rum) 2. Eric Poujade (Fr) 3. Alexej Nemow (Russ)
bis 57 kg	1. Jun Jae-Eun (SKor) 2. Hieu Ngan Tran (Vietnam) 3. Hamide Bikcin (Tur)		**Ringe**	1. Szilveszter Csollany (Un) 2. Dimosthenis Tambakos (Grie) 3. Jordan Jovtschev (Bul)
Tennis			**Pferdsprung**	1. Gervasio Deferr (Sp) 2. Alexej Bondarenko (Russ) 3. Leszek Blanik (Pol)
Männer Einzel	1. Jewgeni Kafelnikow (Russ) 2. Tommy Haas (De) 3. Arnaud di Pasquale (Fr)		**Barren**	1. Li Xiaopeng (China) 2. Lee Joo-Hyung (SKor) 3. Alexej Nemow (Russ)
Männer Doppel	1. Sèèbastien Lareau/Daniel Nestor (Ka) 2. Todd Woodbridge/ Mark Woodforde (Au) 3. Alex Corretja/Albert Costa (Sp)		**Reck**	1. Alexej Nemow (Russ) 2. Benjamin Waronian (Fr) 3. Lee Joo-Hyung (SKor)
Frauen Einzel	1. Venus Williams (USA) 2. Jelena Dementjewa (Russ) 3. Monica Seles (USA)			
Frauen Doppel	1. Serena Williams/Venus Williams (USA) 2. Kristie Boogert/Miriam Oremans (Ho) 3. Els Callens/Dominique van Roost (Be)			

Synchronschwimmen, Russland

Mannschaften	1. China	
	2. Ukraine	
	3. Russland	

Frauen

Mehrkampf	1. Simona Amanar (Rum)	
	2. Maria Olaru (Rum)	
	3. Liu Xuan (China)	
Pferdsprung	1. Jelena Zamolodschikowa (Russ)	
	2. Andrea Raducan (Rum)	
	3. Jekaterina Lobaznjuk (Russ)	
Stufenbarren	1. Swetlana Chorkina (Russ)	
	2. Ling Jie (China)	
	3. Yang Yun (China)	
Schwebebalken	1. Liu Xuan (China)	
	2. Jekaterina Lobaznjuk (Russ)	
	3. Jelena Produnowa (Russ)	
Boden	1. Jelena Zamolodschikowa (Russ)	
	2. Swetlana Chorkina (Russ)	
	3. Simona Amanar (Rum)	
Mannschaften	1. Rumänien	
	2. Russland	
	3. China	

Volleyball

Männer Final	Jugoslawien – Russland	3:0
	3. Italien	
Frauen Final	Kuba – Russland	3:2
	3. Brasilien	

Beach-Volleyball

Männer Final	Dain Blanton/Eric Fonoimoana (USA) s.	
	Zè Marco/Ricardo (Br)	2:0
	3. Jörg Ahmann/Axel Hager (De)	
Frauen Final	Natalie Cook/Kerri Pottharst (Au) s.	
	Adriana Behar/Shelda Bede (Br)	2:0
	3. Adriana Samuel/Sandra Pires (Br)	

Wasserball

Männer Final	Ungarn – Russland	13:6
	3. Jugoslawien	
Frauen Final	Australien – USA	4:3
	3. Russland	

Wasserspringen

Männer

Kunstspringen 3 m	1. Ni Xiong (China)	
	2. Fernando Platas (Mex)	
	3. Dimitri Sautin (Russ)	
Turmspringen 10 m	1. Tian Liang (China)	
	2. Jia Hu (China)	
	3. Dimitri Sautin (Russ)	
Synchronspringen 3 m	1. Ni Xiong/Hailiang Xiao (China)	
	2. Dimitri Sautin/Alexander Dobroskok (Russ)	
	3. Robert Newbery/Dean Pullar (Au)	
Synchronspringen Turm	1. Dimitri Sautin/Igor Lukaschin (Russ)	
	2. Tian Liang/Hu Jia (China)	
	3. Jan Hempel/Heiko Meyer (De)	

Frauen

Kunstspringen 3 m	1. Fu Mingxia (China)	
	2. Jingjing Guo (China)	
	3. Dörte Lindner (De)	
Turmspringen 10 m	1. Laura Wilkinson (USA)	
	2. Na Li (China)	
	3. Anne Montminy (Ka)	
Synchronspringen 3 m	1. Vera Ilina/Julia Pachalina (Russ)	
	2. Fu Mingxia/Jingjing Guo (China)	
	3. Hanna Sorokina/Jelena Schupina (Ukr)	
Synchronspringen Turm	1. Na Li/Xue Sang (China)	
	2. Emilie Heymans/Anne Montminy (Ka)	
	3. Rebecca Gilmore/Loudy Tourky (Au)	

Moderner Fünfkampf

Männer Einzel	1. Dimitri Swatkowski (Russ)	
	2. Gabor Balogh (Un)	
	3. Pawel Dowgal (WRuss)	
Frauen Einzel	1. Stephanie Cook (Gb)	
	2. Emily Deriel (USA)	
	3. Kate Allenby (Gb)	

Windsurfing Mistral Klasse

Männer	1. Christoph Sieber (Oe)	
	2. Carlos Espinola (Arg)	
	3. Aaron McIntosh (Neus)	
Frauen	1. Alessandra Sensini (It)	
	2. Amèlie Lux (De)	
	3. Barbara Kendall (Neus)	

Windsurfing in der Bucht von Sydney

■ WORTLAUT

Aus Reden und Dokumenten

Erich Gysling

Wladimir Putin über militärische Sicherheit

Noch als interimistischer, noch nicht als gewählter Präsident Russlands gab *Wladimir Putin* am 10. Januar 2000 die Prinzipien seiner nationalen Sicherheitspolitik bekannt. Er veröffentlichte einen Erlass, der sich insbesondere mit der Rolle des Militärs und anderer Sicherheitsorgane befasste. Ein Text-Auszug:

«Die Gewährleistung der militärischen Sicherheit der Russischen Föderation gehört zu den wichtigsten Zielrichtungen der Staatstätigkeit. Das Hauptziel in diesem Bereich ist die Sicherstellung der Möglichkeit der adäquaten Reaktion auf Bedrohungen, die im 21. Jahrhundert entstehen können, bei gleichzeitig rationalen Ausgaben für die nationale Verteidigung.

Bei der Vermeidung von Kriegen und militärischen Konflikten zieht die Russische Föderation politische, diplomatische, wirtschaftliche und andere nichtmilitärische Mittel vor. Allerdings erfordern die nationalen Interessen der Russischen Föderation das Vorhandensein einer für ihre Verteidigung ausreichenden militärischen Stärke. Die Streitkräfte der Russischen Föderation spielen die Hauptrolle bei der Gewährleistung der militärischen Sicherheit der Russischen Föderation.

Eine der wichtigsten Aufgaben der Russischen Föderation ist die Verwirklichung der Abschreckung im Interesse der Verhinderung einer Aggression jeglicher Grössenordnung, unter anderem auch unter Anwendung von Nuklearwaffen gegen Russland und seine Verbündeten.

Die Russische Föderation muss über Nuklearwaffen verfügen, welche in der Lage sind zu garantieren, jedem Agressorland oder einer Koalition von Staaten einen vorgegebenen Schaden unter beliebigen Umständen zuzufügen. Die Streitkräfte der Russischen Föderation müssen mit ihrer Zusammensetzung zu Friedenszeiten in der Lage sein, dem Land einen zuverlässigen Schutz vor einem Luftangriff zu garantieren und Aufgaben zur Abwehr einer Aggression in einem lokalen Krieg (militärischen Konflikt) zusammen mit anderen Streitkräften, Militärformationen und -organen lösen zu können sowie einen strategischen Aufmarsch zur Lösung von Aufgaben in einem grossangelegten Krieg sicherzustellen. Die Streitkräfte der Russischen Föderation müssen die Durchführung friedensschaffender Tätigkeit durch die Russische Föderation gewährleisten.

Eine der wichtigsten strategischen Zielrichtungen im Bereich der Gewährleistung militärischer Sicherheit der Russischen Föderation ist die effektive Zusammenarbeit und Kooperation mit den Teilnehmerstaaten der Gemeinschaft Unabhängiger Staaten.

Die Interessen der Gewährleistung der nationalen Sicherheit der Russischen Föderation determinieren unter entsprechenden Umständen die Notwendikeit der militärischen Präsenz Russlands in einigen strategisch wichtigen Regionen der Welt. Die dortige Stationierung von begrenzten militärischen Kontingenten (Militärstützpunkte, Einheiten der Seestreitkräfte) auf vertraglicher und völkerrechtlicher Grundlage sowie auf Grundlage der Prinzipien der Partnerschaft muss die Bereitschaft Russlands zur Erfüllung seiner Pflichten, hinsichtlich der Unterstützung der Bildung eines beständigen militärstrategischen Gleichgewichts der Kräfte in den Regionen gewährleisten und der Russischen Föderation die Möglichkeit einräumen, auf eine Krisensituation in ihrem Anfangsstadium zu reagieren, und der Verwirklichung der aussenpolitischen Ziele des Staates dienen.

Die Russische Föderation zieht die Möglichkeit der Anwendung von militärischer Gewalt zur Sicherung ihrer nationalen Sicherheit in Betracht, indem sie von folgenden Prinzipien ausgeht:
- Anwendung aller ihr zur Verfügung stehenden Kräfte und Mittel, einschliesslich nuklearer Waffen, im Falle der Notwendigkeit der Abwehr einer bewaffneten Aggression, wenn alle anderen Massnahmen zur Beilegung der Krisensituation erschöpft sind oder sich als ineffektiv erwiesen haben;
- die Anwendung militärischer Gewalt innerhalb des Landes ist in strikter Übereinstimmung mit der Verfassung der Russischen Föderation und den föderalen Gesetzen im Falle des Auftretens einer Bedrohung für das Leben der Bürger, die territoriale Integrität des Landes sowie der Gefahr einer gewaltsamen Veränderung der verfassungsmässigen Ordnung zulässig.

Eine wichtige Rolle bei der Gewährleistung der nationalen Interessen Russlands kommt dem verteidigungsindustriellen Komplexes zu. Die Restrukturierung und Konversion des verteidigungsindustriellen Komplex muss ohne Schaden für die Entwicklung neuer Technologien und wissenschaftlich-technischer Möglichkeiten, die Modernisierung von Waffen, Militär- und Spezialtechnik und die Festigung der Stellung der russischen Produzenten auf dem Rüstungsweltmarkt erfolgen.»

Österreichs Politik

Die Anfang Februar gebildete, von der Opposition und zahlreichen ausländischen Regierungen schwer kritisierte österreichische Koalitionsregierung (Österreichische Volkspartei und die rechtsgerichtete Freiheitliche Partei) veröffentlichte die von den beiden Parteichefs *Haider* und *Schüssel* in Gegenwart von Präsident *Klestil* am Donnerstag in Wien unterzeichnete Präambel zum Regierungsprogramm unter dem Titel «Deklaration Verantwortung für Österreich – Zukunft im Herzen Europas». Diese hatte folgenden Wortlaut:

«Die Bundesregierung bekräftigt ihre unerschütterliche Verbundenheit mit den geistigen und sittlichen Werten, die das gemeinsame Erbe der Völker Europas sind und der persönlichen Freiheit, der politischen Freiheit und der Herrschaft des Rechts zu Grunde liegen, auf denen jede wahre Demokratie beruht.

Die Bundesregierung tritt für Respekt, Toleranz und Verständnis für alle Menschen ein, ungeachtet ihrer Herkunft, Religion oder Weltanschauung. Sie verurteilt und bekämpft mit Nachdruck jegliche Form von Diskriminierung, Intoleranz und Verhetzung in allen Bereichen. Sie erstrebt eine Gesellschaft, die vom Geist des Humanismus und der Toleranz gegenüber den Angehörigen aller gesellschaftlichen Gruppen geprägt ist.

Die Bundesregierung arbeitet für ein Österreich, in dem Fremdenfeindlichkeit, Antisemitismus und Rassismus keinen Platz finden. Sie wird jeder Form von meschenverachtendem Gedankengut und seiner Verbreitung konsequent entgegentreten und sich für die volle Beachtung der Rechte und Grundfeinheiten von Menschen jeglicher Nationalität einsetzen – gleichgültig aus welchem Grund sich diese in Österreich aufhalten. Sie bekennt sich zu ihrer besonderen Veranwortung für einen respektvollen Umang mit ethnischen und religiösen Minderheiten.

Die Bundesregierung unterstützt die Charta der europäischen politischen Parteien für eine nichtrassistische Gesellschaft und verpflichtet sich, auf die vorbildliche Verwirklichung der in dieser enthaltenen Grundsätze in Österreich hinzuwirken.

Die Bundesregierung bekennt sich zum Schutz

Österreichs Bundespräsident Klestil: die Vereidigung der umstrittenen Koalitionsregierung nahm er widerstrebend vor.

und zur Förderung der Menschenrechte und setzt sich für ihre bedingungslose Realisierung auf nationaler wie auf internationaler Ebene ein. Dies ist auch ein wichtiger Beitrag, um vorbeugende Kriege und interne Konflikte zu verhindern, die Menschen in ihren Rechten verletzen, vertreiben oder zum Verlassen ihrer Heimat zwingen.

Die Bundesregierung bekennt sich zu den Mitgliedstaaten der Europäischen Union gemeinsamen Prinzipien der pluralistischen Demokratie und der Rechtsstaatlichkeit, wie sie auch in der österreichischen Verfassung verankert sind und die Voraussetzung für die Mitgliedschaft im Europarat bilden. Die in Österreich verfassungsmässig garantierten, in der Europäischen Menschenrechtskonvention niedergelegten Rechte und Freiheiten sind klarer Ausdruck dieses Bekenntnisses.

Die Bundesregierung bekennt sich zum Friedensprojekt Europa. Die Zusammenareit der Koalitionsparteien beruht auf einem Bekenntnis zur Mitgliedschaft Österreichs in der Europäischen Union. Die Bundesregierung ist den allen Mitgliedstaaten der Europäischen Union gemeinsamen Grundsätzen der Freiheit, der Demokratie, der Achtung der Menschenrechte und Grundfreiheiten sowie der Rechtsstaatlichkeit verpflichtet, wie sie im Artikel 6 des Vertrages über die Europäische Union festgeschrieben sind. In der Vertiefung der Integration und der Erweiterung der Union liegt auch Österreichs Zukunft. Österreichs Geschichte und geopolitische Lage sind ein besonderer Auftrag, den Intergrationsprozess voranzutreiben und den europäischen Gedanken noch stärker im Alltag der Menschen zu verankern. Besonderes Gewicht zur Sicherung des Friedens und der Stabilität im 21. Jahrhundert wird der transatlatischen Partnerschaft zukommen.

Der Europäischen Union als Wertegemeinschaft entspricht auch ein bestimmtes Konzept der künftigen Entwicklung der europäischen Integration. Dazu gehören insbesondere die Arbeiten an der Charta der politischen und sozialen Grundrechte. Österreich unterstützt die weiteren Arbeiten zur Bekämpfung jeglicher Form von Diskriminierung im Sinne von Artikel 13 des EU-Vertrages.

Eine lebendige Kultur der Demokratie und der Rechtsstaatlichkeit erfordert ein Verhältnis zwischen Staat und Bürgern, das dem Einzelnen neue Freiheits- und Verantwortungsräume schafft. Im modernen Leistungsstaat gibt es Aufgaben, die besser vom Einzelnen oder von nichtstaatlichen Akteuren wahrgenommen werden können.

Die Bundesregierung bekennt sich aber mit allem Nachdruck zur solidarischen Sicherstellung solzialstaatlicher Leistung für jeden Bürger, der die Hilfe und Unterstützung des Staates braucht. Dies gilt insbesondere für Menschen, die an den Chancen der Modernisierung, die das Leben zunehmend prägt, nicht teilhaben können.

Das Solidaritätsprinzip bedeutet auch, dass auf die Bedürfnisse und Lebensperspektiven künftiger Generationen Rücksicht zu nehmen ist, um faire Chancen für alle Mitglieder der Gesellschaft und ihre Lebensentwürfe zu sichern.

Die Bundesregierung will Österreich als leistungs- und wettbewerbsorientierten Wirtschaftsstandort stärken. Das ist die Basis für die Sicherung bestehnder sowie die Schaffung neuer Arbeitsplätze und des Wohlstandes in unserem Land. Gerade Österreichs Beitritt zur Europäischen Union und eine gesicherte Teilnahme an der Währungsunion waren und sind wichtige Voraussetzungen für die Zukunft von Wirtschaft und Arbeit in Österreich.

Die Sozialpartnerschaft hat sich in Österreich als wichtiges Standortinstrument für Wirtschaft und Arbeit bewährt und dadurch zum sozialen Frieden in Österreich beigetragen. Die Bundesregierung bekennt sich zur umfassenden Kooperation mit den Sozialpartnern, empfiehlt aber gleichzeitig die notwendige Reformbereitschaft der Sozialpartnerschaft etwa bei der Reform der Sozialversicherungsträger, einschliesslich der Wahl der Versicherungsvertreter, und der Stärkung des Servicecharakters der sozialpartnerschaftlichen Einrichtungen.

Die Bundesregierung ist sich bewusst, dass die österreichische Bevölkerung auf ihren grossen Leistungen zielstrebig weiter aufbauen und die Stärken Österreichs konsequent weiter entwickeln muss.

Österreich stellt sich seiner Verantwortung aus der verhängnisvollen Geschichte des 20. Jahrhunderts und den ungeheuerlichen Verbrechen des nationalsozialistischen Regimes:

Unser Land nimmt die hellen und die dunklen Seiten seiner Vergangenheit und die Taten aller Österreicher, gute wie böse, als seine Verantwortung an. Nationalsozialismus, Diktatur und Intoleranz brachten Krieg, Fremdenhass, Unfreiheit, Rassismus und Massenmord. Die Einmaligkeit und Unvergleichbarkeit des Verbrechens des Holocaust sind Mahnung zu ständiger Wachsamkeit gegen alle Formen von Diktatur und Totalitarismus.

Das Vorhaben der Europäischen Union eines breiten, demokratischen und wohlhabenden Europas, zu dem sich die Bundesregierung vorbehaltlos bekennt, ist die beste Garantie gegen eine Wiederkehr dieses dunkelsten Kapitels der österreichischen Geschichte.

Die Bundesregierung bekennt sich zur kritischen Auseinandersetzung mit der NS-Vergangenheit. Sie wird für vorbehaltlose Aufklärung, Freilegung der Strukturen des Unrechts und Weitergabe dieses Wissens an nachkommende Generationen als Mahnung für die Zukunft sorgen. Hinsichtlich der NS-Zwangsarbeit wird die Bundesregierung im Lichte des Zwischenberichts der österreichi-

Wolfgang Schüssel, österreichischer Bundeskanzler: taktierte geschickt, bis die EU-Sanktionen gegen Österreich wieder aufgehoben wurden.

schen Historikerkommission unter Berücksichtigung der primären Verantwortung der betroffenen Unternehmen um sachgerechte Lösungen bemüht sein.

Die Regierungsparteien bekennen sich zu einer neuen Form des Regierens und der Zusammenarbeit. Sie wollen Probleme lösen, Herausforderungen bewältigen und konsequent Chancen nützen, weil sie der Zukunft Österreichs und Europas verpflichtet sind. Österreich wird als stabiles, verlässliches und partnerschaftliches Land seinen Beitrag für ein friedliches und sicheres Miteinander in Europa und der Welt leisten.»

Grossbritannien und die EU

Rede des britischen Premierministers, *Tony Blair,* «Engagement für Europa, für die Reform Europas» am 23. Februar 2000 in Gent.
«Grossbritanniens Beziehungen zu Europa waren allzu oft ambivalent und von Gleichgültigkeit geprägt. In der Tat bin ich der Meinung, dass Grossbritanniens Zögern in der europäischen Frage eine der grössten Fehleinschätzungen meines Landes in den Nachkriegsjahren war. Gewiss könnte Grossbritannien auch ausserhalb der Europäischen Union überleben. Aber es wäre ein ärmeres, schwächeres Grossbritannien. Wahrscheinlich könnten wir, wie Norwegen und die Schweiz, Zugang zum einheitlichen Markt erlangen. Der Preis wäre allerdings, Europas Gesetze anzuwenden, ohne die Chance zu haben, sie mitzugestalten. Aus diesem Grund bin ich entschlossen zu errreichen, dass Grossbritannien seine Rolle in Europa voll erfüllt – aus dem gleichen Grund nämlich, aus dem Belgien oder Frankreich ihre Rolle in Europa voll wahrnehmen: weil es nämlich das Beste für mein Land ist.

Auf der Tagesordnung der Europäischen Union stehen nach dem Rücktritt derr Kommission im vorigen Jahr und im Zuge der Vorbereitung auf die Erweiterung auch institutionelle Reformen. Ich habe immer die Ansicht vertreten, dass eine effiziente, starke und unabhängige Kommission, die im Dienst der ganzen Union tätig ist, eine zentrale Voraussetzung für eine erfolgreiche Entwicklung Europas ist. Deswegen ist die Reform der Kommission unter Führung von *Neil Kinnock* so wichtig, und deswegen unterstützt Grossbritannien den Reformprozess.

Die Erweiterung macht die institutionelle Reform erforderlich. In diesem Monat haben wir eine Regierungskonferenz eröffnet, die sich damit befassen soll, wie wir die Kommission straffen und die Abstimmungsverfahren im Rat reformieren können, damit sie nach der Erweiterung noch tauglich sind.

Die Erweiterung wirft jedoch auch allgemeinere Fragen auf. Zu gegebener Zeit werden wir prüfen müssen, unter welchen Umständen die in Amsterdam umrissene Flexibilität gelten sollte. Wir werden prüfen müssen, wie wir den richtigen Mittelweg finden zwischen unserem Wunsch, vorwärts zu kommen, und unserem Wunsch, kein Zwei-Stufen-Europa zu schaffen. Ich bin ganz zuversichtlich, dass wir mit gesundem Menschenverstand eine Lösung finden werden. Und wie steht es mit der demokratischen Legitimation? Wie kann man verhindern, dass in der erweiterten Union Wähler und Entscheidungsträger in Europa weiter auseinanderdriften? Die Spannung entsteht dadurch, dass wir die Entwicklung der europäischen Institutionen weiter vorantreiben, während uns klar ist, dass die meisten unserer Bürger sich in erster Linie mit ihrer nationalen Regierung und ihrem nationalen Parlament identifizieren.

Dies ist nicht der Ort für eine detaillierte Analyse. Ich möchte nur zwei Dinge sagen. Erstens halte ich es für sinnvoll, dass wir untersuchen, wie wir mehr Verständigung und Zusammenarbeit zwischen nationalen und europäischen Institutionen, insbesondere den nationalen Parlamenten und dem Europäischen Parlament, herbeiführen. Zweitens brauchen wir eine konzertierte Aktion zur Subsidiarität. *Romano Prodi* sagte vorige Woche in seiner Rede vor dem Europäischen Parlament: ‹Europas Bürger sind ernüchtert und besorgt. Sie haben den Glauben an die europäischen Institutionen verloren. Sie verlieren die Geduld angesichts unserer langsamen Fortschritte bei der Bekämpfung der Arbeitslosigkeit. Die Aussicht auf die Erweiterung löst in der Allgemeinheit teils Hoffnung, teils Angst aus – Hoffnung auf Stabilität und Fortschritt, Angst vor einem Europa ohne Identität und Grenzen.› Wie gesagt, die Antwort liegt darin, dass wir genau wissen, was auf EU-Ebene und was von den Mitgliedsstaaten oder der Gesellschaft getan werden sollte. Gemeinsam müssen wir eine neue, demokratischere Form von Partnerschaft zwischen der europäischen, der nationalen und der regionalen Ebene in Europa finden.

Lassen Sie mich zusammenfassen: Die Briten sind im Allgemeinen zu pragmatisch, um an Visionen zu glauben. Aber dies ist, denke ich, meine Version von Europa: frei, gerecht und offen. Eine Wertegemeinschaft. Ein Europa, das das Potenzial eines gemeinsamen Marktes, der so vielfältig und reichhaltig ist wie der amerikanische, dazu nutzt, um Arbeitsplätze, Wohlstand, Chancen zu schaffen. Das die Gesellschaft stärkt und soziale Gerechtigkeit fördert, indem es Vollbeschäftigung wieder ins Zentrum unseres gemeinsamen Handelns rückt. Ein Leitstern der Demokratie und des freien Unternehmertums in der Welt. Ein internationaler Anker für Stabilität, zur Förderung europäischer Interessen und europäischer Werte. Ein Europa, das wahrhaft der Diener und nicht der Herr seines Volkes ist. Stärke, gegründet auf eine starke Demokratie. Effektiv handelnd, im Interesse aller Bürger Europas, und ihnen gegenüber rechenschaftspflichtig.»

EU-Kommissionspräsident Romano Prodi: befürwortet die Osterweiterung der EU.

■ BIOGRAFIE

Zur Person

Erich Gysling

Slobodan Milosevic

Slobodan Milosevic wurde vom gesamten westlichen Ausland als der eigentliche Verhinderer einer Normalisierung und Demokratisierung Jugoslawiens betrachtet. Man warf ihm vor, Jugoslawien (also Serbien und Montenegro) zu unterjochen, die Opposition zu unterdrücken, freie Medien zu behindern, den Übergang zur freien Marktwirtschaft zu torpedieren und einen weiteren Konflikt um Kosovo zu provozieren. Als *Milosevic* für den 24. September 2000 Wahlen ansetzte, betrachtete man dies im Ausland zunächst als Farce. Erst schien sich das auch zu bestätigen: *Milosevic* weigerte sich nach Bekanntwerden der Resultate zunächst, seine Niederlage anzuerkennen. Doch dann, im Oktober, akzeptierte er den Sieg seines Gegners *Kostunica* und trat zurück.

Slobodan Milosevic wurde am 20. August 1941 im serbischen Pozarevac als Kind von Eltern geboren, die aus Montenegro zugewandert waren. Sein Vater war serbisch-orthodoxer Religionslehrer. Er verliess die Familie und beging in den 50er Jahren Selbstmord. Und auch die Mutter nahm sich, knappe zwanzig Jahre später, das Leben.

Slobodan («Der Freie») *Milosevic* studierte in Belgrad Jura, trat 1959 in die kommunistische Partei ein und wurde Präsident der sogenannten Ideologie-Kommission an der Universität. 1968 bekam er eine leitende Funktion bei der Firma «Technogas», 1973 wurde er deren Generaldirektor. 1978 wechselte er als Präsident zur «Beogradska banka», und sechs Jahre später wurde er Parteisekretär der jugoslawischen Hauptstadt Belgrad.

Entscheidend für seine Karriere und für das Land wurde sein Auftritt (als kommunistischer Parteisekretär) an einer Zusammenkunft von 300 Parteidelegierten in Kosovo im April 1987. Damals waren nur zehn Prozent der Bevölkerung Kosovos Serben – die Mehrheit bildeten die muslimischen Kosovo-Albaner. Während dieser Konferenz drängte sich eine Menge von Serben und Montenegrinern in die Kongresshalle, um über ihre angebliche oder echte Not zu klagen. *Milosevic* wandte sich an die Menge und sagte, niemand habe das Recht, sie zu unterdrücken. Daraufhin brüllten die Leute: «Wir wollen Freiheit, wir werden Kosovo nicht aufgeben!» *Milosevic* sprach 13 Stunden lang mit den Anwesenden – und von da an verschrieb er sich dem serbischen Nationalismus. Er belebte immer wieder die Erinnerung an die Schlacht auf dem Amselfeld von 1389 und sprach von diesem historisch zwiespältigen Ereignis so, als habe es sich nicht vor 600 Jahren, sondern gestern oder vorgestern abgespielt. Auf dem Amselfeld, in Kosovo, wurden 1389 die christlichen Serben von Muslimen, eigentlich von Türken, geschlagen, und allgemein verbreitete sich bei den Serben bis in die Gegenwart die Überzeugung, die Niederlage sei durch Verrat herbeigeführt worden. *Milosevic* stellte seit 1987 Kosovo in den Mittelpunkt seiner Reden und seiner Politik. Im Juni 1989 erklärte er beim 600. Jahrestag der Schlacht auf dem Amselfeld: «Niemals mehr wird der Islam die Serben unterdrücken.»

Slobodan Milosevic wurde am 8. Mai 1989 ins kollektive Präsidium der noch existierenden Republik Jugoslawien gewählt, und gleichzeitig konnte er für eine einjährige Amtszeit die Präsidentschaft über Serbien übernehmen. Bei den ersten direkten Präsidentenwahlen in Serbien wurde er mit 86% der Stimmen als Republikspräsident bestätigt. 1990 fanden in den damals sechs jugoslawischen Republiken Wahlen statt. Die Kommunisten, die sich jetzt Sozialisten nannten, verloren überall, mit der Ausnahme von Serbien und Montenegro – in Serbien erhielten die Sozialisten 46%, und dank des Mehrheitswahlrechts konnten sie danach 194 der 250 Parlamentssitze besetzen.

Slowenien und Kroatien erklärten im Juni 1991 ihre Unabhängigkeit, und danach wandelte sich die Nationalitätenkrise zum Bürgerkrieg. Der Konflikt zwischen der Armee Jugoslawiens gegen Slowenien dauerte nur Tage, aber die Auseinandersetzungen mit Kroatien und den kroatischen Milizen zogen sich bis 1993 hin. Und dies ungeachtet der Tatsache, dass Kroatien wie auch Slowenien 1992 international anerkannt wurden. Seit 1992 bestand Jugoslawien nur noch aus den Republiken Serbien und Montenegro, aber Serbien beanspruchte auch die Herrschaft über Kosovo. Zusätzlich gespannt wurde die Lage durch die Erklärung der Unabhängigkeit der Republik Bosnien-Herzegowina im Februar 1992 – die Serben beantworteten dies mit einem Feldzug, der dazu führte, dass 70% des Gebiets von Bosnien-Herzegowina unter serbische Kontrolle geriet. Der Feldzug war begleitet von Brutalität und von menschenverachtenden «ethnischen Säuberungen» – bosnische Muslime und Kroaten wurden vertrieben, ihre Häuser konfisziert und durch Serben besiedelt. Umgekehrt begingen auch Kroaten und, in geringerer Zahl, bosnische Muslime Akte der «ethnischen Säuberung».

Die serbische Vorgehensweise war wahrscheinlich mehrheitlich abgesegnet durch *Milosevic*. Die Europäische Union und die UNO beantworteten die Politik *Milosevics* durch ein Handelsembargo. Dennoch errang *Milosevic* bei den Präsidentschaftswahlen vom 20. Dezember 1992 mit 55,9% wieder einen Sieg. Auch die Sozialistische Partei gewann bei diesen Wahlen (44% der Stimmen) mehr Unterstützung als andere Parteien, und dasselbe wiederholte sich bei den Parlamentswahlen in Serbien im Dezember 1993 (37% für die Sozialisten).

In Bosnien-Herzegowina lenkte *Milosevic* erst 1995 nach dem Eingreifen der NATO und im Verlauf von langwierigen Verhandlungen ein. Die Sanktionen gegen Jugoslawien wurden nach der Paraphierung der Abkommens von Paris vom Dezember 1995 aufgehoben. *Milosevic* wurde jetzt international wieder respektiert. Im März 1996 wurde er als Parteichef bestätigt, und bei den Parlamentswahlen vom 3. November 1996 behielt die von *Milosevic* geführte Sozialistische Partei ihre dominierende Stellung. Aber die Politik *Milosevics* in Kosovo steuerte gleichzeitig auf die Katastrophe zu. Die Teil-Autonomie von Kosovo war längst aufgehoben. Die Kosovo-Albaner protestierten und organisierten den Widerstand im Untergrund. Die serbische Polizei unterdrückte Demonstrationen von Kosovo-Albanern brutal, und in den Schulen konnte nicht mehr in albanischer Sprache unterrichtet werden. Das immer brutalere Vorgehen der serbischen Kräfte in Kosovo veranlasste den UNO-Sicherheitsrat am 23.9.1998 zur Resolution 1199, bei der auch mit dem Einsatz der NATO-Luftwaffe gedroht wurde. *Milosevic* gab jedoch weiterhin grünes Licht für die Vertreibung von Albanern aus Kosovo. Nach dem Massaker von Racak am 15.1.1999 schien der Konflikt unausweichlich, und die NATO begann am 24. März 1999 den Krieg gegen die Serben, um das Milosevic-Regime zur Beendigung der Unterdrückung in Kosovo und zum Rückzug des Militärs zu zwingen. Man ging damals, während und nach dem Krieg (Ende Juni 1999) davon aus, dass *Milosevic* durch die militärische Niederlage innenpolitisch so sehr geschwächt worden sei, dass er in wenigen Wochen zurück-

Slobodan Milosevic: Der Diktator anerkannte den Wahlsieg seines Gegners und trat zurück.

treten müsste. Hinzu kam, dass *Milosevic* vom Internationalen Tribunal für Verbrechen im früheren Jugoslawien (ICTY) als Kriegsverbrecher angeklagt wurde. Gegen ihn bestand nun ein internationaler Haftbefehl. Bei einer Reise ins Ausland musste *Milosevic* mit Festnahme und Auslieferung ans Kriegsverbrecher-Tribunal in Den Haag rechnen. Aber all das beendete die Herrschaft *Milosevics* nicht. Er blieb Präsident Jugoslawiens, und daran änderte auch die zunehmende Distanz der Teilrepublik Montenegro von Serbien vorerst nichts.

Slobodan Milosevic ist mit Dr. *Mirjana Markovic* verheiratet. Sie ist Parteichefin der 1994 gegründeten sozialistischen «Jugoslawischen Linken» (JUL) und Professorin für Gesellschaftswissenschaften an der Universität Belgrad. Das Paar hat zwei Kinder, *Marija* und *Marko*. *Marija* ist Besitzerin einer Radio- und Fernsehstation, *Marko* betreibt einen Vergnügungspark namens «Bambi-Land» in Pozarevac.

Wolfgang Schüssel

Er hatte im Jahr 2000 eines der schwierigsten Polit-Ämter der westlichen Welt: *Wolfgang Schüssel* war Chef jener österreichischen Koalitionsregierung, die sich gegenüber der internationalen Gemeinschaft (insbesondere gegenüber der Europäischen Union) vom Februar bis September in der Isolation befand und die gleichzeitig der österreichischen Bevölkerung beweisen musste, dass ihre Prinzipien mit jener der Mehrheitsmeinung übereinstimmten. Gegenüber dem Ausland geriet *Wolfgang Schüssel* nach der Bildung der Koalitionsregierung seiner konservativen ÖVP mit der rechtsnationalen FPÖ von *Jörg Haider* ins Abseits.

Wolfgang Schüssel wurde am 7. Juni 1945 in Wien geboren. Er studierte Rechtswissenschaften und promovierte 1968 zum Dr. jur. Gleich danach engagierte er sich bei der Österreichischen Volkspartei (ÖVP). 1979 wurde er ins Parlament (Nationalrat) gewählt. Als Abgeordneter war er u. a. an der Ausarbeitung der grossen Steuerreform beteiligt.

Die ÖVP bildete 1987 eine grosse Koalition mit der SPÖ, also den Sozialdemokraten, aber diese beiden Parteien bekamen bei Wahlen immer weniger Stimmen – Gewinnerin war die rechtspopulistische FPÖ, die Partei der «Freiheitlichen» von *Jörg Haider*. *Wolfgang Schüssel* wurde 1989 in der Koalitionsregierung Wirtschaftsminister, und in dieser Funktion engagierte er sich für eine weitreichende Privatisierung der österreichischen Staatsindustrie. Er kam da über Teilerfolge zwar nicht hinaus, wurde aber bei der Bildung des vierten Kabinetts von Kanzler *Franz Vranitzky* als Wirtschaftsminister bestätigt. Sein Ruf als einer der Hoffnungsträger in der ÖVP wurde im April 1995 einmal mehr deutlich, als er nach einer längeren Führungskrise zum neuen Parteichef gewählt wurde (mit 95% der Delegiertenstimmen). In seiner Antrittsrede sagte er selbstbewusst: «Ich will 1998 Kanzler werden». Dieses Ziel erreichte er, allerdings zwei Jahre nach dem von ihm selbst angekündigten Jahr.

1995 war für die ÖVP, ja für die österreichische Innenpolitik insgesamt, ein bewegtes Jahr. Bei den Nationalratswahlen vom 17. Dezember 1995 verfehlte die ÖVP ihr Ziel, stärkste Partei zu werden: sie erreichte nur 28,3%, die SPÖ aber 38,1%. In den Verhandlungen um die Bildung einer Regierung schloss *Schüssel* damals ein Zusammengehen mit der rechtsstehenden Partei von *Jörg Haider* aus – er sprach in diesem Zusammenhang allerdings nicht von ideologischen Differenzen, sondern von einer zu knappen Mehrheit. Die Frage der Koalition mit *Haider* war somit noch nicht aktuell – die SPÖ bildete wieder eine grosse Koalition mit der ÖVP, und *Wolfgang Schüssel* blieb Aussenminister. Er sprach sich in der Folge erst für einen Beitritt Österreichs zur NATO aus, rückte davon aber wieder ab, als er erkannte, dass sich dafür im neutralen Land wohl keine Mehrheit finden liesse. 1997 geriet er für einige Zeit ins Schussfeld heftiger Kritik, nachdem Gerüchte über rüde Verbalinjurien gegen ausländische Prominente am Rande eines Journalistenfrühstücks in die Öffentlichkeit gelangt waren. *Schüssel* dementierte, wurde aber erneut kritisiert, diesmal wegen seinem angeblichen Versuch, Redaktionen in Rundfunk und Fernsehen zu Befehlsempfängern zu degradieren. Diplomaten klagten über den Führungsstil des Aussenministers und Vizekanzlers. Aber *Schüssel* überstand einen Misstrauensantrag der Opposition im Parlament. Die entscheidende Phase für eine Wende in Österreich kam mit den Parlamentswahlen vom 3. Oktober 1999. Die Sozialdemokraten kamen noch auf 65 Sitze im Nationalrat, sechs weniger als zuvor. Der Koalitionspartner mit *Wolfgang Schüssel* erhielt 52 Mandate, gleich viel, wie bei der letzten Wahl. Hinsichtlich Wählerstimmen bekam die ÖVP aber 415 weniger als die FPÖ von *Jörg Haider*, die ebenfalls 52 Mandate erhielt (elf mehr als zuvor). Die Grünen zogen mit 14 Abgeordneten in den Nationalrat ein. Die Verhandlungen um die Bildung einer neuen Regierung zogen sich bis Anfang Februar 2000 hin. Als sich ein Zusammengehen der ÖVP mit der Partei *Haiders* abzeichnete, kamen die Warnungen von seiten der EU: man werde Massnahmen ergreifen, denn *Haiders* Partei vertrete Grundsätze, die mit Demokratie, Pluralismus und mit den Wertevorstellungen der europäischen Partner Österreichs nicht übereinstimmten. Immer wieder wurden die von Sympathie und Verständnis geprägten Äusserungen über Nationalsozialisten und die Waffen-SS einerseits sowie die fremdenfeindlichen Sätze

Wolfgang Schüssel: Rhetorisch brillant, manchmal brüsk, von der Opposition und im Ausland hart kritisiert wegen der Koalition mit den Rechtsradikalen.

Haiders anderseits zitiert. Am 3.2.2000 unterzeichneten die Delegationen von ÖVP und FPÖ dennoch den Koalitionsvertrag. Zuvor hatten beide Parteien in einer «Deklaration zu den Grundwerten der Europäischen Union» ein klares Bekenntnis zu den Prinzipien der EU und deren Zielen abgegeben. Bundespräsident *Thomas Klestil* vereidigte die neue Regierung, in der *Wolfgang Schüssel* das Amt des Kanzlers und somit des Regierungschefs übernahm, mit sichtbarem Unbehagen. Die Partei der Grünen versuchte, die neue Regierung mit einem Votum im Parlament zu stürzen, hatte aber keinen Erfolg. Der neue Bundeskanzler, *Wolfgang Schüssel,* so erklärten die Grünen, habe es geschafft, einen aussenpolitischen Scherbenhaufen anzurichten. Durch die Bildung der Koalition mit einer rechtsextremen Partei sei er persönlich und politisch für die internationale Isolierung Österreichs verantwortlich.

Als Chef der umstrittenen Regierung versuchte *Wolfgang Schüssel* im Verlauf des Jahrs 2000 immer wieder, die europäischen Partner davon zu überzeugen, dass Österreich auch bei der Beteiligung der FPÖ an der Regierung die Menschenrechte respektiere und zu den Prinzipien der Freiheit und der Demokratie stehe. Die EU setzte schliesslich einen «Rat der Weisen» von drei Persönlichkeiten ein, die Österreich unter die Lupe nehmen sollten. Der Bericht attestierte der Regierung von Wolfgang Schüssel den Respekt für Minderheiten und Menschenrechte – im September hob die EU ihre Sanktionen auf.

Xavier Solana

Xavier Solana wechselte Anfang 2000 vom Amt des NATO-Generalsekretärs ins neu geschaffene Amt des Hohen Repräsentanten für die gemeinsame Aussen- und Sicherheitspolitik der Europäischen Union. Wie schon während der Zeit bei der NATO (1995 bis Ende 1999) befasste er sich auch bei der EU in erster Linie mit Fragen der Aufnahme von Beitrittsverhandlungen mit Kandidaten in Osteuropa. Ausserdem wurde er durch das Problem Österreich gefordert: sollte die EU ihre Sanktionen gegenüber Wien lockern, und wenn ja, was wurde dann als Vorleistung von der österreichischen Koalitionsregierung erwartet?

Xavier Solana wurde am 14. Juli 1942 in Madrid als Sohn eines Chemieprofessors geboren. Er studierte an der Universität Complutense in Madrid Physik, gewann u. a. ein Fulbright-Stipendium und studierte dann von 1966 bis 1968 noch an verschiedenen amerikanischen Universitäten. 1968 bis 1971 war er als Assistent an der Universität von Virginia, dann kehrte er nach Spanien zurück und wurde an der neu gegründeten Autonomen Universität von Madrid Dozent für Physik. Aus politischen Gründen (*Solana* war Gegner der Franco-Diktatur) kündigte der Erziehungsminister seinen Vertrag – *Xavier Solana* erhielt erst 1975, nach dem Ende der Franco-Ära, wieder eine Professur, diesmal an der Universität Complutense in Madrid. Politisch engagierte er sich schon als Student. Mit 22 Jahren, im Jahr 1964, trat er der Spanischen Sozialistischen Arbeiterpartei (PSOE) bei. Nach dem demokratischen Wandel Spaniens (ab 1975) wurde er dreimal hintereinander ins Parlament gewählt.

Zeitweise arbeitete *Xavier Solana* als Pressesekretär der Partei, dann, 1982, wurde er Kulturminister und Regierungssprecher der neuen sozialistischen Regierung unter *Felipe Gonzalez*. Er profilierte sich als Förderer des kulturellen und künstlerischen Lebens durch den spanischen Staat. 1988 wechselte er vom Kulturministerium ins Amt des Erziehungs- und Wissenschaftsministers, und 1992 wurde er mit der Leitung des Aussenministeriums betraut. In dieser Funktion erwarb er sich rasch im Inland und im Ausland breiten Respekt. Weltläufigkeit, Sachverstand, Härte, Ausdauer, aber auch Verbindlichkeit im Ton machten ihn zu einem weithin geachteten und erfolgreichen Diplomaten.

Im November 1995 wurde *Xavier Solana* als Nachfolger des Belgiers *Willy Claes* für das Amt des NATO-Generalsekretärs nominiert – dies, obschon Spaniens PSOE-Partei sich erst 1986, in einem Referendum, für den Verbleib Spaniens in der NATO ausgesprochen hatte. Aber Spanien hatte sich in den dazwischen liegenden Jahren stark bei der NATO engagiert, u. a. durch Flugeinsätze im Bosnien-Krieg. Spanische Truppenkontingente waren unter UNO-Mandat im ehemaligen Jugoslawien stationiert.

Zu den grössten Aufgaben *Solanas* als NATO-Generalsekretär zählten die Vorbereitungen der Erweiterungs-Verhandlungen mit osteuropäischen Ländern (Polen, Tschechien, Ungarn in erster Linie) und die Ausarbeitung der NATO-Partnerschaft für den Frieden. *Xavier Solanas* diplomatisches Geschick bewährte sich bei den Verhandlungen über ein Sicherheitsabkommen mit Russland (1997). Gegenüber Jugoslawien (Kosovo-Krise) spielte *Solana* seine Härte aus: er war es schliesslich, der am 23. März 1999 dem NATO-Oberbefehlshaber *Wesley Clark* die Anweisung gab, mit den Luftoperationen gegen Jugoslawien zu beginnen. *Solana* war es auch, der am 20. Juni 1999 das Ende der Luftangriffe bekannt gab.

Xavier Solana ist mit *Concepcion Jimenez* verheiratet. Das Paar hat zwei Kinder. Auch nach dem Aufstieg zu einem führenden Politiker Spaniens änderte sich der Lebensstil *Solanas* kaum. Mit seiner Familie bewohnte er weiterhin eine relativ bescheidene Wohnung in einem Vorort von Madrid. Seine Kinder schickte er, getreu dem Programm seiner PSOE-Partei, nicht in eine private, sondern in die staatliche Schule.

Xavier Solana: herausragender spanischer Diplomat, geschickter Verhandlungstaktiker.

■ VERSTORBEN

Im Jahr 2000 verstorben

Bernhard Wicki, aus der Schweiz stammender Bühnen- und Filmdarsteller, stirbt am 5. Januar, 80jährig.

Bettino Craxi, ehemaliger italienischer Premier (Regierungszeit 1983 bis 1987), stirbt im Exil in Tunesien am 19. Januar, 65jährig.

Friedrich Gulda, österreichischer Pianist, legendär als Interpret Beethovens und moderner Jazz-Werke, 27. Januar, 70 Jahre alt.

Roger Vadim, französischer Filmregisseur (und ehemaliger Ehemann von Brigitte Bardot), stirbt am 13. Februar.

Charles M. Schulz, amerikanischer Zeichner, Schöpfer der «Snoopy»-Figur, gestorben am 13. Februar, 77jährig.

Friedensreich Hundertwasser, österreichischer Maler, gestorben am 20. Februar, 77 Jahre alt.

Anatol Sobtschak, ehemaliger Bürgermeister von St. Petersburg, 19. Februar, 62jährig.

Ofra Haza, Schlagersängerin aus Israel, stirbt im Alter von 41 Jahren am 23. Februar an Aids.

Rudolf Kirchschläger, ehemaliger Bundespräsident Österreichs (Amtszeit 1974 bis 1986), stirbt am 30. März, 85jährig.

Habib Bourgiba, Präsident Tunesiens in den Jahren zwischen 1956 und 1987: 6. April, 96jährig.

Keizo Obucci, japanischer Premierminister seit 1998, stirbt am 14. Mai im Alter von 62 Jahren.

Andrzej Szczypiorski, politisch engagierter polnischer Autor, 16. Mai, 72 Jahre alt.

Barbara Cartland, britische Autorin (723 Bücher, oft jede zweite Woche ein neues Buch, Titel wie «Ein Herzensgeheimnis»), 21. Mai, 96jährig.

John Gielgud, britischer Bühnenschauspieler, weltberühmt als Shakespeare-Darsteller, 21. Mai, 96 Jahre alt.

Erich Mielke, dubioser ehemaliger Geheimdienstchef der DDR, 26. Mai, 92jährig.

Huschang Golschiri, wichtigster Autor Irans, stirbt am 6. 6. im Alter von 62 Jahren.

IV

Hafez al-Assad, Präsident Syriens während fast 30 Jahren – er stirbt 70jährig am 10.6.

Carl Barks, der Zeichner von «Donald Duck» – 25. 8., 99 Jahre alt.

Sirimawo Bandaranaike, dreimal Premierministerin von Sri Lanka, am 10.8. gestorben im Alter von 84 Jahren.

Pierre E. Trudeau, Premier Kanadas von 1968 bis 1984 stirbt am 29. 9., 80jährig.

Lea Rabin, israelische Friedens-Engagierte, Witwe von Yitzhak Rabin: 72jährig, 12.11.

Jacques Chaban-Delmas, ehemaliger französischer Premier, Reform-Gaullist: 85jährig, 12.11.

Emil Zatopek, Langstreckenläufer aus Mähren (Tschechien): 78jährig, 21. November.

David De Pury, schweizerischer Spitzendiplomat und Unternehmer, gestorben 57jährig, 29. Dezember.

ANHANG

338 Abkürzungen

344 Personenregister

350 Sachregister

352 Bildnachweis

352 Grafiknachweis

■ INDEX

Abkürzungen im internationalen Verkehr

A

ADR	Europäisches Übereinkommen über die internationale Beförderung gefährlicher Güter auf der Strasse
AGR	Europäisches Übereinkommen über die Hauptstrassen des internationalen Verkehrs
AIT	Internationale Vereinigung für Tourismus
AKP	Staaten in Afrika, im karibischen Raum und im Pazifischen Ozean
AKV	Allgemeine Kreditvereinbarungen
AIIC	Internationaler Verband der Konferenz-Dolmetscher
ASEAN	Verband Südostasiatischer Nationen
ASOR	Übereinkommen über die Personenbeförderung im grenzüberschreitenden Gelegenheitsverkehr mit Kraftomnibussen
AWZ	Ausschliessliche Wirtschaftszone

B

BENELUX	Wirtschaftsunion zwischen Belgien, den Niederlanden und Luxemburg
BEUC	Europäisches Büro der Verbraucher-Verbände
BIOS	Basic Input-Output System. Grundlegendes Ein-/Ausgabesystem eines PC
BIP	Bruttoinlandprodukt
BIZ	Bank für Internationalen Zahlungsausgleich
BSP	Bruttosozialprodukt

C

CCIR	Internationaler beratender Ausschuss für den Rundfunkdienst
CDH	Europäischer Gerichtshof für Menschenrechte (Europarat)
CEA	Verband der europäischen Landwirtschaft
CEDEFOP	Europäisches Zentrum für die Förderung der Berufsbildung
CEN	Europäisches Komitee für Normung
CENELEC	Europäisches Komitee für elektrotechnische Normung
CEPT	Europäische Konferenz der Verwaltungen für Post- und Fernmeldewesen
CERN	Europäisches Laboratorium für Teilchenphysik (Europäische Organisation für Kernforschung)
CERP	Europäisches Zentrum für Public Relations
CETS	Europäische Fernmeldesatelliten-Konferenz
CGS	Zentimeter-Gramm-Sekunde (CGS-Einheiten)

CIA	Central Intelligence Agency (USA)
CICA	Internationale Vereinigung für Landwirtschaftskredit
CIF /c.i.f.	Kosten, Versicherung, Fracht
CIM	Internationales Übereinkommen über den Eisenbahnfrachtverkehr
CIRCE	Informations- und Dokumentationszentrale der Europäischen Gemeinschaften
CMR	Übereinkommen über den Beförderungsvertrag im internationalen Strassengüterverkehr
COMPRO	Ausschuss für die Vereinfachung internationaler Handelsverfahren in der Europäischen Gemeinschaft
COST/EUREKA	Europäische Zusammenarbeit auf dem Gebiet der wissenschaftlichen und technischen Forschung
COTIF	Übereinkommen über den internationalen Eisenbahnverkehr

D

DAC	Entwicklungshilfe-Ausschuss (OECD)

E

EAG	Europäische Atomenergie-Gemeinschaft (EURATOM)
EAGFL	Europäischer Ausrichtungs- und Garantiefonds für die Landwirtschaft
EAN	International Article Numbering Association. Ursprünglich European Article Number. Jetzt Markenzeichen für das von der International Article Numbering Association (EAN) verwaltete Identifikations- und Strichcodierungs-System
EAUe	Europäisches Auslieferungsübereinkommen
ECA	Wirtschaftskommission für Afrika (UNO)
ECAC	Europäische Zivilluftfahrtkonferenz
ECOSOC	Wirtschafts- und Sozialrat der Vereinten Nationen
ECU	Europäische Währungseinheit
EEA	Einheitliche Europäische Akte
EEB	Europäisches Umweltbüro
EEF	Europäischer Entwicklungsfonds
EFK	Europäische Reisezugfahrplankonferenz
EFTA	Europäische Freihandelsassoziation
EG	Europäische Gemeinschaft(en)
EGB	Europäischer Gewerkschaftsbund
EGKS	Europäische Gemeinschaft für Kohle und Stahl
EGZ/EAZ	Europäische Gesellschaft (oder Agentur) für Zusammenarbeit
EIB	Europäische Investitionsbank
EKV	Europäische Kooperationsvereinigung
EKVM	Europäische Konferenz der Verkehrsminister
EL	Entwicklungsländer
ELEC	Europäische Liga für wirtschaftliche Zusammenarbeit
EMRK	Europäische Menschenrechtskonvention
EN	Europäische Norm
ENEA	Europäische Kernenergie-Agentur
EOTC	Europäische Organisation für Prüfen und Zertifizieren
EP	Europäisches Parlament
EPA	Europäisches Patentamt
EPÜ	Europäisches Patentübereinkommen
ER	Europarat (Strassburg)
ERASMUS	Förderung der Mobilität von Hochschulstudenten
ERE	Europäische Rechnungseinheit
ESC	Europäische Weltraumkonferenz
ESF	Europäischer Sozialfonds
ESO	Europäische Südsternwarte
ESOMAR	Europäische Gesellschaft für Meinungs- und Marketingforschung
ESTEC	Europäisches Zentrum für Raumfahrt-Technik
ETA	Vorgesehene Ankunftszeit
ETD	Vorgesehene Abfahrtszeit
ETSI	Europäisches Institut für Telekommunikationsstandards
EU	Europäische Union
EuGH	Europäischer Gerichtshof
EUREAU	Union der Wasserversorgungsvereinigungen von Mitgliedsländern der Europäischen Gemeinschaften
EURIBOR	Euro Interbank Offered Rate. Europäischer Interbanksatz
EURO	Europäische Währungseinheit (ersetzt den ECU ab 1.1.1999)
EURO 11	Euro-Rat
EUROCONTROL	Europäische Organisation zur Sicherung der Luftfahrt
EUROFIMA	Europäische Gesellschaft für die Finanzierung von Eisenbahnmaterial

Europarat in Strassburg, historische Aufnahme von der Eröffnungssitzung im Jahr 1949.

EURONET	Europäisches Telekommunikationsnetz	**GLONASS**	Globales Satelliten-Navigationssystem
EUROPOL	Europäisches Polizeiamt	**GPS**	Weltumspannendes Ortungssystem
EUROTRA	Automatisches Übersetzungssystem für alle EG-Sprachen	**GSM**	Globaler Standard für mobile Kommunikation
EUTELSAT	Europäische Fernmeldesatelliten-Organisation	**GST**	Generalstab
EVG	Europäische Verteidigungsgemeinschaft	**GUS**	Gemeinschaft unabhängiger Staaten
EWA	Europäisches Währungsabkommen		
EWF	Europäischer Währungsfonds		

H

EWG	Europäische Wirtschaftsgemeinschaft
EWI	Europäisches Währungsinstitut. Vorläufer der Europäischen Zentralbank (EZB)
EWO	Europäische Weltraum-Organisation
EWR	Europäischer Wirtschaftsraum
EWS	Europäisches Währungssystem
EZB	Europäische Zentralbank. Mit Sitz in Frankfurt, Deutschland. Sie bestimmt die Geldpolitik der Euro-Zone und hat das Europäische Währungsinstitut (EWI) abgelöst
EZMW	Europäisches Zentrum für mittelfristige Wettervorhersage

HTML	Hyper-Text Markup Language. Seitenbeschreibungssprache zur Gestaltung von Seiten auf dem Internet
HTTP	Hypertext-Übertragungsprotokoll

I

IAA	Internationales Arbeitsamt
IACA	Internationaler Verband der Fluggesellschaften
IAEA	Internationale Atomenergie-Agentur
IAO/ILO	Internationale Arbeitsorganisation
IATA	Internationaler Luftverkehrsverband
IBFG	Internationaler Bund Freier Gewerkschaften
IBMG	Internationales Büro für Masse und Gewichte
IBRD	Internationale Bank für Wiederaufbau und Entwicklung (Weltbank)
ICAO	Internationale Zivilluftfahrt-Organisation
ICM	Zwischenstaatliches Komitee für Auswanderung
ICOMOS	Internationaler Rat für Denkmalpflege
ICPO	Internationale kriminalpolizeiliche Organisation (Interpol)
ICRP	Internationale Kommission für Strahlenschutz
IDA	Internationale Entwicklungsorganisation (oder Entwicklungsgesellschaft)
IEA	Internationale Energie-Agentur
IEC	Internationale Elektrotechnische Kommission
IEFR	Internationale Nahrungsmittelsicherheitsreserve
IES	Internationale Entwicklungsstrategie
IFA	Internationale Vereinigung für Steuerrecht
IFAD	Internationaler Fonds für landwirtschaftliche Entwicklung

F

FAI	Weltluftfahrt-Organisation
FAO	Ernährungs- und Landwirtschaftsorganisation der Vereinten Nationen
FAS/f.a.s.	Frei längsseits Schiff
FDA	Food and Drug Administration (USA)
FIFA	Fédération internationale de football association
FIS	Internationaler Ski-Verband
FM	Frequenzmodulation
FMEA	Fehlermöglichkeits- und Einflussanalyse
FOB/f.o.b.	Frei an Bord

G

G7	Vereinigung der sieben grossen westlichen Industrieländer
G8	G7 + Russland
G10	Vereinigung der zehn westlichen Industrieländer
G24	Vereinigung von vierundzwanzig Industrie- und Entwicklungsländern
GATT	Allgemeines Zoll- und Handelsabkommen (siehe WTO)
GIEWS	Weltinformations- und Frühwarnsystem für Ernährung und Landwirtschaft

FIS, Internationaler Ski-Verband: Direktorin Sarah Lewis.

IFC	Internationale Finanzierungs-Gesellschaft	**K**	
IFI	Internationale Finanzinstitutionen	**KEG**	Kommission der Europäischen Gemeinschaften
IGB	Internationaler Genossenschaftsbund	**KKP**	Kaufkraftparität
IGH	Internationaler Gerichtshof (Den Haag)	**KSZE**	Konferenz über Sicherheit und Zusammenarbeit in Europa
IGU	Internationale Gas-Union	**L**	
IHK	Internationale Handelskammer		
IIB	Internationale Investitionsbank	**LAN**	Lokales Netzwerk
IIB	Internationales Patentinstitut	**LBO**	Leveraged Buyout. Aufkauf einer Gesellschaft, hauptsächlich mittels Fremdkapitals
IKRK	Internationales Komitee vom Roten Kreuz		
ILS	Instrumentenlandesystem	**LCD**	Flüssigkristallanzeige
IMCO	Zwischenstaatliche beratende Seeschiffahrtsorganisation	**LIBOR**	London Interbank Offered Rate. Londoner Interbanken-Verkaufssatz
IMEDE	Institut für das Studium der Unternehmensführung (neue Abkürzung IMD)	**LMT**	Ortszeit
IMO	Internationale Seeschiffahrtsorganisation	**M**	
INTELSAT	Internationale Fernmeldesatelliten-Organisation	**MBO**	Management Buyout. Übernahme einer Gesellschaft durch die Geschäftsleitung des Unternehmens
Interpol	Interpol (siehe ICPO)		
IOA	Internationale Ozon-Vereinigung	**METRE**	Messungen, Eichproben und Referenzmethoden
IOK	Internationales Olympisches Komitee	**MIPS**	Millionen Anweisungen pro Sekunde. Ein Computer hat die Leistung von 1 MIPS, wenn er in einer Sekunde 700 000 Additionen und 300 000 Multiplikationen ausführen kann.
IOM	Internatinale Organisation für Migrationen		
IRC	Interaktives Protokoll, das ermöglicht, sich schriftlich auf dem Internet zu unterhalten		
IRF	Internationaler Strassenverband		
IRS	Internationales Referenzsystem	**MNP**	Gruppe von Protokollen zur Datenkompression und -korrektur per Modem
IRU	Internationale Strassentransport-Union		
ISBN	Internationale Standardbuchnummer	**N**	
ISDN	Dienstintegrierendes digitales Netz	**NATO**	Organisation des Nordatlantikpaktes oder Nordatlantikvertragsorganisation
ISSN	Internationale Standardseriennummer		
ISI	Internationales Statistisches Institut	**NEA**	Kernenergie-Agentur (OECD)
ISO	Internationale Organisation für Normung	**NRO/NGO**	Nichtregierungsorganisation oder nichtstaatliche Organisation
ITC	Internationales Handelszentrum (UNCTAD/GATT)		
ITF	International Tennis Federation	**O**	
ITU	Internationale Fernmelde-Union	**OAS**	Organisation Amerikanischer Staaten
IVBH	Internationale Vereinigung für Brückenbau und Hochbau	**OAU**	Organisation der Afrikanischen Einheit
IVfgR	Internationale Vereinigung für gewerblichen Rechtsschutz	**OCR**	Optische Zeichenerkennung
IVWV	Internationale Vereinigung der Wasserversorgungen	**OCTI**	Zentralamt für den internationalen Eisenbahnverkehr
IWF	Internationaler Währungsfonds	**OECD**	Organisation für wirtschaftliche Zusammenarbeit und Entwicklung (früher OEEC)
IWO	Internationales Weinamt		

LCD-Fernsehgerät bei der ersten Präsentation im September 2000. Das Gerät hat eine Tiefe von weniger als 5 Zentimetern und eine Höhe und Breite von ca. 30 Zentimetern.

Der OSZE-Botschafter für Bosnien, Robert L. Barry (USA).

OEEC	Organisation für wirtschaftliche Zusammenarbeit in Europa (siehe OECD)			Entwicklung in ökonomisch rückständigen Gebieten
OeRK	Oekumenischer Rat der Kirchen		**Super VGA**	Super Video Graphic Array (or Adapter). Grafikstandard für Bildschirmkarten
OERS	Europäische Organisation für Raumforschung			
OPEC	Organisation der Erdöl exportierenden Länder		**T**	
OSZE	Organisation über Sicherheit und Zusammenarbeit in Europa		**TAB**	Ausschuss für technische Hilfe (für Entwicklungsländer) (UNO)
			TARGET	Zahlungsverkehrssystem zwischen den Mitgliedstaaten am Euro-Währungsraum
P			**TARIC**	Integrierter Zolltarif der Europäischen Gemeinschaften
PCT	Vertrag über die internationale Zusammenarbeit auf dem Gebiet des Patentwesens		**TCP/IP**	Auf dem Internet geltende Übertragungsprotokolle
PIN	Persönliche Identifikationsnummer		**TEE**	Trans-Europe-Express
PLO	Palästinensische Befreiungsorganisation		**TIF**	Internationaler Eisenbahnverkehr
PR	Public Relations		**TIR**	Internationaler Strassengüterverkehr
			TPI	Internationaler Strafgerichtshof
Q			**TQM**	Total Quality Management
QM	Qualitätsmanagement		**U**	
QS	Qualitätssicherung		**UCPTE**	Union für die Koordinierung der Erzeugung und des Transportes elektrischer Energie
R			**UEFA**	Union des associations européennes de football
RAM	RAM-Speicher		**UER**	Europäische Rundfunk-Union
RGW	Rat für gegenseitige Wirtschaftshilfe (COMECON)		**UIA**	Internationale Architekten-Union
RID	Internationale Ordnung für die Beförderung gefährlicher Güter mit der Eisenbahn		**UIC**	Internationaler Eisenbahnverband
RIOST	Internationale Organisation für Zulieferung, Kooperation und industrielle Partnerschaft		**UMTS**	Universelles Mobil-Kommunikationssystem (3. Generation Mobilkommunikation)
RTPL	Sprache für die Echtzeitprogrammierung		**UNCDF**	Kapitalentwicklungsfonds der Vereinten Nationen
			UNCITRAL	Kommission der Vereinten Nationen für internationales Handelsrecht
S			**UNCTAD**	Handels- und Entwicklungskonferenz der Vereinten Nationen
SAEG/ EUROSTAT	Statistisches Amt der Europäischen Gemeinschaften		**UNDP**	Entwicklungsprogramm der Vereinten Nationen
SALT	Gespräche über die Begrenzung strategischer Rüstung		**UNDRO**	Büro der Vereinten Nationen für Katastrophenhilfe
SEATO	Organisation des Südostasienpaktes oder Südostasienpakt		**UNEP**	Umweltprogramm der Vereinten Nationen
SEDOC	Europäisches System für die Übermittlung von Stellen- und Bewerbeangeboten im internationalen Ausgleich		**UNESCO**	Organisation der Vereinten Nationen für Erziehung, Wissenschaft und Kultur
SHAPE	Oberstes Hauptquartier der Alliierten Streitkräfte Europa		**UNFPA**	Bevölkerungsfonds der Vereinten Nationen
SLIP	Übertragungsprotokoll zu Internet-Providern		**UNHCR**	Hochkommissariat der Vereinten Nationen für Flüchtlinge
SRK	Schweizerisches Rotes Kreuz			
SUNFED	Internationales Hilfswerk (der UN) für die wirtschaftliche			

UNICE	Union der Industrien der Europäischen Gemeinschaft
UNICEF	Kinderhilfswerk der Vereinten Nationen
UNIDO	Organisation der Vereinten Nationen für industrielle Entwicklung
UNIDROIT	Internationales Institut für die Vereinheitlichung des Privatrechts
UNIPEDE	Internationale Union der Erzeuger und Verteiler elektrischer Energie
UNO/UN/VN	Vereinte Nationen oder Organisation der Vereinten Nationen
UNRWA	Hilfswerk der Vereinten Nationen für Palästinaflüchtlinge im Nahen Osten
UNU	Universität der Vereinten Nationen
UNV	Entwicklungshelferprogramm der Vereinten Nationen
UPOV	Internationaler Verband zum Schutz von Pflanzenzüchtungen
URL	Uniform Resource Locator. Einheitliche Quellenangabe
UTC	Koordinierte Weltzeit

V

VESR	Postcheck-Überweisung
VRK	Völkerrechtskommission

W

WAB	Währungsausgleichsbeträge
WAMU	Westafrikanische Währungsunion
WAN	Weitverkehrsnetzwerk
WB	Weltbank (siehe auch IBRD)
WEK	Weltenergiekonferenz
WEP	Welternährungsprogramm
WEU	Westeuropäische Union
WFC	Welternährungsrat
WGB	Weltgewerkschaftsbund
WHO	Weltgesundheitsorganisation
WIPO	Weltorganisation für geistiges Eigentum
WOM/OMM	Weltorganisation für Meteorologie
WPV/UPU	Weltpostverein
WTO	Welt-Tourismusorganisation
WTO	Welthandelsorganisation (früher GATT)
WVA	Weltverband der Arbeitnehmer
WWF	Umweltstiftung
WWU	Wirtschafts- und Währungsunion
WWW	World Wide Web
WZ	Weltzeit

Blick auf den Sitz der WIPO, World Intellectual Property Organization, zuständig für Patente und anderes geistiges Eigentum, in Genf.

REGISTER

Personenregister

A

Aamodt, Kjetil André, Skirennläufer, Norwegen 282, 283
Abayat, Hussein, Mitarbeiter Arafats 182
Abdallah, König von Jordanien 99
Afwerki, Isaias, Präsident, Eritrea 105
Agca, Ali, Papst-Attentäter, Türkei 98
Agnelli, Giovanni, Präsident des Fiatkonzerns, Italien 306
Aho, Esko, Politiker, Finnland 18, 38
Ahtisaari, Martti, Präsident, Finnland 38, 158
al-Assad, Bashar, Präsident, Sohn von Hafez al-Assad, Syrien 98, 106, 107
al-Assad, Basil, Sohn von Hafez al-Assad, Syrien 107
al-Assad, Hafez, ehem. Präsident, Syrien 50, 51, 64, 98, 106, 107, 335
al-Durra, Mohammed, palästinensisches Opfer, Gaza 16, 168, 170
al-Ghaddafi, Muammar, Revolutionsführer, Libyen 86, 142, 143
al-Islam, Seif, Sohn von al-Ghaddaffi, Libyen 142, 143
al-Megrahi, Abd al Basset Ali Mohammed, Angeklagter, Libyen 86, 87
al-Assad, Rifaat, Bruder von Hafez al-Assad, Syrien 107
Albers, Josef, Maler, Deutschland 254, 259
Albert, Sohn von George V, England 136, 137
Albright, Madeleine, Aussenministerin, USA 16, 107, 115, 166, 167, 170, 174, 175
Alexandra, Prinzessin von Dänemark 108
Alferow, Zhores, Physik-Nobelpreisträger 166
Alibek, Ken, Forscher, Russland 227, 228
Almunia, Joaquin, Politiker, Spanien 56, 57
Amato, Giuliano, Ministerpräsident, Italien 67
Ambrosini, Massimo, Fussballer, Italien 286
Amherst, Jeffery, Oberbefehlshaber, Grossbritannien 229
Amundsen, Roald, Polarforscher, Norwegen 224
Andre, Carl, Künstler, USA 259
Angulos, Lucio, Fussballer, Spanien 299, 300
Annan, Kofi, Generalsekretär der UNO 92, 154, 155
Arafat, Yassir, Palästinenser-Präsident 16, 30, 31, 38, 67, 95, 114, 115, 122, 124, 134, 154, 166, 167, 168, 169, 170, 171, 182, 183, 199
arap Moi, Daniel, Präsident, Kenya 68
Aristide, Jean-Bertrand, ehem. Präsident, Haiti 183
Armani, Giorgio, Modedesigner, Italien 265
Arp, Hans, Künstler, Frankreich 254
asch-Schara'a, Faruk, Aussenminister, Syrien 18, 64
Audibet, Marc, Designer, Frankreich 297
Aventajado, Roberto, Politiker, Philippinen 121
az-Zoobi, Mahmud, ehem. Premierminister, Syrien 83, 107
Aznar, José Maria, Ministerpräsident, Spanien 29, 50, 52, 56, 57, 139, 203
Azzrouq, Ragab, Vermittler, Libyen 143

B

Baba Shenuda III., Oberhaupt der Kopten, Ägypten 47
Babbitt, Bruce, Politiker, USA 91
Backlin, Mats, Ingenieur, Schweden 223
Baker, James, Politiker, USA 64
Bandaranaike, Sirimawo, ehem. Premierministerin, Sri Lanka 335
Banu, Rahima, Bangladesh 226
Barak, Ehud, Premierminister, Israel 16, 18, 31, 38, 64, 67, 94, 95, 107, 114, 122, 124, 134, 154, 166, 167, 168, 169, 170, 171, 183, 198
Barks, Carl, Zeichner von «Donald Duck», USA 135, 148, 335
Barrichello, Rubens, Rennfahrer, Brasilien 306, 308, 310, 311
Barrymore, Drew, Filmschauspielerin, USA 240
Baselitz, Georg, Künstler, Deutschland 262
Basquiat, Jean-Michel, Künstler, Frankreich 262, 263
Bassajew, Schirwani, Rebellenchef, Tschetschenien 27
Batista, Fulgencio, ehem. Diktator, Kuba 79
Beckmann, Max, Maler, Deutschland 250, 254
Bell, Graham, Erfinder des Telefons, USA 101
Bell, Jamie, Filmschauspieler, Grossbritannien 238
Belmondo, Jean-Paul, Filmschauspieler, Frankreich 247
Benkel, Wolfgang, Arzt, Deutschland 121
Beresowski, Boris, Finanzmagnat, Russland 130
Berger, Gerhard, ehem. Rennfahrer, Österreich 306
Berlusconi, Silvio, ehem. Premier, Italien 37, 82
Bertossa, Bernard, Staatsanwalt, Schweiz 53
Besse, William, Ex-Skirennfahrer, Schweiz 284

R

Personenregister

Beuys, Joseph, Künstler, Deutschland 257, 259
Bienvenüe, Fulgence, Metroerbauer, Paris 118, 119
Björk, Popsängerin, Island 239
Blair, Cherie, Ehefrau von Tony Blair, Grossbritannien 83, 96
Blair, Tony, Premierminister, Grossbritannien 19, 31, 83, 96, 112, 325
Blanc, Laurent, Fussballer, Frankreich 291
Blanco, Pedro Antonio, Oberstleutnant, ETA-Opfer, Spanien 29
Blanton, Dain, Beachvolleyballer, USA 303
Blaskic, Dihomir, General, Kroatien 50
Blazic, Branislav, Politiker, Serbien 40
Blocher, Christoph, Politiker, Schweiz 198
Boccioni, Umberto, Künstler, Italien 252
Böhmdorfer, Dieter, Justizminister, Österreich 158
Boldon, Ato, Leichtathlet, Trinidad 295
Borodin, Pavel, ehem. Leiter der Kreml-Vermögensverwaltung, Russland 27
Borrofsky, Jonathan, Maler, USA 262
Bourguiba, Habib, ehem. Präsident, Tunesien 66, 333
Bouteflika, Abdelaziz, Präsident, Algerien 98
Bové, José, Bauernführer, Frankreich 120, 150
Braque, Georges, Maler, Frankreich 251
Bresson, Robert, Regisseur, Frankreich 247
Breton, André, Schriftsteller, Frankreich 254
Breuel, Birgit, Expo-Koordinatorin in Hannover, Deutschland 100
Buchanan, Patrick, Politiker, USA 9, 187
Budisa, Drazen, Chef der Sozialliberalen, Kroatien 22
Bulatovic, Pavle, Verteidigungsminister, Jugoslawien 34
Buren, Daniel, Künstler, Frankreich 260
Bürgel, Johann Christoph, Wissenschafter, Schweiz 213
Burghardt, Jutta, UNO-Mitarbeiterin, Deutschland 35
Burgot, Maryse, Geisel, Frankreich 142
Bush, George Walker, Präsident, USA 9, 16, 50, 134, 140, 141, 182, 183, 186, 188, 198, 199, 200, 201
Bush, George, ehem. Präsident, USA 200, 201
Bush, Laura, Ehefrau von George W. Bush, USA 141
Bush, Prescott, Ex-Senator, USA 200
Buyoya, Pierre, Staatschef, Burundi 147
Byers, Stephen, Politiker, Grossbritannien 58

C

Cabral, Pedro, Eroberer, Portugal 80
Cage, Nicholas, Filmschauspieler, USA 241
Calvo-Sotelo, Leopoldo, ehem. Regierungschef, Spanien 29
Camdessus, Michel, ehem. Chef der International Monetary Fund 62
Cano, Francisco, ETA-Opfer, Spanien 198
Cardenas, Cuauhtemoc, ehemaliger Bürgermeister von Ciudad de Mexico 116
Cardoso, Fernando Henrique, Präsident, Brasilien 80, 100
Carpena, José Maria, Politiker, Spanien 114
Carter, Vince, Basketballer, USA 299, 301
Cartland, Barbara, Autorin, Grossbritannien 334
Castelbajac, Jean-Charles, Modeschöpfer, Frankreich 266, 267
Castro, Fidel, Staatschef, Kuba 67, 78, 79, 138, 155, 198
Ceausescu, Nicolae, ehem. Staatschef, Rumänien 204, 205
Cem, Ismael, Aussenminister, Türkei 19
Cézanne, Paul, Maler, Frankreich 248, 251
Chaban-Delmas, Jacques, Politiker, Frankreich 182, 336
Chalayan, Hussein, Modeschöpfer, Zypern 267
Charles, Prinz von Wales, Thronfolger, England 137
Chavez, Hugo, Präsident, Venezuela 115, 134, 135, 138
Cheney, Richard, Vizepräsident, USA 140, 188, 201
Cheung, Maggie, Filmschauspielerin, Hongkong 243
Chevènement, Jean-Pierre, Politiker, Frankreich 135
Chia, Sandra, Künstlerin, Italien 261
Chirac, Jacques, Präsident, Frankreich 83, 98, 99, 102, 158, 159, 170, 175, 183, 190, 192, 202
Chow Yun Fat, Filmschauspielerin, Hongkong 237

Chrétien, Jean, Premierminister, Kanada 183
Christo, Objektkünstler, Bulgarien 261
Chung-hee, Park, General, Korea 176
Ciampi, Carlo Azeglio, Staatspräsident, Italien 67
Ciccone, Madonna Louise Veronica, Pop-Sängerin, USA 199
Claes, Willy, ehem. NATO-Generalsekretär, Belgien 329
Clark, Wesley, NATO-Oberkommandeur, USA 329
Clemente, Künstler, Italien 261
Clements und Ribeiro, Modeschöpfer, Grossbritannien 267
Clinton, William Jefferson, Präsident, USA 16, 30, 31, 51, 64, 67, 78, 98, 99, 102, 103, 114, 122, 124, 135, 140, 141, 146, 147, 150, 151, 154, 155, 166, 170, 171, 183, 199, 200, 227, 277
Clooney, George, Filmschauspieler, USA 242
Coen, Ethan, Regisseur, USA 242
Coen, Joel, Regisseur, USA 242
Constantinescu, Emil, ehem. Präsident, Rumänien 204, 205
Cook, Natalie, Beachvolleyballerin, Australien 303
Cook, Robin, Aussenminister, Grossbritannien 112
Coulthard, David, Rennfahrer, Grossbritannien 311
Craxi, Bettino, ehem. Premier, Italien 19, 331
Crowe, Russell, Filmschauspieler, Australien 239
Cucchi, Enzo, Künstler, Italien 261

D

D'Alema, Massimo, ehemaliger Ministerpräsident, Italien 67
Dalai Lama, Oberhaupt der Buddhisten, Tibet 20, 21
Dalí, Salvador, Künstler, Spanien 254, 255
Dalrymple, Donato, Fischer, USA 78
Davids, Edgar, Fussballer, Holland 290
de Bruijn, Inge, Schwimmerin, Holland 293
de Gaulle, Charles, ehem. Präsident, Frankreich 182
de Kooning, Willem, Maler, USA 256
de Mol, John, Erfinder von «Big Brother», Holland 275
de Pury, David, Unternehmer, Schweiz 336
de Vlaminck, Maurice, Maler, Frankreich 249
Deiss, Joseph, Bundesrat, Schweiz 35
Del Piero, Alessandro, Fussballer, Italien 286
Delauney, Robert, Maler, Frankreich 252
Denis, Claire, Filmregisseurin, Frankreich 245
Dennis, Ron, McLaren-Chef, Grossbritannien 311
Derain, André, Maler, Frankreich 249
Despentes, Virginie, Schriftstellerin, Frankreich 244
Di Montezemolo, Luca, Teamchef Ferrari, Italien 306, 307
Diana, ehem. Prinzessin von Wales, England 137
Diaz, Cameron, Filmschauspielerin, USA 240
Dix, Otto, Maler, Deutschland 254
Djatschenko, Tatjana, Tochter von Boris Jelzin, Russland 27
Djindjic, Zoran, Politiker, Serbien 199
Dom Pedro, ehem. Statthalter, Brasilien 80
Doo-hwan, Chun, Politiker, Korea 176
Dorfmeister, Michaela, Skirennläuferin, Österreich 284, 285
Douglas, Kirk, Filmschauspieler, USA 276
Draskovic, Vuk, Vizepremier, Jugoslawien 99
Drechsler, Heike, Leichtathletin, Deutschland 295, 298
Dreshaj, Alil, Politiker, Kosovo 99
Drnovsek, Janez, Ministerpräsident, Slowenien 166
Duchamp, Marcel, Maler, Frankreich 252, 254, 257, 260

E

Elbaz, Alber, Modedesigner, Israel/USA 267
Elizabeth I, Königinmutter, England 134, 136, 137
Elizabeth II, Königin von England 96, 136, 137
Ensor, James, Maler, Belgien 248
Ernst, Max, Künstler, Deutschland 254

Joseph Deiss, Aussenminister, Bundesrat, Schweiz.

Personenregister

Evers, Phil, Manager, Australien 40
Ewry, Raymond, ehem. Leichtathlet, USA 296

F

Fassbinder, Rainer Werner, Filmregisseur, Deutschland 245
Faust, W. M., Kunsttheoretiker, Deutschland 262
Fenn, Elizabeth, Historikerin, USA 229
Ferrari, Enzo, ehem. Industrieller, Italien 306
Fetting, Rainer, Künstler, Deutschland 262
Fhimah, al-Amin Khalifa , Libyen 86, 87
Fischer, Joschka, Aussenminister, Deutschland 143, 179, 277
Fischl, Eric, Maler, USA 262
Flavin, Dan, Künstler 259
Fonoimona, Eric, Beachvolleyballer, USA 303
Ford, Gerald, ehem. Präsident, USA 201
Ford, Tom, Modeschaffender 267
Fourie, Ben, Farmer, Simbabwe 76
Fox, Vicente, Präsident, Mexiko 114, 116, 117, 198
Franco, Francisco, ehem. Diktator, Spanien 139
Franti, Seppo, Geisel, Finnland 143
Freeman, Cathy, Leichtathletin, Australien 295, 297
Frefel, Astrid, Journalistin, Schweiz 94
Frei, Eduardo, Präsident, Chile 52
Frowein, Jochen, Jurist, Deutschland 158
Fujimori, Alberto, ehem. Präsident, Peru 66, 83, 115, 151, 183, 195

G

Gablenz, Carl-Heinrich, Freiherr von, Jurist, Deutschland 221, 222, 225
Gabo, Naum, Künstler, USA 259
Galliano, John, Modedesigner, Grossbritannien 265
Ganz, Bruno, Schauspieler, Schweiz 237
Garcia Arregui, Ignacio, ETA-Anführer, Spanien 150
Garcia, Alan, Ex-Präsident, Peru 195
Garcia, Jerry, Rockgitarrist, USA 195
Garzon, Baltasar, Richter, Spanien 52, 53
Gates, Bill, Computerspezialist, USA 98
Gauguin, Paul, Maler, Frankreich 248
Gbagbo, Laurent, Präsident, Elfenbeinküste 167, 180
Gertsch, Franz, Künstler, Schweiz 261
Gielgud, John, Bühnenschauspieler, Grossbritannien 334
Gilbert and George, Künstler, Grossbritannien 260, 261
Giraudeau, Bernard, Filmschauspieler, Frankreich 245
Glavany, Jean, Minister, Frankreich 190
Godard, Jean-Luc, Filmregisseur, Schweiz 247
Golschiri, Huschang, Autor, Iran 98, 334
Gonzalez, Elian, Flüchtlingskind, Kuba 67, 78, 79, 99
Gonzalez, Felipe, ehem. Premier, Spanien 29, 329
Gonzalez, Juan Miguel, Vater von Elian, Kuba 78, 79
Gore, Albert, jr., Vizepräsident, demokratischer Präsidentschaftskandidat, USA 9, 50, 78, 134, 140, 141, 182, 183, 186, 187, 188, 189, 200, 201
Gore, Tipper, Ehefrau von Al Gore, USA 201
Götschl, Renate, Skirennläuferin, Österreich 284, 285
Graham, Billy, Prediger, USA 201
Greene, Maurice, Leichtathlet, USA 295, 298
Grosz, Georg, Maler, Deutschland 254
Guéi, Robert, General, Elfenbeinküste 167, 180
Guimard, Hector, Architekt, Frankreich 119
Gukasjan, Arkadi, Präsident, Nagorni-Karabach 51
Gulda, Friedrich, Pianist, Österreich 331
Gunzburg, Terry, Modeschaffende 266
Gussinski, Wladimir, Industrieller, Russland 130
Guterres, Antonio, Ministerpräsident, Portugal 50
Gysi, Gregor, Politiker, Deutschland 66

H

Hague, William, Oppositionsführer, Grossbritannien 96
Haider, Jörg, Politiker, Österreich 35, 36, 37, 82, 158, 182, 198, 323, 328, 329

Bill Gates, Microsoft-Boss, USA.

Häkkerup, Hans, Verteidigungsminister, Dänemark 198
Häkkinen, Mika, Rennfahrer, Finnland 307, 311
Halonen, Tarja, Politikerin, Finnland 18, 34, 38
Harald, König von Norwegen 196
Haring, Keith, Künstler, USA 262
Hashem, Akl, SLA-Milizionär, Libanon 38
Häusl, Regina, Skirennfahrerin, Deutschland 284
Haza, Ofra, Schlagersängerin, Israel 35, 332
Heckman, James, Wirtschafts-Nobelpreisträger, USA 166
Heizer, Michael, Künstler, Amerikaner 261
Held, Al, Künstler, USA 259
Henderson, Donald A., Mediziner, USA 227, 228
Hepburn, Katharine, Filmschauspielerin, USA 241
Hess, Rudolf, Stellvertreter Hitlers, Deutschland 135
Holkeri, Harri, Politiker, Finnland 38
Houphouet-Boigny, Félix, ehem. Präsident, Elfenbeinküste 180
Hug, Andy, Kickboxer, Schweiz 135
Humphrey, Hubert, Politiker, USA 9
Hundertwasser, Friedensreich, Kunstmaler, Österreich 35, 332
Hunter, Cottrell John, Leichtathlet, USA 295
Huntington, Samuel, Politikwissenschafter, USA 210
Hussein, Saddam, Präsident, Irak 134, 138, 211

I

Iliescu, Ion, Staatspräsident, Rumänien 183, 198, 204, 205
Immendorf, Jörg, Maler, Deutschland 262
Indiano, Manuel, ETA-Opfer, Spanien 139
Israpilow, Milizenchef, Tschetschenien 27
Iwanow, Igor, Aussenminister, Russland 166, 179
Iwanow, Sergej, Chef des Sicherheitsrates, Russland 27

J

Jackson, Jesse, Bürgerrechtler, USA 189
Jackson, Samuel L., Schauspieler, USA 240
Jacquet, Aimé, Fussballtrainer, Frankreich 286
Jauregui, Juan Maria, Politiker, ETA-Opfer, Spanien 115
Jawlinski, Grigory, Politiker, Russland 60
Jelzin, Boris, ehem. Präsident, Russland 27, 61, 102, 130
Jiacha, Abd al-Madschid, Geheimagent, Libyen 86
Jimenez, Concepcion, Ehefrau von Xavier Solana, Spanien 329
Johann VI., ehem. König, Portugal 80
Johannes Paul II., Papst 35, 46, 51, 82, 98, 135, 150, 152, 153
Johns, Jasper, Maler, USA 257
Johnson, Michael, Leichtathlet, USA 295, 296
Jones, Marion, Leichtathletin, USA 294, 295
Jospin, Lionel, Premierminister, Frankreich 35, 135, 156, 190, 202
Judd, Donald, Künstler, USA 259
Juncker, Jean-Claude, Premierminister, Luxemburg 202

K

Kabbah, Ahmed, Präsident, Westafrika 93
Kabila, Laurent, Präsident, Zaire 77, 134
Kahane, Benjamin, rechtsradikaler Politiker, Israel 199
Kai-Shek, Tschiang, Politiker, China 55
Kambanda, Jean, ehem. Premier, Rwanda 167
Kameni, Carlos Indriss, Fussballer, Kamerun 299
Kandinsky, Wassily, Maler, Russland 251, 252, 253, 254
Karadzic, Radovan, Serbenführer, Bosnien 150, 160
Karmapa Lama, hoher buddhistischer Würdenträger, Tibet 18, 20, 21
Kasjanow, Michail, Politiker, Russland 82
Katzav, Moshe, Staatspräsident, Israel 115
Kaufmann, Stefan, Immunologe, Deutschland 231, 235
Kawakubo, Rei, Modeschöpferin, Japan 267
Kawara, On, Künstler, Japan 260
Kcho, Künstler, China 263
Kelly, Ellsworth, Künstler, USA 259

Personenregister

Kennedy, John Fitzgerald, ehem. Präsident, USA 9
Khamenei, Ayatollah Ali, religiöser Führer, Iran 43, 67, 83, 88, 89
Khatami, Mohammed, Präsident, Iran 35, 42, 43, 67, 88, 89, 114, 115, 157, 214, 218
Khomeiny, Ayatollah Ruhollah, ehem. Präsident, Iran 42, 214, 216
Kiefer, Anselm, Künstler, Deutschland 262
Kienholz, Edward, Künstler, USA 259
Kilby, Jack, Physik-Nobelpreisträger 166
Killy, Jean-Claude, ehem. Skirennfahrer, Frankreich 282
Kim Dae Jung, Präsident, Südkorea 98, 110, 166, 174, 175, 177
Kim Il Sung, ehem. Präsident, Nordkorea 110, 111, 175
Kim Jong Il, Präsident, Nordkorea 98, 110, 111, 115, 131, 175
Kim Jung Sam, ehem. Präsident, Südkorea 177
Kinnock, Neil, EU-Verkehrskommissar, Grossbritannien 325
Kirchner, Ernst Ludwig, Maler, Deutschland 249, 250
Kirchschläger, Rudolf, ehem. Bundespräsident, Österreich 51, 333
Kissinger, Henry, ehem. Aussenminister, USA 106
Kitano, Takeshi, Filmschauspieler, Japan 243
Klee, Paul, Künstler, Schweiz 254
Klein, Yves, Künstler, Frankreich 258
Klestil, Thomas, Bundespräsident, Österreich 34, 37, 323
Kline, Franz, Maler, USA 256
Kluivert, Patrick, Fussballer, Holland 291
Koch-Weser, Caio, Weltbank-Manager, Deutschland 62
Kohl, Helmut, ehem. Bundeskanzler, Deutschland 18, 50, 115
Köhler, Horst, IWF-Präsident, Deutschland 62, 63
Kok, Wim, Premier, Niederlande 193
Konan Bédié, Henri, ehem. Präsident, Elfenbeinküste 180
Kostunica, Vojislav, Präsident, Jugoslawien 151, 160, 161, 166, 178, 179
Kouchner, Bernard, Staatssekretär, Frankreich 198
Kounellis, Jannis, Künstler 260
Krawtschuk, Leonid, ehem. Präsident, Ukraine 75
Kroemer, Herbert, Physik-Nobelpreisträger 166
Kröplin, Bernd-Helmut, Bauingenieur, Deutschland 221, 222, 223, 224, 225
Küchler, Robert, Mediziner, Deutschland 234
Küng, Hans, Theologieprofessor, Schweiz 153
Kurth, Reinhard, Virologe, USA 227
Kutschma, Leonid, Präsident, Ukraine 67, 74, 75, 103, 199
Kwasniewski, Aleksander, Präsident, Polen 166

L

Labastida, Francisco, Politiker, Mexiko 116
Laden -bin, Osama, Terrorist, Afghanistan 199
Lagerfeld, Karl, Modeschöpfer, Deutschland 265
Lagos, Ricardo, Präsident, Chile 19, 52
Lahad, Antoine, General, Libanon 94
Lahoud, Emile, Staatspräsident, Libanon 95, 107
Larionoff, Michail, Künstler, Russland/Frankreich 252
Lautréamont, Isidore Ducasse, Schriftsteller, Frankreich 255
Lavant, Denis, Filmschauspieler, Frankreich 245
Lavin, Joaquin, Politiker, Chile 19
Lee, Ang, Filmregisseur, Taiwan 237
Lemerre, Roger, Fussballtrainer, Frankreich 286, 287, 288
Lenin, Wladimir, Iljitsch, Diktator, Russland 61
Lessitzky, El, Maler, Russland 252
Leung, Tony, Filmschauspieler, Hongkong 243
Levy, David, ehem. Aussenminister, Israel 134
Lewis, Carl, Leichtathlet, USA 296
Lewitt, Sol, Künstler, USA 259
Lichtenstein, Roy, Künstler, USA 257, 258
Lieberman, Joseph, Senator, USA 141
Lipponen, Paavo, Premierminister, Finnland 38
Liu, Lucy, Filmschauspielerin, USA 240

Lluch, Ernest, Politiker, ETA-Opfer, Spanien 183
Loddenkemper, Robert, Chefarzt, Deutschland 232, 233, 234
Lode, Hartmut, Chefarzt, Deutschland 233
Loisy, Stephane, Geisel, Frankreich 84, 143
Longo, Roberto, Maler, USA 262
Lopez Obrador, Manuel, Bürgermeister Mexico City 116
Lorenz, Andreas, Journalist, Geisel, Deutschland 121
Louis XIV, ehem. König, Frankreich 277
Louis, Morris, Künstler, USA 259
Lubbers, Ruud, Politiker, Niederlande 193
Lüpertz, Markus, Maler, Deutschland 262

M

Mader, Günther, Skirennläufer, Österreich 284
Maier, Hermann, Skirennläufer, Österreich 282, 283, 284
Malewitsch, Kasimir, Künstler, Russland 252, 253
Malofeyew, Michail, General, Russland 27
Mandela, Nelson, ehem. Präsident, Südafrika 126, 127, 135, 146, 147
Mann, Michael, Filmregisseur, USA 239
Mann, Thomas, Dichter, Deutschland 230
Maow Maalin, Ali, Koch, Somalia 226
Mara, Ratu Sir Kamisese, Ex-Präsident, Fidschi-Inseln 83
Marcos, Vicente, Rafael, EZLN-Zapatisten-Kommandant, Mexiko 198
Markovic, Marjana, Ehefrau von Slobodan Milosevic, Jugoslawien 328
Marinetti, Filippo Tommaso, Dichter, Italien 252
Marty, Christian, Concorde-Flugkapitän, Frankreich 128, 129
Masson, André, Maler, Frankreich 255
Matisse, Henri, Maler, Frankreich 249
Mbeki, Thabo, Präsident, Südafrika 126, 127
Mboma, Patrick, Fussballer, Kamerun 300
McFadden, Daniel, Wirtschafts-Nobelpreisträger, USA 166
McMahon, Brigitte, Triathletin, Schweiz 299
McQueen, Alexander, Modedesigner 265
Meissnitzer, Alexandra, Skirennläuferin, Österreich 285
Melville, Herman, Schriftsteller, USA 245
Menelik II., ehem. Kaiser, Äthiopien 104
Mengistu, Haile Mariam, ehem. Präsident, Äthiopien 73, 105
Merkel, Angela, Parteivorsitzende, Deutschland 109
Merz, Friedrich, Politiker, Deutschland 35
Merz, Mario, Künstler, Italien 260
Mesfin, Seyoum, Politiker, Äthiopien 72
Mesic, Stipe, Staatspräsident, Kroatien 22, 23, 34
Messmer, Magali, Triathletin, Schweiz 299
Metzler, Ruth, Bundesrätin, Schweiz 163
Middelhoff, Thomas, Chef Bertelsmann-Gruppe, Deutschland 277
Mielke, Erich, ehem. Geheimdienstchef der DDR 83, 334
Mijatovic, Predrag, Fussballer, Jugoslawien 291
Milosevic, Slobodan, Präsident, Jugoslawien 34, 50, 66, 67, 114, 160, 161, 166, 178, 179, 326, 327, 328
Miró, Joan, Künstler, Spanien 255
Miro, Mohammed Mustafa, Premier, Syrien 50
Misuari, Nur, Guerillaführer, Philippinen 84, 85
Mitchell, George, ehem. Senator, USA 198
Mitterrand, Jean-Christophe, Sohn von Ex-Präsident Mitterrand, Frankreich 199
Mkapa, Benjamin, ehem. Präsident, Tansania 167
Moarbes, Marie, Geisel, Libanon 142
Mohammed, Prophet, Gründer des Islams 211, 212, 217
Moholy-Nagy, Laszlo, Ungarn 259
Mondrian, Piet, Maler, Holland 252, 253
Montesinos, Vladimiro, Ex-Geheimdienstchef, Peru 195
Mordechai, Jitzhak, Politiker, Israel 83
Mori, Yoshiro, Premierminister, Japan 66, 99, 198
Morris, Robert, Künstler 259
Mubarak, Hosni, Präsident, Ägypten 46, 47, 171
Mugabe, Robert, Präsident, Simbabwe 67, 76, 77, 99
Muller, Florence, Modehistorikerin, Frankreich 267

Robert Mugabe, Präsident, Simbabwe.

Personenregister

Munch, Edvard, Künstler, Norwegen 250
Münter, Gabriele, Malerin, Deutschland 251
Musa, Amr, Aussenminister, Ägypten 35
Mustafa, Xhemail, Attentat-Opfer, Kosovo 183

N

Napoleon, ehem. Kaiser, Frankreich 212
Nasrallah, Hassan, Scheich, Libanon 95
Nelson, Tim Blake, Filmschauspieler, USA 242
Nemow, Alexei, Turner, Russland 304
Netanyahu, Benjamin, ehem. Premierminister, Israel 183
Newman, Barnett, Künstler 259
Niemann, Stefan, Forscher, Österreich 234
Nixon, Richard, ehem. Präsident, USA 9, 55, 201
Noboa, Gustavo, Präsident, Ecuador 19
Nolde, Emil, Maler, Deutschland 250, 251
Nuri, Natek, Politiker, Iran 43
Nurmi, Paavo, Leichtathlet, Finnland 296

O

O'Toole, Tara, Forscher, USA 229
Obuchi, Keizo, ehem. Ministerpräsident, Japan 66
Öcalan, Abdullah, PKK-Chef, Türkei 34
Ogi, Adolf, Bundesrat, Schweiz 30, 155, 167, 198
Oppenheimer, Robert, Physiker, USA 91
Oreja, Jaime, Innenminister, Spanien 139
Oreja, Marcelino, ehem. Aussenminister, Spanien 158
Orwell George, Autor, England 274
Oshima, Nagisa, Filmregisseur, Japan 243
Ouatarra, Alassane, Politiker, Elfenbeinküste 180
Ouboter, Wim, Erfinder des Micro Scate Scooter, Schweiz 276
Ozon, François, Filmregisseur, Frankreich 245

P

Pacino, Al, Filmschauspieler, USA 239, 242
Paik, Nam June, Künstler, Korea 263
Paladino, Künstler, Italien 261
Paniagua, Valentin, Interimspräsident, Peru 195
Pantschen Lama, geistliche Autorität, Tibet 21
Papandreou, Andreas, ehem. Premier, Griechenland 71
Papandreou, Georgios, Aussenminister, Griechenland 19
Paputsis, Christos, Minister, Griechenland 166
Park, Nick, Filmregisseur, Grossbritannien 238
Pavkovic, Nebojsa, Armeechef, Jugoslawien 179
Pedrosa, Jesus Maria, Politiker, ETA-Opfer, Spanien 98
Penck, A. R., Maler, Deutschland 262
Peres, Shimon, ehem. Premierminister, Israel 115
Perez, Carlos Andres, Präsident, Venezuela 138
Persson, Göran, Ministerpräsident, Schweden 19
Petersen, Wolfgang, Filmregisseur, Deutschland 244
Petrovic, Zika, Manager, Jugoslawien 67
Picabia, Francis, Künstler, Frankreich 254
Picasso, Pablo, Künstler, Spanien 251, 255, 257
Pinochet, Augusto, ehem. Diktator, Chile 18, 50, 52, 53, 98, 134, 198
Pires, Sandra, Beach-Volleyballerin, Brasilien 286
Pius IX., ehem. Papst 150, 152, 153
Polke, Sigmar, Künstler, Deutschland 262
Pollock, Jackson, Maler, USA 256
Portero, Luis, Staatsanwalt, ETA-Opfer, Spanien 166
Potente, Franka, Schauspielerin, Deutschland 244
Potter, Harry, literarische Figur von Joanne K. Rowling 8, 279
Pottharst, Kerri, Beachvolleyballerin, Australien 303
Powell, Colin, designierter Aussenminister, USA 201
Prodi, Romano, EU-Kommissionspräsident, Italien 151, 202, 203, 325
Prost, Alain, ehem. Rennfahrer, Frankreich 308
Pujol, Jordi, Politiker, Spanien 56
Putin, Wladimir, Präsident, Russland 17, 18, 27, 51, 60, 61, 82, 98, 102, 103, 115, 130, 131, 144, 145, 154, 179, 183, 198, 322

Wladimir Putin, Präsident, Russland.

Q

Quérol, José Francisco, ETA-Opfer, Spanien 167
Qutb, Sayed, Autor, Ägypten 216

R

Rabin, Lea, Witwe von Yitzhak Rabin, Israel 182, 336
Rabin, Yitzhak, ehem. Premierminister, Israel 182, 336
Racan, Ivan, Chef der Sozialdemokraten, Kroatien 22
Raducan, Andrea, Turnerin, Rumänien 295
Radujew, Milizenchef, Tschetschenien 27
Ragheb, Ali Abu, Premierminister, Jordanien 99
Rau, Johannes, Bundespräsident, Deutschland 100
Rauschenberg, Robert, Künstler, USA 257
Rawlings, Jerry, Staatschef, Ghana 198
Raznatovic, Zeliko, «Arkan», Kriegsverbrecher, Belgrad 18, 34
Reagan, Ronald, ehem. Präsident, USA 103, 201
Reinhardt, Ad, Künstler, USA 260
Rementeria, ETA-Terrorist, Spanien 139
Reno, Janet, Justizministerin, USA 78, 79
Rhee, Syngman, Politiker, Südkorea 111
Rice, Condoleezza, designierte Sicherheitsberaterin, USA 201
Richard, Pascal, Radrennfahrer, Schweiz 299
Richardson, Bill, Energieminister, USA 45
Richter, Gerhard, Künstler, Deutschland 262
Riess-Passer, Susanne, Politikerin, Österreich 37, 82
Ritchie, Guy, Ehemann von Madonna, Grossbritannien 199
Roberts, Julia, Filmschauspielerin, USA 241
Robertson, George, NATO-Generalsekretär, Grossbritannien 50
Robinson, Mary, UNO-Menschenrechtsbeauftragte, Irland 61, 66
Robison, Larry, Hingerichteter, USA 19
Rodinson, Maxime, Forscher, Frankreich 212
Rodriguez Zapatero, José, PSOE-Generalsekretär, Spanien 115
Rongji, Zhu, Ministerpräsident, China 54
Roosewelt, Franklin D., ehem Präsident, USA 91
Rosenblatt, Stanley, Anwalt, USA 132
Rosenquist, James, Maler, USA 257
Ross, Dennis, Diplomat, USA 16, 170, 214
Rothko, Mark, Maler, USA 256
Rouault, Georges, Maler, Frankreich 249
Rowling, Jessica, Tochter von Joanne K. Rowling, Schottland 279
Rowling, Joanne K., Schriftstellerin, Schottland 8, 279
Rugova, Ibrahim, Präsident, Albanien 167, 183
Rumsfeld, Donald, designierter Verteidigungsminister, USA 199, 201
Rüsch-Gerdes, Sabine, Forscherin, Deutschland 232, 234, 235
Ryman, Robert, Künstler, USA 260

S

Sadat, Anwar Al-, ehem. Präsident, Ägypten 216
Saint Laurent, Yves, Modedesigner, Frankreich 265, 266
Salamat, Hashim, Guerillaführer, Philippinen 84
Salle, David, Maler, USA 262
Samaranch, Juan Antonio, IOK-Präsident, Spanien 292
Sampaio, Jorge, Präsident, Portugal 80
Sankoh, Foday, Rebellenchef, Sierra Leone 83, 92, 93
Saunders, Stephen, Diplomat, Grossbritannien 98
Sayyaf, Abu, Guerillaführer, Philippinen 84, 85
Schamus, James, Filmproduzent, USA 237
Schäuble, Wolfgang, Politiker, Deutschland 18, 35
Scheckter, Jody, ehem. Autorennfahrer, Südafrika 306
Schifferer, Andreas, Skirennfahrer, Österreich 284
Schlemmer, Oskar, Künstler, Deutschland 254, 255
Schmid, Daniel, Regisseur, Schweiz 246
Schmid, Samuel, Bundesrat, Schweiz 198
Schnabel, Julian, Maler, USA 262

Personenregister

Schrempp, Jürgen, Chef Daimler-Chrysler, Deutschland 277
Schröder, Gerhard, Bundeskanzler, Deutschland 37, 62, 100, 109, 131, 277
Schulz, Charles M., Zeichner von «Snoopy», USA 34, 332
Schumacher, Michael, Rennfahrer, Deutschland 306, 307, 308, 309, 310, 311
Schüssel, Wolfgang, Bundeskanzler, Österreich 36, 37, 50, 51, 158, 166, 323, 324, 328, 329
Schwab, Klaus, Gründer des World Economic Forum, Davos 31
Schwarzenbach, James, ehem. Parlamentarier, Schweiz 163
Schweitzer, Louis, Renault-Präsident, Frankreich 30
Schwitters, Kurt, Dichter, Deutschland 259
Scorsese, Martin, Filmregisseur, USA 241
Scott, Ridley, Regisseur, USA 239
Seberg, Jean, Filmschauspielerin, USA 247
Segal, George, Künstler, USA 259
Seifert, Werner, Chef der iX-Börse 90
Selassie, Haile, ehem. Kaiser, Äthiopien 105
Sergejew, Igor, Verteidigungsminister, Russland 144, 199
Sharif, Nawaz, Premier, Pakistan 66
Sharon, Ariel, Likud-Chef, Israel 151, 166, 168, 170, 198
Shui-Bian, Chen, Präsident, Taiwan 51, 54, 55
Simitis, Kostas, Premier, Griechenland 66, 71
Simpson, Wallis, Ehefrau von Edward VIII, England 137
Singleton, John, Regisseur, USA 240
Sjuganow, Gennadi, Politiker, Russland 51, 60, 61
Slimane, Hedi, Modeschöpfer 267
Smith, Alvin, Virologe, USA 228
Smith, Michael, Nobelpreisträger für Chemie, Kanada 228
Smithson, Robert, Künstler, USA 260
Sobtschak, Anatoly, ehem. Bürgermeister, St. Petersburg 35, 333
Soderbergh, Steven, Filmemacher, USA 241
Solana, Xavier, ehem. NATO-Generalsekretär, Spanien 85, 329
Soldini, Silvio, Filmregisseur, Italien/Schweiz 237
Soong, James, Politiker, China 54
Sorsa, Kalevi, ehem. Regierungschef, Finnland 38
Spears, Britney, Popstar, USA 8, 281
Spielberg, Steven, Filmregisseur, USA 238
Stalin, Josef, ehem. Staatsoberhaupt, ehem. Sowjetunion 61, 102, 177
Stanwyck, Barbara, Filmschauspielerin, USA 241
Starmer, Tom, Forscher, USA 228
Still, Clifford, Maler, USA 256
Stoltenberg, Jens, Politiker, Norwegen 50
Stone, Oliver, Regisseur und Drehbuchautor, USA 242
Stoudman, Gerard, OSZE-Diplomat 112
Straw, Jack, Innenminister, Grossbritannien 53, 112
Strobl, Josef, Skirennfahrer, Österreich 282
Strydom, Monique, Geisel, Südafrika 142
Suarez, Adolfo, ehem. Regierungschef, Spanien 29
Suharto, Haji Mohammed, ehem. Präsident, Indonesien 135, 150
Suter, Martin, Drehbuchautor, Schweiz 246
Suu Kyi, Aung San, Friedensnobelpreisträgerin, Burma 150
Szczypiorski, Andrzej, politischer Autor, Polen 83, 333

T

Taci, Hashim, Politiker, Kosovo 167
Tajiri, Sasoshi, Pokémon-Erfinder, Japan 278
Tangui, Yves, Künstler, Frankreich 254
Tantawi, Mohammed, islamischer Geistlicher, Ägypten 47
Tatlin, Wladimir, Künstler, Russland 252, 253
Täuber, Sophie, Künstlerin, Schweiz 254
Tefilin, Hamid, Schustergehilfe, Iran 88, 89
Thatcher, Margaret, ehem. Premierministerin, Grossbritannien 53
Thompson, Obadele, Leichtathlet, Barbados 295

Thorpe, Ian, Schwimmer, Australien 293
Tinguely, Jean, Künstler, Schweiz 257, 258
Tito, Josip Broz, ehem. Präsident, Jugoslawien 22
Todt, Jean, Teamdirektor Ferrari, Italien 307, 308
Toledo, Alejandro, Politiker, Peru 66, 83
Trapero, Pablo, Regisseur, Argentinien 246
Trézéguet, David, Fussballer, Frankreich 286, 287
Trin Thi, Coralie, Filmschauspielerin, Frankreich 244
Trudeau, Pierre, Politiker, Kanada 151, 335
Tudjman, Franjo, ehem. Präsident, Kroatien 18, 22, 23
Tudor, Corneliu Vadim, Politiker, Rumänien 198, 204
Turturro, John, Filmschauspieler, USA 242
Tykwar, Tom, Filmregisseur, Deutschland 244
Tzara, Tristan, Künstler, Rumänien 254

U

Ugyen Trinley Dorje, Karmapa, buddhistischer Würdenträger, Tibet 18, 20, 21
Ullrich, Jan, Radrennfahrer, Deutschland 299, 305

V

Vadim, Roger, Filmregisseur, Frankreich 331
Vaillant, Daniel, Innenminister, Frankreich 135
van den Hoogenband, Pieter, Schwimmer, Holland 293
van Doesburg, Theo, Künstler, Holland 252
Viktoria, ehem. Königin von England 137
Varmus, Harold E., Leiter US-Gesundheitsbehörde, USA 227
Viola, Bill, Videokünstler, USA 262, 263
von Jawlenski, Alexej, Maler, Deutschland 251
von Kessel, Christoph, Produktionschef, Deutschland 222, 225
von Trier, Lars, Filmregisseur, Dänemark 239
Vranitzky, Franz, ehem. Bundeskanzler, Österreich 328

W

Waeckerle, Joseph F., Mediziner, USA 229
Waldheim, Kurt, ehem. Bundespräsident, Österreich 36
Wahid, Wiranto, Präsident, Indonesien 34
Walesa, Lech, ehem. Präsident, Polen 166
Wallenberg, Raoul, Diplomat, Schweden 199
Wallert, Marc, Geisel, Deutschland 85, 114, 143
Wallert, Renate, Geisel, Deutschland 85, 121
Wallert, Werner, Geisel, Deutschland 142
Warhol, Andy, Künstler, USA 257
Washington, George, ehem. Präsident, USA 187
Wattson, Robert T., Vorsitzender Klima-Konferenz von Den Haag 192
Weizman, Ezer, Präsident, Israel 19, 83
Wendling, Sonya, Geisel, Frankreich 84, 142
Wicki, Bernhard, Bühnen- und Filmschauspieler, Schweiz 18, 330
Williams, Robbie, Filmschauspieler, USA 276
Wiltord, Sylvain, Fussballer, Frankreich 286, 288
Wong Kar-Wai, Filmregisseur, Hongkong 243

X

Xingjian, Gao, Literatur-Nobelpreisträger, China 166

Z

Zatopek, Emil, Langstreckenläufer, Tschechien 336
Zemin, Jiang, Staatschef, China 131
Zenawi, Meles, Premier, Äthiopien 72, 105
Zeppelin, Ferdinand, Graf von, Erfinder, Deutschland 225
Zidane, Zinedine, Fussballer, Deutschland 287, 288
Ziyi Zang, Filmschauspielerin, Hongkong 237
Zoff, Dino, Fussballtrainer, Italien 287
Zonta, Ricardo, Rennfahrer, Italien 310
Zumthor, Peter, Architekt, Schweiz 101
Zurbriggen, Pirmin, Ex-Skirennfahrer, Schweiz 282

Alejandro Toledo, Peru.

Sachregister

A

Abba (Pop-Gruppe) 34
ABM-Vertrag (siehe auch NMD, US-Raketen-
   abwehrsystem) 103
Afghanistan 34, 134, 199
Afrika allg. 9, 66, 72, 73, 126, 127
Ägypten 18, 35, 46, 47, 170, 171, 182
AIDS 35, 126, 127, 230
Airbus-Industrie 99, 129
Air France 128, 129
Algerien 98
Alpen 99, 166, 172, 173
Angola 93,
Arabische Liga 50, 167
Arbeitsplätze 10, 11
Arbeitslosigkeit 12, 13
Armenien 51
Artenschutz (CITES-Konferenz) 67, 68, 69
Aserbeidschan 51
Asylanten (siehe Flüchtlinge)
Äthiopien 72, 73, 83, 98, 104, 105, 127, 155, 198
Atomenergie 98, 109, 131, 166, 199
Atomteststoppvertrag 67
Atomwaffen 27, 51, 75, 91, 98, 102, 103, 144, 145
Australien (siehe Olympische Sommerspiele)
Automobilindustrie 50, 58, 59
Automobil (Formel 1) 306–311

B

Bahrain 135
Balkan allg. 167, 183
Bangladesh 164
Banken (siehe auch Börsen) 50, 66
Baskenland (siehe auch ETA) 29, 56, 57, 98, 134, 139
Belgien 53, 203
Belorus (Weissrussland) 51
«Big Brother» (TV-Serie) 274, 275
Biologische Waffen , 227, 229
BMW 50, 58, 59
Börsen 66, 82, 90
Bosnien 18, 22, 50, 150
Botswana 127
Brasilien 67, 80, 115, 150
Brenner-Autobahn 99
British Airways 128, 129
BSE (Rinderwahnsinn) 182, 190, 191
Buddhisten 20, 21
Bulgarien 203
Bundesratswahlen (Schweiz) 198
Burma 150
Burundi 73, 127, 135, 146, 147

C

Concorde vor dem Absturz.

Camp-David-Konferenz (Nahost) 114, 115, 122-125
CDU (Deutschland), Spendenaffäre 32, 35, 50, 115
Chemische Waffen 227
Chile 18, 19, 50, 52, 53, 98, 134, 198
China 18, 20, 21, 50, 54, 55, 83, 131, 151, 182, 199
Cholera 48, 50
Comics 34, 135, 278
Computervirus 82
Concorde 115, 128, 129
Costa Rica 51
Côte d'Ivoire (Elfenbeinküste) 19, 167, 180, 198
Crossair 18

D

Dänemark 108, 151, 182, 203
Deutschland 32, 34, 35, 50, 62, 63, 66, 83, 90, 96, 98,
   100, 101, 109, 114, 115, 121, 131, 135, 142, 143,
   190, 191, 202, 203, 233
Diamanten 92, 93, 199

Donald Duck 135, 148
Dschibuti 73, 127

E

Ecuador 19
Eisenbahnen 34,
Elefanten, Elfenbeinhandel 68, 69
Elektoren-System (USA, Wahlen) 188
Elf Aquitaine (Unternehmen) 32
Entführungen, Geiselnahmen 50, 67, 84, 85, 98, 114,
   121, 135, 142, 143, 150, 151, 182
Erdöl: Förderung 35, 44, 45, 138, 150, 156, 157
       Preise 18, 35, 44, 45, 138, 150, 151, 156, 157
Eritrea 72, 73, 83, 98, 104, 105. 198
Ernährung 34, 73, 155
Estland 203
ETA (baskische Terrororganisation) 19, 29, 57, 98, 99,
   114, 115, 134, 139, 150, 166, 167, 183, 198
Euro (Währung) 71, 151
EU (Europäische Union) 19, 34, 36, 50, 51, 66, 71, 83,
   98, 114, 150, 151, 158, 159, 166, 179, 183, 198,
   202, 203, 329
Europarat 19, 82
Exil-Kubaner (in USA) 78, 79
«Express Samina» (griech. Fähre) 162, 166

F

Färöer 182
Fidschi 83
FIFA 114
Film 236 - 247
Finnland 18, 34, 38, 96, 203
Flüchtlinge 99, 112, 124
Flugzeug- Katastrophen 18, 19, 24, 25, 114, 115,
              128, 129, 135, 151, 167
           Entführungen 34
Flugzeuge allg. 99
Formel-1-Rennen 306–311
Frankreich 18, 28, 35, 51, 83, 98, 99, 114, 115, 118,
   119, 120, 128, 129, 131, 135, 142, 150, 151, 156,
   158, 159, 167, 182, 190, 191, 192, 202, 203
Friedensnobelpreis 166, 174
Fusionen (Wirtschaft) 19, 34, 50, 66, 90, 115
Fussball-Europameisterschaft 286–291

G

Gazastreifen 16, 183
   (siehe auch Stichwort Palästinenser)
Geiseldramen (siehe Entführungen)
Gentechnik 66, 99
Georgien 134
Ghana 93, 198
Globalisierung 19, 30, 31, 120
Goldproduktion 40, 41
Griechenland 19, 51, 66, 71, 98, 114, 115, 151, 162,
   166, 167, 203
Grippe 18
Grossbritannien 18, 19, 34, 50, 52, 53, 83, 90, 96, 98,
   99, 112, 131, 134, 136, 137, 151, 182, 203, 329
Guinea 93
G-7, G-8-Staatengruppe 115, 130, 131, 151, 207

H

Haiti 183
Hapag-Lloyd 129
Hizballah 19, 34, 39, 82, 83, 94, 95

I, J

IKRK 66, 134
IMF / IWF 62, 63, 67, 151
Indien 20, 51, 134, 164

R

Sachregister

Indios (in Brasilien) 80
Indonesien 18, 34, 99, 135, 150 199
Internet 9
IRA (Irisch-Republikanische Armee) 34, 35, 82, 151
Irak 35, 82, 134, 135, 138, 167, 182, 198
Iran 35, 42, 43, 50, 67, 82, 83, 88, 89, 98, 114, 115, 134
Irland 203
Islam allg. 88, 89
Islamischer Fundamentalismus 134, 142, 143
Israel 16, 18, 19, 34, 35, 39, 50, 51, 64, 66, 67, 82, 83, 94, 95, 114, 115, 122–125, 134, 151, 166, 168–171, 182, 183
Italien 19, 67, 82, 131, 150, 166, 172, 203
Japan 66, 69, 99, 115, 131, 183, 192, 195
Jemen 50, 170
Jerusalem 51, 123, 151, 166, 168
Jordanien 99
Jugoslawien 18, 34, 40, 41, 50, 66, 83, 114, 151, 160, 161, 166, 167, 178, 179, 199

K

Kambodscha 164
Kanada 131, 151, 183, 192
Kasachstan 232
Kashmir 134
Katalonien 56, 183
Katholiken 46, 47, 135, 150, 152, 153
Kenya 68, 73, 127
Kfor (Internationale Truppe in Kosovo) 135
Kindersoldaten 19
Kirgistan 134
Klima 35, 48, 135, 151, 164, 172, 173, 182, 192, 193, 228, 229
Kommunikation 9
Königshaus (britisches) 136, 137
Kolumbien 115, 135
Kopten 46, 47
Kosovo 35, 50, 99, 135, 161, 167, 183
Kriegsverbrechertribunal (der UNO) 18, 50, 150, 167
Kroatien 18, 22, 23, 34, 50
Kuba 67, 78, 79, 99, 138, 155, 167, 198
Kunst, Malerei 248–263
Kurden 34, 198
Kursk (russisches U-Boot) 134, 144, 145, 167

L

Laos 164
Lateinamerika allg. 150
Lawinen 51
Lesotho 127
Lettland 134, 203
Libanon 19, 34, 39, 50, 67, 82, 83, 94, 95
Libyen 18, 24, 25, 82, 86, 87, 142, 143
Liechtenstein 151
Litauen 203
Literaturnobelpreis 166
Lockerbie-Prozess 82, 86, 87
Luxemburg 202, 203

M

Malaria 9, 48, 50, 183, 230
Malawi 127
Malaysia 67, 84, 85
Malta 203
Medien 8, 9, 274, 275
Medizin 183, 226–235
Menschenrechte 14, 15, 175
Métro (Paris) 118, 119
Mexiko 114, 116, 117, 198, 208
Microsoft 98
Millennium 18
Millenniums-Gipfel der UNO 150, 154, 155
Minen 150, 166, 167

Mir (russische Raumstation) 199
Moçambique 48, 50, 127
Mode 264–273
Molukken (Indonesien) 18, 99
Monaco 99
Mongolei 114
Montenegro (siehe Jugoslawien)

N

NAFTA (amerik. Freihandelszone) 31
Nagorni-Karabach 51
Nahost allg. 16, 114, 155
Namibia 93, 127
NATO 50, 167
Neonazis 135
Niederlande 82, 86, 87, 100, 112, 182, 192, 193, 203
Nigeria 35
NMD (US-Raketenabwehrsystem) 102, 103, 114, 131, 150
Nobelpreise 166
Nordirland 34, 35, 82, 135
Nordkorea 16, 66, 98, 110, 111, 115, 131, 166, 174–177
Nordpol 9, 135
Norwegen 50, 68, 69, 166, 196

O

OAU 99
Olympische Sommerspiele in Sydney 292–305
OPEC 35, 44, 45, 138, 150, 156, 157
Öresund-Brücke 108
Österreich 19, 34, 35, 36, 37, 50, 51, 82, 99, 114, 129, 150, 158, 159, 166, 182, 184, 185, 199, 328
OSZE 112
Ozonloch 9

P, Q

Pakistan 66, 134
Palästinenser 16, 31, 35, 38, 51, 64, 67, 82, 114, 115, 122–125, 150, 166, 168–171, 182, 183
Peru 66, 83, 115, 151, 183, 194, 195
Philippinen 67, 84, 85, 98, 114, 121, 135, 142, 143, 150, 199
Piraterie 85
PKK (Kurden) 34
Pocken 226–229
Pokémon 278
Polen 50, 83, 166, 203
Portugal 203
Potter, Harry, 8, 279

R

Raketenabwehrsystem (USA) 102, 103, 150
Rassismus 50, 51, 135
Raumforschung 199
Religionen 18, 35, 46, 47, 82, 99, 152, 153
Rover (Automobilkonzern) 50, 58, 59
Rumänien 40, 41, 183, 198, 203, 204, 205
Russland 18, 19, 26, 27, 35, 51, 60, 61, 66, 82, 83, 98, 102, 103, 115, 130, 131, 134, 167, 179, 183, 198, 326, 327
Rüstung 66, 102, 103, 114, 131, 134, 144, 145, 150, 167, 175, 326, 327
Rwanda 73, 127, 167

S

Sabena 67
Salomonen 98
Sambia 127
Saudiarabien 45, 157, 170, 199
Schottland 86, 87
Schuldenlasten 8, 9

Harry Potter: Bestseller.

R

Sachregister

Schweden 19, 108, 151, 166, 199
Schweiz 18, 24, 25, 30, 31, 35, 51, 83, 101, 115, 135, 151, 155, 163, 166, 167, 198
Seilbahnkatastrophe Kaprun, Österreich 182, 184, 185
Sekten 51
Serbien (Jugoslawien) 199
Siedlungen (jüdische, im Westjordanland und Gazastreifen) 123, 125
Sierra Leone 82, 83, 92, 93
Simbabwe 66, 76, 77, 99, 127, 166
Singapore 167, 182
Ski-Sport 282–284
Slowakei 203
Slowenien 203
Snoopy 34
Somalia 73
Spanien 19, 29, 50, 53, 56, 57, 98, 99, 114, 115, 134, 139, 150, 166, 167, 183, 198, 203
Sport allg. 282–311
Sri Lanka 82, 98
START-Vertrag 66, 102, 103
Südafrika 35, 48, 82, 93, 99, 126, 127, 135, 146, 147
Sudan 73
Südkorea 16, 66, 98, 110, 111, 174–177
Südostasien 164
Swasiland 127
Swissair 67
Syrien 18, 39, 50, 51, 64, 83, 98, 106, 107

T

Tabakkonzerne 114, 132
Tadschikistan 166
Taiwan 51, 54, 55, 167
Tanker-Unglücke 18, 28, 99, 167
Tansania 73, 127, 146, 147, 167
Tibet 18, 20, 21
Thailand 164
Todesstrafe 19, 98, 99, 140
Tschechien 151, 166, 203
Tschernobyl 206, 207
Tschetschenien 18, 19, 27, 34, 51, 61, 66, 83, 114, 134, 183
Turberkulose 183, 230–235
Tunesien 66

Türkei 19, 98, 167
Tuvalu 155

U

U-Boote 144, 145, 167
UCK (Kosovo) 99
Uganda 51, 73, 127
Ukraine 67, 74, 75, 103, 198, 199, 206, 207
Umwelt 18, 28, 40, 41, 48, 115
Ungarn 40, 41, 203
UNO 19, 35, 66, 82, 135, 150, 154, 155, 199
Unwetter 35, 48, 164, 172, 173
USA 19, 24, 25, 50, 51, 62, 63, 64, 67, 78, 79, 83, 91, 98, 99, 102, 103, 114, 115, 122, 131, 132, 134, 135, 138, 140, 141, 146, 147, 148, 151, 154, 155, 166, 167, 170, 171, 175, 182, 183, 186-189, 192, 199, 200, 201
US-Präsidentschaftswahlen 9, 16, 140, 141, 182, 183, 186-189, 199, 200, 201
US-Wirtschaft 141
Uzbekistan 134, 166

V

Vatikan 35, 46, 47, 51, 98, 135, 150, 152, 153
Venezuela 115, 134, 135, 138
Vietnam 164, 183
Vulkane 66, 199, 208

W

Waffengesetze (USA) 67
Walfang 68, 69, 70
Weltausstellung (Hannover) 98, 100, 101
Weltwirtschaftsforum (Davos) 19, 30, 31
Weltwirtschaftsgipfel 131
Westjordanland (siehe Palästinenser)
WHO (Weltgesundheitsorganisation) 183, 227, 230
WWF 70

X, Y, Z

Zaire (Kongo-Zaire) 93, 134
Zeppelin 220–225
Zypern 203

Bild- und Grapiknachweis

Allsport, Dukas, Zürich 280, 289, 290, 291, 293, 294, 295, 297, 298, 300, 302, 304, 306, 307, 308, 309
AKG Berlin, Berlin 235
Action press, Dukas, Zürich 192, 193, 204, 205, 211, 275
Angeli, Dukas, Zürich 159, 336
bild der wissenschaft, Stuttgart 231
Bongarts Sportpressefotos, Hamburg 302, 303, 305
Dukas, Zürich 70, 122, 129, 233
Felder, Detlef 47
Gamma, Dukas, Zürich 20, 27, 28, 36, 38, 41, 48, 61, 72, 85, 95, 110, 128, 136, 137, 141, 153, 155, 161, 162, 169, 170, 170, 171, 172, 173, 174, 179, 182, 184, 185, 186, 187, 194, 195, 199, 206, 207, 208, 216, 217, 218, 219, 229, 277, 277, 279, 281, 287, 296, 299, 301, 335
Gassebner Jürgen, Reudern 224
GEPA pictures, Graz 283, 284, 285
Ima-Press, Dukas, Zürich 62, 63, 276, 278
Keystone Press, Zürich 18, 19, 22, 23, 24, 25, 29, 30, 31, 34, 35, 37, 39, 40, 42, 43, 45, 46, 47, 50, 51, 52, 53, 54, 56, 57, 59, 61, 62, 64, 66, 67, 71, 74, 75, 76, 77, 78, 79, 80, 82, 83, 86, 87, 88, 89, 90, 91, 94, 98, 99, 100, 101, 102, 108, 114, 115, 116, 118, 119, 120, 121, 123, 126, 127, 129, 131, 132, 134, 135, 140, 142, 143, 145, 147, 148, 150, 151, 154, 156, 157, 160, 163, 164, 166, 167, 172, 175, 180, 183, 188, 189, 196, 198, 222, 223, 228, 225, 247, 275, 276, 291, 323, 324, 325, 327, 328, 329, 330, 331, 332, 333, 334, 335, 336, 339, 340, 341, 342, 343
Okapia Bildarchiv, Frankfurt 231
Rex, Dukas, Zürich 39, 96, 170, 212, 276, 279
Stauss Niklaus, Zürich 262, 263
Stills, Dukas, Zürich 281
Sipa-Press, Dukas, Zürich 25, 26, 27, 60, 61, 100, 109, 117, 137, 138, 139, 144, 152, 177, 190, 193, 201, 203, 204, 205, 206, 214, 215, 278, 293, 310, 311, 332, 334, 336
Sygma, Dukas, Zürich 21, 32, 68, 84, 92, 93, 104, 106, 107, 111, 112, 130, 131, 146, 168, 176, 178, 179, 191, 200, 201, 202, 203, 213, 219, 229, 235, 277, 278, 286, 288, 292, 297, 332

Grafiknachweis

F&S Satz und Montage GmbH, www.fssatz.de 24, 25, 27, 41, 43, 44, 45, 55, 69, 73, 75, 80, 85, 93, 101, 103, 105, 109, 111, 117, 127, 131, 145, 147, 157, 161, 162, 163, 164, 185, 180, 191, 196, 206
Le Monde Diplomatique 124, 125
Myriad Editions Limited 8–15